Claudia Schlembach / Hans-Günther Schlembach

Wie Familienunternehmen die Zukunft meistern können

Stärken nutzen, Schwächen ausgleichen und Nachfolge sichern

Cornelsen

Die Autoren
Dr. Claudia Schlembach ist aufgewachsen in einem Familienunternehmen und führt heute gemeinsam mit ihrem Mann Hans-Günther Schlembach die Geschäfte der bundesweit tätigen BUS Betreuungs- und Unternehmensberatungs-GmbH. Beide sind als Berater, Referenten und Seminarleiter tätig.

Verlagsredaktion: Erich Schmidt-Dransfeld
Technische Umsetzung und Abbildungen: Holger Stoldt, Düsseldorf
Umschlaggestaltung: Knut Waisznor, Berlin

 http://www.cornelsen-berufskompetenz.de

1. Auflage   Druck 4 3 2 1   Jahr 07 06 05 04

© 2004 Cornelsen Verlag Scriptor GmbH & Co. KG, Berlin

Das Werk und seine Teile sind urheberrechtlich geschützt.
Jede Nutzung in anderen als den gesetzlich zugelassenen Fällen bedarf der vorherigen schriftlichen Einwilligung des Verlages.
Hinweis zu §52 a UrhG: Weder das Werk noch seine Teile dürfen ohne eine solche Einwilligung eingescannt und in ein Netzwerk eingestellt werden.
Dies gilt auch für Intranets von Schulen und sonstigen Bildungseinrichtungen.

Druck: CS-Druck CornelsenStürtz, Berlin

ISBN 3-589-23611-6

Bestellnummer 236116

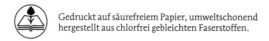

Inhaltsverzeichnis

Einleitung: Erfolgreich sein, Familienbetrieb sein 9

Teil I   Werte setzen – Werte schöpfen 13

Teil II Die betrieblichen Funktionen aus dem Blickwinkel des Familienunternehmens 21

1	Strategie? Strategie!	22
1.1	Besonderheiten und Eigenarten	22
1.2	Oktaven realer Strategie	28
1.3	Die Strategie bin ich?	30
1.3.1	Können wir, was wir wollen? Externe und interne Analyse ..	32
1.3.2	Externe Analyse	34
1.3.3	Die interne strategische Analyse	37
1.3.4	Generelle Analyseinstrumente	38
1.3.5	Zwischen Innovation, Tradition und Konzentration	41
1.3.6	Die strategischen Stellschrauben	41
1.3.7	Balanced Score Cards – Strategische Dart-Spiele	45
2	Finanzieren und Investieren – „Ohne Moos nix los"	47
2.1	Besonderheiten und Eigenarten	47
2.2	Oktaven realer Investitions- und Finanzierungsentscheidungen	54
2.3	Die Investition bin ich? Grundlagen systematischer Investition und Finanzierung	56
2.3.1	Investitionen in Marketing und Personal	57
2.3.2	Was gehört in den Investitionsplan?	58
2.4	Finanzierung – wo können die Mittel herkommen?	62
2.4.1	Wichtig ist, wie viel Geld in der Tasche ist	63
2.4.2	Alles eine Frage der Alternativen: Annuitäten- oder Tilgungsdarlehen?	65
2.4.3	Leasing	65
2.4.4	Öffentliche Mittel	66
2.5	Alles Factoring oder was?	67
3	Marketing – Wir sind auch wer: Ihr Profil am Markt ..	70
3.1	Besonderheiten und Eigenarten	70
3.2	Oktaven realen Marketings ..	76
3.3	Der Markt bin ich?	77
3.3.1	Zielgruppe: Scharfschütze statt Gießkanne	78
3.3.2	Den Wettbewerb im Visier	80
3.3.3	Produkt/Leistung	81
3.3.4	Engpassfaktor Vertrieb	84
3.3.5	Preis	86
3.3.6	Wissen die da draußen, dass es uns gibt?	87
3.3.7	Kunden finden – Kunden binden	89
3.3.8	Global denken, regional agieren, lokal Geld verdienen	92
3.3.9	Marketing mit knappem Budget	93
3.3.9.1	Ohrwürmer mit Kaufeffekt – regionale Rundfunkwerbung ...	93
3.3.9.2	Das Ohr am Markt – richtiges Telefonieren	94
3.3.9.3	Nicht Ablage „P" wie Papierkorb – erfolgreiche Werbebriefe	95
3.3.9.4	So werden Sie zum Leinwandstar – Kinospots	96
3.3.9.5	Kleine kommen groß raus – Plakate	97

3.3.9.6	Konsequent verkaufen statt nett plaudern 97	4.3.7.1	Elternzeit – Kinder braucht das Land 128
3.3.10	Ein Bild von Unternehmen – Öffentlichkeitsarbeit 100	4.3.7.2	Senioren – Strategien für sinnvolle Einsätze 129
3.3.11	Auf Messen messen? 101	4.3.7.3	Altersversorgung 129
3.3.12	Der Mix macht´s 101	4.3.7.4	Altersteilzeit - und tschüss...?! .. 129
		4.3.8	Nicht für harte Männer? Weiche Faktoren der Betriebsführung in der Unternehmenskultur .. 130
4	**Mitarbeiterführung in Familienbetrieben – Perlen fischen** **102**	4.3.9	Manchmal muss es sein... – die Kündigungsproblematik .. 130
4.1	Besonderheiten und Eigenarten 102	4.3.10	Kurz vor Schluss: Akten und Fakten 131
4.1.1	Persönliche und betriebliche Interessen 102		
4.1.2	Familiäre Untugenden und betriebliche Ungeschicklichkeiten 103	**5**	**Organisation, Information, EDV – ist Organisieren alles?** **134**
4.1.3	Wirtschaftseinheit und Sozialamt 104	5.1	Besonderheiten und Eigenarten 134
4.1.4	Werteprofil für spezielle Typen 105	5.2	Oktaven realer Organisationen 139
4.2	Oktaven realer Personal-„Führung" 107	5.3	Die Organisation bin ich? ... 141
4.3	Der Betrieb bin ich? 109	5.3.1	Meine persönliche Organisation 141
4.3.1	Führung von Mitarbeitern 109	5.3.2	Die Organisation der Organisation 144
4.3.2	Mitarbeiter/innen – die unbekannten Wesen 111	5.3.2.1	Verantwortung, Aufgaben, Kompetenzen und Durchgriff .. 144
4.3.3	Mitarbeiter suchen und finden: Anforderung und Eignung 113	5.3.2.2	Organisieren und führen 144
4.3.3.1	Hilfe! Der Markt der qualifizierten Leute schrumpft 115	5.3.2.3	Der alltägliche Feuerwehreinsatz 147
4.3.3.2	Wie und wo finde ich passende Mitarbeiter? 116	5.3.3	Konsequenter delegieren 148
4.3.4	Auf dem Weg zum Personalmarketing 118	5.3.4	Organisieren und informieren 149
		5.3.4.1	Wissensmanagement 149
4.3.5	Mitarbeiter finden – Mitarbeiter binden 119	5.3.4.2	Austausch von „Kopfwissen" – Kommunikation managen 151
4.3.5.1	„Überraschung" planen 120	5.3.4.3	Keine Kekse mehr? Zum Umgang mit Besprechungen 153
4.3.5.2	Personalentwicklung 121	5.3.5	Organisation und EDV 156
4.3.6	Lohn und Gehalt: Ein ewiges Lied/Leid 125	5.3.5.1	Ausstattung (Mindeststandards) 157
4.3.6.1	Leistungslohn 125	5.3.5.2	Die Sicherheit 161
4.3.6.2	Optionen die wichtiger als Gehalt sind 126	5.3.5.3	Die Organisation der Daten und ihre Benennung 163
4.3.7	Familienfreundliche Betriebe – wer, wenn nicht wir? 128	**5.4**	**Steht am Ende doch das „Organisationshandbuch"?** **164**

6	Controlling in Familienunternehmen – Mit Gespür und Methode 165	2	Gemeinsam leben, gemeinsam arbeiten 215
6.1	Besonderheiten und Eigenarten 165	2.1	Das Gefangenendilemma ... 216
		2.2	Konflikte 218
6.2	Oktaven realen Controllings 169	2.3	Partner und Generationen im Miteinander 220
6.3	Controlling bin ich? 171		
6.3.1	Grundlegendes zum Vorgehen 171	2.3.1	Partnerkonflikte - Betriebsprobleme schon zum Frühstück 220
6.3.2	Investitionsplanung 173		
6.3.3	Jahresplanung (KER) 173	2.3.2	Kind, Karriere, Work-Life-Balance 224
6.3.4	Liquiditätsplanung 189		
6.3.5	Controlling und sonst noch alles 192	2.3.3	Zum Nulltarif? 226
		3	Kooperation statt Konfrontation 226

Teil III Spezifische Erfolgskriterien und Problemfelder von Familienunternehmen 195

		3.1	Intensität von Kooperationen 228
		3.2	Gestaltung von Kooperationen 231
1	Unternehmer sein 196	4	Erfolg über Generationen .. 235
1.1	Unternehmerrolle, Unternehmergeist 196	4.1	Annäherung ans Thema: Familie – „Mein Baby" und mein Kind 235
1.1.1	Probleme des Standorts und Verortung des Familienunternehmens 196	4.2	Systematische Erarbeitung einer Nachfolgeregelung 238
1.1.2	Unternehmertypen 198	4.2.1	Die Bausteine im Einzelnen ... 238
1.1.3	Die schwierige Entscheidung zum (Familien-)Unternehmer 200	4.2.2	Altersversorgung und Unternehmenswert 239
1.2	Meister, Ingenieur und Unternehmer 203	4.3	Den Nachfolger im Blick 242
		4.4	Übertragungsstrategien 243
1.2.1	Fachliche Position 203	4.5	Familienunternehmenskultur: Aufbruch zum Imperium 245
1.2.2	Sachliche Position 204		
1.2.3	Persönliche Position 204		
1.2.4	Warum mache ich das alles? Vision, Traum und Wirklichkeit 212		

Zum Schluss: Familienbetrieb sein, erfolgreich sein 248

Sachregister 251

Geleitwort

Betrachtet man sich einmal die Struktur der deutschen Wirtschaft, so stellt man fest, dass Familienunternehmen den größten Teil der Unternehmen in Deutschland ausmachen. Man kann sie deshalb auch mit Recht als das Rückgrat der deutschen Wirtschaft bezeichnen. Laut einer Studie des Bundesverbands der Deutschen Industrie und Ernst & Young aus dem Herbst 2003, die vom Institut für Mittelstandsforschung in Bonn durchgeführt wurde, liegt der Anteil der von seinen Eigentümern geführten Unternehmen in Deutschland bei 94,8 %. Dieser Anteil scheint zwar von Branche zu Branche zu schwanken, den überwältigenden Anteil der Unternehmen bilden aber in allen Branchen Firmen, die von ihren jeweiligen Besitzern geführt werden. Betrachtet man daneben auch einmal die Größe dieser Unternehmen genauer, soll stellt man darüber hinaus fest, dass es sich bei den Familienunternehmen – entgegen der allgemeinen Vorstellung – keineswegs immer nur um so genannte Kleinbetriebe handelt. Familienbetriebe sind in Deutschland vielmehr in allen Größenordnungen zu finden.

Gemessen an dieser Bedeutung von Familienunternehmen für die deutsche Wirtschaft ist die Zahl an Publikationen, die sich mit ihnen und ihren Problemen beschäftigt, eher gering. Es ist daher zu begrüßen, dass sich die Autoren dieses wichtigen Themas annehmen. Die Darstellung ihrer weit reichenden Erfahrungen gliedern sie dabei in drei große Abschnitte. Im ersten Teil des Buches erläutern sie, worin die Besonderheiten familiengeführter Unternehmen liegen, wobei sie besonders darauf eingehen, wie Familienunternehmen Werte schöpfen und setzen können. Der zweite Teil des Buches setzt sich ausführlich mit den zentralen Managementaufgaben in Familienunternehmen auseinander, von der strategischen Ausrichtung über die Produkte und den IT-Einsatz bis zum Controlling. Im dritten Teil gehen die Autoren auf die Grundlagen zur Gründung, Führung und Weitergabe von Familienunternehmen ein. Sie thematisieren dabei in drei Abschnitten die Bedeutung von Unternehmerpersönlichkeiten, die Möglichkeiten zur partnerschaftlichen Unternehmensführung sowie den immer wichtiger werdenden Aspekt der Sicherung der Nachfolge in Familienunternehmen.

Das vorliegende Buch richtet sich an alle Verantwortungsträger in Familienbetrieben und bietet ihnen in ansprechender Form Tipps und Hilfestellung für ihr alltägliches Geschäftsleben. Die Autoren öffnen dabei auf spannende Weise die große Schatzkiste ihres persönlichen Erfahrungswissens. Ich kann nur hoffen, dass sich möglichst viele dieser wertvollen Erfahrungen bedienen und das Buch dadurch den ihm gebührenden Erfolg hat.

Prof. Dr. Thomas Hess
Universität München

Geleitwort

Familienwerte und wirtschaftliches Handeln

„Die Familie ist der Kern unserer abendländischen Gesellschaft". Dieser Satz findet sich im Schlusswort des vorliegenden Buches. Seine zentrale Bedeutung für ein Buch über Familienunternehmen ist all zu offensichtlich. Das Besondere der Familie soll deshalb auch das Geleitwort zu diesem einzigartigen – weil aus der Praxis für die Praxis geschriebenen – Buch über Familienunternehmen stimulieren.

Bei Familienunternehmen geht es um Familien, die Unternehmen führen. Es geht aber auch um Unternehmen, die wie eine Familie für alle Beteiligten sind. In beiden Fällen sind es der besondere Zusammenhalt und Schutz, das Sich-aufeinander-verlassen-Können, die Rückendeckung, das Vertrauen und das Wahrnehmen der gegenseitigen Verantwortung, die wesentlich zum Unternehmenserfolg beitragen. Ohne diese besonderen kulturellen Werte wären Familienunternehmen eben „nur" Unternehmen – und genau das sind sie nicht, wie die Kapitel dieses Buches eindrucksvoll vermitteln.

Werte bzw. Familie an sich sind im wirtschaftlichen Umfeld jedoch kein Selbstzweck. Sie müssen einem ökonomischen Zweck dienen. Sie sind zielorientiert aufzustellen und müssen am Ende des betrieblichen Alltags auch bewertet werden können. Denn die mit Werten verbundenen Wirkungen sind nicht einfach so aus dem Nichts da. Sie müssen geschaffen werden. Und darüber hinaus noch viel wesentlicher: immer wieder aufs Neue gepflegt und gegebenenfalls angepasst werden. Betriebswirtschaftlich gesprochen handelt es sich hierbei um Investitionen in immaterielle Güter. Diesen müssen im Sinne der Geschäftstätigkeit auch entsprechende Erträge gegenüber stehen.

Familienunternehmen handeln in diesem Spannungsfeld zwischen familiären Werten und ökonomischer Schlagkraft. Für sie ist es eine tägliche Herausforderung, zwischen beiden erfolgreich zu balancieren. Und beide Seiten haben ihre jeweiligen Vor- und Nachteile. Das heißt, welche Lösung auch immer gewählt wird, man muss sich im Klaren sein, dass es nie ganz ohne Verzicht auf etwas anderes zustande kommt. Und das ist gut so, denn es macht das Leben als Familienunternehmer/in erst so richtig spannend und herausfordernd.

Wie kann der Chef des Familienunternehmens, der „pater familias", sein Wissen so an seine Mitarbeiter weitergeben, dass er selber und seine Mitarbeiter nicht das Gefühl haben, dass er gar nicht mehr der Chef ist, weil es ja plötzlich alle können? Wie kann die kaufmännische Seite professionalisiert werden, ohne dass die „mater familias" in der doppelten Belastung zwischen Kinderbetreuung und Mitarbeit im Unternehmen aufgerieben wird? Wie kann man sich neuen Geschäftsfeldern zuwenden, ohne das bestehende Geschäft und die Mitarbeiter zu vernachlässigen? Wie regelt man die Unternehmensnachfolge, wenn der einzige Sohn so gerne möchte, aber gänzlich ungeeignet ist? Wie erkennt man überhaupt Handlungsbedarf, wenn einem die eigenen Augen durch das berühmte „tägliche Geschäft" quasi verbunden sind? Das sind Beispiele für besondere Problemlagen, mit denen sich Familienunternehmen konfrontiert sehen und die im vorliegenden Buch mit viel Sachverstand und selbst erfahrener Nähe hinsichtlich der besonderen Umstände in Familienunternehmen beantwortet werden.

Der „doppelte Dreisprung", drei Buchteile mit jeweils überwiegender Dreiteilung der Kapitel, ist dabei mehr als gelungen. Für erfolgreiche Unternehmen, die von Familien geführt werden und dabei gleichzeitig wie Familien wirken, sind letztlich drei Wissensbausteine notwendig, die das vorliegende Buch behandelt:

(I) Was macht das Familiäre an Familienunternehmen aus? Was genau ist das Besondere an Familienunternehmen, woraus ziehen sie ihre Kraft und schöpfen sie ihre Schlagkraft?

(II) Wie „ticken die Uhren" in Familienunternehmen? Wie funktionieren sie genau und wo liegen die Probleme?

(III) Wie kann man die Probleme angehen und lösen? Welche Methoden und Techniken gibt es, die das Leben als Familienunternehmer etwas leichter machen? Leichter wohlgemerkt, nicht langweiliger!

Familien sind im Umbruch. Zum Teil scheinen sie sogar out zu sein. Die Heiratsneigung sinkt, die Geburtenraten ebenso. Der Single ist anerkannte Lebensform. Demgegenüber stehen Befragungsergebnisse, die zeigen, dass über 80 Prozent der gegenwärtigen Jugendlichen gerne heiraten und eine Familie gründen möchten. In Zeiten zunehmenden gesellschaftlichen Wandels und wirtschaftlicher Instabilität und Ungewissheit ist das nicht besonders verwunderlich. Stabilität und Schutz in der eigenen Familie sind attraktive Anreize, der Gemeinschaft den Vorzug gegenüber der Individualisierung zu geben. Und für unternehmerisches Tätigwerden sind es allemal attraktive Anreize. Nicht umsonst wird in der betriebswirtschaftlichen Literatur das Thema Partnerschaften gegenwärtig so intensiv diskutiert.

Ich kann abschließend nur sagen: Familie ist „in"! Und damit habe ich den Tenor der gesamten folgenden Ausführungen in ein kleines Wort gepackt. Entpacken sie es und Sie werden staunen, welche tiefen und konstruktiven Einsichten Sie in den Kern unserer abendländischen Gesellschaft aus Unternehmersicht erhalten. Ich wünsche Ihnen viel Freude dabei.

Priv.-Doz. Dr. Harald F.O. von Kortzfleisch
Universität Köln

> Das Geheimnis des Erfolges liegt in der Beständigkeit des Ziels (Benjamin Disraeli, 1804 - 1881)
> Hoffnung, Freiheit und Gelegenheit sind die Voraussetzungen für den Erfolg (Alfred Marshall 1842 - 1924)

Einleitung: Erfolgreich sein, Familienbetrieb sein

Erfolg???

Auf der Suche nach dem Geheimnis des Erfolges geht jeder seine eigenen Wege. Das liegt sicher auch daran, dass Erfolg kein feststehender Begriff ist. Wer ist erfolgreich in unseren Augen? Was macht diesen Erfolg aus? Sind Sie erfolgreich? Was wünschen Sie sich noch zu Ihrem Erfolg – persönlich und beruflich?

Nun sind Sie ja Unternehmer/in und für die gibt es eine recht einleuchtende Formel des Erfolgs: Es ist die Differenz zwischen Aufwand und Ertrag. Je geringer der Aufwand, je höher der Ertrag, desto größer der Erfolg. Klar. Mehrwert schöpfen und Kapital ansammeln, hat es Karl Marx genannt.

Aber Sie sind ja Familienunternehmer/in. Für diese besondere Spezies passen viele Schablonen des Erfolgs nicht. Sie schielen nicht ständig auf den Gewinn, Sie haben nicht unzählige Gesellschafter im Nacken, die auf die Auszahlung ihrer Dividende pochen. Sie passen nicht in das Bild vom Ausbeuter, vor dem Staat und Gewerkschaft die Mitarbeiter schützen müssen. Sie passen nicht immer in die heutige Zeit. Erstaunlich, dass sie die weitaus größte Mehrheit der Betriebe in Deutschland darstellen.

Für Familienunternehmer stellt sich die Formel des Erfolgs nicht eindimensional, nicht geradlinig, nicht so offensichtlich dar. Sie bewegen sich auf dem schmalen Grat zwischen wirtschaftlicher Notwendigkeit, sozialer Verantwortung, ihrem persönlichen Wertekodex und dem Antrieb, zu „unternehmen". Die Frage „*Wie führt man Familienbetriebe erfolgreich in die Zukunft?*" hat deshalb **zwei Dimensionen**:
- Dazu gehört, die mehr oder weniger offenen Geheimnisse der **erfolgreichen Unternehmensführung** zu beleuchten, zu beschreiben und anwendungsorientierte Wege für den täglichen Gebrauch im Unternehmen aufzuzeigen. Das Handwerk der Unternehmensführung ist als eigenständige Aufgabe zu skizzieren, die so professionell wie möglich auszufüllen ist.
- Um Erfolg zu generieren, muss die **spezielle Situation in Familienbetrieben** berücksichtigt werden. Die Spezifika im Familienbetrieb können Motor oder Hemmschuh für den wirtschaftlichen Erfolg sein. Ignoriert werden können und dürfen sie nicht.

Dieses Spannungsfeld will das Buch auflösen. Die Idee dazu ist durch die und mit der Arbeit in Familienbetrieben gewachsen. Es möchte Ihnen ein Ratgeber sein, um die Herausforderungen des Unternehmeralltags in einem Familienbetrieb erfolgreich zu meistern, dies unter Berücksichtigung der Eigenarten, der besonderen Risiken und der besonderen Chancen.

Es will gleichzeitig ein Signal, ein Aufschrei, ein Aufbäumen sein:
- Für ein größeres **Selbstbewusstsein** in den Familien, die Betriebe führen,
- für die notwendige **Professionalisierung** der Unternehmensführung in den Betrieben und den Köpfen,
- für die Wahrung der **Tradition** und den Erfolg über Generationen,
- für die überfällige **Anerkennung** in Wirtschaft, Gesellschaft und Politik,
- für die **Chancen**, die Deutschland durch das „Zukunftsmodell Familienbetrieb" hat.

Der politische Anspruch dieser Thesen ist unübersehbar und das ist Absicht. Wir wollen offen aussprechen, was sich in dieser Gruppe der inhabergeführten Betriebe bewegt, was *uns* dabei bewegt und was wir glauben, was hier noch bewegt werden kann. Zum Positiven für alle – fern von der Hoffnung auf staatliche Unterstützung, fern von jeder Form einer Selbstbedienungsmentalität. Sicherlich können wir nicht verbergen, dass wir in dem Modell „Familienbetrieb" eine echte Zukunft und eine sinnvolle Alternative zu „Ich-AGs" und anderen Ego-Zentren sehen. Das wollten wir gerne an die Familienunternehmer und solche, die es werden wollen, vermitteln. Übrigens: Wir gehen nicht davon aus, dass der Chef immer der Mann sein muss, auch wenn das die gewählte Form der Ansprache oft vermittelt. Das war nur eine Entscheidung zur Vereinfachung der Sprache, nicht zur Vereinfachung der realen Situation, die ja gerade in Familienbetrieben meist durch Mann und Frau verkörpert wird.

Über die Ideen, den Familienbetrieb als Zukunftsmodell zu präsentieren, über die wirtschaftlichen, gesellschaftlichen und politischen Konsequenzen lässt sich trefflich diskutieren. Dazu sind wir jederzeit bereit. Kommen Sie auf uns zu, wir stellen uns der Diskussion. Die fachlichen und sachlichen Inhalte, die hier vermittelt werden, sind von dieser Annahme unberührt. Sie lassen sich in jedem Fall für den Erfolg Ihres Betriebes anwenden, auch wenn Sie das „Zukunftsmodell" nicht so positiv sehen. Allein aus diesem Grund sehen wir kein Problem, unsere Appelle in ein „Lehrbuch" mit aufzunehmen.

Letztlich sind Ziel und Zweck dieser Aktion hier, den **Familienbetrieben Wege zum Erfolg aufzuzeigen**. Das ist dann eben einmal die **wirtschaftliche Seite**, die ganz einfach stimmen muss, um das Überleben zu sichern, und dazu werden Sie hier Methoden und Techniken kennen lernen. Es ist aber auch die **ideelle, persönliche Erfolgsdefinition**, die bei jedem Unternehmer anders sein wird. Hier können wir nur **Tipps** geben, zum **Nachdenken** anregen, **Horizonte** und **Perspektiven** aufzeigen.

Als Familienunternehmer werden Sie nicht jede einzelne Position bei sich wiederfinden. Die aufgeführten Positionen sind die Addition unserer Erlebnisse vor Ort, in den Betrieben selbst. Wir wollten möglichst wenig außen vor lassen, um das Spektrum für Ihren Erfolg möglichst breit anzulegen. Soweit erkennbar, gibt es unzählige Bücher zum Thema Erfolg, aber kaum eines über den Erfolg in Familienbetrieben. Auf den ersten Blick ist das erstaunlich, lassen Sie uns genauer hinschauen.

Familienbetrieb???

Ein Buch zu Familienbetrieben? Das sind doch die ganz Kleinen, die Tante-Emma-Läden, die Zwei-drei-Mann-Betriebe. Stimmt. Familienbetriebe, das sind aber auch Oetker, Hipp, Schrauben-Würth, ehemals auch Neckermann und Grundig. Beide Gruppen stellen zwei Pole eines breiten Spektrums dar. Dazwischen findet sich das Rückgrat der deutschen Wirtschaft: Die vielen 10-bis-200 Mann-Betriebe, auf deren Rücken sich sprichwörtlich die Zukunft Deutschlands entscheiden wird. Sie haben die Energie, die Belastbarkeit, die Fähigkeit und den Mut, sich dieser Aufgabe erfolgreich zu stellen.

Familienbetriebe sind ein deutsches Zukunftsmodell mit tiefen Wurzeln in der Vergangenheit. Sie sind Anker, sie geben Stabilität durch Tradition, sie geben Perspektive für Generationen, sie bieten Emanzipation und Partnerschaft und sie haben genug Innovationspotenzial, um heutige und künftige Herausforderungen meisterlich zu meistern. Sie sind die Symbiose von Wirtschaft und Gesellschaft, indem sie die **zwei Säulen Familie und Unternehmen verbinden**. Sie können den wirtschaftlichen Karren aus dem Dreck ziehen. Sie können sogar noch mehr als das. Nicht aus dem Stand. Da ist noch viel zu tun. Umdenken, neu ansetzen müssen die meisten, konsequent an einer **Professionalisierung** ihrer Profession, ihres Berufes als Unternehmer arbeiten. Denn selbstverständlich sind nicht nur die anderen schuld, dass es vielen Familienbetrieben heute nicht mehr gut geht. Viel Arbeit wartet, aber Familienunternehmer scheuen die Arbeit nicht – auch das ist eine wesentliche Basis für ihren Erfolg und damit den Deutschlands.

Einige haben allerdings schon die Lust verloren am „Unter-Nehmen" und machen statt dessen nur noch „ihr Ding". Gründe dafür gibt es genug: In der Liste der angesehen Berufe in Deutschland rangiert der Unternehmer ganz weit unten. Werte, die in Familienbetrieben gelebt werden, finden in Deutschland nur wenig Beachtung. Die Belastung für die einzelnen Unternehmen steigt, die Knüppel, die ihnen von Politik und Gesellschaft gegen die Beine geschlagen werden, sind schmerzhaft. Sie können auch anders und sie können auf jeden Fall sich und ihre Familie über die Runden bringen. Das ist unschätzbar für die „Betreiber", die Unternehmer, es ist schlecht für die Zukunft der Betriebe. Gott sei Dank denken die wenigsten über solche Alleingänge bzw. Ausstiege nach. Geschweige denn, dass ihnen die wirtschaftliche und politische Sprengkraft bewusst wäre. Familienbetriebe leiden unter chronischer Selbstunterschätzung. Lieber drei zu tief als eins zu hoch stapeln, „wir sind doch die Kleinen", ist die Devise. Das spielt sich in den Köpfen der Leute ab, die wirtschaftliche Realität sieht anders aus. Nahezu 85% aller Betriebe in Deutschland sind Familienbetriebe. Darunter neben Einzelunternehmen auch GmbHs, OHGs, Kommanditgesellschaften, AGs.

Wünschenswert wäre, dass auch die Politiker genau hinschauen, wo welcher Motor sitzt. Dass die Gewerkschaftschefs nicht so oft Tante Emma mit der Großindustrie in einen Topf werfen, wenn sie von Unternehmen sprechen. Dass Abstand genommen wird von dem Unternehmerbild des Ausbeuters aus dem letzten Jahrhundert und dass zwischen Unternehmern und Managern in Großbetrieben getrennt wird. Diese verlieren nicht gleich das Familiensilber, das Grundstück von Oma oder gar die Altersversorgung, wenn etwas schief läuft. Vorsicht: Keinesfalls soll das Feindbild Unternehmer gegen das Feindbild Manager getauscht werden. Es geht nur darum, festzustellen, dass das deutlich unterschiedliche Positionen sind. Es wird Zeit, dies ins Bewusstsein der breiten Öffentlichkeit zu bringen und gleichzeitig mitzuteilen, dass in ihren Reihen ein Kleinod existiert, das es zu hegen und zu pflegen lohnt: Das Familienunterhmen und seine gesamte Mannschaft.

Ganz nüchtern betrachtet, sind es drei Kriterien, die das „Original", den Familienbetrieb, von Nachahmern und sonstigen Betrieben unterscheidet:
- Das Unternehmen ist inhabergeführt.
- Die Familie hält die meisten „Geschäftsanteile" bzw. ist größter Risikokapitalgeber.
- Das Unternehmen ernährt die Familie.

Inhabergeführt heißt: Der Unternehmer ist Manager. Mehr noch: Er ist auch Kapitalgeber. Trifft er falsche Entscheidungen, haftet er dafür. Manchmal haftet die ganze Familie mit. Deren Wohl hängt direkt vom Auf und Ab im Betrieb ab. Diese harten Fakten sprechen für sich. Aber solche sachlichen Kriterien allein bilden nicht vollständig ab, was den Familienbetrieb ausmacht. Der besondere Reiz, die Chancen und die Risiken stecken auch und gerade in eher weichen Faktoren. Im Gegensatz zu den formalen Kriterien, die erfüllt sein müssen, um als Familienbetrieb gelten zu können, sind diese Positionen nicht zwangsläufig, wenngleich sie häufig genug vorkommen, um als „typisch" durchzugehen.

Dieses „Typische", die Besonderheiten und Eigenarten durchziehen das gesamte unternehmerische Tun. Es findet sich wieder in der familiären Umwelt der Inhaber, im Verhältnis zu den Mitarbeitern, es prägt die kurzfristige, operative Tagesarbeit ebenso wie den großen Wurf. Es ist fundamentaler Teil der Familienbetriebe und ohne Kenntnis dieser Details lassen sich die realen wirtschaftlichen Prozesse nicht nachvollziehen. Deshalb ist es auch so schwierig, Erkenntnisse der Betriebswirtschaftslehre, die sich mit der optimalen Führung eines Betriebes auseinander setzt, 1 : 1 auf die Familienbetriebe zu übertragen. Große gedankliche Entwürfe der Theoretiker und der Praktiker aus den Großbetrieben versanden im inhabergeführten Getriebe, wenn sie nicht für die Familienbetriebe angepasst werden. Viele gute Managementtechniken laufen dem Vorurteil „*Das ist nichts für uns kleine und mittelständische Unternehmen*" direkt in die Arme. Schade.

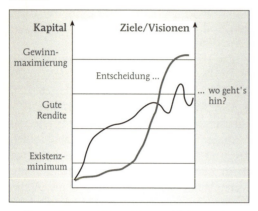

Nun gibt es mittlerweile eine Reihe Wissenschaftler, Macher in Großbetrieben und Chefs in Familienbetrieben, die angefangen haben, auf diesen Mangel konkret zu reagieren. Prof. Hess und Dr. Kortzfleisch, sie haben Geleitworte zu diesem Buch geschrieben, gehören als „Pioniere" dazu. Die Private Universität in Witten/Herdecke beschäftigt sich mit inhabergeführten Betrieben. Der Cornelsen Verlag hat eine Plattform für dieses Thema zur Verfügung gestellt. Die Zeichen stehen günstig wie schon lange nicht mehr. Die Zeit der Familienbetriebe scheint (ein weiteres Mal?) gekommen zu sein. Nutzen Sie sie!

Erfolg im Familienbetrieb?
Diese Überlegungen haben die Struktur des vorliegenden Buches geprägt. Herausgekommen ist ein „doppelter Dreisprung": Doppelt, weil er sich einmal auf die drei Teile des Buches bezieht und zum zweiten, weil die meisten Kapitel in sich dreigeteilt sind.

Der erste Sprung ist die Frage: Was ist besonders an den Familienbetrieben, was ist zu beachten und wie können sich Unternehmensführer und Mannschaft darauf einstellen? Im Gesamtzusammenhang des Buches wird das unter dem Teil I zu „Werte setzen – Werte schöpfen" dargestellt.

Der zweite Sprung ist ein Blick in das Alltagsleben des Betriebes. Wie sieht es aus in den Bereichen, die Chefsache sind, die in großen Konzernen von hoch dotierten Managern besetzt sind? Wie klingen die „Oktaven realer Unternehmensführung", wie spielen die Unternehmen das Unternehmensklavier? Sind sie noch in der Probestunde oder schon konzertfähig? Jeder Leser kann sich seine Notenskala erstellen und die Töne genauer unter die Lupe nehmen, die für ihn und seinen Betrieb interessant sind. Er kann sich selbst positionieren und seine Chancen ausloten. Dies einmal für jeden Bereich, der im Sinne einer Pflichtübung zu bewältigen ist und zum anderen im Sinne einer Kür, die den Familienbetrieben überlassen bleibt und die nur sie formvollendet darstellen können. Im Rahmen des Buches wird das mit dem zweiten Teil zu den „Betrieblichen Funktionen im Familienbetrieb" abgebildet. Er beinhaltet die funktionalen Bereiche der Unternehmensführung. Jedes Kapitel (Strategie, Finanzierung, Marketing, Führung, Organisation und Controlling) wird ebenfalls nach dem Dreisprung-Prinzip betrachtet.

Den Dreisprung vervollständigen die Skizzen der Lösungswege in Teil III, die Präsentation von Methoden und Wegen, um das zu erreichen und abzubilden, was für Familienbetriebe möglich ist und was so dringend notwendig wäre für die wirtschaftliche Zukunft Deutschlands. Vorgestellt werden die spezifischen Lösungswege für den Familienbetrieb. Der Sprung ist damit abgeschlossen. Geplant ist, eine weiche Landung hinzulegen. Hoffen wir, dass es gelungen ist.

Übrigens: Das Buch muss nicht von hinten nach vorne gelesen werden. Sie können nur mal reinschauen, durchblättern, hoffentlich hängen bleiben. Das ist in Ordnung. Das Buch ist stabil genug, dass Sie es ständig bei sich tragen und bei Bedarf blättern können.

Teil I

Werte setzen – Werte schöpfen

Besonderheiten und Eigenarten des Familienbetriebes

Kleine und mittelständische Unternehmen rangieren offiziell in der Schublade „KMU". Das ist nichtssagend genug, damit sich jeder sein eigenes Bild machen kann. Wann ist klein klein und wann ist mittel schon groß? Die Europäische Union hat eine zahlenmäßige Festlegung nach Mitarbeitern gemacht, die Klarheit in diese Größeneinteilung bringt.

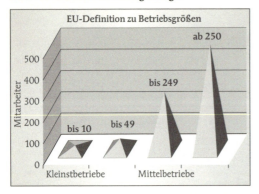

Die Familienunternehmen tummeln sich mit in diesem „KMU-Becken". Sie akzeptieren dieses Etikett, diese Abkürzung, obwohl es eine leblose Schematisierung ist (die wir übrigens auch in diesem Buch dann ganz praktisch verwenden, wenn in einer Aussage auf die Größe des Betriebs abgehoben werden soll).

Familienbetrieb. Es braucht Mut für diese Bezeichnung. Nur wenige haben ihn, die meisten bleiben lieber anonym, was schade ist. Familienbetriebe verschaffen sich nicht die Öffentlichkeit, die ihnen gut tun würde, die sie unterstützen könnte, als das erkannt zu werden, was sie sind. Familienbetriebe haben zu viel schlechtes Gewissen und zu wenig Selbstvertrauen, sie beziehen zu wenig Position und stellen zu selten dar, wer und was sie sind. Wahrscheinlich halten sie damit einen Teufelskreis am Laufen: Denn diese Öffentlichkeit, deren Meinung ihnen ja so wichtig ist, hat kaum eine Chance, die Bedeutung der Familienbetriebe zu erkennen und sie damit auch wertzuschätzen.

Zu wissen gibt es viel. Was unterscheidet Familienbetriebe vom „Rest" der Wirtschaftswelt? Hier ist eine Liste von Äußerungen zur Annäherung, die wir im Folgenden dann näher beleuchten werden. Es sind darin Rubriken von O-Tönen zusammengefasst und solche O-Töne zitieren wir in jedem weiteren Kapitel dieses Buches, um das Stimmungsbild einzufangen:

- Buckeln für das Bruttoinlandsprodukt – das Rückgrat der Wirtschaft.
- Kleiner und ganz schön anders – es gibt da harte Abgrenzungskriterien.
- Wecker und Werte – für die Mannschaft und den Rest der Gesellschaft.
- Zwischen Tradition und Innovation: Familie und Unternehmen.
- Gut ge„brieft"? Meister im Unternehmersein.
- Wollen, können, müssen, würden wir – was sollen wir tun?

Buckeln für das Bruttoinlandsprodukt – das Rückgrat der Wirtschaft

Kleinvieh macht auch Mist. Kein Wunder, dass dieser Satz in den Schläfen hämmert, wenn man die wirtschaftliche Bedeutung der Familienbetriebe herausarbeiten will. Ein kleines Schmunzeln sei erlaubt, denn das „Kleinvieh" macht tatsächlich manchen „Mist". Das ist einer der Gründe, warum dieses Buch geschrieben wurde – als Leitfaden, es besser zu machen. Schaut man sich dann an, was sonst noch gemacht wird, kommt allerdings großes Staunen auf.

Hier eine kleine Dokumentation der wirtschaftlichen Bedeutung von Familienunternehmen:

- Sie bringen die höchste Wertschöpfung in Deutschland.
- Sie haben die meisten Auszubildenden auf der Lohnliste.
- Sie beschäftigen die meisten Mitarbeiter.
- Sie melden die meisten Patente an.
- Sie stehen in der Liste der Spender ganz oben.

- Sie bekommen die wenigsten Zuschüsse und Subventionen.
- Sie haben deutsche Steuernummern und zahlen brav ihre Steuern.

Schlagkraft ist das, Streikmacht, würden vermutlich die Gewerkschaften sagen.

Nun ist bei Familienunternehmern mit Sicherheit nicht zu erwarten, dass ein lauter und verkündeter Streik ausgerufen wird. Die Politik kann vermutlich auch noch lange darauf setzen, dass es bei den Familienbetrieben nicht läuft wie bei einer Reihe von Konzernen, die durch transnationale Verflechtungen ihren Steuerverpflichtungen in anderen Ländern nachkommen und die damit in mancher Kommune die aktuell und heftig diskutierten Löcher im Steuersäckel hinterlassen.

Dieses Thema könnte allerdings politische Sprengkraft entwickeln, denn es zeigt, dass mit dem Wohl und Wehe deutscher Familienbetriebe die deutsche Wirtschaft ein Stück auf und ab geht. Politiker wissen das natürlich, dennoch vermisst man das ihrer Bedeutung entsprechende „sich stark machen" für die Familienunternehmen in den Parteiprogrammen. Ihre Bedeutung liegt in der Summe, aber die Familienbetriebe geben sich bisher keine Lobby. Die Zeiten ändern sich und das geschieht dann hoffentlich auch in den Familienbetrieben, die sich ihrer Rolle bewusster werden und mehr Beachtung und Unterstützung beanspruchen sollten. Entwerfen wir zunächst ein differenziertes Bild von den Familienunternehmen. Schnell stellt sich dann heraus, dass klein nicht einfach nur eine Verkleinerung von groß ist. Klein ist anders, und das in vielen Bereichen und Belangen.

Kleiner ist ganz schön anders – harte Abgrenzungskriterien

In betriebswirtschaftlicher Hinsicht sind vier Positionen herausragend, die eine inhaltliche und substanzielle Abgrenzung zu großen und nicht-inhabergeführten Betrieben bringen. Sie sind Beleg für die Andersartigkeit und dokumentieren, wie wichtig die zielgruppennahe Auseinandersetzung mit den Familienbetrieben ist. Die Kennzeichen lesen sich wie folgt:
- Das Problem der Nachfolgeregelung,
- ein extrem hoher Fremdfinanzierungsanteil,
- mangelnde bzw. teils fehlende Controlling-Instrumente und
- geringer Einsatz von Managementtechniken.

Vorstände in Großunternehmen, Leiter von Profitcentern, Filialisten: Für keinen von ihnen ist die **Nachfolgeregelung** als persönliches Problem akut. Dabei geht es zum einen um den **Generationenwechsel** und die konkrete Situation, wenn Junior und Senior die Stühle tauschen oder wenn der Betrieb an fremde Dritte weitergegeben wird. Thema ist zum anderen die **Sicherung** des Betriebes im Falle eines plötzlichen und ungeplanten **Ausfalls** des Unternehmers. Kann der Betrieb ohne den Unternehmer/Inhaber weitergeführt werden, können längere Ausfallzeiten verkraftet werden? Kann die Familie in der Zwischenzeit materiell überleben? Das sind existenzielle Fragen, die jedes Familienmitglied betreffen und die meisten betroffen machen.

In Managementbetrieben, wie wir sie abgrenzend einmal nennen wollen, ist die Perspektive auf die Weiterführung des Unternehmens eine ganz andere: Viel zu viele Nachfolger kratzen oft schon jahrelang an den Stühlen der Vorgänger. Das schafft auch Unsicherheit, aber auf eine ganz andere Art.

Der **Fremdfinanzierungsanteil** in deutschen Familienuntennehmen ist hoch, die durchschnittliche Eigenkapitalquote liegt bei mageren rund 12% des Gesamtkapitals. Auf die Auswirkungen kommen wir später konkret zu sprechen (Teil II, Kap. 1 und 2).

Ein ähnlich deutliches Abgrenzungsmerkmal zu managementgeführten Betrieben ist die Erfahrung, dass das **Controlling** nicht ausgereift ist und daher auch nicht als ein Steuerungsinstrument zur Verfügung steht (auch das greifen wir ausführlich auf, Teil II, Kap. 6). Viele Chefs sind ausgestattet mit Meisterbrief, Technikerabschluss, Ingenieurstudium und vergleichbaren anderen beruflichen Sparten. Was Chefsache bei der Unternehmensführung ist, wissen sie meist nicht so genau.

Keiner hat einen Unternehmerbrief, keiner ist zum Unternehmer ausgebildet. Da darf es nicht verwundern, dass – im Gegensatz zu Großbetrieben – kaum **Managementtechniken** eingesetzt werden. Einer professionellen Unternehmensführung ist das nicht gerade zuträglich, dem Erfolg der Familienbetriebe schon mal gleich gar nicht..

Aber diesem Erfolg sind wir hier auf der Spur. Mit detektivischem Gespür werden wir Lösungswege suchen und finden. Dazu werden wir nach Indizien suchen, die Erfolg begründen oder behindern. Wer sich mit Familienbetrieben beschäftigt, wird feststellen, dass es neben den genannten analytischen Merkmalen auch Faktoren gibt, die sich nicht genau in eine Kontur fassen lassen. Sie sind wissenschaftlich quasi noch jungfräulich und deshalb gibt es auch keine exakte Vorlage. Aber es gibt Erfahrungen, Stimmungen, Skizzen dessen, was besonders, anders, typisch ist im Familienunternehmen. Um dem Ganzen eine gewisse Struktur zu geben, macht es Sinn, zwischen persönlicher/privater und sozialer/gesellschaftlicher Ebene zu unterscheiden. Die Familie spielt natürlich eine zentrale Rolle.

Zwischen Tradition und Innovation: Familie und Unternehmen

Bald ein Jahrhundert ist es her, dass die Metzgermeistergattin ein hoch angesehenes Mitglied der Gesellschaft war. Verheiratet mit einem Unternehmer, dieser meist vermögend, Geschäftsfrau – das war schon etwas. Der Unternehmer selbst rangierte in der Liste der „angesehenen Berufe" ganz vorne, neben Arzt und Lehrer. Betrieb und Familie waren meist bekannt in Stadt und Land.

Zwischen damals und heute liegen Jahrzehnte mit teils starken, teils schwachen Gewerkschaften, mit konservativer oder sozialdemokratischer Politik, mit Wirtschaftsboom oder Ölkrise. Es gab Emanzipation, Fresswelle, Psycho-Trips und manche Wucherungen im Sozialstaat. Es gab unverständliche Steuergesetzgebungen. In guten Phasen boomte der Designer-Kaufrausch, heute prägt Arbeitslosigkeit viele Städte und wir sprechen über die Ausbildungsplatzabgabe.

Gattin zu werden ist nicht mehr für jede Frau ein Wert an sich, die Frau eines Metzgermeisters wird zwar als gestandene Geschäftsfrau akzeptiert, aber zu den bevorzugten Wunschbildern gehört diese Rolle längst nicht mehr.

Das Modell Familie durchläuft immer wieder wechselnde Phasen der Attraktivität, einmal ist es „in", einige Zeit später komplett „out". Schon allein der Begriff Familienunternehmen oder Familienbetrieb (wir verzichten in diesem Buch übrigens auf die sonst übliche Unterscheidung von Unternehmen und Betrieb und verwenden dies aus praktischen Gründen synonym) scheint aus dem letzten Jahrhundert importiert. Die Wertebasis ändert sich ständig. Wer heute bereit ist, die materielle Verantwortung für sein Handeln zu übernehmen, hat schon eine fast exotische Position. Ein Unternehmer zahlt für jede Fehlentscheidung Lehrgeld aus seiner Tasche. Vor Jahrzehnten hat er für diese Risikobereitschaft den vollen Respekt der Menschen bekommen.

Viel hat sich geändert. Die zwei, eigentlich drei sozialen bzw. wirtschaftlichen Gebilde, die in diesem Zusammenhang von Bedeutung sind, sind seit vielen Jahren aus ihrer bisherigen Verankerung gerissen und aus dem Gefüge geraten. Konkret betrifft dies

- die Familie,
- Unternehmen allgemein und
- Familienunternehmen im Besonderen.

Die Familie gilt als kleinste soziale Einheit und tragende Säule der Gesellschaft, die Unternehmen als die tragenden Säulen der Wirtschaft. Das Familienunternehmen steht daher in einer besonderen Tradition und wirkt auf viele Seiten. Diese Wirkung betrifft einmal die eigene Familie: Das Unternehmen ernährt die Familie, der Ehepartner arbeitet in vielen Fällen mit. Statistisch ist überwiegend die Frau die Mitarbeitende (was auf das spezifische Thema „Unternehmerfrau" führt) und die Kinder wachsen in einer leistungsorientierten Umgebung auf. Sie bekommen eine berufliche Perspektive in die Wiege gelegt. Das war nicht immer nur ein Glück, sondern ist manchmal auch Belastung. Dieses **Spannungsfeld Familie und Unternehmen** kann ein immenser Wettbewerbsvorteil sein, aber auch ein Hindernis für den Erfolg. Die **Konfliktherde** liegen in den Schnittmengen Frau - Mann, Senior - Junior, Familie - Unternehmen und in der Persönlichkeit der Unternehmenslenker. Hier stecken die größten Potenziale für das Zukunftsmodell Familienbetrieb. Dies wird in Teil III des Buches beleuchtet.

Die Wirkungen der wirtschaftlichen und sozialen Einheit gehen über die Familie im engeren Sinn hinaus. Sie wirken auf die Mannschaft und den Rest der Gesellschaft.

Wecker und Werte – Für die Mannschaft und den Rest der Gesellschaft

In Familienbetrieben „menschelt" es. Wenn der Azubi zum x-ten Mal am Morgen verpennt hat, kann es durchaus vorkommen, dass der Chef um sechs Uhr bei ihm zu Hause Sturm klingelt und ihn mit in die Arbeit zerrt. Früher war es der Job der Eltern, den Filius zur Arbeit zu schicken, heute sind die eher noch sauer, dass der Chef Wecker spielt. Nun mag man darüber streiten, ob das Fortschritt, Selbstbestimmung oder einfach nur Bequemlichkeit ist. An dieser Stelle ist nur entscheidend, dass der Familienbetrieb für viele Seelen unserer Gesellschaft eine zweite Familie werden könnte. Das könnte als echte Alternative viele sozialpolitische Probleme auffangen (und möglicherweise Menschen davor bewahren, bei Sekten zu landen, zu Drogen zu greifen, als arbeits- und orientierungslose Jugendliche zu Vandalismus zu neigen oder sogar kriminell zu werden). Familienbetriebe, die klare Regeln bieten, in denen Verständnis nicht nur beschworen, sondern gelebt wird, haben treue und anhängliche Mitarbeiter. Diese spüren, dass sie nicht nur Teil eines anonymen Getriebes sind. Sie sind dann auch offen für Werte und Regeln, die in diesen Unternehmen hochgehalten werden. Zuverlässigkeit, Fleiß, Pünktlichkeit, Ehrlichkeit, Fairness, Offenheit, Meinungsfreiheit, Vertrauen, Sich-Verlassen-Können – das sind im positiven Sinn keine überholten Eigenarten, sondern solche, die sowohl die Jugend als auch die ältere Generation zu schätzen weiß. Deutsche Tugenden? Vielleicht. Es könnten auch andere sein, entscheidend ist letztlich, dass Familienbetriebe eine Leitlinie sein können (siehe auch Teil II, Kap. 4 zum Thema Führung)).

Ein Familienbetrieb, der Ziel, Richtung und Regeln bietet, ist der „Delfin im Haifischbecken". Es ist nicht auszuschließen, dass das Wellen schlägt, die über den Betrieb hinausgehen. Jeder Betrieb, der bereit ist, in diese Richtung Verantwortung zu übernehmen, seine Vorbildfunktion erkennt und auch ausfüllen möchte, macht damit letzten Endes auch Politik. Denn Wertsetzung und Wertvorgabe sind ureigenste Aufgabe der Politik, und wenn sie das nicht mehr (richtig) schafft, müssen andere ran. Der Familienbetrieb wäre nicht die schlechteste Alternative.

Gut ge„brieft": Meister im Unternehmersein

Überall wird die Aufweichung des Meisterbriefes beklagt. Wir beklagen, dass niemand einen Unternehmerbrief fordert. Denn der tut Not. Ein guter Fachmann ist noch lange kein guter Unternehmer. Und ein Meisterbrief ist noch kein Unternehmerbrief. Es ist aus unserer Sicht unverantwortlich, dass Menschen in die

Selbstständigkeit „beraten" werden, ohne ihnen eine Ahnung davon zu geben, was das bedeutet und welche Qualifikationen dazu notwendig sind. Beispielsweise, wer eine Ich-AG anmeldet, muss noch nicht einmal einen Business-Plan vorlegen. Viele dieser Gründer sind tatsächlich eher der Not gehorchend in die Selbstständigkeit bzw. Freiberuflichkeit gerutscht. Manche wurden hineingezwungen. Wieder andere sind dem „Charme" der staatlichen Zuschüsse erlegen, haben die Unterstützung mitgenommen, um dann festzustellen, dass das soziale Netz für sie nicht mehr zur Verfügung steht. Einige werden früher oder später eine Niederlage zugeben müssen. „Den Finger heben", einen „OE", einen Offenbarungseid leisten, nennt man das. Das ist ein sehr flapsiger Ausdruck für den Verlust des letzten Hoffnungsschimmers.

Einige haben das unternehmerische Potenzial, zu wachsen, Unternehmer zu werden. Eine bestimmte Teilmenge davon wird Familienunternehmer. Dazu gehören all die besonderen Verpflichtungen und all die besonderen Chancen, auf hier wir auch besonders aufmerksam machen wollen. Eingeschlossen ist all das, was auf einen Familienunternehmer im Laufe seines Lebens so „hereinprasselt" und was vielfach nicht gesehen wird, aber doch Wert ist, Verständnis zu bekommen

Hier eine Auswahl wesentlicher Sicht- und Verhaltensweisen:
- Unternehmer müssen sich disziplinieren, um nicht ständig Privatleben und „Geschäft" zu vermischen.
- Sie glauben „Selbst ist der Unternehmer" und haben Schwierigkeiten, kompetente Unterstützung von außen zu akzeptieren.
- Nicht alle wollten das Ruder übernehmen, konnten sich aber der Verpflichtung und dem familiären Druck nicht entziehen.
- Sie sind unberührt von der Wiedereinführung der 40-Stunden- Woche, weil sie die bereits am Donnerstag Vormittag auf dem Buckel haben.
- Sie sind alarmiert über die Situation in Deutschland. Einmal, weil sie wenig Möglichkeiten haben, die zunehmende Internationalisierung wirklich für sich zu nutzen. Zum anderen, weil sie schwarz sehen im Hinblick auf die Zukunft in einem Land, in dem Arbeit längst nicht mehr adelt.
- Sie betrauern ihr schlechtes Image in der Gesellschaft, sind aber nicht konsequent genug, um ihre neue Position zu suchen.
- Sie ahnen, dass nur der Mittelstand, nur die Familienbetriebe sich selbst helfen können, aber sie verharren in Stillstand, weil man erst mal „schauen muss".

Diese Liste ist länger, als Ihnen als Leser/in zuzumuten wäre. Sie gibt ein Gefühl dafür, was die Familienunternehmer bewegt, erklärt die Sorgenfalten. Eingebunden in einen hektischen Alltag sind die Unternehmer meist zeitlich so eingespannt, dass ihnen wenig Zeit bleibt, über den Tellerrand des Heute hinauszuschauen.

Manche scheuen das auch, denn auf dem Feld, das sie dann betreten – das der Unternehmensführung – fühlen sie sich nicht wirklich sicher. Und dieses Feld hat auch nicht wirklich Tradition.

Die meisten Unternehmenslenker wollten nichts anderes, als das zu tun, was sie gelernt haben – wir zählen eine kleine Liste auf, die Ihnen die Bandbreite illustriert, mit der wir Sie als Leser/innen ansprechen: Fliesen legen, Möbel schreinern, Computer reparieren, Steuererklärungen ausfertigen, Fitnessbegeisterte trainieren, Autoteile montieren, feinste Zahntechnik bieten, die Leute von A nach B bringen und ihnen dabei ein gutes Gefühl verschaffen, EDV-Lösungen entwickeln, Fiberglas produzieren...

Gemeinsam ist allen, dass sie das Ganze eben auf eigene Rechnung tun, im Gegensatz zu Arbeitern bzw. Angestellten. Und immer gab und gibt es dabei mehr oder weniger Erfolgreiche. Aber 40.000 Insolvenzen wie im Jahr 2003 gab es noch nie. Es ist keine Plattitüde zu behaupten, dass sich die Zeiten wahrlich geändert haben. Wir kommen in mehreren der folgenden Kapitel immer wieder darauf zu sprechen, dass die Anforderungen an den Unternehmer, die Unternehmerin, heute immens sind.

Wir brauchen Unternehmer. Diese brauchen ein Eigenschaftsbündel für den Erfolg (siehe Teil III „Unternehmer-Sein", im Zuge von Gründungsberatung wird dies als Entrepreneurship bezeichnet) und sie brauchen Wissen über die Unternehmensführung.

Wollen, können, müssen, würden wir – was sollen wir wirklich tun?

Gehen wir einmal davon aus, dass der Firmeninhaber motiviert ist, trotz schlechter Zukunftsaussichten, anzupacken und das Ruder auf Erfolgskurs zu stellen. Dann heißt das längst noch nicht, dass er weiß, was zu tun ist, um das zu erreichen. Was ist „Chefsache" im Unternehmen, was soll, kann, muss er erledigen? Das ist eine schwierige Frage. Denn Betriebswirtschaft haben die wenigsten studiert, auf der Meisterschule werden jedoch schon betriebswirtschaftliche Kenntnisse und Grundlagen der Unternehmensführung vermittelt. Aber in der Praxis erweist sich, dass das nur ein Teil der Unternehmensführung ist. Also „richtig" gelernt haben es die meisten nicht und deshalb darf es auch nicht wundern, wenn festzustellen ist:

- Die Betriebe haben viele Erfolgspotenziale, die sie nutzen, um im Wettbewerb zu bestehen: Schnelligkeit, Flexibilität, Kundennähe;
- sie haben viele Potenziale, die sie noch nicht wirklich nutzen: Die Mitarbeiter, das Marketing, das Controlling, die Finanzierung, die strategische Planung und
- sie haben einige Potenziale, die sie noch gar nicht als Erfolgsfaktor wahrgenommen haben: partnerschaftliche Unternehmensführung, Einheit von Familie und Unternehmen, der Aufbau eines „Imperiums".

Schnelligkeit, Flexibilität: das hat immer etwas mit dem eigentlichem Kern zu tun, mit dem der Betrieb nach außen tritt. Um den Kundenwunsch zu erfüllen, schiebt man eine Nachtaktion ein, um ihn qualitativ super darzustellen, gehen Chef/in und der beste Mann/die beste Frau aus dem Team höchstpersönlich vor Ort. Das war und ist ein Grund, warum die Leute nicht jeden Euro anschauen und beim „Meister seines Faches" buchen. Dass dabei viele Bereiche auf der Strecke bleiben, die den Erfolg des Betriebes manifestieren, kann nicht jeder so genau in Worte fassen. Die genaue Bestimmung des Problems, die exakte Festlegung „Woran krankt es?", ist nicht immer eindeutig. Es gilt: „*So Sachen wie Marketing machen wir auch und unsere Buchführung ist in Ordnung*". Der Aufgabenfächer der Unternehmensführung sind jedoch breiter. Das lässt durchschimmern, dass noch mehr drinsteckt. Dass Potenziale brachliegen, die es zu nutzen gilt. Es kann sehr aufregend sein, an diesen Stellschrauben des Erfolgs zu drehen, Zusammenhänge zu entdecken und neue Aufgabenfelder zu erschließen. Das Entscheidende ist eine **professionelle Unternehmensführung** und derjenige, der die Weichen in die richtige Richtung stellt, ist der Unternehmer selbst.

„Erfolg durch Kompetenz": Es hätte Zufall sein können, dass die Bundesversammlung der Unternehmerfrauen des Handwerks dieses Motto für die Jahrestagung 2004 ausgegeben hat. Aber es ist keiner. Es ist einmal inhaltlich korrekt und es zeigt auch einen Weg auf, wie die Aufgaben gemeistert werden können. Kapitel II gibt genau Auskunft über die Chefsachen. Es ist zum Zweiten ein erstes Hinweisschild auf die Rolle der Unternehmerfrauen. Sie stellen eines der charmantesten Erfolgspotenziale im Familienbetrieb dar. Ihre Position wird uns in Teil III überzeugen können, denn hier geht es um die Potenziale des Familienbetriebs, die nicht oder nur unzureichend genutzt werden, weil sie nicht wirklich als solche isoliert sind.

Wie stellen Sie sich darauf ein? – Die Erfolgspotenziale der Zukunft erkennen und umsetzen

Familienbetriebe sind in Deutschland ziemlich allein gelassen von Politik, Wissenschaft und Gesellschaft. Das gilt verglichen mit anderen Ländern. Auf jeden Fall: In Italien hat „la famiglia" einen ganz anderen Ruf. Fast alle hochrangigen Designerlabels, angefangen von Armani über Gucci, Max Mara bis Versace, sind Familienbetriebe. Fairerweise muss man aber auch sagen, dass die deutschen Familienbetriebe nicht offen sind, dass sie kaum jemand an sich heran lassen, sich nicht in die Karten schauen lassen wollen. Nun kann man prüfen, wo hier Henne und Ei ist, ob sie sich verschließen, weil sie nicht mit Verständnis rechnen können. Alles hat zwei Seiten. Verändern wird sich nur etwas, wenn sich mindestens eine bewegt. Unternehmer sind dazu grundsätzlich geeignet, sie sollten ohnehin das Heft des Handelns in der Hand halten.

Nutzen Sie die offensichtlichen Faktoren des Unternehmenserfolges, die wir in Teil II darstellen:

- Bewegen Sie sich, aber bestimmen **Sie** Richtung, Ziel und Strategie! Kapitel 1 befasst sich mit der Vision des Unternehmers, der Ableitung **strategischer Überlegungen**, der Grundsteinlegung allen Erfolgs durch die Klärung des „Was".
- Verändern, weiterentwickeln, ausbauen – das kostet zwangläufig Geld, oftmals viel Geld. Kapitel 2 beschäftigt sich mit der gezielten Planung von **Investitionen** und deren möglicher **Finanzierung**.
- Sich Erfolg versprechend am Markt zu positionieren und zu zeigen: „Wir sind wer" ist die Kernaufgabe des **Marketing**, was in Kapitel 3 dargestellt wird. Familienunternehmen bieten Substanz und haben Produkte, mit denen man am Markt überzeugen kann. Auch „Produktpolitik" fällt unter Marketing und wird mitbehandelt.
- Verantwortung delegieren, motivierend führen – und zwar die richtigen Mitarbeiter, das ist unter dem Motto „Perlen fischen" der Gegenstand von Kapitel 4 über **Mitarbeiterführung**.
- Organisation ist nicht alles, aber wenn man sie nicht gezielt einrichtet, entwickelt sich in jedem Fall von selbst eine Struktur, die in der Regel weder effektiv noch effizient ist. Das betrifft die **persönliche Organisation** und die der **Betriebsorganisation** gleichermaßen. Kapitel 5 gibt Impulse für das Zeitmanagement sowie die eigene Arbeitsplanung und geht auf Abläufe und Aufbau des Betriebs ein.
- Die wirtschaftliche Situation kennen und bei Abweichungen gegensteuern können – im positiven Fall, um zu optimieren, aber auch, um Krisen im Vorfeld abzuwenden: dazu braucht man **Controlling**. Kap. 6 zeigt, dass es in Familienbetrieben auf Gespür und Methode ankommt.

Natürlich findet man diese Themen allgemein in der Literatur – in diesem Buch werden sie jedoch **spezifisch unter dem Blickwinkel des im Familienbetrieb realistisch Machbaren** beleuchtet und die konkreten Managementtechniken auch nur entsprechend „dosiert" angeboten. **Auswahl und Dosis** sind eine Frage der **Erfahrung**, die wir autorenseitig aus langjähriger Beraterungspraxis schöpfen.

Aber beziehen Sie – gerade Sie – auch die fundamentalen, weit über die Techniken hinausreichenden Potenziale des Familienbetriebes ein! Sie sind Gegenstand von Teil III:

- Gefordert: die Unternehmerpersönlichkeit
- Gemeinsam leben, gemeinsam arbeiten: Nutzen Sie den Erfolgsfaktor einer partnerschaftlichen Unternehmensführung.
- Erfolg über Generationen: Sichern Sie Ihr Unternehmen und die Nachfolge Ihres Lebenswerkes.

Teil II

Die betrieblichen Funktionen aus dem Blickwinkel des Familienunternehmens

1 Strategie? Strategie!

1.1 Besonderheiten und Eigenarten

Wirtschaftlich ertragreiche, also erfolgreiche Unternehmer haben das Thema Strategie häufig auf der Tagesordnung. Offensiv und konsequent verfolgen sie die Fragen, wo es hingehen soll mit dem Betrieb, welche Ziele intensiv verfolgt werden können und welche nicht mehr so passend sind. Sie reagieren auf die permanenten Veränderungen des Marktes mit stetigen Veränderungen in ihren Unternehmen. Sie folgen dabei jedes Mal einer Strategie, einer klaren Leitlinie für die Zukunft.

Die meisten Familienunternehmer haben Strategie jedoch nicht gerade in ihr Abendgebet eingeschlossen. Zu elitär, zu sehr auf die „ganz Großen" ausgelegt, zu viel Wind um wenig, das sind gängige Ansichten. Und außerdem reichen die 24 Stunden am Tag ohnehin schon für das operative Geschäft nicht. Es saugt viel zu viel Energie. In Ruhe Alternativen abzuwägen, über den Tellerrand des Heute hinauszuschauen, das geht maximal im Urlaub. Zeit ist für viele eine immens knappe Ressource. Aber weil das so ist, hängt der Erfolg des Unternehmens maßgeblich davon ab, wofür Sie Ihre Zeit investieren und wo Ihre Energie hinfließt.

Improvisation ist gut, aber nicht als Dauerzustand akzakzeptabel

Es macht den Charme und die Schlagkraft von Familienbetrieben aus, dass sie sich „durchwursteln" können, wenn es nötig ist: wenn Mitarbeiter krank werden, der Großauftrag gekippt ist, ein Kunde Wirbel macht, der Absatz einbricht. In kritischen Zeiten die Kräfte bündeln zu können, das ist unschätzbar. Dies gilt allerdings nur, wenn es ein Ausnahme- und kein Dauerzustand ist. Und in vielen Familienbetrieben lässt sich das kaum mehr trennen. Die ständigen Veränderungen am Markt bringen viel Hektik in die Unternehmen, der Überblick leidet und dabei werden Dinge getan, die nicht sinnvoll sind. Noch häufiger werden Dinge getan, die nicht notwendig sind. Manchmal werden dafür notwendige Dinge nicht getan.

Der Schriftsteller Mark Twain hat das in ein schönes Zitat gekleidet: „Als sie ihr Ziel aus den Augen verloren, verdoppelten sie ihre Anstrengungen". Besser lässt sich nicht auf den Punkt bringen, dass sich mancher Unternehmer wie ein Hamster im Hamsterrad fühlt, der schuftet und schuftet, aber nicht genau weiß, wann er ankommt. Die Katze aus „Alice im Wunderland" hat dazu einen guten Tipp: „Wenn Du nicht weißt, wohin Du gehen willst, ist es egal, wo, wie und wann Du ankommst". Charles Lindblom sagt es nochmal anders: „Still muddling, not yet through" - in freier Übersetzung: Sie wursteln noch, durch sind sie nicht.

Strategie setzt den Maßstab für Effektivität und Effizienz

Was fehlt, ist die klare Richtschnur, das Licht am Ende des Tunnels: Die Strategie. Die wiederum hat zwei Dimensionen, die miteinander zusammenhängen. Sie zeigt Ihnen:

- Tun Sie die richtigen Dinge? Sind Sie effektiv?
- Tun Sie die Dinge richtig? Sind Sie effizient?

Wann haben Sie den Eindruck, etwas richtig gemacht zu haben? Wenn es besonders schön aussieht, besonders kostengünstig produziert wurde, besonders gut riecht, besonders schnell Absatz findet? Bei Matheaufgaben ist die Bewertung „richtig oder falsch" einfach, weil es Regeln gibt, die zu einer eindeutigen Lösung führen. Aufsätze zu bewerten ist dagegen schon stärker Ermessenssache. Hier spielt mit hinein, was dem Lehrer wichtig ist, was er gut findet, was er haben will. Er hat seinen eigenen Kriterienkatalog. Schüler, die ihn kennen, schreiben bessere Aufsätze. Unternehmer, die eine Richtschnur und Orientierung haben, können bewerten, ob ihre Entscheidungen dem Ziel dienen, also richtig oder falsch sind. Die Strategie für Ihr Unternehmen ist diese Richtschnur und Orientierung.

Damit befindet sich Strategie in einem ausgesprochen **dynamischen Schnittpunkt**. Es ist ein Spiel zwischen drinnen und draußen, zwischen uns und den anderen, zwischen Unveränderlichem und Änderbarem. Dieses **Spannungsfeld** kann zu kreativen Prozessen führen, zur Quelle von Veränderungsprozessen werden – eine Herausforderung für Unternehmer, die alle Unternehmensbereiche umfasst.

Die Strategie ist der **Maßstab, an dem Abweichungen diskutiert werden können**. Sie gibt klare Meilensteine vor, nicht nur für den Unternehmer. Auch die Mitarbeiter arbeiten effizienter, wenn sie klare Ziele haben, wenn sie wissen, worauf es ankommt und wo die Reise hingeht. Jede Investitionsentscheidung kann sinnvollerweise nur bewertet werden, wenn klar ist, ob sie dem Unternehmensziel dient, ob sie das passende Mittel zur Erreichung dieses Zwecks ist. Die Marketingmaßnahmen werden sich je nach Strategie mal aggressiver, mal zurückhaltender gestalten. Wir bei BUS (vgl. die Hinweise zu den Autoren im Impressum) **definieren Strategie „als ein grundsätzliches Ziel-Mittel-System zur Erreichung einer Vision unter Berücksichtigung von Umwelt, Gegenspielern und eigenen Fähigkeiten"**. Und unsere Erfahrungen zeigen: Ohne Strategie werden Betriebe zum Spielball derer, die eine klare Strategie verfolgen. Denken Sie an erfolgreiche Strategen mit großen Namen wie Alexander, Hannibal, Napoleon. Sie hatten nicht immer das größte Heer, ihre Siege waren Ergebnis der durchdachten Strategie.

Nur wer eine Strategie hat, kann Abweichungen vom richtigen Weg beurteilen

Eine Strategie zu haben, um in der heutigen Arena bestehen zu können, ist alles andere als Luxus. Die **Insolvenzforschung zeigt einen beeindruckenden und klaren Zusammenhang zwischen Insolvenz und Strategie**. Alle Familienbetriebe, die in der Krise steckten, egal, ob aus Handwerk, Handel, Dienstleistung oder Industrie, steckten kurz vor der Insolvenz immer in der Liquiditätskrise. Das Geld wird knapp, die Gläubiger können nicht mehr bezahlt werden, das Finanzamt drängt und die Sozialversicherungen drücken. Der „Notarzt" muss kommen. Er kommt meist in Person eines Beraters, der ganz eng die Kostenschrauben ansetzt und prüft, ob das Unternehmen fortführungsfähig ist. Damit es weiter gehen kann, wird er, wenn er gut ist, darauf achten, kein „strategisches Potenzial" zu zerschlagen. Andernfalls werden die Kapitalgeber nicht zu der Ansicht kommen, dass das Unternehmen fortführungswürdig ist, und kein weiteres Geld in Form von Sanierungskapital zur Verfügung stellen.

Die typischen Stufen der Krisenentwicklung:

Strategische Krise
↓
Erfolgskrise
↓
Liquiditätskrise
↓
Insolvenz

Strategie versus Taktik
Die Begriffe haben ihren Ursprung im Militärischen. Nach von Clausewitz ist Taktik die Lehre vom Gebrauch der Streitkräfte im Gefecht und Strategie die Lehre vom Gebrauch der Gefechte zum Zweck des Krieges. Im verallgemeinerten Sinn meint Strategie die zielorientierte Gesamtplanung, während die Taktik die operativen Einzelmaßnahmen betrifft.

Der **Liquiditätskrise** geht üblicherweise im Abstand von zwei bis drei Jahren die **Erfolgskrise** voraus, von plötzlichen Forderungsausfällen einmal abgesehen. Bei der ersten leichten Delle im Jahresabschluss lässt sich die Ertragsverschlechterung leicht erklären, auch im zweiten Jahr finden sich noch plausible Argumente. Hinter den scheinbar guten Gründen für das schlechte Geschäft – die Kunden, die Wirtschaftslage, der aggressive Wettbewerb – ist die Hilflosigkeit erkennbar. Warum geht es immer weiter nach unten? Bei all den Anstrengungen? Was soll man denn noch machen? An dieser Stelle wäre die Krise noch durch gezielte Aktionsprogramme abzuwenden gewesen. Leider aber wird nur in seltenen Fällen die Bremse gezogen und ein neuer Kurs angesteuert. Stattdessen wird weiter durchgewurstelt. Je mehr sich die Liquiditätskrise abzeichnet, umso mehr wird die Ernsthaftigkeit und Gefahr der Situation verdrängt. Die Schuldfrage taucht auf, um dann gleich an andere weitergegeben zu werden: Die Bank gibt kein Geld, die Mitarbeiter sind nicht so, wie wir es uns wünschen, ein Kunde ist weggebrochen, und überhaupt. Zu diesem Zeitpunkt mag das stimmen oder nicht: Die eigentliche Krisenursache ist ohnehin eine andere. Es ist die fehlende Strategie.

Die strategische Krise in Familienbetrieben ist eine Offenbarung. Die Offenbarung, dass Familienbetriebe mehr die großen „Durchwurstler" als die großen strategischen „Feldherren" sind. „Durchwursteln" wird zur Strategie der Familienbetriebe. Die passive Haltung wird Konzept. Wir lassen zu, dass andere bestimmen, wo es lang geht. Wir agieren nicht, wir reagieren. Das Heft des Handels haben wir längst aus der Hand gegeben. Das mag auch mit dem Verlust der großen Vision, der Zielvorgaben, der Missionen zu tun haben, die wir uns im Teil III dieses Buches näher anschauen werden. Es entbindet aber niemanden, eine klare Position zur Strategie zu suchen und zu finden:

- Strategie und Insolvenz – Krisensymptome und Luxusartikel
- Ziele und Gefühle – Wo soll es langgehen?
- Selbstbestimmt, Fremdbestimmt – Wer sagt, wo es lang geht?
- Flexibilität und Orientierungslosigkeit – Ohne Richtschnur keine Anleitung

Strategie und Insolvenz – Krisensymptome und Luxusartikel

Die meisten Familienbetriebe erkennt man daran, dass sie auf eine Strategie für ihr Unternehmen verzichten. Motto: Was man nicht kennt, vermisst man nicht. Tatsächlich wissen viele Familienunternehmer nicht genau, was Strategie ist und was sie für die Betriebsführung bedeutet. Wir wagen solche Sätze, auch wenn wir damit bei Ihnen als Leser/in möglicherweise „anecken", weil uns das in der (Beratungs-)Realität oft begegnet. Vor allem aber stellen wir fest, dass sich die Einstellung zu Strategie sehr schnell ändert, wenn Beratungsklienten aus der Unternehmerschaft verstehen, worum es geht. Dann wird plötzlich Zeit freigeschaufelt, damit man über die weitere Vorgehensweise sprechen kann. Mit Führungskräften und Familie geht es dann zum Strategieworkshop. Leider geschieht dies viel zu selten, wenn das Geschäft brummt, und wenn es das nicht mehr tut, ist es häufig zu spät.

Strategie ist kein Luxusartikel. Es ist der beste Krisenschutz und ein notwendiges Steuerungsinstrument. Wie weit Familienbetriebe davon weg sind, zeigt sich bedauerlicherweise gerade in der Krise. Dass grundsätzlich etwas in die falsche Richtung gelaufen ist, dass die Krise zu wesentlichen Teilen hausgemacht ist, das können die wenigsten Familienunternehmer wahrnehmen. Sie vermögen es nicht, weil sie die Entwicklung von der strategischen Krise zur Liquiditätskrise über die Erfolgskrise gar nicht kennen. Das ist nun beileibe kein Vorwurf an die Unternehmer. Auch wenn (betriebs-)wirtschaftliche Themen zunehmend in die Meisterausbildung oder das Ingenieurstudium einziehen, besteht hier auf lange Sicht ein großes Defizit. Wer wird denn wie – und vor allem wirklich praxisnah – auf die Stürme im Betrieb vorbereitet?

Ziele und Gefühle – Wo soll es langgehen?

Es gibt Anhänger der Marketingstrategie, der Finanzierungsstrategie, der Controllingstrategie und was noch alles. Das ist ein Henne-Ei-Problem, denn irgendwo haben wahrscheinlich alle Recht.

Für Sie als Familienunternehmer zählt vor allem eines: Ihr Gefühl, Ihr Streben, Ihr Bestreben. Wo wollen Sie hin mit Ihrem Betrieb, wo wollen Sie in fünf, in zehn Jahren stehen? Wollen Sie wachsen, wollen Sie da bleiben, wo Sie im Moment sind? Eventuell sogar kleiner werden? Wollen Sie nur noch Teilbereiche bearbeiten? Bestimmte Geschäfte aufgeben? Alle Richtungen sind möglich und für jeden gibt es gute Gründe. Keinen Grund gibt es, sich nicht mit der Frage zu beschäftigen, was Ihnen wichtig ist. Denn die Art, wie Sie am Markt auftreten, als großer Feldherr, als Eroberer oder als braver Siedler, wirkt sich auf Ihre Aktionen aus. Ihr Gefühl, das nach außen tritt, kann aggressiv oder zurückhaltend sein, all das ist in Ordnung. Schädlich ist nur, Investitionen zu tätigen, die einem Aggressor, einem Eroberer zu Gesicht stehen, wenn man am liebsten in Ruhe vor sich hinarbeiten möchte. Allein, um diesen Stress zu vermeiden, sollten Familienunternehmer ihre persönliche und betriebliche Strategie festlegen. So aufregend kann es nicht sein, denn es gibt nur drei Ziele, zwischen denen Sie wählen können:

- Wachsen,
- Konsolidieren oder
- Schrumpfen.

Ein Königsweg ist nicht dabei, alle drei Ziele sind gleichberechtigt. Entgegen der landläufigen Einschätzung ist nämlich **Wachstum kein zwingendes Ziel**. Es kann allerdings sein, dass ein Betrieb in einer bestimmten Konstellation oder Phase wachsen muss, um die bereits getätigten Investitionen zu finanzieren.

Ihre Einstellung, Ihre Wünsche und Ziele sind Wegweiser für robuste Schritte im Rahmen Ihrer Strategie. Je mehr Übereinstimmung zwischen Ihnen und den betrieblichen Zielen besteht, umso mehr werden Sie und Ihre Familie profitieren, materiell und emotional.

Selbstbestimmt, fremdbestimmt – wer sagt, wo es lang geht?

Existenzgründer träumen von der Unabhängigkeit, die sie als Unternehmer haben werden. Endlich kein Chef mehr, der einem sagen will, wo`s lang geht. Die Wirklichkeit holt die Gründer schneller ein, als ihnen lieb ist. Freiheit und Unabhängigkeit schleifen sich ganz kurzfristig an den Launen der Kunden und den Vorstellungen der Großabnehmer ab. Von fordernden Mitarbeitern und mitbestimmenden Fremdkapitalgebern gar nicht zu reden. Wirklich unabhängig sind die wenigsten Unternehmer in Deutschland. Aber leider haben es viele Familienbetriebe aufgegeben, den doch noch immer verbleibenden Gestaltungsspielraum zu nutzen. Der Drang, die Dinge selbst in die Hand zu nehmen, den eigenen Weg selbst zu bestimmen, ist nahezu verkümmert. Das Gefühl, fremdbestimmt zu sein, von anderen die eigenen Handlungen aufgezwungen zu bekommen, ist in Familienbetrieben stark ausgeprägt - häufig nicht ganz zu Unrecht.

Strategie hilft, die innerhalb bestehender Rahmenbedingungen verbleibenden Handlungsspielräume größer zu halten

Vermutlich hängt dieses Gefühl des „Fremdgesteuert sein" mit der fehlenden Strategie zusammen. Unternehmen, die klare Vorgaben verfolgen, beschweren sich auch das ein oder andere Mal, dass sie wieder Abstriche machen, wieder mal einen Zickzackkurs gehen mussten. Aber das ist überschaubar. Betriebe ohne Strategie fühlen sich wie ein Spielball fremder Mächte. Sie sind mal hier, mal dort, nirgendwo ist Land in Sicht. Wenn die Geschäfte heute gut gehen, wachsen wir. Wenn sie morgen schlechter gehen, schrumpfen wir eben. Mit einer solchen Haltung wird man „strategisiert". Der Markt ist mit solchen Spielbällen gnadenlos: Wer keine Position hat, kann sie nicht verteidigen! Er lässt sich den strategischen Stempel des Wettbewerbers, des Großabnehmers oder der Zulieferer aufdrücken. Autohäuser in D = gutes Beispiel. Schade und unnötig. Denn der Markt hat Nischen genug, dass jeder Familienbetrieb sich dort platzieren und einnisten könnte. Und kein Betrieb ist zu klein, um nicht einen Akzent in seinem spezifischen Markt zu setzen.

Flexibilität und Orientierungslosigkeit

Schnell und unbürokratisch auf die Wünsche des Kunden eingehen, das können Familienbetriebe. Das ist so, weil sie nicht erst unzählige Abteilungen informieren müssen, sondern einfach auch mal auf Zuruf funktionieren. Diese **Flexibilität** ist in der Tat ein **Erfolgsfaktor** kleiner und mittelständischer Betriebe, auf die man in Konzernen neidisch ist. Es ist eine strategische Vorteilsposition. Leider wird dieser Wettbewerbsvorteil zu oft leichtfertig verschenkt. Denn Flexibilität heißt nicht, dass man jedem Trend hintermarschiert. Nicht jede Tendenz passt zu Ihrem Betrieb, auch wenn andere noch so viel Geld damit verdienen. Flexibilität ist nur bei Zielstrebigkeit eine Tugend. Sie ist die bewusste Abweichung von einer zweckmäßigen Vorgabe.

Flexibilität, gepaart mit Zielstrebigkeit, ist ein strategischer Vorteil

Dies bedeutet keinesfalls, dass man auf jeden Zug aufspringt, der gerade „in" erscheint, dass man jeder Kundenanfrage nachgibt oder das Sortiment wahllos erweitert. „Wir müssen flexibel sein" - heißt es. Aber es ist nicht Flexibilität, es ist oft Orientierungs- und Richtungslosigkeit.. Und die Wirkung ist deshalb so dramatisch, weil sie sich von der Unternehmerpersönlichkeit auf alle Unternehmensbereiche auswirkt. Nach außen auf den Markt, der feststellt: Die machen alles, aber nichts richtig(es). Nach innen, weil etwa die Mitarbeiter ihre eigene Flexibilität entwickeln, und das nicht immer zum Vorteil des Unternehmens. Investitionen werden „flexibel" getätigt, und das dann mit Ad-hoc-Entscheidungen und ebenso spontanen Finanzierungen als Folge.

Wie stellen Sie sich darauf ein?

Die Chance, mit und durch den Betrieb konsequent ihren eigenen Weg zu gehen, haben gerade in Deutschland nur wenige Menschen. Von Unternehmern wird dies grundsätzlich verlangt. Wer diese Möglichkeiten nutzt, erhöht die Wahrscheinlichkeit, den eigenen Betrieb erfolgreich zu führen.

- Nachdenken über die Wege des Unternehmens, vorausdenken, um die Position für die Zukunft skizzieren zu können, an der entlang man seine Handlungen ausrichtet: Dafür sollten Sie sich Zeit nehmen.
- Machen Sie sich klar, was das Unternehmen für Sie und die Erreichung Ihrer persönlichen Ziele bedeutet. (siehe Teil III dieses Buches). Wollen Sie einen bestimmten Bekanntheitsgrad, wollen Sie die Welt mit Ihren Produkten überschwemmen, wollen Sie der Marktführer in Ihrer Region werden, wollen Sie viele Mitarbeiter haben und führen? Oder wollen Sie nur so viele Einnahmen haben, um für sich und die Familie ein gutes Auskommen möglich zu machen? Seien Sie ehrlich mit sich selbst, formulieren Sie auch anspruchsvolle Vorstellungen. Nur dann können Sie herausfinden, welche strategische Richtung zu Ihnen, Ihrer Familie und Ihrem Betrieb passt. Die Realität wird Traumgebilde schon auf den Boden der Tatsachen zurückbringen.
- Verabschieden Sie sich konsequent von der Vorstellung, dass Strategie nichts für kleine und mittelständische Unternehmen sei. Strategie und Betriebsgröße hängen nur insofern zusammen, als die Strategie komplexer wird, je größer das Unternehmen ist.

Strategie brauchen alle, denn sie steht für Konsequenz, Plausibilität und Transparenz. Das brauchen und wünschen Mitarbeiter, Kapitalgeber, Zulieferer, Kunden. Und vor allem für Sie und Ihre Familie.

- In einer Demokratie ist es für den Einzelnen schwierig, zu erkennen, dass seine Stimme eine Bedeutung hat. In einem Markt, in dem sich ganz Große und unzählige Kleine tummeln, ist es schwierig, sich vorzustellen, dass man mitgestalten, Bedürfnisse beim Kunden wecken und in dieser anonymen Masse auffallen kann. Der Markt funktioniert grundsätzlich so, dass er denen, die was zu bieten haben, die ein Profil haben, auch einen Platz anbietet. Sie können einen dieser Plätze einnehmen. Ihre Stimme hat Gewicht.
- Jeder (Fußball-)Coach prüft vor einem Spiel sehr genau, was der Gegner kann, wo dessen Stärken und vor allem dessen Schwächen liegen. Seine Mannschaftsaufstellung wird das berücksichtigen, jeder Spieler wird gemäß seinen Fähigkeiten aufgestellt. Dabei wird er auch die Rahmenbedingungen berücksichtigen: Heimspiel, Temperaturen, Presseberichterstattung und vor allem die (vermutliche) Aufstellung seiner Gegner.
Ähnlich geht es einem/einer Unternehmerin. Er/sie steht zwischen Umwelt, Wettbewerbern und eigenen Potenzialen und wird auch die Strategie zu entwickeln haben, um den Anforderungen gerecht zu werden, das Spiel des (Wirtschafts-)Lebens zu gewinnen.

1.2 Oktaven realer Strategie

In den analog aufgebauten Kapiteln des vorliegenden Buchteils II versuchen wir im zweiten Abschnitt jeweils das Stimmungsbild zum betreffenden Thema durch einige O-Töne einzufangen, die uns im Rahmen unserer Kontakte und Gespräche als Berater typisch erscheinen. Das ist nicht repräsentativ, steckt aber ein Meinungsbild ab, über das es nachzudenken lohnt. Identifizieren Sie sich mit einer oder mehreren der folgenden Aussagen oder sehen Sie das Thema Strategie völlig anders?

O-Töne aus der Beratungspraxis zum Thema Strategie

- *Strategie? Haben wir nicht, da können wir also auch nichts falsch machen.*
- *Man muss sich nur die Konzerne mit ihren Strategien anschauen – als ob die immer Erfolg hätten!*
- *Das, was große Läden (für einen Mist) machen, können wir auch ohne Strategie.*
- *Es kommt erstens sowieso anders, zweitens, als man denkt.*

Das sind die bevorzugten Antworten, wenn die Rede auf die Strategie kommt. Auf diese Weise hält man sich den Rücken frei, indem man tatsächlich darauf verzichtet. Weitere Oktaven hören sich in etwa so an:

- *Woher sollen wir denn wissen, was wir in fünf oder zehn Jahren machen?*
- *Wir können doch sowieso nichts bewegen – mit oder ohne Strategie.*
- *Wir sind viel zu machtlos, um unsere Ideen durchzusetzen.*

In Großunternehmen ist Strategieentwicklung eine Selbstverständlichkeit

Das Unternehmerleben treibt manchmal ganz skurrile Blüten. Wenn wir mit Managern aus Großbetrieben sprechen, mit Vorständen von Banken im Gespräch sind, fällt uns auf, wie schwierig es ist, zu erklären, warum und wie sich ein Betrieb lange Jahre ohne Strategie „durchwursteln" konnte. Für diese Leute ist das kaum nachvollziehbar. Für sie ist die Unternehmensstrategie der zentrale Punkt, um den herum sie ihre eigenen Aufgaben und Verantwortung aufbauen. Die besten (Eier-) Köpfe, die „Eggheads", werden abgezogen und mit strategischen Aufgaben betraut, mit der Konzeption und der permanenten Überprüfung. Hochdekorierte Beratungsgesellschaften rühmen sich, besondere Kompetenz bei der Entwicklung von Unternehmensstrategien zu haben.

Was können Sie in der Ertragskrise tun?

Wenn die Gewinne schwinden, die Skontierungsmöglichkeiten geringer werden, steuert man am besten gegen mit
- Kostensenkungsmaßnahmen,
- Stilllegung von unrentablen Geschäften oder der
- Ausschöpfung der vorhandenen Absatz- und Umsatzpotenziale.
- Ferner sind sinnvoll Kundenbindungsmaßnahmen und ggf.
- die Übernahme von vor- bzw. nachgelagerten Wertschöpfungsprozessen.

Familienbetriebe brauchen all das offenbar nicht. Im Gegensatz zu Konzernlenkern beißt man bei vielen Unternehmern auf Granit, wenn es um Strategieentwicklung geht. Trotz dieser Verweigerungshaltung konnten sich Familienbetriebe auch lange Zeit bei ihren Kapitalgebern durchfretten. Da die vorwiegende Bankverbindung meist eine Regionalbank ist, wurde die fehlende Strategie nicht als gravierender Mangel gesehen. Durchwursteln war genug Strategie. Als Hauptsache galt, dass der Kapitaldienst erwirtschaftet wurde.

In KMUs wird Strategieentwicklung vielfach vernächlässigt

Jetzt, im schrumpfenden Binnenmarkt und mit Blick auf Basel II, haben auch die Regionalbanken (und dazu gehören Sparkassen und Genossenschaftsbanken) begonnen, umzudenken. Die meisten treffen mittlerweile keine Kreditentscheidungen mehr, ohne die **strategische Leitlinie** ihrer Firmenkunden abzufragen. Im **Fragenkatalog des Ratings** ist das eine „**unabänderliche Bedingung**". Und sie geben in kritischen Fällen kein „frisches" Geld mehr, wenn die strategischen Potenziale den künftigen Erfolg nicht begründen. Leider kreisen noch immer viele Studien um die nachgelagerten Probleme, auch wenn die Ergebnisse eher ein Schlag ins Gesicht sind. Das Ergebnis einer KfW-Studie belegt ohne Umschweife: Unternehmenskrisen sind fast alle hausgemacht, weil deutsche Unternehmer ihre eigenen Fehler unterschätzen und nicht selbstkritisch genug sind. Das ist starker Tobak, aber wenn man sich die knackigen Insolvenzstatistiken (siehe dazu auch Abschnitt 2.1 und insbesondere Abb. 2.3) anschaut, ist da einiges zu beißen.

Basel II stellt neue und systematische Anforderungen

Unternehmenskrisen sind oftmals „hausgemacht"

Hier heißt es Umdenken, und zwar schnell und konsequent und für alle Seiten. Denn fehlendes Controlling und fehlende Liquiditätsplanung sind letztlich dem Problem nachgelagert, weil keiner so genau weiß, was er „Controllen" soll. Die konsequenten Untersuchungen zum Thema „Krisenursachen" sehen die Wurzeln allen Übels in der fehlenden Strategie (siehe z.B. Herbert Simon: Hidden Champions) und den damit verbundenen Fehlinvestitionen. Auch wenn die Familienbetriebe nicht unbedingt auf die schlauen Erkenntnisse der Wissenschaftler gewartet haben: An dieser Erkenntnis sollten Sie nicht vorbeigehen.

Maßnahmen in der Liquiditätskrise

- Prüfung der dauerhaften Fortführung,
- präzise Analyse der Ursachen für die fehlende Liquidität: Zahlungsstockungen der Kunden; Ergebnis der Erfolgskrise?
- Liquidität beschaffen:
  - Abrechnungen und Mahnwesen auf Vordermann bringen,
  - professionelle Geldeintreiber einsetzen,
  - zu hohe Vorauszahlungen beim Finanzamt zurückholen.
- Prüfen, ob die Umwandlung von Verbindlichkeiten in Risikokapital möglich ist; Hauptlieferant wandelt seine Verbindlichkeiten in Beteiligungskapital um.

Allein schon die Idee, in der strategischen Krise eine Ursache für den fehlenden Erfolg, möglicherweise sogar für die Schieflage des Unternehmens zu sehen, schafft Raum für neue Gestaltungsfreiheiten, sofern man sie finanzieren kann.

Bisher ist in diesem Abschnitt leider die positive Wertung der Strategie zulasten der Krisenursachen zu kurz gekommen. Die Tendenz zur „Abschreckung" nach dem Motto: wenn ihr keine Strategie habt, ist die Krise unausweichlich, ist nicht unsere Art. Wir hoffen nur, dass in diesem Fall der Zweck die Mittel heiligt. Und um die strategische Ausrichtung und die strategische Denkweise in die Köpfe der Familienunternehmer zu bekommen, sind uns viele Mittel recht.

Es ist unsere feste Überzeugung, dass die Unternehmensstrategie das Fundament des heutigen und des künftigen Erfolges der Familienbetriebe ist.

Und wir schöpfen dabei nicht nur aus wissenschaftlichen Studien, sondern aus über 20 Jahren Erfahrung in 10.000 verschiedenen Betrieben.

Positiv ausgedrückt: Strategisches Denken und Handeln ist die wesentliche Grundlage für den Erfolg des Unternehmens und Voraussetzung, dass sich das Unternehmen langfristig am Markt behauptet.

Wer seine eigenen Fähigkeiten und vor allem die Potenziale und Chancen kennt, kann sie am Markt wirksam machen. Wer nach Potenzialen sucht, wird natürlich an Grenzen stoßen, keine Frage. Und es mag sein, dass Sie als Unternehmer/in erkennen, wie eng der Spielraum für freie und gestalterische Entscheidungen ist. Doch den zumindest sollten Sie nutzen. Und dazu brauchen Sie eine Strategie als Richtschnur, um die Leitlinie für zweckmäßige Entscheidungen zu haben oder Prioritäten festlegen zu können. Denn Sie agieren in einem Markt, in dem sich viele Gegenspieler um die gleichen Abnehmer keilen. Um diesen Wettbewerbern etwas entgegenzusetzen, brauchen Sie eine klare Strategie. Auf der Tagesordnung und manchmal vielleicht auch im Abendgebet.

1.3 Die Strategie bin ich ?

Strategie wirkt sich (erst) langfristig aus

Strategische Entscheidungen haben langfristige Wirkungen, aber umgekehrt kann man (natürlich) nicht aus langfristigen Folgen einer Entscheidung rückschließen, dass diese eine strategische war. Voraussetzung strategischer Betriebsführung ist, dass Sie wissen, welche Ihrer Produkte und Dienstleistungen momentan im Markt wie „dastehen". Welche bringen gute Erträge, welche haben in Zukunft gute Entwicklungschancen, welche weisen heute eher magere oder negative Erträge aus und bei welchen ist die Entwicklung noch unsicher?

Die Strategie bin ich?

Strategisch vorgehen heißt, Chancen erkennen und danach handeln. Die Strategie ist der Erfüllungsgehilfe Ihrer eigentlichen Ziele. Sie steht im Schnittpunkt von

Die Strategieentwicklung startet mit einer Analyse

- Zuständen der Umwelt bzw. der Rahmenbedingungen,
- dem Handeln und Verhalten der Wettbewerber und
- den eigenen Potenzialen, die man in den „Ring" werfen kann.

Die Strategiefindung läuft in jeder Branche nach dem gleichen Muster ab. Systematisch betrachtet, geht es um die Antworten auf die folgenden Fragen:

- Welche Normstrategie fahre ich, in welchen Geschäftsfeldern?
- Welche Erfolgspotenziale habe ich heute?
- Was verschafft mir meinen Erfolg?
- Wie sichere ich langfristig meine Liquidität?

Strategie ist so verstanden zielorientiertes Handeln. Über der Strategie stehen also die Richtziele, die in der Vision zusammengefasst werden. In der Unternehmensplanung gelangt man von der Vision zur Strategie. Dann ermittelt man, welche Investitionen die Strategie erfordert, welche Erlöse erzielt werden können und welche Kosten anfallen.

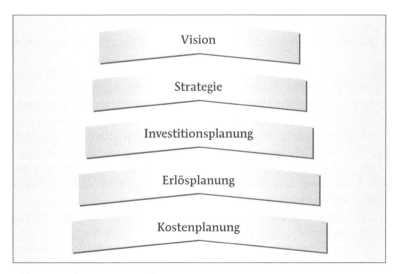

Abb. 1.1: *Planungspyramide*

Das ist die umgekehrte Richtung, wie bei der Krisenanalyse, wo man von den Kosten und den Erlösen ausgeht, dann fragt, welche Investitionen möglich sind, und so (nur noch) das Machbare plant. Dementsprechend lässt sich die Bedeutung der Strategie umkehren: Sie ist die beste Krisenvorsorge.

Auch wenn sich die Strategie im Laufe der Zeit gravierend ändert, weil sich vielleicht im privaten Bereich Veränderungen abzeichnen, ist und bleibt sie wichtiger Maßstab. Sie ist das Instrument, um aus der völligen

Fremdbestimmheit herauszukommen. Gerade weil sie aber so wichtig ist, sollten Sie auf jeden Fall mit „Kopf und Bauch" arbeiten. Denn wenn Sie gegen Ihr eigentliches Gefühl und Wollen vorgehen, können Sie nicht auf der Gewinnerseite landen. Versuchen Sie, das zu erreichen, was Sie wollen. Denn diese Entscheidung durchzieht später alle Betriebsbereiche.

1.3.1 Können wir, was wir wollen? Externe und interne Analyse

Strategieumsetzung erfordert geeignete Rahmenbedingungen

Luftschlösser werden sehr schnell auf den Boden der Tatsachen gebracht. Halten Sie das Heft des Handelns in der Hand und prüfen Sie gleich als nächsten Schritt: Können wir denn alles, was wir wollen? Lassen das die Rahmenbedingungen zu? Gibt es viele Unternehmen mit diesem Angebot? Können wir mithalten? Haben wir genug Potenzial im eigenen Betrieb? Wie besorgen wir das Können und Wissen?

An einer umfassenden Analyse der Realität kommen Sie nicht vorbei, wenn Sie sich auf eine Strategie verlassen wollen, die Sie durch und über die nächsten 5–10 Jahre bringt.

DIE STRATEGISCHE ANALYSE UMFASST DEN (EXTERNEN) UMFELDBEREICH UND FRAGT NACH DEN SICH BIETENDEN CHANCEN UND RISIKEN.

Zeithorizont fünf bis zehn Jahre

Die Umwelt- und Rahmenbedingungen sollten überprüft werden, bevor eine Strategie ausformuliert wird. Denn diese externen Bereiche sind von Ihnen kaum oder nicht beeinflussbar und müssen als gegeben angenommen werden. Der interne, betriebliche Bereich schaut auf Substanz und Entwicklungsmöglichkeiten. Bei **strategischen Überlegungen** und Analysen liegt der **Zeithorizont** zwischen **fünf bis zehn Jahren**. Bei der Tragweite strategischer Entscheidungen genügt der gesunde Menschenverstand, um zu erkennen, dass die Analyse sowohl breit als tief angelegt sein sollte, um möglichst wenig zu übersehen.

Externe Analyse

Eine **externe strategische Analyse** (in der im Folgenden vorgestellten Form geht sie auf Alois Gälweiler zurück) umfasst folgende Positionen:
1. Allgemeine wirtschaftliche Entwicklung – Prognose im Fünfjahres-Zeitraum
2. Entwicklung der Konjunktur: In welcher Phase befinden wir uns?
3. Gesetzgebung
4. Gesellschaftliche Entwicklung: Positionen, die für uns günstig oder ungünstig sind?
5. Branchenentwicklung?
6. Kapitalmarkt: Wie sehen die Finanzierungsalternativen aus?
7. Personalmarkt – Finden wir die Leute, die wir brauchen?
8. Technologieauswirkungen.

Wir betrachten nachfolgend den Zusammenhang der externen zur internen Analyse und stellen danach beide ausführlicher vor.

Die Normstrategie hat Auswirkungen auf die so genannten Funktionalstrategien. Die Entscheidung, ein Produkt bzw. ein Geschäftsfeld zu fördern, ist auch von den Ressourcen und Möglichkeiten, die der eigene Betrieb bietet, abhängig. Dabei gilt es zu untersuchen:
- Investition und Finanzierung,
- Marketing,
- Personal,
- Organisation/ EDV,
- Controlling.

Strategie lässt sich sinnvollerweise nur im Zusammenhang mit diesen betrieblichen Funktionen betrachten (und wir widmen im vorliegenden Buch diesen fünf Funktionsbereichen je einen Abschnitt). Denn die strategische Vorgabe bringt weitere Fragen hervor, hier seien einige wichtige genannt: Mit welcher Quantität und Qualität an Mitarbeitern will ich mein Wachstum erreichen? Welche Kollegen müssen wie freigesetzt werden, wenn wir schrumpfen müssen? Wer finanziert (Partner/Bank) mein Wachstum? Kann ich meinen Kapitaldienst auch im Falle der Konsolidierung oder gar der Schrumpfung noch bedienen?

Die Klärung dieser Fragen fällt in den zweiten Bereich der strategischen Analyse, und das ist die **interne Analyse**. Sie sollte folgende Positionen umfassen:

Interne Analyse

1. Finanzmittelbedarf: Finanzierung, Investition,
2. Ergebnis – und Kostenstruktur: Controlling,
3. Programme (Maschinen/Anlagen), allgemeine Potenziale,
4. Personalstruktur (Qualität, Potenziale, Qualifikation),
5. langfristige Geschäftsanalyse (Geschäftsfelderanalyse).

Man **gliedert** die Beantwortung auch **zeitlich**: Wie soll mein Unternehmen in zehn Jahren aussehen, wo und wie soll es im Markt positioniert sein (=langfristig)? Welche Ziele muss ich dann in fünf Jahren bereits erreicht haben (=mittelfristig)? Welche Veränderungen stehen in den nächsten zwei Jahren an, um dies zu erreichen (=kurzfristig)? Das ist die Orientierungslinie, an der entlang Sie sich hangeln können.

Es mag sein, dass nicht alle Analysepunkte für Ihren konkreten Betrieb von großer Bedeutung sind. Aber lassen Sie sich nicht abschrecken, dass es auch um volkswirtschaftliche Fragen geht. Dass die Welt mittlerweile ein „Dorf" ist, zeigt sich nicht mehr nur darin, dass man an nahezu jedem Ort der Erde, ganz überraschend jemand aus dem eigenen Ort findet, der auch zufällig dort Urlaub macht. Kein Betrieb kann so klein sein, dass er nicht von den gesamtwirtschaftlichen Rahmenbedingungen beeinflusst wird. Selbst Branchen oder Sparten, die lange Zeit von der wirtschaftspolitischen Entwicklung fast unberührt geblieben waren, sind nun tangiert. Ein Beispiel liefern Gesundheitsreform und EU-Erweiterung, die sich auf medizinische Hilfsberufe bis hin zum Handwerk (z.B. Orthopädieschuhmacher) auswirken und den Zahntechnikern und sogar den Zahnärzten ausländische Konkurrenz bescheren.

1.3.2 Externe Analyse

1. Allgemeine wirtschaftliche Entwicklung
Wenn die Sieben Weisen ihre Prognose über die wirtschaftliche Entwicklung abgeben, orientieren sie sich am magischen Viereck mit seinen Eckpfeilern:

Wirtschaftswachstum — Beschäftigungsgrad — Preisniveaustabilität — außenwirtschaftliches Gleichgewicht

Wer sich entgegen den Entwicklungen in diesem Viereck verhält, Veränderungen nicht oder nicht rechtzeitig wahrnimmt, gefährdet seinen Unternehmenserfolg.

Wirtschaftswachstum wird am Bruttoinlandsprodukt (BIP) gemessen. Es wächst in Deutschland seit Jahren nur noch schwach. Auch für die Zukunft ist kein bemerkenswerter Aufschwung in Sicht. Die Binnennachfrage wird weiter abnehmen. Die Internationalisierung und die weitere Öffnung der EU ermöglicht einer Reihe deutscher Familienunternehmen, am Wachstum im Ausland teilzuhaben. Die vielen, eher regional agierenden Betriebe werden dadurch vermutlich weiter in die Ecke gedrängt. Wer in einer solchen Situation Wachstumsinvestitionen vornimmt, kann sich in eine kritische Situation manövrieren. Wer sich nicht bewusst ist, dass seine täglichen Entscheidungen ganz unkoordiniert auf Wachstum ausgerichtet sind, wird sich deshalb äußerst schwer tun.

Der **Beschäftigungsgrad** ist ein wichtiger Indikator der wirtschaftlichen Lage. Arbeitslosigkeit ist ein gesellschaftliches und ein ökonomisches Problem. Die Schließung größerer Industriestandorte, führen in der jeweiligen Region zum schnellen Rückgang kleiner Zuliefererbetriebe, was eine Spirale der Beschäftigungslosigkeit in Gang setzt. Dies führt bis zu einem veränderten Speisezettel in den Gasthäusern und einer Sonderangebotswelle im Einzelhandel. Zu beachten ist dies häufig, wenn Werke der Automobil- oder der Elektro-/Elektronikbranche schließen, aber es können auch andere betroffen sein. Bei der externen Analyse eines Familienbetriebs muss man die konkreten regionalen Strukturen in den Blick nehmen.

Die **Preisstabilität** zeigt sich an der Inflationsrate. Hohe Inflationsraten gehen immer zulasten des langfristigen Gläubigers. Gleichzeitig werden die Kredite günstiger, sprich, die Rückzahlung ist weniger belastend. Das wissen auch die Sparer, die letztlich Gläubiger der Kreditinstitute sind. Früher haben sie in diesen Zeiten den persönlichen Konsum angekurbelt. Heute ist die Perspektive so düster, dass vorsichtshalber gespart wird – obwohl die Zinsen niedrig wie nie zuvor sind. In dieser Phase auf (Umsatz-) Wachstum zu setzen, ist erklärungsbedürftig.

In Deutschland resultieren die strukturellen Probleme aus den hohen Arbeitskosten und den hohen Unternehmenssteuern. Sie wirken zweidimensional. Einerseits siedeln sich kaum noch ausländische Konzerne und Großunternehmen in Deutschland an, andererseits verlagern vorhandene Globalplayer seit Jahrzehnten wichtige Arbeitsplätze ins Ausland.

2. Konjunktur
Traditionell verlaufen die Konjunkturzyklen wellenförmig:
- Von der Talsohle
- in den Aufschwung
- zum Höhepunkt
- und wieder in den Abschwung,
- der in der nächsten Talsohle endet.

Die zeitlichen Abstände zwischen Auf und Ab variieren. Zurzeit sitzen wir in einer Talsohle und es stellt sich der Eindruck ein, dass wir den Aufschwung nicht mehr schaffen. Die Wachstumsprognosen sind schwach, die Realität ist noch schwächer. In Aufschwungphasen steigt die Nachfrage nach Konsum-, Gebrauchs- und deshalb ebenfalls Investitionsgütern. Auch weniger gut geführte Unternehmen können sich am Markt behaupten. Aktuell nimmt die Nachfrage eher ab, die Preise fallen und die Anbieter zeigen sich gegenseitig die Zähne im Kampf um die sparsameren Kunden. Da lassen sich Schrumpfungsstrategien leichter umsetzen als Wachstumsziele.

Auswirkungen auf die Planung

Das Auf und ab der Konjunktur baut Fallstricke für die Unternehmensplanung:
- Insolvenzanalysen zeigen, dass Unternehmer dazu neigen, den Ist-Zeitpunkt in die Zukunft hineinzutragen – und die Abwärtsbewegung übersehen.
- Der nächste Fallstrick heißt Zeitverzögerung. Veränderungen brauchen Zeit zur Vorbereitung und Zeit, um am Markt erkannt zu werden. Je nach Betriebsgröße sind zwischen 12 bis 36 Monate realistisch. Und da kann sich dann die Konjunktur bereits anders entwickelt haben.

3. Gesetzgebung

Einiges ist in Bewegung geraten, wie die Diskussionen um die Liberalisierung der Ladenöffnungszeiten, die Ausbildungsabgabe, das Nachtfahrverbot oder den Emissionsschutzhandel zeigen. Von Arbeitsrecht über Jugendschutz und Lebensmittelvorschriften bis Umweltrecht, die Lärmschutzverordnung einschließend, sind Betriebe in ein enges rechtliches Korsett eingespannt. All das und noch viel mehr gilt es zu berücksichtigen, wenn der Weg für die Zukunft des Betriebes eingeschlagen wird. Rechtliche Regelungen können die Organisation beeinflussen, sie können kostenmäßig zuschlagen, sie können bestimmte Pläne ganz vereiteln. Gesetze sind als Datum hinzunehmen und zugleich immer als unwägbarer Faktor einzuplanen. Schauen Sie bitte nicht daran vorbei, auch wenn Sie sich noch so sehr über einzelne Vorschriften ärgern. Im Gesundheitswesen, der Gastronomie, der Klimatechnik, aber auch bei Reinigungsbetrieben (der Zusatz „chemisch" entfällt) wäre es nahezu tödlich, die gesetzliche Entwicklung nicht im Auge zu haben.

4. Gesellschaftliche Entwicklung

Zeitgeist, Mode, Ansprüche, Wünsche und Erwartungen Ihrer Kunden ändern sich. Gesellschaftliche Werte unterliegen ständiger Veränderung, zum Teil in rasantem Tempo. Was gestern noch undenkbar war, ist heute schon wieder überholt. Wer an diesen Entwicklungen und Veränderungen vorbei operiert, handelt am Markt vorbei und verschenkt Potenziale.

An der ungünstigen **Alterspyramide** in Deutschland kann kein Unternehmer vorbeischauen. Andererseits entwickeln sich die Senioren immer mehr zu einer sehr interessanten Zielgruppe (z.B. Marktsegment 50 plus genannt). Und wenn sich das Thema Rente irgendwann einpendelt, werden sie auch den Konsum ankurbeln. „Well" und gesund wollen sie alle sein.

Die Wellness-Branche etwa entwickelt sich gegen den Trend positiv. Nach Abebben der Müsli-Welle und der BSE-Problematik haben die Fleischer mittlerweile wieder einen positiven Trend zu verzeichnen.

Man kann das alles für sich persönlich sehen, wie man will, die Frage für Sie ist: Entsteht da für mich und meinen Betrieb ein neuer Kundenkreis?

5. Branchenentwicklung

Einzelne Branchen entwickeln sich gegen den allgemeinen wirtschaftlichen Trend. Beispiel: In den 60er- und 70er-Jahren boomte Nachkriegsdeutschland. Alle Zeiger standen auf Wachstum und Konsum. Der Schuhmacher dagegen schien plötzlich überflüssig. Die Schuhindustrie produzierte billig Massenware. Wenn Schuhe eine Macke hatten, gab es „gleich ein Paar neue". Aber: Der Schuster wurde nicht überflüssig. Gerade kleine Unternehmen zeigten eine große Anpassungsfähigkeit. Nachdem die Billigschuhe im Absatz zurück gingen, platzierte sich der völlig neue Schuster als „Mister Minit" in Kaufhäusern und Shopping-Centern, um Kunden während ihres Einkaufs seine (um den Schlüsseldienst erweiterten) Dienstleistungen anzubieten. Dies zeigt auf, wie eine ganze Branche in einem Zeitraum von 20 Jahren einem kompletten Wandel unterliegt. Nicht die besten Schumacher, sondern die besten Unternehmer unter den Schuhmachern haben bestens überlebt. Sie hatten die richtige Strategie und noch nicht mal einen „Sitzarbeitsplatz".

6. Kapitalmarkt

Finanzierung wird ausführlich in Kapitel 2 behandelt. Halten wir hier nur zunächst fest, dass es neben Banken auch alternative Finanzierungsmöglichkeiten gibt und dass Familienunternehmen zunehmend über eine restriktive Kreditvergabe der Banken stolpern werden.

Gerade vermeintlich erfolgreiche Unternehmen mit starkem Umsatzwachstum sind erstaunt, wenn sie trotz Wachstum die Kreditinstitute nicht überzeugen können. Die Regeln der Kreditvergabe und die Prognosen der Unternehmer haben nicht immer eine gemeinsame Basis. Deshalb ist zu analysieren, welche zusätzlichen Finanzmittel brauchbar sind.

Versicherungsunternehmen bieten Finanzierungshilfen an, Leasing wird bei Investitionsgütern eingesetzt. Zusätzliches Eigenkapital durch Partnerschaftsmodelle, stille Beteiligungen, Kapitalbeteiligungen, bis hin zur Umformung der Unternehmung in eine „Kleine AG" (als gesetzlich geregelte Rechtsform) sind denkbar und sollten in der spezifischen Situation jeweils überprüft werden.

7. Personalgewinnung und Arbeitsmarkt

Auch die Personalplanung wird in einem eigenen Kapitel behandelt. Je nach Strategie stellen sich folgende Fragen: Wie und in welchem Ausmaß kann mein Unternehmen nach Mitarbeitern schrumpfen? Können bei einer Konsolidierungsstrategie die vorhandenen Mitarbeiter produktiver eingesetzt werden oder sind Umschichtungen nötig? Wie viele neue Mitarbeiter sind notwendig, wenn das Unternehmen auf Wachstum eingestellt wird? Welche Qualifikationen werden benötigt?

In diesem Fall wird das Vorgehen stark durch externe Bedingungen beeinflusst: Sind die erforderlichen Mitarbeiter am (Arbeits-) Markt zu bekommen oder ist mit dem Beginn der Strategieumsetzung zugleich ein entsprechendes Personalentwicklungskonzept einzuleiten? Bilde ich mir meine Mitarbeiter selbst aus, mit der Gefahr, dass diese für ein paar Euro mehr vom Wettbewerber abgeworben werden? Oder erreiche ich mein Wachstum mit den gut ausgebildeten Mitarbeitern des Wettbewerbers, verzichte dann aber auf den „Stallgeruch"? Das sind die Fragen, die bei einem strategischen Wandel oder bei einer Neugründung zu berücksichtigen sind. Die Zeiten ändern sich jedoch. Während vor drei Jahren kein Wirtschaftsinformatiker auf dem Markt zu finden war, kann man heute ganze Abteilungen übernehmen.

8. Technologieentwicklung

Die Beobachtung der Technologieentwicklung provoziert häufig die Entscheidungen für die neue Technologie. Motto: Das brauche ich auch. So wird zu viel investiert. Umgekehrt gilt: Wer auf Investitionen in neue Technologien verzichtet, verkennt deren strategische Dimension.

Die guten Unternehmenslenker zeichnen sich durch eine idealtypische Mischung aus Gespür und Methode aus. Sie können bei neuen Entwicklungen recht schnell die „Spreu vom Weizen" trennen.

Auch hier ein kleines Beispiel: Fotofachlabors, die nicht mindestens vor 10 Jahren für teures Geld in die Digitaltechnik eingestiegen sind, haben heute ihren Platz am Markt komplett verloren.

Gerade unter starkem Wettbewerbsdruck resultiert aus der Nicht-Investition die Erfolgskrise. Und wer in der Erfolgskrise steckt, nimmt konsequenterweise von Neuinvestitionen Abstand. Das führt das Unternehmen wiederum geradewegs in die Liquiditätskrise, in der dann keine Mittel für umwälzende Investitionen zur Verfügung stehen.

Ist der neue Technologiezug erst einmal verschlafen, sinkt die Wahrscheinlichkeit für die Investition. Das Teufelsrad dreht sich immer schneller.

1.3.3 Die interne strategische Analyse

Der kritische Blick nach außen ist die eine Seite der Medaille. Die Analyse sollte auch dem eigenen Betrieb gelten. Können wir, wie wir wollen? Reichen unsere Mittel und unsere Fähigkeiten aus? Wir halten uns jetzt hier kurz, denn die einzelnen Funktionsbereiche sind Gegenstand der folgenden Kapitel. In Stichworten:

1. Finanzmittelbedarf
Wie sieht Ihr Kapital- und Geldbedarf aus, um Ihre geplante Normstrategie umzusetzen? Ist das für Sie finanzierbar? Haben Sie eventuell zusätzliche (Risiko-) Kapitalgeber?

2. Ergebnis – und Kostenstruktur
Die Längs- und Querschnittsbetrachtung der Ergebnis- und Kostenstruktur gibt wichtige Hinweise, ob Sie auf dem richtigen strategischen Weg sind, wie lange Veränderungen brauchen und welche vordringlich notwendig sind. Jahresabschluss, Bilanz und Gewinn und Verlust werden dazu ebenso gebraucht wie die Auseinandersetzung mit Betrieben gleicher Größenordnung.

3. Marktprogramme
Wie ist der Betrieb am Markt aufgestellt? Wird es über Marktausschöpfung/Markterweiterung zu Umsatzwachstum kommen können? Wie kann mit dem Markt kommuniziert werden? Sind die Vertriebswege weiter? Mit welchen Programmen kann das Wachstum Bewegung beginnen?

4. Personalstruktur
Wie viele Köpfe Sie brauchen, zeigt die quantitative Personalplanung. Die qualitative Personalplanung klärt, welche Fähigkeiten der Mitarbeiter die Positionen erfordern. Daraus resultieren Anforderungs- und Eignungsprofile. Gerade im Bereich Personal wird sichtbar, wie langfristig strategische Veränderungen anzulegen sind.

5. Langfristige Geschäftsfelderanalyse
Ausgangspunkt dieses strategischen Analysefeldes ist die Frage nach der Sicherung der langfristigen Liquidität des Unternehmens. Womit verdienen wir heute unser Geld, womit wollen wir es in fünf Jahren verdienen?

1.3.4 Generelle Analyseinstrumente

Basisinstrument: Portfolioanalyse

Zur Analyse der internen Situation hat sich die Portfolioanalyse durchgesetzt. Dazu wird das Gesamtunternehmen in „Geschäftsfelder" aufgeteilt. Betrachten wir zunächst einige modellhafte Beipiele: Ein Konditor unterscheidet z.B. eine kalte und warme Backstube, das Cafe und die Überlandwagen. Der Sanitär- und Heizungsinstallateur hat sein Angebot in Sanitär, Klimatechnik und Kachelofenbau gegliedert und der Omnibusunternehmer in Linienverkehr, Anmietung, Margengeschäfte und Provisionsbereiche. Erster Schritt ist nun, den **relativen Marktanteil** innerhalb jedes bearbeiteten Marktsegments abzugreifen. Im Blickpunkt stehen folgende Positionen:

1. Dimension: Marktanteil

- Wer sind meine Wettbewerber?
- Wer liegt vor bzw. im Marktanteil hinter mir? Wie weit liegen die nächsten vor und hinter mir?

Ziel wird sein, durch eine verbesserte Geschäftsführung den direkt vor uns liegenden Wettbewerber zu überholen. Aber bleiben wir noch bei der Analyse, wir möchten eine anschauliche Darstellung der Ergebnisse in einer Grafik entwickeln. Dazu wird ein Koordinatenkreuz gezeichnet und die waagerechte Achse mit „relativer Marktanteil" beschriftet. Ist unser (relativer) Marktanteil hoch, tragen wir auf dem waagrechten Abschnitt weit rechts ein Zeichen ein, ist er niedrig weit links.

2. Dimension: Wachstum der Segmente

Im zweiten Schritt wird überlegt, ob die einzelnen Teilmärkte wachsen oder nicht. Kann Wachstum unterstellt werden, wird auf der vertikalen Achse möglichst weit oben ein Zeichen gemacht, wenn der Markt schrumpft, ziemlich nahe an der Grundlinie. Nun können wir auf der aufgespannten Fläche des Koordinatensystems im Kreuzungspunkt der Markierungen eine „Blase" für das betreffende Segment eintragen (engl. Bubble, deshalb auch Bubble-Diagramm). Für den Sanitärbetrieb und seine drei Segmente könnte sich beispielsweise das folgende Schaubild (Abb. 1.2) ergeben.

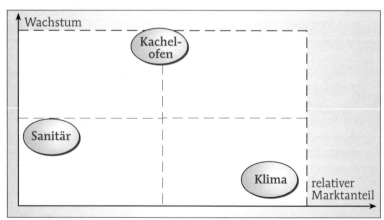

Abb. 1.2: Portfolioanalyse

Mit dieser Analysemethode lassen sich einzelne Geschäftsfelder sehr anschaulich einordnen, auch und gerade im Verhältnis zu den Wettbewerbern. Es ist offensichtlich, dass in unserem Beispiel zügig ein Ausstieg (Desinvestition) aus dem Sanitärbereich zu planen wäre (geringer Marktanteil bei wenig Wachstum). Das gute Geld (hoher Marktanteil), das mit der Klimatechnik verdient wird, sollte in den weiteren Ausbau des Geschäftsfeldes Kachelofenbau investiert werden (wo hohes Wachstum herrscht, aber der Marktaneil noch nicht so groß ist).

OB IHRE ZIELE REALISTISCH SIND, OB DIE STRATEGIE REALISTISCH IST, HÄNGT DANN AUCH VON DER KONKRETEN AUSEINANDERSETZUNG MIT DEN WETTBEWERBERN AB.

Können Sie Ihre Strategie durchsetzen, haben Sie genug Power, das anzugehen? Oder ist eine Änderung der Strategie notwendig?

Die strategischen Analysen sind natürlich vorrangig auf die Entscheidungen der Normstrategie ausgerichtet. Traue ich mich, zu wachsen in diesen eher einengenden Verhältnissen? Will ich konsolidieren oder schrumpfe ich? Wenn ja: In welchen strategischen Geschäftsfeldern wollen wir schrumpfen? Mischungsverhältnisse sind durchaus möglich, um nicht zu sagen, willkommen. Bei drei Geschäftsfeldern kann eines wachsen und zwei schrumpfen, das Gesamtunternehmen kann dann trotzdem wachsen.

Bezug auf die Normstrategie

Zur Darstellung der Ergebnisse dient eine Tabelle wie in Abb. 1.3, mit beispielhaft sechs Sparten. Beachten Sie bitte, dass die bisher betrachteten drei Normstrategien, die hinsichtlich der Investitionspolitik möglich sind, hier unter dem Blickwinkel der Marktentwicklung auf vier Abstufungen führen – das Konsolidieren in der Mitte ist noch weiter in Sichern und Abschöpfen unterteilt. Diese vier Strategien gelten als Standard und ziehen sich durch alle so genannten **Vierfelderportfolios**.

Geschäftsfeldstrategie				
Geschäftsfeld	Wachstum	Sicherung	Abschöpfung	Ausstieg
Sparte 1			■	
Sparte 2		■		
Sparte 3				
Sparte 4				
Sparte 5				■
Sparte 6	■			

Abb. 1.3: Tabellarische Darstellung der Strategien nach Sparten

> Wo stehen Sie? Tragen Sie Ihre Sparten ein und bewerten Sie sie analog in der Tabelle!

Notwendige Marktdaten

Sie werden schnell erkennen, dass Sie eine grobe Vorstellung davon haben, was Sie erreichen möchten – aber für die reale Bewertung Ihres Ist-Zustandes brauchen Sie natürlich (auch) handfeste Marktdaten. Beispielsweise der relative Marktanteil ist gar nicht so einfach zu ermitteln und erfordert wenigstens ein Minimum an Markterkundung oder sogar Marktforschung (vgl. auch Abschnitt 3.3.2).

Prinzipielle Wachstumsmöglichkeiten

Ob Sie wachsen können oder welches andere strategische Ziel Sie verfolgen, ist weiterhin abhängig von Ihren Potenzialen. Für **Wachstum** können grundsätzlich

- zusätzliche Produkte/Leistungen für die bereits bearbeitete Zielgruppe angeboten werden (Produkterweiterung) oder
- die vorhandene Palette neuen Kunden nahe gebracht werden (Markterweiterung).

Darüber hinaus gibt es nur noch die Alternativen

- etwas ganz Neues zu machen (Diversifikation) oder
- in seinem vorhandenen Markt mit vorhandenen Produkten „besser" zu werden (Marktausschöpfung).

Diese vier Möglichkeiten stellt man traditionell ebenfalls in einem Vierfelderportfolio übersichtlich zusammen (Abb. 1.4), in dem diese Strategien sehr plastisch werden.

Abb. 1.4: Die vier grundsätzlichen Strategien

Einen generellen Rat kann man dazu nicht erteilen. Sind Produkte auf Märkten lange Zeit eindeutig verteilt und von keinem Anbieter kommen Innovationen, ist klar, dass sich – vor allem bei starkem Wettbewerb – die Preise nach unten bewegen. Von der Diversifikation raten wir dennoch ab, denn wir kennen kein Beispiel, wo dauerhaft durch den „Zukauf" neuer Produkte und die Bearbeitung neuer Märkte Erfolg erzielt wurde. Wir werden diesen Aspekt im Kapitel Marketing weiter vertiefen.

1.3.5 Zwischen Innovation, Tradition und Konzentration

Nichts ist so beständig wie der Wandel. Veränderung ist allgegenwärtig, turbulente Märkte wirbeln ständig neue Anforderungen an uns heran. Hat das Bewährte noch Sinn, wenn es doch vorwiegend darum zu gehen scheint, immer nur schneller, besser, billiger zu werden, wenn ständig nur Innovation gefordert wird? Am besten alles gleichzeitig!

Ja, das Beständige hat gerade in turbulenten Zeiten Sinn. Paradoxerweise bestätigt sich ja vielfach, dass der Fortschritt konservativ ist. Oder anders ausgedrückt: Wer will, dass die Dinge im Grundsatz so bleiben, wie sie sind, muss sich verändern. Nur das, was alt wird oder geworden ist, tut sich schwer mit der Anpassung.

Tradition und Innovation in Einklang bringen

DIE VERBINDUNG VON TRADITION UND INNOVATION IST EINE AUSGEZEICHNETE „STARTBAHN" FÜR DIE FAMILIENBETRIEBE.

Auch hier kann die Auseinandersetzung mit strategischen Optionen helfen. Mit einer Nabelschau Ihrer Marktposition und Ihrer Produkt-/Angebotspalette, am besten mit der Portfoliomatrix, können Sie Ihre Potenziale plastisch einordnen. Werden die strategischen Stellschrauben vernünftig gedreht, entstehen Chancen für Innovation. Gerade der Familienbetrieb sollte dabei keinesfalls seine Tradition aus dem Auge verlieren und sich konsequent auf das konzentrieren, was er am besten kann. Die Strategen sprechen in diesem Zusammenhang von **(Kern-) Kompetenz**. Wer dann noch Methoden hat und einsetzt, um die strategische Wettbewerbsposition ohne viel Aufwand überprüfen zu können, wer sich daraus eine Leitlinie schnitzt für die betrieblichen Funktionsbereiche, trifft beim „strategischen Dart" immer öfter ins Schwarze.

1.3.6 Die strategischen Stellschrauben.

Die strategische Analyse offenbart sehr schnell die Engpassfaktoren der Familienbetriebe. Es fehlt am Finanzspeckgürtel, der es den Großkonzernen einfacher macht, kritische Zeiten zu überleben. Sie haben Kapital für das Umsetzen organisatorischer, personeller und marktseitiger Veränderungen. Für neues Kapital gehen sie an die Börse. Sind die Kapitalgeber überzeugt, können die Manager loslegen. Doch bei Familienbetrieben heißt es: „Ohne Moos nix los!" Diese Erkenntnis hat schon große Ideen vereitelt. Es fehlt an Schlagkraft am Markt: Reicht der eher kurze Arm der kleinen und mittelständischen Familienbetriebe hin, um am Markt wahrgenommen zu werden? Gibt es im Unternehmen selbst noch Potenziale für Innovation? Wo kann die Dynamik herkommen?

Engpassfaktoren erkennen...

... und Potenziale erweitern

Drei strategische Stellschrauben lassen sich isolieren:
- Strategische Allianzen,
- Produktinnovation und
- Prozessinnovation.

(Schon) in Erfolgsphasen tätig werden und Strategie nicht auf Krisenmanagement reduzieren

Die beste Zeit, an den Stellschrauben des Erfolgs weiter zu drehen, ist dann, wenn (noch) keine Krise erkennbar ist. Die Gesamtsituation lässt in einer solchen Phase große Gelassenheit zu, der Erfolg ist da, die Liquidität lässt noch nichts zu wünschen übrig. Das ist auch deshalb wichtig, weil strategische Veränderungen grundsätzlich mit einer ausgedehnten Zeitverzögerung greifen. Wer akute Schritte braucht, weil er in der Liquiditätskrise steckt, ist hier am falschen Einsatzort.

Strategische Allianzen

Überlegenswert sind Unternehmenskooperationen

Strategische Allianzen (siehe Teil III) sind Kooperationen rechtlich selbstständiger Unternehmen. Für klein- bzw. mittelständische Betriebe haben strategische Allianzen viele Vorteile. Begrenzte Mittel bedingen begrenzte Marktmacht. Die Kosten für eine massive Marketingkampagne sind eben massiv. Wenn sich zwei, drei kleine zusammentun, ist einfach mehr Kraft dahinter. Das Finanzpolster wird bei den Kapitalgebern ernst genommen, Kredite werden wahrscheinlicher. Lose Kooperationen in diese Richtung finden häufig in der Baustellenfertigung z.B. über Bietergemeinschaften oder ARGEs statt.

Die Angebotslinie kann sich signifikant ändern, wenn man Betriebe als Partner gewinnt, die entweder das eigene Angebot ergänzen oder an vor- bzw. nachgelagerter Position der Wertschöpfungskette stehen und damit den Zugang zum Kunden erleichtern. Das ändert zwar den Gesamtauftritt, aber im Vordergrund steht der Kunde und dessen Nutzen. Im Überblick lesen sich die Gründe für Allianzen wie folgt:

- Erleichterung beim Marktzutritt, vor allem bei neuen Zielgruppen,
- Kostenvorteile durch Verbundaktionen und Aufteilung/Optimierung der Wertschöpfungsaktivität,
- Know-how-Vorteile, durch Entwicklung eines Kompetenzgeflechts.

Sofern die Zusammenführung professionell betrieben wird, und die Bedingungen der Zusammenarbeit klar definiert sind, kann wenig schief gehen. Strategische Allianzen greifen allerdings erst mit einer recht ausgedehnten Zeitverzögerung, denn, es prüfe, wer sich dauerhaft bindet. (Siehe: Kooperation statt Konfrontation)

Produktinnovation

Produktinnovation in KMUs selten ein Kompetenz- und meist ein Finanzierungsproblem

Dazu zählen nicht nur Produkterweiterung (= ein innovatives Produkt wird auf dem bisherigen Markt angeboten) und Diversifikation (= ein innovatives Produkt wird sogar auf einem neuen Markt angeboten), sondern auch die Weiterentwicklung bestehender Produkte. Es gibt Beispiele, wie dies kleinen und mittelständischen Unternehmen gelingt, aber traditionell ist dies eine strategische Position, die vorwiegend für Großbetriebe in Betracht kommt. Denn vor allem neue Produkte am Markt zu positionieren, ist ein kostenintensives Unterfangen und dem Mittelstand fehlt dafür meist der Atem.

Das Kernproblem liegt nicht in der Kompetenz, sondern in der Finanzierung, und in Deutschland ist es ungewöhnlich schwierig, Finanziers von ausgefallenen Produktideen zu überzeugen. Der Mittelstand hat Kompetenz. Nur ein kleines Beispiel: Der Skiständer am Geländewagen wurde ebenso wenig von den Automobilherstellern entwickelt wie die Leichtmetallfelgen. Beides sind Ergebnisse mittelständischer Innovationskraft. Deshalb ist es dringend notwendig, über Adaptionen nachzudenken.

Nur ergänzend sprechen wir an dieser Stelle an, dass alternative Finanzierungsformen und darunter solche, die so genanntes Risk capital (Risikokapital) zur Verfügung stellen, bevorzugt aus dem Ausland (oft den USA) stammen und bei uns zeitverzögert und entschieden weniger breit Einzug halten. Besonders deutlich wird das bei „verrückten" Produkten: Vielleicht erinnern sich einige Leser/innen noch an Tamagocchi, dieses „elektronische Tier", das den Markt überschwemmt hat. Es musste regelmäßig als Spielhandlung gefüttert und gesäubert werden und „starb" sogar, wenn der Besitzer seine Pflichten stark vernachlässigte. Der Investor dieses in hoher Stückzahl verkauften Spielzeugs hat damit Unsummen von Geld verdient – vorübergehend, denn heute redet keiner mehr darüber. Aber glauben Sie, dass irgendeine deutsche Bank so was im Vorfeld finanziert hätte?

Lösungen bieten auch Risk-Capital-Geber

Prozessinnovation

Neben der Kooperation stecken hier am meisten Potenziale, um das strategische Wachstum eines Familienbetriebes anzukurbeln. Die **konsequente Durchleuchtung der Prozessorganisation** ist ein robuster Schritt, um der strategischen Krise entgegenzuwirken. Dabei gehört das Durchforsten der Geschäftsprozesse nach Wertschöpfung und Blindleistungen nicht gerade zur Lieblingsbeschäftigung der Unternehmer.

Prozessinnovation ist typischermaßen der Ansatz mit den meisten Potenzialen

Diese Vernachlässigung ist breit zu beobachten, obwohl gerade in der Technik die **Wertanalyse** zu den grundsätzlichen Ausbildungsinhalten gehört. Dabei geht es darum, den „Produktions- oder Geschäftsprozess" so in den Fokus zu nehmen, dass bei gleicher Qualität das Produkt bzw. die Leistung kostengünstiger hergestellt wird oder dass bei gleichen Kosten ein höherer (Zusatz-) Nutzen für den Verbraucher oder Benutzer entsteht. Wir wollen die Möglichkeiten, die in einer Prozessinnovation stecken können, an einem beeindruckenden Beispiel aufzeigen, das uns im Umfeld unserer Beratertätigkeit bekannt geworden ist.

> **Beispiel**
> *Ein Wagnermeister, der nach der Wende mit dem Wettbewerb aus Polen und Ungarn für den Kutschenbau nicht mehr mithalten konnte, stellte zunächst auf die Produktion von Rodelschlitten um (was wir als Produktinnovation bezeichnen würden). Relativ schnell stellt er fest, dass auch in diesem Segment der Wettbewerber aus dem „Osten" kam – mit Dumpingpreisen. Dem war auch nicht durch die Einstellung von weißrussischem oder ukrainischem Personal zu begegnen.*

> *Die Umstellung auf eine industrielle Fertigung rentierte sich für die zu erwartenden Losgrößen und das übliche Saisongeschäft ebenfalls nicht. Als strategische Dimension galt es vielmehr, neue Produkte im Bereich des Rodelschlittens zu entwickeln, aber noch mehr innovative Kraft wurde in die Prozessgestaltung gesteckt. Die Engpassfaktoren (Kufenpresse, Kaltleimer, Furnierbeschichter) etc. waren zügig identifiziert. Nach eingängiger Marktrecherche gab es aber keine Maschinen bzw. Werkzeuge, mit denen man den Betrieb als Manufaktur hätte aufbauen können. Der Betriebsinhaber nutzte daraufhin die Zeit bis zum nächsten Winter, um selbst geeignete Maschinen und Werkzeuge zu entwickeln.*
>
> *Keine Bank der Welt würde diese selbst entwickelten Maschinen als Sicherheit nehmen. Sie sind als Einzelstücke unverkäuflich, vom direkten Wettbewerber einmal abgesehen. Aber sie versetzten das Unternehmen in die Lage, den Produktionsprozess auf 1/10 der Zeit aus den frühen 90er-Jahren zu reduzieren. So konnte man dem Preisdruck aus dem Osten mit Gelassenheit begegnen. Noch sind die Deckungsbeiträge ordentlich, da personelle Spitzen, Mehrschichtbetrieb mit Überstunden in der Saison und ähnliche Kostentreiber wegfallen. Der gewonnene Freiraum wird in Produktinnovationen gesteckt. Die seit dem Jahr 2000 auf den Markt gebrachten neuen Artikel werden ebenfalls auf eigenentwickelten, gut funktionierenden Maschinen gebaut.*

Lernen von den Rationalisierungsprozessen der „Großen"

Familienbetriebe können an dieser Stelle durchaus von der Rationalisierungsentwicklung der Großbetriebe lernen, die ihre Geschäftsprozesse systematisch zerlegen und jeden Teilschritt unter die Lupe nehmen, um ihn effizienter zu gestalten.

Greifen wir noch einmal das obige Beispiel auf, in dem der Eigenbau von Maschinen zum Schlüsselfaktor des Erfolgs wurde. Abb. 1.5 zeigt modellhaft die Zerlegung des „Prozesses Maschinenbau". Zu jedem einzelnen Prozessschritt kann die Frage gestellt werden, wie er sich möglicherweise effizienter gestalten lässt. Wie in großen Unternehmen auch ist das die Frage nach der Optimierung, aber auch die Frage nach dem „Make or buy" (selber machen oder einkaufen).

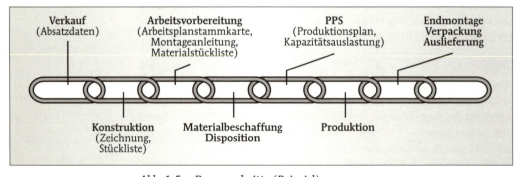

Abb. 1.5: Prozessschritte (Beispiel)

Greifen wir das Konstruktionsbüro heraus: Will man diese wichtige Funktion nicht auslagern, sondern selbst behalten, lässt es sich beispielsweise ausgliedern und als eigene Einheit führen, die auch Aufträge von anderen Firmen übernimmt und so an Produktivität gewinnt.

Nicht lohnende Funktionen outsourcen, lohnende durch ergänzende Fremdaufträge strabilisieren

Sie sind als Unternehmer/in aufgefordert, sich mit solchen Fragen zu beschäftigen – besser noch, mit den richtigen Antworten darauf. Denn damit stellen Sie entscheidende Weichen und verdienen langfristig Geld. Wir wissen, dass es schwer ist, sich die Zeit zu nehmen anstatt täglich eine Stunde länger in der Backstube, auf der Baustelle etc. produktiv tätig zu sein, wo es meistens „brennt".

1.3.7 Balanced Score Cards –Strategische Dart-Spiele

Stellen wir dem letzten Aspekt unseres Strategiekapitels ein Bild voraus: Nicht jeder Dart- Wurf trifft ins Schwarze. Mal sind Sie nicht besonders gut in Form, mal ist die Umgebung zu unruhig, mal die Luft zu stickig. Die Gründe sind dabei oft gar nicht so entscheidend wie die Frage, ob Sie überhaupt klar erkennen können, wohin Sie treffen wollen. Wenn das der Fall ist, wenn Sie diesen „Schwarzen Punkt" für Ihren Betrieb kennen, dann ist es „nur noch" eine Frage der Übung, um die Trefferquote zu schaffen. „Üben" im weiteren Sinne können Sie auf vielen Wegen.

Auch in KMUs bewährt: Balance Score Card als systematisches Strategieinstrument

Was sich gut bewährt hat, ist eine so genannte **Balanced Scorecard** (BSC) auch für kleinere Betriebe. Sie ist ein gutes Medium, um die Strategie umzusetzen und die unternehmerischen Entscheidungen auf Kurs zu halten. Wenn wir Strategie definieren als ein Ziel-Mittel-Gerüst, dann ist die BSC ein stabiles Gerüst. Die BSC ist im Grunde ein Controlling- Werkzeug und erweitert das traditionelle Finanzcontrolling um die Perspektive der strategischen Dimensionen . Eine BSC umfasst folgende Ebenen des Unternehmererfolgs:
- Finanzielle, materielle Zielerreichung,
- Strategische Zielkontrolle,
- Geschäftsprozessoptimierung ,
- Kundenbindungsprüfung,
- Mitarbeiter Entwicklungsschritte .

Jede dieser Komponenten wird mittels spezifischer Kennzahlen analysiert. Im Bereich Finanzen geht es etwa um die Gesamtkapitalrentabilität, den Cash- Flow, den Verschuldungsgrad (siehe Kapitel 6 über Controlling). Bei den strategischen Komponenten gilt es,
- Abhängigkeiten zu reduzieren,
- neues Produkt/Marktwachstum zu generieren ,
- Rentabilitätskennziffern zu betrachten und zu beachten,
- Leistungsveränderungen/Kundenverhalten zu beobachten,
- Kundenbeziehungen/Zufriedenheit zu analysieren und den Stammkundenanteil zu bestimmen,
- Fluktuation von Mitarbeitern zu erfassen, Weiterbildungsbedarf zu definieren.

In der Summe lässt sich daraus durchaus ein vernünftiges Zielsystem der Strategie ableiten, wobei die strategischen Ziele der Geschäftsfelder das strategische Ziel des Unternehmens ergeben. Wird beispielsweise in zwei SGF desinvestiert, ein SGF konsolidiert und sollen in zwei weiteren SGF die Wachstumschancen genutzt werden, kann dies alles in allem die Zielsetzung der moderaten Steigerung des Umsatzes, des Deckungsbeitrags und des Wachstums für das Gesamtunternehmen ergeben.

In den einzelnen SGF sind dazu unterschiedliche Strategien für das Marketing, Personal, die Finanzierung usw. auszuarbeiten. So oder ähnlich könnte der Ausfluss eines strategischen Konzepts lauten. Wenn man denn eines hätte?!

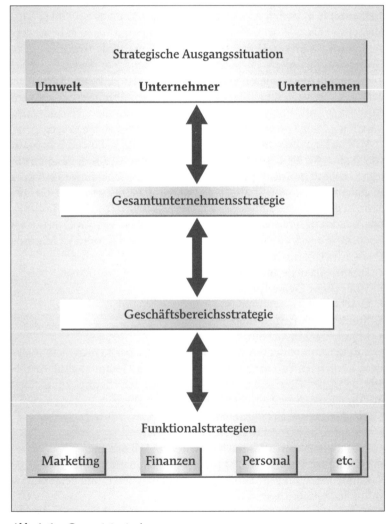

Abb. 1.6: Gesamtstrategie

2 Finanzieren und investieren – „Ohne Moos nix los!"

2.1 Besonderheiten und Eigenarten

Deutsche Familienbetriebe sind überwiegend durch Fremdkapital finanziert. Dies steht beispielsweise im krassen Gegensatz zu den Betrieben in Amerika. Ein amerikanischer Start Up stellt seine Geschäftsidee seiner Familie, den Bekannten und Verwandten vor und bemüht sich zunächst dort um eine nennenswerte Summe an Gründungskapital. Stellen sich erste Erfolge ein, kann er/sie gelassen davon ausgehen, weiteres Eigen-/Risikokapital zu bekommen. Erst, wenn das Unternehmen ein solides Wachstum hat, wenn Gewinne erzielt werden und Cashflow ins Unternehmen zurückfließt, finanziert man Projekte auch mit Fremdkapital. Wenn es dann läuft, lassen sich die anfänglichen Risikokapitalgeber eine ordentliche Verzinsung auszahlen. Sollte der „arme Junge" scheitern, wird er aufgefangen: „Beim nächsten Mal wird alles besser."

Das typische Kernproblem der Familienbetriebe: (zu) hohe Fremdfinanzierung

In Deutschland ist das kaum vorstellbar oder erst in Anfängen und dann auf andere Weise. Der deutsche Existenzgründer wendet sich in aller Regel zuerst an seine Bank oder Sparkasse, um einen Kredit zu organisieren – dies am besten noch unterstützt durch öffentliche Mittel und Subventionen. Strebt er/sie Letzteres an, greift sogar das „Hausbankprinzip" (d.h., das als Hausbank fungierende Kreditinstitut ist zuständig für die Beurteilung der Erfolgsaussichten von Geschäftsidee und Businessplan). Es gibt natürlich auch Risikokapitalgeber und hier sind in erster Linie die Venture-Capital-Gesellschaften und Business Angels zu nennen, die aber allermeistens eben nicht aus dem (familiären) Umfeld stammen.

Hausbankprinzip

Selbst wenn sich der geschäftliche Erfolg einstellt, bleibt die Eigenkapitalausstattung niedrig. Denn das Umfeld reagiert oftmals skeptisch: „Der will sich selbstständig machen? Dann soll er mal sehen, wo das hinführt." Dahinter versteckt sich eine ganz andere Tradition der Kapitalanlage als beispielsweise in den USA und dies mischt sich möglicherweise noch mit vorbeugendem Sozialneid („der könnte ja erfolgreich werden...").

Diese angesprochene Anlagetradition wird am deutlichsten im Verhältnis von uns Deutschen zu unserem Sparbuch, mit dem viele ein scheinbar untrennbares Duo bilden. In den 90er-Jahren des 20. Jahrhunderts haben sich zwar viele Anleger „rausgewagt" und wollten vor allem im Dunstkreis der Start Up und der damaligen Internet-Euphorie mitmischen und an der Börse verdienen. Dabei haben viele Kleinanleger nicht nur in Start Ups, sondern auch in große, in viel versprechende Namen investiert – und bekanntlich ziemlich einen „auf die Nase bekommen". Es ist klar, dass die jetzige Zurückhaltung mindestens so groß ist wie die Verluste, die eingefahren wurden. Dies schlägt wie ein Bumerang vor allem auch auf die kleinen und mittelständischen Betriebe zurück. Der Weg, Risikokapitalgeber für die eigene Unternehmung zu finden, ist durch diese Erfahrung viel steiniger geworden. Die meisten Unternehmer haben das aber noch gar nicht bemerkt.

Sparverhalten der Anlager als gespiegeltes Verhalten zur Investition

Unternehmer in Deutschland können nur mit recht wenig Unterstützung aus dem Umfeld rechnen; sie sind zu Einzelkämpfern verdammt. Wenn sie Geld brauchen, gehen sie zum Profi.

Und Hand auf's Herz: Steht der Skepsis Ihres Umfelds nicht seitenverkehrt gegenüber, dass Sie nicht in die Abhängigkeit der Verwandten oder Bekannten geraten wollen? Schaut man diese andere Seite der Medaille an, zeigt sich schnell, dass die Unternehmen es Außenstehenden nicht einfach machen, „rein zu kommen". Es ist müßig, darüber zu spekulieren, ob sich Unternehmer abschotten, weil sie auf wenig Verständnis hoffen, oder ob die Außenwelt kein Verständnis hat, weil die Unternehmen abgeschottet und für sie undurchschaubar sind.

Unternehmer vermeiden Abhängigkeiten

Jedenfalls gibt es für Externe keinen Grund, Geld in den Betrieb zu stecken, wenn der Unternehmer das nicht auch selbst tut. Hier kommt ein Weiteres hinzu: Über viele Jahre haben Unternehmer mit kräftiger Unterstützung ihrer Steuerberater den Betrieben bestmöglich Gewinne entzogen. Bloß nicht alles auf eine Karte, so der Slogan. Natürlich hat es etwas Plausibles, ein finanzielles Polster aufzubauen, das vom Auf und Ab des Betriebes unabhängig macht. Aber: Dies entspricht nicht der Lebens- und Arbeitsphilosophie der meisten Familienunternehmer und es gräbt den Betrieben systematisch das Wasser ab.

Natürlich stellt sich die Frage: Wie viel auf welche Karte? Denn keine Anlage, die mehr Rendite bringen soll als das Sparbuch, ist bekanntlich frei von Risiko. Wird Geldanlage außerhalb des eigenen Betriebs zum Flopp, verfehlt sie zweifellos das Ziel eines unabhängigen Standbeins (ein Beispiel sind manche Immobilienanlagen, die vorschnell in den neuen Bundesländern getätigt wurden). Abb. 2.1 charakterisiert die grundsätzlichen Anlageformen.

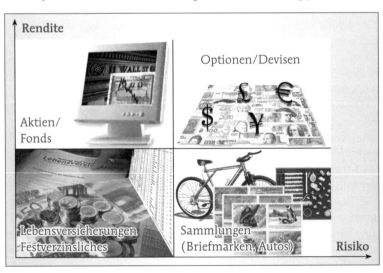

Abb. 2.1: Rendite und Risiko der wesentlichen Anlageformen im Vierfelder-Portfolio

Zwischenzeitlich hat sich auf dem internationalen Finanzmarkt einiges getan. Die Diskussion um Rating und Basel II schürt nicht nur Ängste, sondern sie zeigt deutlich, dass die internationalen Anforderungen und Philosophien unaufhaltsam auch in Deutschland ihre Spuren hinterlassen. Allen voran die amerikanische Denkwelt, denn der Finanzplatz Amerika hat noch immer die stärksten Muskeln. **Die Eigenkapitalausstattung ist ein wichtiges Rating-Kriterium geworden.** *Den großen Betrieben macht das wenig Kopfzerbrechen. Sie jonglieren längst mit den unterschiedlichsten Kulturen und agieren auf den internationalen Märkten.*

Neu: Eigenkapitalausstattung als Rating-Kriterium

FÜR FAMILIENBETRIEBE WIRD EIN UMDENKEN NOTWENDIG. SIE WERDEN SICH AM BESTEN POSITIONIEREN, WENN SIE SICH IHRER EIGENARTEN BEWUSST SIND UND VON DORT AUS DIE NEUEN ANFORDERUNGEN MIT AUFNEHMEN

Zu den neuen Anforderungen gehört
- *mehr Eigenkapital im Betrieb,*
- *ein ausgewogenes Verhältnis von Rendite und Risiko und*
- *ein Verständnis von Investition als Kapitalanlage.*

Umdenken zur Finanzstruktur ist dringend erforderlich

Eigenkapital im Betrieb? Der Standpunkt „Nein, danke" führt ins Aus!

Weltweit finanzieren große Unternehmen ihr Risikokapital fast ausschließlich über die Börse(n). Damit haben sie eine vernünftige Eigenkapitalbasis und sind fast vollständig unabhängig von Fremdkapitalgebern. An Banken treten sie nur heran, wenn spezielle Finanzierungen (Kursabsicherung, Auftragsfinanzierung, Firmenkäufe etc.) anstehen.

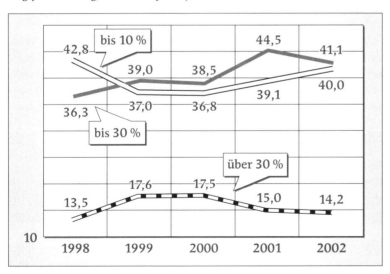

Abb. 2.2: Die Anzahl der Unternehmen mit geringer Eigenfinanzierungsquote nimmt wieder zu

Zum Risikokapitel zählen alle Eigen- und Fremdmittel, die dem unternehmerischen Risiko unterliegen. Die Unterscheidung ist:

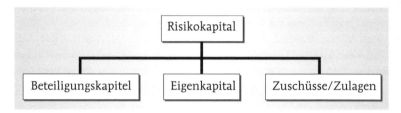

Deutsche Familienbetriebe betrachten ein Unternehmen demgegenüber schon als gut finanziert, wenn es 20 % Eigen- bzw. Risikokapital aufweist. Dabei mag es den einen oder anderen geben, der seine Eigenkapitalbasis gerne stärken würde, aber auf Grund der schlechten Auftragslage keine Chance dazu hat. In schlechten Zeiten wie diesen ist das eher die Regel als die Ausnahme. Aber die vergleichsweise geringe Eigenkapitalausstattung beruht in erster Linie auf einer klaren Entscheidung. Beständig wurde auch und gerade in den fetten Jahren dem Betrieb Geld/Kapital entzogen, um es außerhalb zur Vermögensbildung einzusetzen. Immobilien und Lebensversicherungen waren der Renner. Die **Unterkapitalisierung mit Risikokapital** *war und ist die logische Folge.*

Weiteres Problem: Geldentnahme

Die Gewinne im Unternehmen zu lassen, Kapital ins eigene Unternehmen zu stecken, war als Alternative nicht angedacht. Ausländische Investoren machen mit Kapital ganz anders Geschäfte. Für sie ist die deutsche Vorgehensweise eher ein Alarmsignal. „Die trauen dem eigenen Betrieb nicht, glauben nicht, dass er gute Rendite erwirtschaftet. Wieso sollen wir dann Kapital bereitstellen?" Deutsche Familienbetriebe sollten nach dem ersten Schreck über diese Art, die Welt zu sehen, darüber nachdenken, was daran stimmt.

Zusammenfassend: Weltweit finden sich andere Finanzierungsstrukturen in den KMUs

Festzuhalten bleibt: Der deutsche Familienbetrieb ist anders finanziert als die meisten (süd-) europäischen oder gar die amerikanischen KMU. Er hat eine komplett andere Finanzierungsform als die Managementbetriebe weltweit. Was Investitionen und Finanzierung angeht, nehmen sie weltweit eine Sonderstellung ein. In guten Zeiten ist das weniger ein Problem, in der Talsohle, wenn auch der Kapitalmarkt mit Krediten zögerlich wird, wird es eng für die Betriebe.

Rendite und Risiko – wie stark setzen Unternehmer auf das Prinzip Hoffnung oder „zocken" sogar?

Risiko und Rendite bewegen sich immer in einem Zielkonflikt. Je höher die Renditeerwartungen sind, umso höher ist auch das Risiko. Im Aktienboom, der durch die neuen Märkte ausgelöst wurde, haben das viele sehr drastisch zu spüren bekommen. In der Hoffnung auf mega hohe Gewinne haben sie nicht nur eigenes Geld eingesetzt, sondern sogar Fremdkapital aufgenommen und an die Börse getragen. Ein Teil dieser „Zocker" ist nun damit beschäftigt, die Verluste und die aufgelaufenen Zinsen zu begleichen. Andere werden sich den

Rest ihres Lebens mit der Rückzahlung auseinander setzen. Relativ gut dagegen geht es noch denen, die „nur" ihr eigenes Kapital verloren haben.

Nun sind Unternehmer verantwortungsvolle Menschen und keine „Zocker". Aber die Problemlage ist auf gewisse Weise ähnlich wie seinerzeit auf dem „Neuen Markt" und auch das Verhalten in manchen Familienbetrieben weist Analogien auf. Denn auch Unternehmer, die notwendige Aufwendungen mit eigenem Kapital finanzieren, haben selbstverständlich das Risiko einer Fehlentscheidung. Im schlimmsten Fall ist das Geld dann weg. Anders ist die Situation, wenn zur Finanzierung der Aufwendungen im eigenen Betrieb fremdes Geld aufgenommen wird. Lässt sich die Investition dann nicht so an, wie erhofft, laufen die Unternehmer Gefahr, den Rückzahlungsverpflichtungen nicht mehr nachkommen zu können.

ALLE INVESTITIONEN IM UNTERNEHMEN MIT FREMDKAPITAL ZU FINANZIEREN, HEISST, ABSOLUTES RISIKO ZU FAHREN.

> **BEGRIFFSKLÄRUNG**
>
> *Fremdkapital* ist in Abgrenzung zum Risikokapital kontraktgesichert, d. h., Rückzahlungsverpflichtungen und Zinsen werden vertraglich festgelegt. Fremdkapitalgeber suchen Sicherheiten, einige nehmen den Unternehmer auch in die Haftung für das ausgeliehene Kapital.

Das sehen die Fremdkapitalgeber genauso. Die Banken erwarten bei Neugründung mindestens 15 % und bei laufenden Betrieben 20 - 25 % (unverzinstes) Risikokapital. Dabei ist es den Kreditinstituten egal, ob tatsächlich Mittel in dieser Größenordnung zur Verfügung stehen oder ob Sicherheiten gestellt werden.

Der Streit um den Wert von Sicherheiten ist eine häufige und besonders unfruchtbare Auseinandersetzung zwischen Kapitalgeber und der mittelständischen Wirtschaft. Die Schätzung des Unternehmers zum Wert seines Sicherungsguts (z. B. Immobilie) liegt meist über dem Marktpreis (z.B. 10 %). Unberücksichtigt bleibt, dass es in den meisten Fällen noch nicht einmal einen Markt für dieses Gut gibt. Keiner kauft heute eine Halle auf der grünen Wiese. Keiner will eine Villa mit angehängter Produktionshalle. Und wenn doch, dann zu extrem günstigen Konditionen. Bei der Bewertung der Sicherheiten gelten bei den Unternehmern das Prinzip Hoffnung und der Verkehrswert.

Der Kapitalgeber ist daran interessiert, ob er die Sicherheit im Falle des Falles auch liquidieren kann. Er geht bei der Bewertung vom so genannten Zerschlagungswert aus. Dieser liegt aber häufig weit unter der Hälfte des (gedachten) Verkehrswertes.

Kapitalanlage Investition? Harte und weiche Grundlagen

Am Anfang jeder Unternehmung steht die Investition! Das Bestehen am Markt, die Entwicklung des Unternehmens, das ist nur durch fortlaufende Investitionen möglich. Wenn der klassische Familienbetrieb investiert, geht er von **Aufwendungen für Sachanlagen** aus. Auch in vielen Regionalbanken werden überwiegend Investitionen in „dingliche Sicherheiten" wie Immobilien, Maschinen, Fahrzeuge etc. finanziert.

INVESTITIONEN IN SACHANLAGEN SIND JEDOCH NUR EIN KLEINER TEIL DER INVESTIVEN BEREICHE.

> **BEGRIFFSKLÄRUNG**
>
> *Investitionen* sind dadurch gekennzeichnet, dass sie langfristige Wirkungsfristen haben und zuerst Auszahlungen (in erheblichem Maße) bedingen.

Auch Geld für Marketing und Personal stellt Investitionen dar

Gerade in unserer dienstleistungsorientierten Zeit nehmen die Aufwendungen für Marketing und Personal immer mehr Raum ein. In den wenigsten Familienbetrieben wird das als klassische Investition bewertet und entsprechend finanziert. Im Gegenteil.

Unternehmen mit rückläufigen Umsätzen und Gewinnen, die Investitionen in Werbung und Marketing über den Kontokorrentkredit finanzieren, beschleunigen ihre Misere. Das ist aber gängige Praxis! Noch häufiger werden Marketingmaßnahmen ganz unterlassen, weil das Geld (auf dem Konto) für solche „Spielchen" nicht mehr reicht. Alle diese Maßnahmen aufzulisten, ein Budget dafür zu erstellen und das mittelfristig zu finanzieren, ist die Ausnahme. Bedauerlicherweise finden sich auch viel zu wenige Banken, die den investiven Charakter akzeptieren und einer mittelfristigen Finanzierung zustimmen. Nur Auserlesene beraten ihre Firmenkunden von vornherein da hin.

In den Jahresabschlüssen inhabergeführter Betriebe finden sich daher kaum mittel- und langfristige Investitionsdarlehen. Ausnahmen sind langfristige Hypothekendarlehen, die im Regelfall für die Gewerbebauten in Anspruch genommen werden, und öffentliche Mittel, die insbesondere für innovative Technologieunternehmen mittel- und langfristig zur Verfügung stehen.

Die Finanzstruktur ist herausragende Krisenursache

Die Gründe, warum Unternehmen in die Krise geraten, werden übrigens von Banken und von Betrieben durchaus abweichend gesehen. Abb. 2.3 zeigt u.a., dass die Unternehmen Fremdfinanzierung weitaus weniger als Problem ansehen als die Banken! Noch drastischer ist die Abweichung bei fehlender Liquiditätsplanung und fehlendem Controlling und es kann nicht eindringlich genug darauf verwiesen werden, sich auch, und gerade im Familienbetrieb, um beides intensiv zu kümmern. Die Liquiditätsplanung wird in diesem Kapitel weiter hinten aufgegriffen, Controlling wird in Kapitel 6 behandelt.

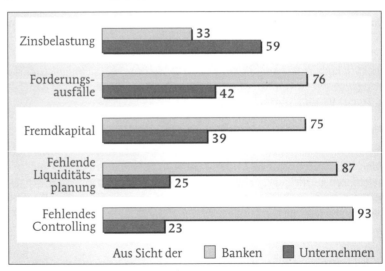

Abb. 2.3: Krisenursachen aus der Sicht von Banken und von Unternehmen

Wie stellen Sie sich darauf ein?

Es gibt viele Arten, mit dem eigenen Unternehmen umzugehen. Für die einen ist es notwendiges Übel, für die anderen Durchgangsstation zum Reichtum, die Nächsten sehen darin eine Chance zum Überleben. Die Wertschätzung mag ganz unterschiedlich sein. Einige Tatsachen aber bleiben und Sie sollten Position beziehen:

- Machen Sie sich bewusst, dass ein Unternehmen, dass Ihr Unternehmen eine Kapitalanlage ist. Im Familienunternehmen sind Sie es selbst, der Kapital ins Unternehmen steckt. Dieses Eigenkapital ist gleichbedeutend mit einer Aktie. Die Dividende entspricht dem, was Sie entnehmen, beim Verkauf des Betriebes realisieren Sie den Kursgewinn.
- Es ist Ihre Aufgabe, dieses Kapital, das Sie in Ihrem Unternehmen angelegt haben, auch gut zu verzinsen. Das ist nicht selbstverständlich, denn die Investition kann sich in drei Richtungen entwickeln:
  - Sie kann zu einer höheren Verzinsung führen als alternative Formen der Geldanlage.
  - Sie kann nur das eingesetzte Kapital zurückbringen.
  - Sie kann den ganzen oder teilweisen Verlust des eingesetzten Kapitals bringen.

  Wenn Sie an sich und Ihren Betrieb glauben, ist die erste Richtung wahrscheinlich. Dann sollten Sie auch in Ihren Betrieb investieren. Und wenn Sie Erfolg haben, werden Sie andere finden, die das auch tun werden. Das muss keine Bank sein.
- Denken Sie daran, dass der Anteil Ihres Eigenkapitals ein neuralgischer Punkt ist. Wenn das Geschäft brummt und die Gewinne fließen, sollten Sie ernsthaft darüber nachdenken, ob Sie sich nicht die hohe Rendite, die Ihr Unternehmen bietet, selbst sichern und Ihr Geld zu diesen günstigen Konditionen anlegen. Dann sind Sie auf dem richtigen Weg.

  Läuft es über längere Zeit nicht so gut, sollten Sie professionelle Hilfe einschalten und/oder darüber nachdenken, ob es für Sie keine Alternative gibt, Ihr Kapital anzulegen. Wenn der Gau eintritt und das eingesetzte Kapital weg ist, werden Sie und auch der Betrieb das überleben, wenn es Ihr Kapital war. Wenn Sie dafür Schulden gemacht haben, lässt sich die Abwärtsspirale kaum noch stoppen.
- Setzen Sie sich mit der Tatsache auseinander, dass ein **Unternehmen nichts anderes ist als ein bestehendes Investitionsprogramm**. Der Erfolg Ihres Betriebes ist die Summe richtiger Investitionsentscheidungen. Sie sollten deshalb ganz besonders gut vorbereitet und geplant werden.
- „Investitionen sind dadurch gekennzeichnet, dass sie langfristige Wirkungsfristen haben und zuerst Auszahlungen (in erheblichem Maße) bedingen." Traditionell werden darunter Investitionen in Sachanlagen gepackt. Aber auch im Bereich Marketing und Personal haben Sie Aufwendungen. Sprechen Sie Ihren Banker darauf an. Denn die falsche Finanzierung Ihrer Investition kostet Geld für Große.
- Die meisten Investitionen haben die unangenehme Eigenschaft, dass sie Folgekosten nach sich ziehen. Verdrängen Sie das nicht. Denn die Investition in eine Maschine bedeutet: Schulung der Mitarbeiter, Marketingaufwendungen, um den Umsatz zu generieren, organisatorische Veränderungen und vieles mehr.
- **Ihre Unternehmensstrategie ist der grundlegende Leitfaden für Ihre Investitionsentscheidungen.**

2.2 Oktaven realer Investitions- und Finanzierungsentscheidungen

Die sehr grundlegende Bedeutung der Investitions- und Finanzierungsentscheidung für den Unternehmenserfolg entspricht nur in wenigen Fällen dem Umgang („Ist-Zustand") mit dem Thema in den Betrieben.

Typische O-Töne sind beispielsweise...

O-Töne aus der Beratungspraxis zum Thema Investition/Finanzierung

- *„Allein durch diesen Auftrag ist die Maschine schon zu 40 % bezahlt."*
- *„Für Marketing-Spielereien ist im Moment kein Geld da."*
- *„Die Bank muckt auf, die wollen uns kein Geld mehr geben."*
- *„Die Bank hat uns bisher alles finanziert, was wir wollten."*
- *„Wir haben einen ausreichenden Kontokorrentkredit."*
- *„Finanziert wird, was kommt."*
- *„Woher sollen wir denn wissen, in was wir nächstes Jahr investieren."*

Erkennen Sie sich in einigen oder mehreren Aussagen wieder?

Spontaninvestoren

„Spontaninvestoren", das ist bei manchen Banken ein gängiger Spitzname für die Mittelständler. Er bringt das typische Verhalten betrieblicher Praxis auf den Punkt. Investitionen werden vorgenommen, weil eine Anlage kaputtgegangen ist. Oder weil es eine interessante Vorführung auf der Messe gab. Der gut aufgemachte Verkaufsprospekt eines Seminaranbieters kann den Ausschlag geben. Manchmal wird sogar gekauft, weil man sich nicht mehr traut, „NEIN" zu sagen.

Wichtige Grundregel: Langfristige Investitionen müssen auch langfristig finanziert werden

Gekauft ist gekauft und die dafür anfallenden Rechnungsbeträge werden nach Rechnungseingang bezahlt. Im Regelfall geschieht das über den Kontokorrentkredit, sofern die eingeräumte Linie noch Platz lässt. Für die **„goldene Finanzierungsregel"**, dass langfristige Investitionen mit langfristigen Mitteln finanziert werden sollten, ist kein Platz. Es sei denn, der Cashflow im Unternehmen ist so hoch, dass innerhalb kürzester Zeit das Konto wieder im Haben geführt werden kann. Doch nur in den seltensten Fällen sind Familienbetriebe so rentabel, dass die Investitionen aus dem Eigenkapital/Gewinn vollständig finanziert werden können und die Inanspruchnahme des Kontokorrentkredits als reine Vorfinanzierung angesehen werden kann.

Der Kontokorrentkredit eignet sich nicht für Investitionen - sein Missbrauch führt in die Zinsfalle!

Die quasi spontane Finanzierung der Spontaninvestitionen macht das finanzwirtschaftliche Chaos komplett. Die Investition wird nicht nur mit einer besonders teuren, sondern auch noch mit einer ausgesprochen riskanten Form finanziert. Was aber passiert, wenn die Hausbank bei der Umschuldung nicht mitspielt? Der Kontokorrentkredit kann ohne Angabe von Gründen zu jedem Zeitpunkt gekündigt werden. Und von diesem Recht machen die Banken auch Gebrauch. Sicher kann man dann trefflich über die Banken und deren Kündigung „zur Unzeit" schimpfen. Man kann sogar vor Gericht ziehen. Aber bis dort ein Urteil gesprochen ist, sind die finanziellen Reserven vielleicht schon aufgebraucht. Zahlungsunfähigkeit –und zwar sowohl die echte als auch die drohende, sind Insolvenzgründe!

Auch wenn es so weit nicht kommt, führt dieses Verhalten zu einer Verschlechterung der Rendite. Grundsätzlich gilt: kurzfristig aufgenommenes Geld ist teurer als langfristig vereinbarte Darlehen. Die Finanzierungskosten einer Investition über den Kontokorrent liegen leicht (Werte zur Zeit der Drucklegung dieses Buches) mit 3- 4 % schlechter als bei einer passenden und vernünftigen Kapitalbeschaffung. Sollte gar eine Überziehung notwendig werden, verteuert sich das mittel- und langfristige Investitionsobjekt noch einmal um ca. 4,5 %. Selbst wenn Sie sich das leisten können, selbst wenn die Bank mitspielt, weil Sie eine gute Bonität haben, sollten Sie doch sorgsamer mit Ihrem Kapital umgehen.

Spontane Finanzierung verschlechtert die Rendite

DIE KOSTEN EINER FALSCHEN FINANZIERUNG SIND IMMENS. EHER SCHWACHE UNTERNEHMEN HABEN KAUM EINE CHANCE, SOLCHE KOSTEN ZU ERWIRTSCHAFTEN. SIE ERHÖHEN DAS RISIKO EINER INSOLVENZ WEGEN ZAHLUNGSUNFÄHIGKEIT UNNÖTIGERWEISE.

Spontan in die Zahlungsunfähigkeit?

Zahlungsunfähigkeit bzw. Liquiditätskrisen rühren oft auch von so genannten „Baukostenüberschreitungen". So genannt deshalb, weil dieser Begriff umgangssprachlich für alle „**Budgetüberschreitungen**" steht.

Typischer Investitionsfehler: „Baukostenüberschreitung"

Beispiel

Nehmen wir den Inhaber eines kleinen Autohauses auf dem flachen Land, der bereit ist, Geld in die Hand zu nehmen, um die Werkstatt „auf Vordermann zu bringen!" Eine Hebebühne soll es sein, das schafft Effizienz – nicht nur durch die Dialogannahme. Dass dazu ein neuer Boden in die Werkstatt muss, ist klar, und der Abgastester war sowieso fällig. Die Summe aller Kostenvoranschläge ergibt ein Budget von knapp über T€ 45. Beantragt wurde ein Investitionsdarlehen für fünf Jahre in Höhe von T€ 50. Das freut den Banker, weil er sieht, dass hier eine geplante Investition vorliegt, und es schont die ohnehin angespannte Liquidität. Die örtliche Bank hat den Kredit genehmigt.

Der Bau beginnt. Und der Unternehmer gibt munter weiter Aufträge für zusätzliche Arbeiten, die zwar notwendig, aber nicht im Investitionsplan vorgesehen sind. Mit der Bank Rücksprache zu nehmen, fällt ihm nicht ein. Der Gesamtaufwand belief sich dann schnell auf T€ 94! Zur Finanzierung freigegeben waren aber nur T€ 50. Zwangsläufig liefen die überschießenden T€ 44 auf dem (angespannten) Kontokorrentkonto auf, das immer wieder über die vereinbarte Linie schoss.

Für den Ankauf neuer Fahrzeugbriefe oder die Hereinnahme von Gebrauchtwagen ist nach Fertigstellung keine Liquidität mehr vorhanden. Die Werkstatt erfüllt zwar gehobene Ansprüche; aber, um Geschäft zu machen, fehlt jetzt die Liquidität.

An einer solchen Misere – und wir kennen viel zu viele davon – sind weder Banken noch Politiker schuld. Nach der Beschlussfassung über einen Investitionskredit sind den Kreditinstituten die Hände gebunden. Mindestanforderungen für das Kreditwesen und Basel II werfen ihre großen Schatten auch auf die Familienbetriebe. Es geht nicht mehr einfach so, dass der „Herr Sparkassendirektor" auf Zuruf noch mal schnell T€ 50 nachfinanziert! Das Autohaus in unserem Beispiel wird in der heutigen Zeit drei bis vier Jahre zu kämpfen haben, um diese nichtabgesprochene Überziehung zu finanzieren. Wenn es ihm überhaupt gelingt.

Weiterer Investitionsfehler: Unterschätzte Folgekosten

Ein ähnlich bekannter, aber auch nicht besserer Auslöser für Investitionen in produktionsorientierten Gewerbebetrieben ist ein Auftrag, der eine (mehrere) neue Maschine(n) erforderlich macht. *„Alleine mit der Produktion dieser Serie ist dieses Gerät bereits zu 40 % bezahlt!"* So oder ähnlich wird argumentiert. Dass dabei **Folgekosten**, wie Einarbeitungszeiten, Ausschussproduktion, unberücksichtigt blieben, ist die eine Seite der Medaille. Von Bedeutung ist, dass es die nächsten drei Jahre keine weiteren Aufträge zur Auslastung der Anschaffung gab. Eine klassische Fehlinvestition.

Im Regelfall reicht es (zum Glück) nicht hin, mit einer Fehlentscheidung ein Unternehmen gleich an den Rand des Abgrunds zu drängen. Man kann das in Analogie zu einem Flugzeugabsturz sehen. Erst eine **Kette weiterer investiver Fehlentscheidungen** führt zur Ertrags- und dann Liquiditätskrise bzw. in die Insolvenz.

So verständlich es ist, dass Inhaber/innen von Familienunternehmen sich auf Produkt und Branche konzentrieren – die langfristige Sicherung der eigenen Existenz durch gezielte Investition und Finanzierung darf niemand, dürfen auch Sie darüber keinesfalls vernachlässigen.

2.3 Die Investition bin ich? Grundlagen systematischer Investition und Finanzierung

Investitionsentscheidungen gründen auf der Strategie!

Dreh- und Angelpunkt jeder Investition ist die **Unternehmensstrategie**! Ohne Strategie lässt sich keine Investition wirklich bewerten. Was strategisch falsch entschieden wurde, kann taktisch und operativ kaum mehr korrigiert werden. Es ist unvorstellbar, wie vielen Unternehmern die Ausstellungshalle, die Werkzeughalle, die neuen Räume, die in der Hoffnung auf mehr Umsatz gebaut wurden, das Genick gebrochen haben. Sie haben auf Wachstum gesetzt, als der Markt auf Schrumpfen eingestellt war. Gute Unternehmer zeichnen sich dadurch aus, dass sie sich zu einem großen Teil ihrer Zeit mit Investitionen in Sachanlagen, Marketing, Organisation/EDV und Personal sowie deren Finanzierung beschäftigen. Der Erfolg gibt ihnen Recht und sollte uns zum Nachdenken bringen.

Wer über Investitionen entscheidet, sollte wissen, ob und in welchem Segment das Unternehmen wachsen soll.

Mit Segment sind Geschäftsfelder gemeint, die in ihrer Entwicklung getrennt betrachtet werden können oder müssen. Ein einfaches Beispiel mag dies veranschaulichen: Ein Heizungs- und Sanitärbetrieb soll nach strategischer Planung im 1. Geschäftsfeld = Kachelofenbau wachsen, im 2. Geschäftsfeld = Heizung, konsolidieren und im 3. Geschäftsfeld = Sanitär schrumpfen.

Je nachdem, welche Investition für welchen Geschäftsbereich gedacht ist, wird von
- Wachstumsinvestition,
- Ersatzinvestition oder
- Desinvestition

gesprochen. Auch Desinvestition muss systematisch angegangen werden.

Zusammenhang von Normstrategie und Investitionstypus

> **Beispiel**
>
> *Ein Omnibusbetrieb, der im Zuge einer ÖPNV-Ausschreibung „seine Linien" verliert, wird keine neuen Linienfahrzeuge kaufen (was Ersatzinvestition wäre), vielmehr muss er versuchen, frühzeitig die für die Zukunft nicht mehr benötigten Autos auf dem Markt unterzubringen (Desinvestition). Mit den dadurch eingenommenen Mitteln kann er Kredite zurückführen und damit Kosten sparen. Das ist auch zwingend, weil er ja aus den Linien nichts mehr verdient. Er kann aber auch in Reisewagen investieren, um dort zusätzliche Deckungsbeiträge einzufahren. Allerdings nur, sofern ausreichend Nachfrage in diesem Markt vorhanden ist.*

Kosten und Aufwändungen unterscheiden

2.3.1 Investitionen in Marketing und Personal

Eine weitere grundlegende Position besteht darin, dass der Unternehmer genau weiß, wann er Kosten hat und wann Aufwendungen, sprich, wann er investiert und wann er nur Geld reinsteckt. Bei Sachanlagen ist das recht einfach zu bewerten. Dass im Marketing- und Personalbereich vermeintliche Kosten meist Aufwendungen sind, weil sie investiven Charakter haben, ist viel zu wenig bekannt. Bei genauer Betrachtung wird dies aber sofort plausibel, wie das nachfolgende Beispiel zeigt.

> **Beispiel**
>
> *Ein Unternehmen hat für den Besuch von zwei Messen im November/Dezember je T€ 25 aufwendet. Dieses eingesetzte Kapital wird er nicht mehr im gleichen Jahr über zusätzliche Deckungsbeiträge zurückerhalten. Die anfallenden Beträge werden über Messekosten (Standmiete etc.), Werbekosten (u.a. Plakate), Personalkosten (Mitarbeiter am Stand) und Reisekosten (km-Geld/Hotelübernachtungen) gebucht. Sie verschlechtern das Ergebnis des laufenden Jahres. Auch große Teile der Nachbearbeitung und die damit verbundenen Aufwendungen (Personal, Porto, Telefon, Fahrtkosten) werden im Dezember zulasten des Jahresergebnisses verbucht. Erste Aufträge, mögliche Umsätze und Deckungsbeiträge entstehen frühestens im Folgejahr. Durch Folgekauf und Empfehlungen wird die*

> *Wirkung dieser Ausstellungen eventuell noch zwei bis drei Jahre über das Ausgangsjahr hinausreichen. All das passt in diese Definition von Investition: Für die Messe entstehen Auszahlungen, die Wirkung verteilt sich über die folgende Jahre.*

Ähnlich ist die Situation im **Personalbereich**. Wenn Sie im August oder September einen Mitarbeiter einstellen, ist er vermutlich bis zum Jahresende gerade eingearbeitet. Jede Menge Aufwendungen sind angefallen. Aber Ertrag durch den Mitarbeiter wird erst im nächsten Jahr erwirtschaftet.

Um diese Zukunft systematisch abzubilden, hilft am besten ein Plan. Da es sich um Investitionen handelt, ist es entsprechend der **Investitionsplan**.

BEI ÜBERWIEGEND FREMDFINANZIERTEN INVESTITIONEN WIRD IM ZUGE VON BASEL II DER ALLJÄHRLICHE INVESTITIONSPLAN ZUR PFLICHT.

2.3.2 Was gehört in den Investitionsplan?

Alle Investitionen und deren Konsequenzen gehören in den Investitionsplan. Einmal jährlich, am besten zum Ende des dritten Quartals, sollte sich der enge (Führungs-)Kreis des Unternehmens zusammensetzen, um nachzudenken und festzuhalten, welche Investitionen in

Zusammensetzung/Gliederung des Investitionsplans

- Sachanlagen,
- Marketingmaßnahmen,
- Organisatorische Veränderungen/EDV und
- Personalaufstockungen, also hinsichtlich von Mitarbeitern,

anstehen. Diese aufzulisten und mit einem groben Budget zu belegen, ist meist nur beim ersten Mal ein Problem. Erfahrungsgemäß zeigt sich schnell, dass das nicht nur nicht schwierig ist, sondern sogar recht amüsant sein kann. Und es kommt nicht selten vor, dass bei solchen „Investitionssitzungen" sehr gute Ideen für die Zukunft entwickelt werden.

AUCH WENN ES NUR WENIGE POSITIONEN SIND – MACHEN SIE SICH AUF JEDEN FALL (UND AUCH UNABHÄNGIG VON BASEL II) DIE MÜHE, EINEN INVESTITIONSPLAN SCHRIFTLICH AUFZUSTELLEN!

Wir skizzieren die Vorgehensweise anschaulich anhand des Fallbeispiels eines Holz verarbeitenden Betriebs mit ca. 18 Mitarbeitern.

1. Schritt: Die **Gesamtliste** der als notwendig und/oder wünschenswert erachteten Investitionen wird (noch ungegliedert) aufgestellt.

Für den im Fallbeispiel herangezogenen Betrieb ergibt sich die im Folgenden abgedruckte Liste:

Fallbeispiel (1): Ausgangsliste	
(Holz verarbeitender Betrieb mit 18 Mitarbeitern)	
Investitionsgut	**Geschätzter Preis**
Kleintransporter	12.500 €
CNC – Maschine	117.500 €
Speicherprogrammierbare Steuerung	28.000 €
Kufenleimer	8.500 €
Ersatzfräsewerkzeug + zwei Kettensägeblätter (Ersatz)	9.000 €
Frühjahrs- und Herbstmesse (Essen + München)	24.000 €
Website (Neugestaltung wg. CNC)	4.000 €
Training/Weiterbildung (CNC/chaotische Lagerhaltung)	9.000 €
Server + 2 x PC	8.000 €
Auszeichnungssystem (chaot. Lagerhaltung)	7.500 €
Flachdacherneuerung (Werkstatt)	22.000 €
Bodenausbesserung (Lager / Werkstatt)	13.000 €
Außenanlagen anlegen	9.000 €
Summe	**272.000 €**

Dieser realistische Plan zeigt mehrere Dimensionen:
- Die Entscheidungsträger haben sich schon im Vorjahr Gedanken gemacht, was im Folgejahr auf sie zukommen kann bzw. wird.
- Es liegt eine zumindest grobe Schätzung des Kapitalbedarfs vor.
- Damit entsteht eine Diskussionsbasis, die
  a) die Notwendigkeit bzw. Prioritäten der Investitionen festlegt und
  b) im Vorfeld Gespräche über die Finanzierung dieser Positionen ermöglicht.

Müssen – Sollen – Können

Im Beispiel hat der Unternehmer, zusammen mit seinem Berater, die Investitionen nach Muss-, Soll- und Kann-Positionen unterschieden. Richtschnur war dabei: Alle Investitionen, die Effizienzvorteile oder Marktbearbeitungsmöglichkeiten darstellten, wurden als klares Muss dargestellt. Dinge, die dem Komfort dienen (wie Dacherneuerung, Bodenausbesserung), sind als Soll-Investitionen eingeordnet. Alles, was der Schönheit und der Repräsentation dient (z.B. Außenanlagen), „kann" finanziert werden, muss aber nicht, zumindest nicht in diesem Jahr.

Die **Soll- und Kann-Positionen** wurden dann in der Priorität hinter die Notwendigkeiten zurückgestellt. Bei ausreichenden Finanzierungsmöglichkeiten kann man diese Positionen wieder aufnehmen, und das ist im Prinzip dann der Fall, wenn sie **aus dem Cashflow** und damit **aus dem Eigenkapital bezahlt** werden können.

Die notwendigen Investitionen (= Muss) benötigten damit „nur" ein Finanzvolumen von T€ 228. In einem weiteren Schritt wurden nun die zusammengehörenden Investitionen identifiziert.

Die CNC-Maschine und die speicherprogrammierbare Steuerung gehören zusammen. Wenn sie nicht finanziert werden können, sind auch das Training sowie der Server und die beiden PCs nicht notwendig. Auch auf das Auszeichnungssystem für die chaotische Lagerhaltung kann für diesen Fall verzichtet werden. Zudem hat die Neugestaltung der Website auch nicht mehr die Brisanz, da ein gesamtes neues Geschäftsfeld nicht bedient werden kann.

2. Schritt: Es erfolgt eine **Grüppchenbildung**.
Im Beispiel entstehen folgende drei Gruppen von Investitionen:

Fallbeispiel (2): Grüppchenbildung	
Investitionsgut	**Geschätzter Preis**
Kleintransporter	12.500 €
Frühjahrs- und Herbstmesse (Essen + München)	24.000 €
Ersatzfräsewerkzeug + zwei Kettensägeblätter (Ersatz)	9.000 €
Kufenleimer	8.500 €
Website (Neugestaltung wg. CNC)	4.000 €
Speicherprogrammierbare Steuerung	28.000 €
CNC-Maschine	117.500 €
Training/Weiterbildung (CNC/chaotische Lagerhaltung)	9.000 €
Server + 2 x PC	8.000 €
Auszeichnungssystem (chaot. Lagerhaltung)	7.500 €
Flachdacherneuerung (Werkstatt)	22.000 €
Bodenausbesserung (Lager / Werkstatt)	13.000 €
Außenanlagen anlegen	9.000 €

Im ersten Block stehen die traditionellen Ersatzinvestitionen und dafür sind T€ 54 zu finanzieren. Für den Technologiefortschritt, mit einer starken Effizienzerhöhung und dem Aufbau eines weiteren Geschäftsfeldes (CNC), fallen die Positionen im zweiten Block an, die sich auf T€ 174 summieren. Für „Verschönerung und Komfort" stehen weitere T€ 44 im dritten Block in der Planung. Die Entscheidungssituation wird dadurch erheblich erleichtert!

3. Schritt: Hier wird die Frage nach der **Rendite dieser Investitionen** gestellt. Was passiert, wenn die Ersatzinvestitionen in Höhe von T€ 54 nicht vorgenommen werden? Da sich dies oft nur schwer einschätzen oder gar errechnen lässt, helfen sich Fachleute mit dem so genannten **Opportunitätskostenprinzip**. Der Frage wird mit einer Gegenfrage retourniert: Welche Kosten entstehen, wenn eine Investition nicht durchgeführt wird? Man arbeitet die nach Prioritäten geordneten Gruppen von oben nach unten ab.

Fallbeispiel (3): Renditebetrachtung und Diskussion – aber nicht ohne Ende!

In diesem Beispiel könnte auf den **Kleintransporter verzichtet** werden. Stattdessen würde ein Speditionsservice (Kernkompetenz in Transport) eingesetzt. Um das bewerten zu können, sollten einmal die Kosten für Fahrzeug + Fahrer kalkuliert werden. Dem sind dann zwei Angebote von in der Nähe liegenden Speditionen gegenüberzustellen.

Im konkreten Fall lag der überschießende Betrag zu Ungunsten des eigenen Fahrzeugs pro Jahr bei knapp 1.000 €. Nachdem die angesetzten T€ 12,5 nur die Differenz zwischen Einstandspreis für das Fahrzeug und geschätztem Rücknahmepreis ist, wird offensichtlich, dass der Einsatz einer Spedition in den nächsten 5 Jahren um ca. T€ 7,5 günstiger ist. Dazu kommen noch Zinsersparnisse für das Fahrzeug.

Die **Messeteilnahme** war einhellig **ein Muss**. Allen Beteiligten war klar, dass bei einer Umsatzrendite von 10 % insgesamt zusätzliche T€ 240 Auftragsvolumen pro Jahr über die Neukundenakquisition entstehen müssen. Trotzdem wurde in der Diskussion nach Wegen gesucht, überflüssige Aufwendungen zu vermeiden.

Bei den restlichen beiden Positionen erübrigte sich die Diskussion. **Verzicht auf diese Werkzeuge** könnte den Produktionsstillstand der Saison zur Folge haben. Das wäre sicher die **falsche Stelle, um zu sparen**. Dank der Diskussion über die anstehenden Investitionen ist zu diesem Zeitpunkt das Finanzbudget für die Ersatzinvestitionen bereits auf T€ 36,5 geschrumpft.

Im zweiten Block war man sich schnell einig, dass die neue **Website** auf das Folgejahr **verschoben** wird. Erst sollten mit der neuen Maschine Steuerung und mit dem neuen Organisationssystem die Verbesserungen sichtbar werden, um „Geld zu verdienen". Der Auftritt im Internet konnte warten.

Dacherneuerung, Bodenausbesserung und die Erneuerung der Außenanlagen wurden als bloße **Kann-Positionen** ebenfalls **hintenangestellt**.

Nach diversen Gesprächen mit Herstellern und Lieferanten wurde schnell klar, dass eine Reihe von **ausgabewirksamen Positionen im Vorfeld** der Investitionsplanung **unberücksichtigt** geblieben waren. Auf diese Weise konnte im Leistungspaket noch erheblich **nachgebessert** und eine **signifikante Einsparung** erzielt werden. Das ursprüngliche Budget wurde von T€ 170 auf T€ 160 reduziert.

Der prognostizierte Aufwand für das Investitionspaket lag mit den T€ 36,5 für Ersatzinvestitionen und den T€ 160 für Erweiterungsinvestitionen bei unter T€ 200. Diese Ausgaben sollten sich über die Laufzeit von 5 Jahren amortisiert haben. Bei einer kompletten Finanzierung über Fremdkapital würden in 5 Jahren ca. T€ 33 an Zinsen, Bearbeitungsgebühr und Ähnlichem auflaufen. In den geplanten 60 Monaten nach Bezahlung der Investitionen sind ca. T€ 250 mit diesen Projekten zu verdienen, damit die Entscheidung (grob) Sinn macht.

Unterstellt, dass keine zusätzlichen Umsätze bzw. gravierende Kosteneinsparungen in dem betreffenden Zeitraum erzielbar waren.

Die innerbetriebliche Auseinandersetzung über geplante Investitionen ist ein Wert an sich und stabilisiert Planungen

Warum haben wir diese Diskussion so ausführlich behandelt? Wir wollten zeigen, dass die Auseinandersetzung über geplante Investitionen ein Wert an sich ist. Die Prozesse werden überschaubar, der Handlungsspielraum wird erkannt. In Managementbetrieben legen die Führungskräfte das größte Augenmerk auf diesen Prozess. In Familienbetrieben sind Investitions- und die zugehörige Finanzplanung nur selten Gegenstand innerbetrieblicher Auseinandersetzung. Das wird sich in Zukunft ändern – weniger, weil Familienunternehmer Gefallen an Managementtechniken gefunden haben, sondern, weil Vorschriften greifen werden. **Basel II** und das daraus abgeleitete **Rating** sind nicht nur Stichworte:

INVESTITIONSPLANUNG – UND DEREN EINHALTUNG – WIRD AUCH IN DEUTSCHEN UNTERNEHMEN PFLICHT.

Dies erfolgt durchaus zum Wohl der Unternehmen. Nur, wenn ein solcher Plan vorliegt, beginnen Fremdkapitalgeber und professionelle Risikokapitalgeber über die Chancen einer Finanzierung nachzudenken.

2.4 Finanzierung – wo können die Mittel herkommen?

Geht es um die Frage der Finanzierung, schauen – wie in der Einleitung dieses Kapitels beschrieben – Familienunternehmer direkt auf die Bank. Dabei spielt es keine Rolle, ob der Finanzierungsbedarf mittel- oder langfristig ist, wie bei Investitionen in Technik, Markt, Mitarbeiter, Informationen, oder ob es sich um eine kurzfristige Finanzierung handelt. Kurzfristige Finanzierung wird beispielsweise für unfertige Leistungen, Warenbestände oder Kundenforderungen benötigt. Dabei gibt es zahlreiche Finanzierungsquellen: Weitere Gesellschafter, Familienmitglieder, Mitarbeiter, Kunden, Lieferanten, Beteiligungsgesellschaften, private Investoren, Versicherungsgesellschaften und viele mehr. Abb. 2.4 gibt einen Überblick über Finanzierunsquellen.

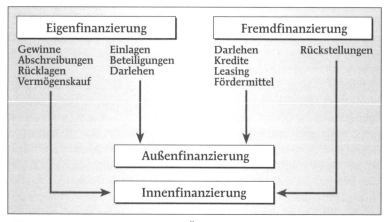

Abb. 2.4: Finanzierungsquellen im Überblick

Die Mehrzahl der Familienbetriebe wendet sich also an die Bank, wenn eine größere Invesititions zu finanzieren ist. Gibt das Kreditinstitut dem statt und übernimmt die Finanzierung, ist eine Konsequenz davon, dass der Eigenkapitalanteil sukzessive abnimmt.

Der Eigenkapitalanteil wird nur dann in der Bilanz auftauchen, wenn bei allen Neuinvestitionen ein bestimmter Anteil über Eigenkapital, also verdientes, versteuertes und nicht entnommenes Geld, finanziert wird. Die andere Möglichkeit, Kapital im Unternehmen anzusammeln, ist die Umwandlung von Fremdkapital zu Eigenkapital durch Tilgung. Beide Positionen verdienen eine nähere Betrachtung.

Fachleute schätzen beides wert. Sie betrachten deshalb sehr genau den so genannten **Cashflow**. Das ist eine von sehr vielen Kennziffern.

Nicht Bilanzgewinn, sondern Cashflow ist eine aussagefähige Kennziffer

DER CASHFLOW BILDET DIE ERTRAGSKRAFT DES UNTERNEHMENS NACH UNSERER AUFFASSUNG BESSER AB ALS DER GEWINN.

Der Gewinn lässt sich bekanntlich durch legale Maßnahmen „regulieren" und er sollte aus steuerlichen Gründen möglichst gering sein, weil dann auch die Steuern entsprechend gering ausfallen.

2.4.1 Wichtig ist, wie viel Geld in der Tasche ist

Der Cashflow im weiteren Sinne macht diese „Bilanzmanipulationen" wieder rückgängig. Er berechnet sich durch:

```
    Gewinn
+   Abschreibungen (Afa)
+/- Erhöhung/Reduktion der Rücklagen (bei Kapitalgesellschaften)
+/- Erhöhung/Reduktion der Rückstellungen
+/- Außerordentliche Aufwendungen/Erträge
=   Cashflow im weiteren Sinn
```

Berechnungsschema der „wahren" Ertragskraft

Zum ausgewiesenen Gewinn/Verlust wird die Abschreibung addiert. Der Afa stehen keine Auszahlungen gegenüber, der Unternehmer muss auch keine vornehmen. Durch die Buchung von Abschreibungen wird der Gewinn „rechnerisch und steuerlich" reduziert. Gleiches gilt für die Rücklagen bzw. Rückstellungen. Werden sie erhöht, wirkt das Gewinn mindernd. Das gilt, obwohl auch in diesem Fall die Erhöhung erwirtschaftet wurde und deshalb der Ertragskraft hinzuzurechnen ist. Reduzieren sich die Beträge, wird der Gewinn höher ausgewiesen, als er in der Periode wäre. Deshalb ist der Cashflow um diesen Betrag kleiner. Das Unternehmen lebt in einem solchen Fall von seiner Substanz.

So sind auch die Aufwendungen/Erträge zu betrachten. Ein Unternehmen, das im laufenden Jahr einen Gewinn von T€ 100 aufweist und vorher noch T€ 100 Abschreibungen verbucht, hat auch dann einen Cashflow von null, wenn ein Betriebsgrundstück für T€ 200 verkauft wurde. Die Ertragskraft des laufenden Jahres ist zu vergessen. Nur durch die Veräußerung von „Tafelsilber" wurde noch ein positives Ergebnis ausgewiesen. Ändert sich die Ertragskraft nicht relativ schnell, ist abzusehen, wann alle Vermögenswerte veräußert sind und das Unternehmen vom Markt genommen wird.

DER EINFACHHEIT WEGEN RECHNET MAN IN DEN FAMILIENBETRIEBEN BIS 100 MITARBEITERN NUR MIT DEM CASHFLOW IM ENGEREN SINNE.

Cashflow im engeren Sinn, als vereinfachte Größe für kleine Unternehmen

Dabei werden zum Gewinn lediglich die Abschreibungen addiert. Für Investitionen ist der Cashflow von allerhöchster Bedeutung, denn er zeigt auf, wie viel Geld (cash) der Wertschöpfung in den Betrieb zurückgeflossen (flow) ist. Von diesem Betrag sind bei **Personengesellschaften** die **„Unternehmerlöhne"**, also Entnahmen, zu bedienen. Damit verbunden sind die persönlichen Steuern der Gesellschafter bzw. die Körperschaftsteuer bei Kapitalgesellschaften., plus die vereinbarten Tilgungen. Der dann noch überbleibende **Netto-Cashflow** kann entweder entnommen oder neu investiert werden. Banken legen den Fokus verständlicherweise anders. Im Vordergrund des Cashflows sehen sie die vereinbarten Tilgungsleistungen. Erst, wenn diese „verdient" und bezahlt sind, bleibt ein Rest für Entnahmen bzw. Unternehmerlöhne und Steuern.

AUS DIESEM ZIELKONFLIKT (ENTNAHMEN VERSUS TILGUNG) ENTSTEHT DIE KLASSISCHE FEHLFINANZIERUNG INHABER-GEFÜHRTER BETRIEBE.

> *Beispiel*
>
> *Hat eine Personengesellschaft einen Verlust von T€ 20 erwirtschaftet und Abschreibungen in Höhe von T€ 35, ergibt sich ein Cashflow von T€ 15 (Gewinn T€ - 20 + Afa T€ 35 = Cashflows T€15). Sind die Tilgungsverpflichtungen aus langfristigen (Hypotheken-)Darlehen bei T€ 30/anno, werden diese Darlehen selbstverständlich zum vereinbarten Zeitpunkt bedient. Das Geld ist aber nicht verdient, stattdessen wird der Differenzbetrag von T€ 15 vom Kontokorrentkonto auf das Darlehenskonto umgebucht und so ein niedrigverzinsliches Darlehen mit dem höherverzinslichen Kontokorrentkredit getilgt. Häufig genug kommt dann noch erschwerend hinzu, dass auch die Entnahmen bzw. die Kosten des Lebensunterhalts über den Kontokorrent finanziert würden. Das ist dann eine richtig teure Angelegenheit.*

Bestimmung und geplante Verwendung des Cashflows

Die Bestimmung und geplante Verwendung des Cashflows ist wichtiger Baustein einer guten Unternehmensführung. Dazu gehört, dass Entnahmen (Unternehmerlohn) festgelegt und Steuern geschätzt werden. Der Cashflow im Planjahr (vgl. im Abschnitt über Controlling) muss mindestens um die Tilgungsvereinbarungen höher sein. Ist das der Fall, bleibt im Durchschnitt der Kontokorrentkredit gleich hoch und es gibt keine Eigenmittel zur Finanzierung von Investitionen.

> **Fallbeispiel (4): Erforderlicher Cashflow**
>
> Im Fallbeispiel des Investitionsplans aus Abschnitt 2.3.2, der mit T€ 200 budgetiert wurde, sollte der Netto-Cashflow, also nach Abzug von Entnahmen, Steuern und Tilgungen, noch bei (mindestens) T€ 30 liegen, um 15 % der neuen Investitionen aus Eigenmitteln zu decken. Bei der Erweiterungsinvestition in dieser Größenordnung (T€ 150) und den damit verbundenen Risiken ist dieser Wert sogar als Untergrenze anzusetzen. Das Fremdkapital für diesen Investitionsplan sollte T€ 170 umfassen, bei einer Kaufzeit von 5 Jahren. Ist der Abschreibungszeitraum für die Maschinen genauso lang, kann daraus „unversteuert" die Tilgung geleistet werden.

2.4.2 Alles eine Frage der Alternativen: Annuitäten- oder Tilgungsdarlehen?

Der verabschiedete Investitionsplan umfasst auch ein **Budget**. Anhand des Netto-Cashflows wird der Eigen- und Fremdanteil sowie die Laufzeit für die Finanzierung festgelegt. Üblich sind Zeiträume von vier bis acht Jahren. Und mit diesem Plan gehen Sie dann zum Fremdkapitalgeber. Dabei sollte die Hausbank **vor** der Unterschrift unter den Kaufvertrag ins Boot geholt werden. Sie kennt das Unternehmen, die Inhaber, möglicherweise einige Mitarbeiter, die dort ebenfalls ihre Konten führen, und kann sich relativ schnell ein Bild machen. In unserem Fallbeispiel sind grundsätzlich zwei Investitionsdarlehen denkbar:

Bei Finanzierungsbedarf die Hausbank vor dem Kaufvertrag ansprechen

- Annuitätendarlehen oder
- Tilgungsdarlehen.

Darlehensarten

Im ersten Fall bleibt die monatliche Rate gleich. Der Zins- und Tilgungsanteil verändert sich innerhalb der Rate. Im zweiten Fall wird das Kreditvolumen durch die Anzahl der Laufzeitmonate (hier T€ 170 : 60 Mon. = € 2.833,33 mtl.) dividiert. Diese Rate bleibt gleich. Jeden Monat werden jedoch die Zinsen für das Restdarlehen noch oben draufgesetzt. Allerdings wird der Zinsbetrag monatlich weniger, weil auch das Restdarlehen schrumpft. In diesem Fall ist die Liquiditätsbelastung zu Beginn der Kreditlaufzeit etwas höher, zum Ende der Laufzeit etwas niedriger als beim Annuitätendarlehen.

2.4.3 Leasing

Wenn die Hausbank ablehnt, weil die Sicherheitenlage ausgereizt ist, wäre alternativ über ein Herstellerleasing nachzudenken. Das ist dann interessant, wenn die Finanzierungskonditionen (Leasingzins) nicht sonderlich über dem üblichen Darlehenszins liegen. Solche „Schnäppchen" ergeben sich immer dann, wenn der Hersteller selbst in Absatzschwierigkeiten ist, aber genügend Kapital hat, um die Finanzierung für seinen Kunden darzustellen. Für den Hersteller selbst ist die Sache auch deshalb attraktiv, weil er die Maschine als Sicherheit nutzen kann. Die Bank hat

Leasing ist kein Wundermittel – ob es lohnt, hängt nur vom Zins ab

im Gegensatz dazu im Zerschlagungsfall kaum Möglichkeiten einer attraktiven Verwertung für die Maschine.

IM PRINZIP BELASTET DAS LEASINGGESCHÄFT DAS UNTERNEHMEN ÄHNLICH WIE EIN ANNUITÄTENDARLEHEN.

Es sollte deshalb auch nicht sonderlich höhere Raten haben. Etwas mehr wird oftmals in Kauf genommen. **Leasingraten** sind in Deutschland nämlich **absetzbar**, die Tilgungen im Fall der Bankenfinanzierung jedoch nicht. Nachdem das Leasinggut im Eigentum des Leasinggebers bleibt, **entfallen** für diese Form der Finanzierung allerdings die **Abschreibungen**. Zumindest den Teilkomplex II im Fallbeispiel könnte man auf diese Weise finanzieren. Der 15 %ige Eigenkapitalanteil wäre dann die Anzahlung. Für den Rest steht die Maschine als Sicherheit.

2.4.4 Öffentliche Mittel

An verschiedenen Stellen wird immer wieder auf die Verwendung öffentlicher Mittel für den Mittelstand hingewiesen. Im Regelfall subventioniert der Staat über seine eigene Bank, die KfW (Kreditanstalt für Wiederaufbau) Kredite zu günstigeren Konditionen, als sie am Markt erhältlich sind. An dieser Stelle sind zwei Dinge zu prüfen:
- Ist die Beantragung über die Hausbank notwendig (Bonitätsprüfung)?
- Übernimmt die staatliche Bank auch eine Haftungsfreistellung?

Wenn die Beantragung über die Hausbank laufen muss, ist die Realisierung extrem schwierig. Ausnahmefälle, wie Existenzgründer oder sehr innovative Unternehmen, sind immer denkbar. Nun ist das kein böser Wille der Bank. Die Schwierigkeit für die Hausbank liegt darin, dass sie im Fall der Insolvenz voll für den ausgereichten Kredit der KfW haften muss. Gleichzeitig ist die Zinsmarge von ca. 0,75 % ausgesprochen mager. Bei einem Kredit von T€ 100 sind das € 750/anno. Der hohe Verwaltungsaufwand, der durch die Beantragung entsteht, ist damit kaum zu decken. Nachdem auch Bankdirektoren Geschäftsleute sind, kann man ihnen nicht verdenken, dass sie Geschäfte nicht tätigen, bei denen sie bei vollem Risiko einen hohen Aufwand produzieren, damit sie wenig daran verdienen können. Hier unterscheiden sie sich nicht vom Mittelstand.

Interessant sind jedoch die öffentlichen Mittel, die mit **Haftungsfreistellung**, meist erst nach einem oder zwei Jahren oder Ähnlichem mehr, arbeiten. Kredite, die aus diesen Mitteln ausgereicht werden, belasten das Risiko der Hausbank nicht. Nehmen wir an, dass 25 % der Mittel aus einem solchen Topf stammen, dann sind einschließlich des Eigenkapitals bereits 40 % des Kapitaleinsatzes aus Sicht der Bank Risikokapital. Damit wird das Geschäft interessant, denn, wenn die schnell rückzahlbaren Mittel für die öffentliche Hand nicht ganz verdient werden bzw. weiteres

---

Grundsätze der Unternehmensfinanzierung:

- *Die Finanzierung aus Eigenmitteln (Innenfinanzierung) hat Vorrang vor der Aufnahme von Fremdmitteln (Außenfinanzierung).*
- *Langfristiges Vermögen ist langfristig, kurzfristiges Vermögen ist kurzfristig zu finanzieren (Fristenkongruenz). Der Investitions- und Finanzierungsbedarf ist langfristig zu planen. Dazu braucht es ein sauberes Controlling (siehe dort).*
- *Vergleichen Sie die Angebote verschiedener Geldgeber.*

Wachstum finanziert werden muss, verspricht sich die Hausbank gute Geschäfte.

Eine ähnliche Finanzierungsform wird über **Mezzanine Kapital** dargestellt. Dieses Geld wird von kommerziellen Instituten als **Quasi-Risikokapital** zur Verfügung gestellt. Die Kapitalgeber treten für den Insolvenzfall hinter alle anderen Gläubiger zurück. Allerdings bleibt die Forderung bestehen, bevor der Inhaber sein Kapital zurückfordern kann. Das erhöhte Risiko wird über höhere Zinsen abgebildet. Deshalb sollen überschießende Gewinne zur Rückführung des Mezzanine Kapitals verwendet werden. Das (kurzfristige) Quasi-Risikokapital wird durch langfristiges, echtes Eigenkapital ersetzt. Die sorgfältige Prüfung, der damit verbundene Aufwand, das präzise Controlling, erschwert die Beschaffung für Familienbetriebe, da nur in Ausnahmefällen Mezzanine Kapital bis T€ 500, meist sogar erst ab € 1 Mio. zur Verfügung gestellt wird. Das setzt eine bestimmte Betriebsgröße/Investitionsvorhaben voraus.

2.5 Alles Factoring oder was?

Factoring ist ebenfalls häufig als Finanzierungshilfe aufgeführt. Es geht dabei um den **Forderungsverkauf an ein spezialisiertes Institut** (Factor). Für eine Gebühr von 3 – 5 % kauft der Factor (ohne das Risiko) die Forderungen eines Unternehmens an. 80 % des Forderungsbetrags werden sofort bezahlt und sorgen für sofortigen Liquiditätszuwachs im Unternehmen. Die restlichen 15– 17 % erhält der Unternehmer dann, wenn sein Kunde an den Factor bezahlt hat.

Factoring ist einerseits Finanzierungsinstrument...

Für **Familienbetriebe** mit schlankem kaufmännischem Bereich ist diese Finanzierungsentscheidung auch dann **sinnvoll**, wenn das Rechnungs- und Mahnwesen nicht zu den eigenen Kernkompetenzen zählen. Denn häufig übernimmt der Factor für eine relativ geringe Gebühr auch das Mahnwesen und die Beitreibung der offenen Forderungen. Die Kosten dafür sind oft schon über die Zinserträge aus den kürzeren Debitorenlaufzeiten erwirtschaftet. Insbesondere bei Investitionen in die weichen Bereiche Marketing, Organisation und Personal, deren Gesamtkosten oft sofort anfallen, ist diese Finanzierungsform sinnvoll. Vor allem, wenn dort ordentliche Renditen zu erwirtschaften sind.

... und bietet zugleich Outsourcing von Rechnungs- und Mahnwesen

Ein weiterer **Vorteil des Factorings** entsteht beim **Rating**. Eine Reihe der Kennzahlen bezieht sich auf Bilanzrelationen.

Durch den Einsatz von Leasing und Factoring werden betriebsnotwendige Anschaffungen des Anlagevermögens nicht im eigenen Jahresabschluss ausgewiesen. Die Bilanz wird verkürzt! (Geringere Bilanzsumme)

Wichtige Relationen in der Bewertung durch das Rating können sich dadurch verbessern. Das sollte der Familienunternehmer ebenfalls im Auge behalten.

Unser Tipp: Wenn die Bank ein Darlehen gewährt

Zum Schlusses dieses Kapitels betrachten wir noch den erfreulichen Fall: Sie haben die Bank von Ihrer Kreditwürdigkeit überzeugt, sie gewährt Ihnen ein Darlehen. Glückwunsch! Aber bevor Sie sich zu früh freuen, macht es Sinn, dass Sie sich mit den Spielregeln und Konditionen vertraut machen. Hier die wichtigsten im Überblick:

▶ **Konditionen**
Es gilt die Faustregel: Je besser die Sicherheiten, die Erfolgspotenziale Ihres Konzeptes und die Beurteilung Ihrer Person (in Summe macht das das „Rating" aus), umso günstiger ist der Zinssatz. Informieren Sie sich über die Zinsentwicklung. Einschlägige Wirtschaftszeitschriften drucken in regelmäßigen Abständen Übersichten der aktuellen Zinssätze. Selbstverständlich sollten Sie versuchen, möglichst günstige Konditionen auszuhandeln. Die Banken unterliegen aber zahlreichen Reglementierungen (Basel II, MAK) und haben häufig nur einen begrenzten Spielraum.

▶ **Zinsfestschreibung**
Meist haben Sie die Auswahl zwischen fünf und zehnjähriger Zinsfestschreibung. Zudem gibt es noch den variablen Zinssatz, d.h., je nach Zinsmarktlage wird Ihnen ein höherer oder niedrigerer Zinssatz für Ihr Darlehen berechnet. Diese Möglichkeit wählt man dann, wenn für die nahe Zukunft eine Zinssenkung erwartet wird. Tritt diese dann ein, schreibt man den Zinssatz auf fünf oder zehn Jahre fest.

▶ **Effektivzins**
Der Effektivzins liegt meist höher als der Normalzins. Er enthält noch Nebenkosten, wie Bearbeitungsgebühr, Schätzungsgebühren etc., die im Rahmen der Kreditaufnahme anfallen, zzgl. die unterjährige Zinsberechnung. Achten Sie darauf, dass der Effektivzins im Kreditvertrag ausgewiesen ist, denn er zeigt Ihre tatsächliche Zinsbelastung an.

▶ **Tilgungsplan**
Lassen Sie sich einen Tilgungsplan anfertigen. Dieser Plan sollte alle anfallenden Kosten berücksichtigen und die Restschuld nach Ablauf der Zinsfestschreibung ausweisen. Diese Restschuld ist eine wichtige Zahl, um mehrere Darlehensangebote miteinander vergleichen zu können. Sie sagt aus, wie viel Geld Sie der Bank nach Ablauf der Zinsfestschreibung noch schulden. Das Angebot mit der geringeren Restschuld bei gleichen Tilgungsleistungen ist das günstigere.

▶ **Tilgungsverrechnung**
Versuchen Sie, eine sofortige Tilgungsverrechnung zu vereinbaren. Dann wird jede zurückgezahlte Rate sofort von der zu verzinsenden Kreditschuld abgezogen.

▶ **Zinsberechnung**
Achten Sie darauf, dass die Bank die Zinsen nicht auf den ursprünglichen Darlehensbetrag berechnet, sondern nur auf die noch offene Restschuld.

▶ **Bereitstellungszinsen**
Erkundigen Sie sich vorher, ab welchem Zeitpunkt nach der Zusage des Darlehens Bereitstellungszinsen anfallen.

▶ **Sondertilgung**
Vor allem bei langen Laufzeiten sollten Sondertilgungsrechte vereinbart werden. Da sich die Banken fristgerecht refinanzieren, können Sie als Kunde nicht einfach das Kapital zwischendurch zurückzahlen. Dies gilt besonders dann, wenn die Kreditinstitute keine Möglichkeit einer rentablen Wiederanlagemöglichkeit sehen. Typischerweise werden die Möglichkeiten für 5% des aufgenommenen Kapitals pro Jahr als Sondertilgungsmöglichkeit vereinbart. Ist dies nicht der Fall, droht die Vorfälligkeitsentschädigung.

▶ **Vorfälligkeitsentschädigung**
Hier handelt es sich um Gebühren für die vorgezogene Rückzahlung bei Darlehen. Sie können teilweise bis zu 2% auf den Darlehensbetrag und die Restlaufzeit betragen. Prüfen Sie in jedem Fall die Höhe der Vorfälligkeitsentschädigung, wenn Sie einen Kredit (nicht KK) kündigen wollen, weil Sie etwa eine Maschine oder eine Immobilie verkaufen wollen.

▶ **Bearbeitungsgebühren**
Der Kreditvertrag unterliegt klaren Auflagen, die auch formal einzuhalten sind. Grundlage sind der „Kreditbeschluss" und die Valutierungs- Anweisung. Doch bis es dazu kommt, sind Unterlagen zu prüfen, Rechtsvorschriften zu beachten und Risikoabwägungen vorzunehmen. Das kostet Zeit! Wenn wir heute 60 € / Stunde für einen Kfz-Mechaniker berechnen, ist vorstellbar, dass ein Mitarbeiter von Banken höher liegt. Diese Zeit wird sehr oft als so genannte Bearbeitungsgebühr ebenso berechnet. 1.000 € sind keine Seltenheit. Bei der Prüfung von Neuengagements (Übernahme von anderen Banken) kann dieser Betrag auch schon mal auf 5.000 € anwachsen. Je attraktiver das Unternehmen für die Bank ist, desto größer die Verhandlungsbereitschaft.

3 Marketing – Wir sind auch wer: Ihr Profil am Markt

3.1 Besonderheiten und Eigenarten

KMUs agieren oft zu bescheiden

Nicht nur im Showbusiness gibt es Leute, die strahlen ein immenses Selbstvertrauen aus, und man fragt sich: Wo nehmen die das her, da ist doch gar nicht viel dahinter? Bei deutschen Familienbetrieben ist das meist umgekehrt. Sie haben immens viel zu bieten und verdammt wenig Selbstvertrauen.

Besonders beim Außenauftritt der Unternehmen ist wenig zu spüren, dass es sich um Vertreter des „Rückgrats der deutschen Wirtschaft" handelt. Klein, bescheiden, zurückhaltend treten sie auf, gar versteckt hinter einer Dachmarke, die keinen Wert auf Individualität legt. Oft sind sie die Räder der starken Marken: Inhaber von Markentankstellen und Vertragswerkstätten, Pächter der Brauereien und viele andere. Sie halten letztlich den Laden am Laufen.

Bei aller Bescheidenheit: Ganz unentdeckt bleiben sie nicht. Als „hidden champions" (verdeckte Gewinner) werden die Besten in der Wissenschaft behandelt (wie Schrauben-Würth, Meiler-Kipper, Hipp-Babynahrung etc.). Ein Teil ist aus dem Quasi-Schattendasein heraus zur Weltspitze vorgestoßen. Es braucht nicht immer den Glanz der Öffentlichkeit, um in der ersten Reihe zu sein. Versteckspiele in der Werkstatt, auf der Baustelle, im Büro, in der Produktionshalle, im Lager sind einem Unternehmer aber auch nicht angemessen. Kein Unternehmer muss überall in der ersten Reihe sitzen. Nicht jeder muss wissen, dass es Sie und Ihren Betrieb gibt. Nur die, die auch bei Ihnen kaufen bzw. Ihre Leistung in Anspruch nehmen wollen. Nicht mehr, aber auch nicht weniger. Wer eine solche Punktlandung ansteuert, hat gute Chancen auf Erfolg, wenn er sich intensiv mit dem Punkt selbst beschäftigt: Bildhaft gesprochen mit den Möglichkeiten der Navigation, der Antriebs- und Bremskraft, den Reibungsverlusten, oder, um es mit den Wirtschaftlern zu sagen: mit dem Markt und dessen Bearbeitung. Jedes Produkt, jede Dienstleistung, jeder scheinbare oder tatsächliche Geniestreich hat seine Bewährungsprobe am Markt. Viele Daniel Düsentriebs sitzen in ihren Garagen und tüfteln zu ihrem Privatvergnügen. Zu einem Bill Gates kann nur werden, wer aus der „Garage" heraustritt und sich und seine Angebote präsentiert und klare Position zu den marktbestimmenden Faktoren bezieht. Zu klären ist:

Ein Mehr an Aktivität braucht systematische Marktbearbeitung

- Gibt es genügend Leute, die das wollen, was wir anbieten?
- Wissen diese Leute, dass es uns gibt?
- Können und wollen sie auch den entsprechenden Preis bezahlen?
- Wie kommen wir an sie ran?

Marketing ist eine Denkhaltung und bietet Methoden

Je häufiger Sie solche Fragen stellen, umso besser. Denn der Markt verändert sich ständig. Mit dieser Veränderung sollten Sie Schritt halten, noch besser: Sie sollten einen Schritt voraus sein. Das alles ist Chefsache, wieder mal. Es ist richtige Arbeit und diese Form der Arbeit nennt sich Marketing. Marketing umfasst alles, was mit dem Markt und seiner Bearbeitung zu tun hat. Es ist

- eine **Denkhaltung** und
- ein **Methodenkoffer**, der Werkzeuge zur Marktbearbeitung enthält.

Wir stellen Ihnen beides vor, aber nicht ohne zuvor auf die Besonderheiten des Familienbetriebes in Sachen Marketing einzugehen. Darunter fällt Skurriles, Verständliches, Bedauerliches:
- *Mythen-Märchen-Marketing*
- *Produktverliebte Blindleistung und marktblinde Meisterleistung*
- *Allen Menschen Recht getan... Von Bauchläden und von Nischen*
- *Flexibilität, Tradition und Fortschritt*
- *Geschichten auf dem Hometrainer*

Mythen-Märchen-Marketing

Marketing? Unternehmer decken mit ihren Antworten ein breites Spektrum ab: „Werbung machen, mal 'ne Anzeige schalten", steht am einen Ende, „Ohne Marketing kein Erfolg am Markt" am anderen. Marketing wird gerne zum Mythos hochgelobt. Ein Griff in die Trickkiste der Marketingleute – und schon stehen die Kunden Schlange?. Nun, Mythen und Sagen haben mit Überlieferungen aus ehemals glanzvollen Tagen zu tun. Direkt nach dem Krieg bis in die 90er-Jahre des 20. Jahrhunderts waren solche Zeiten. Die Nachfrage nach allem war groß, das Angebot zunächst gering. In den ersten Jahren bis Jahrzenten dieser Periode gab es eine Hoch-Zeit für Unternehmer, einen **Verkäufermarkt**. Die Anbieter saßen quasi am längeren Hebel. Eine ähnliche Situation, wenngleich in kleinerer Dimension, stellte sich in den frühen 90er-Jahren ein, als die neuen Bundesländer erheblichen Nachholbedarf hatten.

Aber die Zeiten haben sich geändert. Die Märkte sind gesättigt. Die (Binnen-)Nachfrage nimmt ständig ab, das Angebot wird immer größer. Probleme bereiten die Internationalisierung bzw. Globalisierung sowie die hohe Zahl der Arbeitslosen, die naturgemäß wenig konsumfreudig sind und andererseits ihr Heil mit steigender Tendenz in der Selbstständigkeit sehen. In dieser Phase befinden wir uns. Meistens finden wir **Käufermärkte** vor. Und gegen die rennt der Mythos Marketing vergeblich an. „Mal so eben schnell" lässt sich kein Kunde mehr überzeugen, und keiner lässt sich mit billigen Tricks fangen. Mythos ade. Und auch das Märchen „Marketing = Werbung = Anzeige schalten = Erfolg" hat mit der Realität wenig zu tun.

Realität: Wir haben es überwiegend mit Käufermärkten zu tun, in denen Marketing nicht „alles" vermag

> GEFORDERT SIND EINE SCHONUNGSLOSE ANALYSE MIT DEM MARKT UND EINE KLARE POSITIONIERUNG DES EIGENEN BETRIEBES IM MARKT.

Produktverliebte Blindleistung – marktblinde Meisterleistung (Qualität)

Von Qualität haben die meisten Familienunternehmer eine eigene Vorstellung. Noch ein wenig mehr Genauigkeit, ein wenig mehr technischer Schnickschnack, eine noch bessere Lösung für ein kniffliges Problem, eine technische Neuerung. Das Ganze liegt irgendwo zwischen Weltformel und Eier legendem Wollmilchschwein. Das freut das Meisterherz und schafft Anerkennung bei Kollegen. Die Kunden sind nicht unbedingt in gleicher Weise angetan. Die Umleitung der Konvektion, die Einspeisungsprobleme, die Absorptionsverstärker, die doppelte Wand: Weiß der Kunde das einzuschätzen, versteht er,

Realität: Zahlreiche KMUs verschenken Ressourcen, weil sie an der Kundenerwartung vorbei agieren

worum es geht? Weiß er es zu schätzen? Kennt er den Nutzen?. Vor allem: Wollte er diese Leistung wirklich? Denn nur dann wird er auch bereit sein, den entsprechenden Preis zu zahlen, und zufrieden sein. Marketingleute haben eine einfache Gleichung. Diese heißt: **Qualität = Kundenzufriedenheit**. Qualität ist das, was der Kunde als solche definiert, was er braucht, was er wertschätzt, was er erwartet, was er sich wünscht.

JEDES MEHR ÜBER DEN ERWARTUNGEN DES KUNDEN, DAS ER NICHT ZU ZAHLEN BEREIT IST, IST EINE KLASSISCHE BLINDLEISTUNG – AUCH WENN SIE EINE ECHTE MEISTERLEISTUNG IST.

Sie hat mit der Produktverliebtheit der Unternehmer zu tun, die wir nur zu gut nachvollziehen können. Das eigene „Baby" ist immer das Beste, aber es sollte eben auch Abnehmer zu vernünftigen Preisen finden. Und deshalb tut es Not, die Nahtstelle zwischen Bedarf bzw. Bedürfnis des Kunden einerseits und ihren Fähigkeiten und Effizienzkriterien andererseits auszuloten. Denn es ist einfacher und billiger, einen unzufriedenen Kunden zufrieden zu machen, als einen Neukunden zu gewinnen.

Allen Menschen Recht getan...

Realität: Falsche Ziele und falsche Aktionen führen zu hohen Streuverlusten

Nach unserer Erfahrung gilt dieser Volksmund-Spruch für alle – nur nicht für Familienunternehmen. Die wollen am liebsten alle als Kunden. Die Zielgruppe der Aldi-Brüder sind in der Tat „alle". Deren Motto und Vision lautet: möglichst billig und zwar für möglichst viele – aber auch nur für ein bestimmtes Sortiment. Auch wenn man dort bald vielleicht Autos erwerben kann.

Für den großen Rest der Kleineren gilt: wer alle im Blick hat, wird möglicherweise keinen erreichen. Wer auf dieser Basis Marketing betreiben will, kann ganz schnell ganz viel Geld auf der Straße lassen. Dann sind die Streuverluste groß, weil die Aktionen nicht bei den Leuten auftreffen, für die sie gemacht werden. Werden Sie von allen Werbekampagnen angesprochen? Nicht jeder will Markenjeans oder eine super-hochwertige Digitalkamera. **Aber jeder will irgendwas.** Eine ganz bestimmte Gruppe von Leuten will genau das, was Sie zu bieten haben. Diese Gruppe peilen Sie an, es ist Ihre Zielgruppe. Sie zeichnet sich durch bestimmte Kriterien aus. Sie ist auf jeden Fall für Ihre Leistungen erreichbar. **Nur nicht auf jedem Weg.** Ihre Zielgruppe sollte wissen, dass Sie mit Ihrem Unternehmen am Markt sind, dass Sie Produkte bzw. Leistungen anbieten, die Nutzen bringen, Spaß machen, Wert schöpfen. Auf dem Spektrum zwischen dem Bauchladen und der kleinen Nische liegen für Sie viele Wege, die Sie gehen können, um Ihre Strategie umzusetzen.

Flexibilität, Tradition und Fortschritt

Schnell und unbürokratisch auf Kundenwünsche eingehen: das können Familienbetriebe und das wird auch zu Recht als ein Wettbewerbsvorteil gehandelt. Zumindest, sofern Flexibilität nicht mit Orientierungslosigkeit verwechselt wird (siehe noch Kap. 1 zur Strategie).

Besonderheiten und Eigenarten

EINERSEITS DER EIGENEN TRADITION GERECHT ZU WERDEN UND ANDERERSEITS INNOVATIONEN FÜR DIE ZIELGRUPPE ZU BIETEN, STELLT EIN GUTES KONZEPT DAR, UM AM MARKT ERFOLGREICH ZU SEIN.

Tradition und Fortschritt schließen sich nicht aus. Ständig werden hier neue Trends in den Markt geworfen. Nicht jedem sollte man folgen. Schon gleich gar nicht, wenn man Tradition ins Feld führen kann. Kontinuität, Zuverlässigkeit und persönliche Präsenz, das sind Werte, die auch und gerade heute am Markt geschätzt werden. Hier liegt ein Wettbewerbsvorteil gegenüber ständig wechselnden Managertypen in diversen Niederlassungen. Je größer die Supermärkte, je schnelllebiger die Produktzyklen, je aufgeregter die Werbung, umso eher schätzt ein Teil der Menschen den persönlichen Kontakt, die individuelle Beziehung. Zu diesen Ankern sind auch die Werkzeuge zu nutzen, die z.B neue Medien bieten. Damit lassen sich Maßnahmen systematisch umsetzen, die früher eher intuitiv abgelaufen sind.

Vorteile von Familienbetrieben: Hohe Individualität – ein Pfund zum Wuchern

Geschichten auf dem Hometrainer

Die neuen computerausgestatteten Hometrainer bieten ein „Rennen", ein „Bike-Race" gegen den Computer an. Damit es nicht gar so fad ist, zu strampeln, ohne Strecke zu machen. Das Wettbewerbsverhalten der Familienunternehmer erinnert manchmal an ein solches Bike-Race. Der direkte Wettbewerber drei Häuserblocks weiter wird genau beobachtet. Zumindest das, was man von außen erfahren kann. Und während dieser Wettkampf zum Prestigeobjekt wird, entwickelt sich der tatsächliche Wettbewerb in aller Seelenruhe weiter. In den neuen und den alten EU-Ländern, im Internet, in China, in virtuellen Fabriken, in Garagen. Die Globalisierung macht nicht Halt vor Ihrem Betrieb, auch dann nicht, wenn Sie auch in Zukunft Ihr Geschäft lokal betreiben.

Nur ein ganz plastisches Beispiel: Heute kaufen viele Haushalte lieber eine neue Waschmaschine für 299 € (die dann gleich weniger Wasser und Strom braucht und noch andere Vorteile bietet), bevor sie den Sanitärmonteur kommen lassen, der für die Reparatur des Geräts mindestens 100 € haben muss.

Das Internet ist für diesen überregionalen Wettbewerb typisch. Vermutlich werden nur die wenigsten ihr Geschäft ausschließlich über dieses Medium machen können. Das ist auch in Ordnung. Aber nicht „drin zu sein", im Netz, ist ein K.O.-Kriterium. Die Kunden heute vergleichen Angebote und Chancen im Netz. Wird Ihr Betrieb nicht gefunden, sind sie raus aus dem Rennen. So einfach ist das. Also sollten Sie drauf sitzen, auf dem Hometrainer: Sofort absteigen, denn Sie machen tatsächlich keinen Meter am Markt gut damit. Sie sind doch wer. Sie führen erfolgreich ein Geschäft, Sie beschäftigen Mitarbeiter, Sie ernähren Ihre Familie, Sie haben noch Pläne für die Zukunft: Also öffnen Sie Ihre Perspektive für alle anderen und für Ihre Chancen am Markt. Dazu müssen Sie ihn natürlich kennen, den Markt. Marketing und die vielen daran geknüpften Möglichkeiten können Ihnen dabei helfen.

Notwendigkeit: Breite Präsenz und „im Netz sein" auch bei regionalem Wirkungsfeld

Wie stellen Sie sich darauf ein?

- Setzen Sie Markenzeichen? – Sie sind wer!
- Spielen Sie Ihre regionale/lokale Präsenz und Kompetenz aus?
- Sind Sie Oase in der Dienstleistungswüste?
- Praktizieren Sie Wohlfühl-Marketing?

Setzen Sie Markenzeichen – Sie sind wer!

Trauen Sie sich, Ihre Position am Markt zu suchen und zu verteidigen. Suchen Sie gezielt nach Wegen und Nischen des Marketing-Erfolgs. Sie stecken viel Energie, Zeit und Herzblut in den Betrieb, es ist nur konsequent, das dem Markt zu vermitteln. Suchen Sie konsequent nach dem **Besonderen Ihrer Leistungen**, machen Sie ein **Markenzeichen** daraus.

Bei den meisten kleinen und mittelständischen Unternehmen ist dies Besondere spürbar. Nicht immer ist es in klare Worte gefasst und viel zu selten ist es klar herausgearbeitet. Aber meistens ist es da. Diesem „Etwas" könnten Sie nachgehen und die Konturen deutlich herausarbeiten. Ein solches Markenzeichen kann sein eine Idee, eine Überzeugung, ein konkretes Produkt, eine besondere Fähigkeit, sich darzustellen oder Kooperationen zu bilden und zu halten. Es ist in aller Regel etwas Einmaliges. Etwas, das Sie von anderen abhebt und Ihnen die Möglichkeit gibt, sich zum Hecht im Karpfenteich zu entwickeln. Darin liegt eine ungeheure Chance für eine erfolgreiche Zukunft Ihres Betriebes. Spüren Sie dem nach. Es wird Sie am Markt unverwechselbar machen. Der „Schrauben-Würth" hat sich schnell vom Schrauberimage gelöst und sich als Problemlöser für Steckverbindungen dargestellt.

Das Schöne daran ist: Es macht richtig Spaß. Weil Sie sich ganz anders in Ihrer Arbeit wiederfinden, weil Sie eine Einheit zwischen sich als Unternehmer und dem Unternehmen darstellen. Und das ist der Motor, der bewegt. Sie und Ihr Unternehmen. Ein Grund, stolz zu sein auf das, was man leistet.

Aber auch Ehrlichkeit sich selbst und anderen gegenüber ist wichtig. Sehr erfolgreiche Unternehmer strahlen das aus. Sie „zementieren" damit ihren weiteren Erfolg. Sie schaffen das auch. „Basteln" Sie an Ihrer Marke. Es gibt Vorbilder, ein bekanntes sei genannt: Hipp-Babynahrung schafft es, neben einem der weltweit größten Nahrungsmittelkonzerne (nämlich Nestlé) im Markt zu bestehen.

Spielen Sie Ihre regionale bzw. lokale Präsenz aus

In einer Welt, in der vieles über elektronische Medien läuft, ist der **Wunsch nach persönlicher Präsenz** ein **wichtiger Wettbewerbsvorteil**. Wer zur rechten Zeit am richtigen Ort präsent ist, wer es versteht, Beziehungsgeflechte auf- und auszubauen, braucht keinen anonymen Wettbewerber zu fürchten. Die Präsentation des eigenen Betriebes deutlich auszubauen, geht nicht von heute auf morgen. Aber wenn Sie sich die Platzhirsche in Ihrem Umfeld anschauen, sehen Sie, dass der Unternehmer in der Öffentlichkeit auftritt und auch im Geschäft Gesicht zeigt.

„Da steht der Chef bzw. die Chefin persönlich dahinter." Das ist ein wichtiges Pfund für den Erfolg. Tatsächlich ist die Bearbeitung des Marktes Chefsache. Als Nächstes fällt auf: die Betriebe haben einen Platz im Markt gefunden, sie zeigen Profil, versprechen den Kunden einen speziellen Nutzen und lösen dieses Versprechen auch ein. Und zwar unabhängig von ihrer Größe, vom Preissegment, von der Zielgruppe. Immer aber in einer **gelungenen Kombination all der Aspekte**, die am Markt erkannt und dort wirksam werden: die Produkte und Leistungen, der Preis, der Vertrieb sowie die Kommunikation.

Seien Sie Oase in der Dienstleistungswüste

Der Unterschied zwischen einem familiengeführten Hotel und dem Ableger einer Kette?

Schnell tauchen Bilder auf. Vielfach fallen sie zu Gunsten des „Kleinen" aus. Nichts gegen professionelle Höflichkeit, die Hotelangestellten intensiv antrainiert wird. Sie lässt sich nicht vergleichen mit dem Eindruck des wirklichen Kümmerns, der Begeisterung, der hohen Motivation, die vermittelt werden kann, wenn der Chef selbst dabei ist. Mit all dem, was im Familienbetrieb sein kann, aber nicht muss. Leider nutzen viel zu wenige diesen Wettbewerbsvorteil – und das in der Dienstleistungswüste Deutschland! Die Chancen, sich positiv abzugrenzen, sind mindestens so groß wie die erschreckenden Ausmaße der Unfreundlichkeit und Inkompetenz, die man antrifft. Wer nach außen darstellen kann, dass er Kunden zum Anliegen der eigenen „Familie", dem Unternehmen macht, kann mit viel Resonanz rechnen. **Dem Kunden gegenüber Respekt zu zeigen**, ist eine herausragende Position im Rennen um den Kunden. Das ist häufig mit wenig Aufwand zu haben, weil...

- das Telefon mit einem Mitarbeiter besetzt ist, der weiß, was er zu tun hat und dem Kunden nicht stundenlang Pausenmusik zumutet,
- die Geschäftsautos nicht durch stinkende Auspuffgase, Rostbeulen oder besonders schnittige Fahrmanöver auffallen,
- die Verkäufer nicht den Eindruck vermitteln, dass sie keinesfalls mit jedem reden, der Interesse zeigt, und weil sie auch nicht gelangweilt in der Gegend herumstehen und sich nur untereinander austauschen,
- die Toiletten halten, was die Eingangshalle verspricht,
- Service als wesentlicher Bestandteil des Unternehmens gilt und nicht als spezielles Angebot, also als Superschnäppchen nur für spezielle Kunden,
- das gesamte Personal aufmerksam gegenüber den Kunden ist und rührig in der Bearbeitung der Kundenwünsche.

Das sind nur wenige Ideen, sie zeigen die Denkrichtung.

Das Wohlfühl-Marketing: Handeln im Einklang mit den eigenen Zielen

Ob Sie defensiv oder offensiv am Markt auftreten, aggressiv oder zurückhaltend, allumfassend oder exklusiv – das ist abhängig von Ihrer Unternehmensstrategie. Wenn sich die Entscheidungsträger in Ihrem Betrieb darauf festgelegt haben, den Markt zu erobern, wird das Marketing konsequenterweise offensiv sein. Für Unternehmer, die nach Größerem, Höherem streben, wird das eine Herausforderung. Wer eine Wachstumsstrategie fahren will und Berührungsängste mit dem Markt hat, sollte entweder darüber nachdenken, seine Strategie zu wechseln oder ernsthaft erwägen, einen Marketingfachmann einzustellen. Eventuell kann man den Familiennachwuchs in diese Richtung bringen.

Wenn Sie sich jedoch entschlossen haben, Ihren Markt zu fokussieren, gezielter anzubieten, zu schrumpfen, werden die Entscheidungen anders ausfallen, Sie werden viel relaxter an die Sache herangehen, und das wird im Einklang mit Ihren Zielen stehen. Das können Sie nur spüren, wenn Sie wissen, wo es lang gehen soll. Wer seine gesamte Strategie auf Konsolidierung ausrichtet, wird mit Investitionen in den Markt eher vorsichtig sein. Aber er wird wissen, das ist gut so.

Marketing hat mit all dem zu tun, was Kunden und solchen, die es werden könnten, die Möglichkeit gibt, sich ein Bild von Ihnen zu machen. Erfreulich und erschreckend zugleich: Der Markt, die Öffentlichkeit, hat auf jeden Fall ein Bild von Ihnen, von Ihrem Betrieb. Es ist egal, ob sie es gehört, selbst erfahren, gelesen, erzählt bekommen, vermutet haben. Man weiß etwas über Ihren Betrieb und geht davon aus, dass diese Informationen stimmen. Das muss nicht zutreffen, aber richtig ist, das Sie ein **Image** besetzen in der Welt da draußen. Es ist gut zu wissen, dass Sie dieses Image selbst beeinflussen können und nicht nur hinnehmen müssen, dass es von bösen Zungen gegen Sie geprägt wird.

3.2 Oktaven realen Marketings

Die Art und Weise, Marketing zu betreiben, ist natürlich vielfältiger als das, was in Familienbetrieben „gespielt" wird. Erstens wird hier Marketing typischermaßen oft verkürzt gesehen, wobei die Oktaven von Unkenntnis bis „geht bei uns doch gar nicht" reichen. Zweitens sind die Erfolgserwartungen ausgesprochen unterschiedlich, aber zumeist werden schnelle Wirkungen oder sogar „Wunder" erwartet. Hier wieder einige O-Töne:

O-Töne aus der Beratungspraxis zum Thema Marketing

- Wie viel Prozent vom Umsatz soll denn (noch) ins Marketing gesteckt werden?
- Da müssen wir schnell mal wieder 'ne Anzeige schalten.
- Es geht doch nur darum, wer der Billigste ist.
- Bei uns können/sollen doch alle kaufen.
- Wir sind zu klein, um den Markt beeinflussen zu können.
- Die Leute wollen unsere Leistung nicht mehr bezahlen.
- Markt bearbeiten? Der bearbeitet doch uns.
- Wir müssen doch nur noch ausführen, was uns die Großen vorgeben.
- Es gibt immer einen Idioten, der den Preis kaputt macht.

Kopfschütteln über die Erfolgsgeschichten der anderen: „Wie machen die das bloß?", Enttäuschung darüber, was über Ihren Betrieb bzw. über Sie getratscht wird, ein Schuss Resignation angesichts der zurückhaltenden Nachfrage, eine gewisse Ratlosigkeit, wie ein wirkungsvolles Aktionsprogramm ausschauen könnte: In Gesprächen über Absatz, Umsatz und Planung tauchen solche Positionen in unser Beratungstätigkeit (d.h. der der Autoren) immer wieder auf. Der Preis ist fast ausnahmslos Thema. Er ist das Regulierungsinstrument der Marktwirtschaft. Wenn das Angebot immer größer, die Nachfrage dafür geringer wird, fällt der Preis. Das klingt plausibel, ist aber für die Betroffenen natürlich nicht gut. Andererseits hat der Preis stets einen Bezug zu einer Leistung. Ob die ihren Preis „wert" ist, das ist die kritische Frage. „Ja, sicher ist unsere Leistung ihren Preis wert", werden Sie sagen. Und Sie haben – von der Kostenseite her gesehen – bestimmt Recht. Entscheidend ist aber letztlich, ob die Kunden das so sehen. **Haben Sie dem Kunden mehr zu bieten als einen Preisnachlass?** Dann sind Sie auf einem guten Weg, der Preis-Abwärtsspirale der Unwirtschaftlichkeit die Stirn zu bieten.

Fehler und Gefahr auf den heutigen Märkten: Der Preis steht zu sehr im Mittelpunkt

Permanente Preissenkungen bringen in der Regel zwei Typen von Unternehmern hervor: den „Umsatzfanatiker", der durch Ausweitung der Aktivitäten (mehr Masse) seine Kosten zu decken versucht, oder den „Konkursanwärter". Ersterer rutscht meist schnell in die zweite Kategorie ab. Die meisten Insolvenzen entstehen durch zu niedrige, nicht durch zu hohe Preise. Ist es so weit gekommen, erübrigt sich die Frage nach dem Marketingbudget. Denn auch das entscheidet dann der Markt mit: Ist die Nachfrage gering, pumpen Sie eh in den Markt, was geht. Dazu dienen allenfalls kurzfristige, in erster Linie direkt verkaufsfördernde Aktionen.

Erst in Zeiten besserer Auftragslage können Sie entspannt an längerfristig wirkende Maßnahmen gehen. Achtung: Nur ganz wenige Marketingaktionen sind kurzfristig wirksam und noch weniger zeigen sofort eine Umsatzverbesserung. Mit anderen Worten: Marketing ist kein Instrument des Krisenmanagements. Und wie beim Personal gilt: Keine Tricks. Kurzfristige Sondermaßnahme bringen zwar mit viel Glück etwas schnelles Geld, aber sie bringen Sie nicht über die Zeit und auch nicht in eine Tradition – für Familienbetriebe sind sie daher nicht das „Gelbe vom Ei".

Marketing ist kein Instrument des Krisenmanagements

Damit Sie aber nicht zum Jojo des Marktes, nicht allein von dessen Schwankungen abhängig werden, sollten Sie frühzeitig Marketingaktionen planen. Dazu gehört, Ihre Vorstellungen zu Papier zu bringen (Planung). Nur dann können Sie erkennen, ob der Markt Ihre Vorgehensweise und Ihre Präsenz erkennt, schätzt und in Kaufwünsche ummünzt. Plan und Realität geben Ihnen ausreichend Stoff, um kritisch zu hinterfragen, ob Sie und Ihr Betrieb sich schnell genug ändern und den Anforderungen des Marktes gerecht werden.

3.3 Der Markt bin ich?

Kein Betrieb ist zu klein für (systematisches) Marketing. Denn zumindest eine Form des Marketings ist ohnehin nahezu kostenlos zu haben: Marketing als Denkhaltung, als Sichtweise, , die die Wünsche des Kunden in den Mittelpunkt der Betrachtung stellt. So selbstverständlich ist diese Frage nicht. Wie auch immer Ihre Antwort aussieht: Sie sind schon mitten im Marketing, um es sinnvoll zu betreiben, beschäftigen Sie sich mit den vier Bausteinen des Marketings:

Kein Betrieb ist zu klein für systematisches Marketing!

- Produkt/Sortiment – Womit treten wir am Markt auf?
- Vertrieb – Wie kommen unsere Produkte an den Mann/die Frau?
- Kommunikation – Wie erfahren die Leute davon?
- Preis – Wie viel zahlen die Leute dafür?

Bei solch fundamentalen Faktoren ist schnell klar, dass eine ernsthafte Beleuchtung, eine genaue Analyse notwendig ist. Denn das sind die direkten Berührungspunkte mit dem potenziellen Kunden, hier tritt quasi das Innere Ihres Betriebes nach außen und wird für den Markt sichtbar.

Auch das Marketing für Familienbetriebe vollzieht sich im Rahmen der bekannten vier P's (abgeleitet aus den englischen Begriffen, siehe bei den einzelnen Abschnitten)

Erlauben Sie sich selbst, kritische Fragen zu stellen und nehmen Sie sich ein wenig Zeit für die Antworten:

Ist das, was wir anbieten, tatsächlich das, was der Markt will? Ist die Art und Weise erfolgreich, wie wir den vorhandenen Kunden und denen, die es werden wollen, mitteilen, was wir haben? Was wissen die Leute da draußen von und über uns wirklich? Was wird geredet, was wird vermutet, wird überhaupt geredet oder wünschen wir uns das nur? Haben wir einen Namen oder sind wir einfach irgendein Anbieter unter vielen? Sind wir tatsächlich mit unseren Leistungen dort, wo die auch gebraucht werden, oder sind wir einen Tic zu spät? Nutzen wir den Preis als Eyecatcher? Sind wir bekannt, weil wir billig sind, oder weil wir teuer sind? Wie ist es uns recht? Wollen wir das eine nicht sein oder das andere lieber lassen?

Eine Marketingplanung beginnt mit der Analyse und diese wiederum mit der Kernfrage: Treffen wir wirklich die Kundennachfrage?

Benötigte Informationen

Marketing ist die Antwort auf diese und weitere Fragen, die mit dem Markt zu tun haben. Und alles, was mit Markt zu tun hat, bringt Umsatz. Marketing ist die Unternehmensfunktion, deren einzige Aufgabe es ist, das zu tun. Der Dreh- und Angelpunkt eines erfolgreichen Marketings sind die Informationen, Informationen über

- Zielgruppe und ihre (veränderten) Bedürfnisse,
- Wettbewerb und seine Entwicklung und
- Potenziale des eigenen Unternehmens.

Zusammenhang von Informations- und Entscheidungsebene

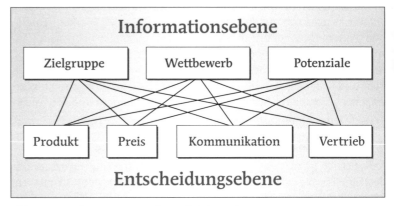

Abb. 3.1: Informations- und Entscheidungsebene

Je mehr Informationen Sie haben, umso fundierter kann Ihre Entscheidung ausfallen. Natürlich ist es irgendwann nicht mehr zweckmäßig, noch weitere Informationen zu sammeln, sondern die Entscheidung ist zu treffen. Entsprechend wird es wahrscheinlich nie einen 100-prozentigen Zuschlag für eine Alternative geben. Aber mit jeder Information, die Sie haben, werden Sie sich leichter tun, eine unternehmerisch gute Entscheidung zu treffen.

3.3.1 Zielgruppe: Scharfschütze statt Gießkanne

1. Aspekt auf der Informationsebene: Erforderlich ist, Zielgruppen zu definieren und zu strukturieren

Wen haben Sie im Visier, wenn Sie Ihre Produkte und Leistungen am Markt positionieren wollen? Senioren, die 30- bis 40-Jährigen oder junge Familien; private Hausbesitzer oder die öffentliche Hand; Privatpersonen mit besonderen Vorlieben bzw. speziellem Bedarf (Vielreisende, Wohnwagenbesitzer, Brillenträger, Sonnenanbeter, Sicherheitsfanatiker, Vegetarier); Menschen mit besonderen Hobbies (Fußballfans, Kegelbrüder, Discogänger); Firmen spezieller Branchen oder Größen bzw. Freiberufler (Hotels, Rechtsanwälte, Industrie...)? Machen wir hier willkürlich einen Punkt, denn die Liste selbst ist (fast) unendlich lang und Ihre Zielgruppe ist dabei. Sinnvoll ist, „die" Zielgruppen zu strukturieren, und das lässt sich nach vielerlei Kriterien durchführen, hier nur einige:

- Alter
- Geschlecht

- Beruf
- Position/Status
- Vermögensstatus
- Freizeitverhalten
- Bildungsniveau
- Lebensqualität usw.

Dabei sind Mixturen nahezu jeder Art denkbar. Wir verzichten bewusst darauf, hier auf die Kriteriensysteme des professionellen Marketings einzugehen (wo zum Beispiel so genannte soziodemografische und psychografische Merkmale unterschieden werden). Denn darauf kommt es hier nicht an. Lassen Sie vielmehr Ihren Gedanken freien Lauf, nutzen Sie die Kreativität Ihrer Mitarbeiter (siehe dazu den Tipp „Erfindungen in der Werkstatt"), suchen Sie nach den Gruppen, die Sie mit Ihren Leistungen ansprechen, die mehr von dem wollen, was Sie mit Ihrem Unternehmen bieten.

Anleihe aus der Marketingtheorie: Wir sprechen von soziodemografischen und psychografischen Merkmalen der Zielgruppen

WENN SIE EIN KLARES BILD DAVON HABEN, WER MÖGLICHE ZIELGRUPPEN SIND, VERBESSERN SIE IHRE INFORMATIONSLAGE ÜBER DIESE UND VERSUCHEN SIE, SO VIEL WIE MÖGLICH ÜBER SIE HERAUSZUFINDEN

Dazu gehören Gewohnheiten, Eigenarten, Bedürfnisse, Vorstellungen; aber auch Sorgen und Nöte; natürlich konkretes Verhalten (z.B. Wochenendaktivitäten); nicht zuletzt Informationsverhalten (z.B. Abonnements). Ist Ihre Zielgruppe nicht der Endverbraucher, sondern ein Industriebetrieb, machen Sie sich schlau über die Art des Geschäftemachens, über die sozialen Aktivitäten, über die Personalpolitik. Versuchen Sie möglichst viel Informationen über dieses Unternehmen zu sammeln. Fragen Sie Kollegen, Lieferanten, Kunden. Sie werden sehr schnell merken, dass Sie Anknüpfungspunkte, gemeinsame Schnittmengen finden. Unter Marketinggesichtspunkten gilt: Je **genauer** ich die **Zielgruppe kenne**, umso **gezielter** sind meine **Marketingaktivitäten**, umso **geringer** die **Streuverluste** und umso **lohnender** die in den Markt.

> **Beispiele**
> *Überzeichnet heißt das: Der Orgelbauer sollte sich die Kosten einer Bandenwerbung im Fußballstadion sparen, die Discobekleidungsboutique hat beim Altennachmittag nichts verloren. Aber eine Biermarke ist gut aufgehoben in den Pausen der Sportveranstaltung, der Flyer für die Kinder- und Babybetreuung passt gut zum Nachmittagsprogramm beim Kinderkino, oder die Betreuungseinrichtung kann sich als Sponsor für das Kasperltheater betätigen.*

Herauszufinden, wo Sie sinnvollerweise präsent sein sollten, ist Ihr Job. Das Wissen darum ist eine gute Grundlage, „Scharfschütze" bei der Werbung zu werden, als Kontrastprogramm zum unergiebigen Gießkannenprinzip.

Ganz praktische Konsequenz: Wissen, wo man sinnvollerweise präsent sein muss

> **Tipp: Entdeckungen in der Werkstatt, im Büro, auf der Alm ...**
>
> Das hätte mir auch einfallen können: Wie oft denken Sie das im Geheimen, wenn irgendein Wettbewerber den Markt abräumt und die Kunden anzieht. Bestimmt hätte Ihnen schon vieles einfallen können. Wie intensiv beschäftigen Sie sich mit dem Finden von Ideen? Brüten Sie mit Ihren Mitarbeitern über der Lösung eines kniffligen Problems? Kommt es vor, dass plötzlich ein Mitarbeiter mit einer guten Idee auftaucht? Wann haben Sie die besten Einfälle? Ganz allein, im stillen Kämmerlein? Oder während und nach Gesprächen mit anderen? Ideen, Einfälle, „Aha"- Momente haben immer eine Vorgeschichte. Man wälzt Gedanken, schnappt Gesprächsfetzen auf, liest etwas, redet über ein Problem – und dann plötzlich taucht eine Lösung auf.
> - ▶ Nur wer sich intensiv mit einem Thema auseinander setzt, kann auch zu neuen Wegen kommen, kreativ sein.
> - ▶ Wenn sich mehrere Köpfe zusammentun, die sich mit der gleichen Sache auskennen, steigt die Wahrscheinlichkeit, dass ein gutes Ergebnis rauskommt.
>
> Verzichten Sie im Rahmen Ihrer Marketingaktivitäten nicht auf dieses „Kreativ-Potenzial", das in Ihrem Unternehmen bzw. in Ihren Mitarbeitern steckt.
> - ▶ Bauen Sie neben der eigentlichen Werkstatt im Betrieb eine zweite, die „Kreativ- Werkstatt" auf. Machen Sie Ideenfindungs- Aktionen oder Brainstorming-Treffen.
> - ▶ Informieren Sie die Mitarbeiter, dass es darum geht, neue Produkte, Vertriebswege, neue Ansätze zur Kommunikation mit dem Markt zu finden. Das motiviert gleichzeitig auch wieder Ihre Mitarbeiter.
>
> Und vielleicht ist ja irgendwann der „geniale Einfall" dabei. Wir wünschen es Ihnen!

3.3.2 Den Wettbewerb im Visier

2. Aspekt auf der Informationsebene: Den Wettbewerb durchleuchten um die eigene Position zu schärfen

Wer seinen Wettbewerb kennt, weiß auch, wo dieser verwundbar ist. Die Auseinandersetzung mit dem Wettbewerb hilft, die eigene Position zu finden, Nischen zu entdecken und zu besetzen. Durch die Abgrenzung vom Wettbewerber können Sie mehr über sich selbst und Ihre Qualitäten erfahren. Wer seine Mitbewerber kennt, schafft sich Zugang und Wege des Erfolgs. Das Marketinginstrument „Wettbewerbsanalyse" verdeutlicht das anschaulich.

Nehmen Sie sich ein wenig Zeit und listen Sie wesentliche Erfolgsfaktoren Ihrer Branche auf. Das können allgemeine Positionen wie Preis, Sortimentstiefe und -breite, oder auch produktlosgelöste wie Parkplatz, Zufahrtswege, Schnelligkeit, Exklusivität etc. sein.

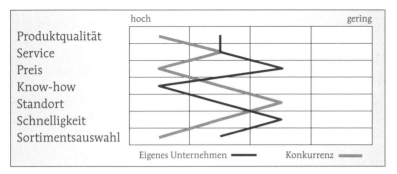

Abb. 3.2: *Wettbewerbsanalyse*

Bewerten Sie Ihren Betrieb im nächsten Schritt selbst – stellen Sie Ihren (Haupt-)Wettbewerber daneben. Die Musterskala zeigt: Einige Vorteile des Wettbewerbers sind uneinholbar – da ist ein Angriff möglicherweise nicht zweckmäßig. In anderen Feldern haben Sie dafür einen akzeptablen Vorsprung, den Sie ausbauen wollen. Allein die Arbeit, die Punkte zu strukturieren, schafft Anregungen, neue Wege für sich selbst zu finden.

3.3.3 Produkt/Leistung

Im Vordergrund steht das Produkt/die Dienstleistung, des Pudels Kern sozusagen: Womit treten Sie am Markt auf? Mit dem, was Sie können, was Sie gut können, was Sie gelernt haben. Mit dem, was Sie entdeckt, entwickelt, groß heraus gebracht haben. Veränderung? Schwirig! Warum sollte man auch ein Gewinner-Team ändern? Andererseits: Wer einmal auf dem Treppchen oben gestanden hat, weiß, dass es schwieriger ist, oben zu bleiben, als hoch zu kommen. Weil die Konkurrenz besser wird, weil die Nachfrage sich ändert, weil die Trends in eine andere Richtung gehen. Produkte folgen einem **Lebenszyklus**. Ganz wenige gibt es über Jahrzehnte in der altbewährten Form. Nivea® – ja, aber wenn Sie genau hinschauen bzw. -fühlen, merken Sie: Die Konsistenz der Creme hat sich geändert, die Schrift ist heute anders als vor Jahren. Lautlos und in kleinen Sequenzen wurden bei dieser Supermarke Veränderungen gebracht. Denken Sie an Daimler – ein alter Benz fällt auf. Nicht zu vergessen: Immer wieder wird mehr oder weniger intensiv Werbung gemacht. Je nachdem, an welcher Stelle in seinem Lebenszyklus das Produkt steht, wird mehr oder weniger Werbung gecoacht.

Das erste P: Produkt (= engl. price)

Wie tauglich sind Ihre Produkte/, wo stehen sie im Produktlebenszyklus?

Abb. 3.3: *Produkt-/Unternehmenslebenszyklus*

ANALYSIEREN SIE SCHONUNGSLOS, AN WELCHER STELLE IHR ANGEBOT STEHT.

Darstellung im Vierfelderportfolio

Welche Produkte/Leistungen sind noch interessant für den Markt? Welche haben Potenzial und welche können Sie schlicht und ergreifend „vergessen"? Bauen Sie auf dem Vorhandenen auf und prüfen Sie, wo und wie Sie über innovative Produkte, Prozesse Markt gut machen können. Auch hier bietet das Marketing ein brauchbares Raster:

Abb. 3.4: (Vier-Felder-) Portfolio

Ohne eine „Kuh", die ohne viel Aufwand brav ihre Milch gibt, kann kein Unternehmen bestehen. Es sind die Leistungen, in die irgendwann investiert wurde, die jetzt wenig Aufmerksamkeit brauchen und Geld bringen. Mittel, die zum Teil investiert werden, um die Stars bzw. die Fragezeichen zu fördern. Der Unterschied zwischen diesen beiden ist, dass der Star schon als Renner platziert ist, dass mit und durch ihn schon Umsätze eingefahren werden und dass er Hoffnung auf weiteren Erfolg in der Zukunft macht. Das Fragezeichen ist eines und bleibt es so lange, bis es zum Star wird oder als Armer Hund endet. Es birgt eine Reihe von Versprechungen und Potenzialen, aber keiner kann so genau sagen, ob es auch einschlägt. Jede Investition ist damit ein Risiko. Der Arme Hund dagegen hat entweder ausgedient oder er ist nie in die Position gekommen, die Luft der Stars zu schnuppern. Er hat einfach keine Interessenten am Markt finden können. Jeder Betrieb hat im Grunde eine Palette dieser vier Figuren. Klar ist: Je mehr Cash-cows, umso besser, klar ist auch: Die Armen Hunde sollten irgendwann ihre verdiente Ruhe bekommen und aus dem Betrieb herausfallen. Wichtig ist, dass es ausreichend viele Stars und auch Fragezeichen gibt, damit auch zukünftig genügend Cash-cows vorhanden sind.

Neue Produkte braucht der Laden?

Die Möglichkeiten der Produktpolitik

Ja und nein. Möglicherweise ist es zweckmäßig, mit einem neuen Angebot den bestehenden Kundenstamm weiter an sich zu binden. Eventuell aber können Sie ein bestehendes und gut eingeführtes Produkt auch einer an-

Der Markt bin ich? 83

deren Zielgruppe anbieten. Schauen Sie sich die Vier-Felder-Matrix an. Sie zeigt sehr plastisch, was an Innovationspotenzial für Sie bleibt.

Marktausschöpfung meint, Sie bleiben mit Ihrem angestammten Angebot in Ihrem Markt, versuchen aber noch mehr Kunden aus der Zielgruppe für sich zu gewinnen. Intensivere Werbung in dieser Stammgruppe ist dabei zweckmäßig. Aber auch Kundenbindungsprogramme (siehe CRM) bieten sich an, mit denen Sie erreichen, dass die Kunden häufiger bei Ihnen kaufen.

Wer seinen Markt genau analysiert, wird wahrscheinlich feststellen, dass er für die Zielgruppe Variationen seines Angebotsspektrums bieten kann bzw., dass eine Reihe von Kunden Ihr Angebot noch längst nicht ausschöpft. Neben dieser **Produkterweiterung** können Sie auch die Strategie der **Markterweiterung** einsetzen. Ihr Produkt/Ihre Leistung ist vielleicht auch für eine andere Zielgruppe interessant? Aber hier wie bei den anderen Modellen bleiben Sie immer mit einem Bein bodenständig. Entweder, Sie behalten Ihren Markt, Ihr Produkt oder vielleicht sogar beides.

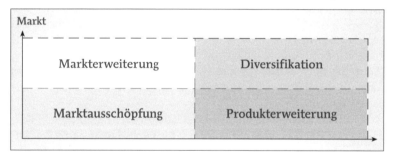

Abb. 3.5: Vier-Felder-Matrix Markt- oder Produkterweiterung/s. Abb. 1.4

Von einer **Diversifikation** raten wir kategorisch ab. Ein völlig neues Produkt/eine neue Leistung zu entwickeln und die auch noch auf einem Markt anzubieten, den Sie nicht kennen: das ist sogar für Familienbetriebe mit gutem Finanzpolster nicht sinnvoll. Zu groß sind die Unwägbarkeiten, zu hoch der Aufwand, sich das notwendige Know-how zu beschaffen. Zu häufig stellt sich bei genauer Betrachtung auch heraus, dass die Entscheidung eine Flucht nach vorne war: „Wir müssen was ganz anderes machen". Die Hoffnung, dass es auf der anderen Seite wirklich grünes Gras gibt, schwingt hier ebenso mit wie eine Resignation über die tägliche Arbeit. Statt zu diversifizieren, nehmen Sie sich die Zeit und fangen noch mal an zu reflektieren. Vielleicht lesen Sie das Kapitel 1 zu Strategie noch mal neu? Oder holen Sie sich kompetenten Rat ins Haus.

Für Familienbetriebe kommen drei der Felder infrage, von der Diversifikation (Produkt und Markt gleichzeitig neu) ist eher abzuraten

Uns ist kein Familienbetrieb bekannt, der den strategischen Schritt der Diversifikation erfolgreich gegangen ist. Besser die Notbremse ziehen, sobald die ersten Anzeichen einer Fehlentscheidung auftauchen. Meist wird sehr schnell deutlich, dass die Antworten auf wesentliche Fragen fehlen. Der Vertrieb bekommt das immer sehr intensiv zu spüren.

3.3.4 Engpassfaktor Vertrieb

Das zweite P (von engl. place = Platz/ierung): alles rund um den Vertrieb

Die zentralen Fragen in diesem Baustein lauten:
- **Wer** soll
- **wie**
- über **welche** Kanäle und an
- **welchen Orten**
- unsere **Leistungen** anbieten?

Zuvor wird jedoch die erste Frage sein: Wer soll das „professionell" beantworten? Ist Vertrieb – oder zumindest die Vertriebsstrategie – auch Chefsache im Familienunternehmen oder gibt es dafür einen kompetenten „Vertriebler"? Noch schwieriger wird es, wenn es um die Einführung neuer Produkte geht und Kenntnisse über den Markt noch beschränkt oder gar nicht vorhanden sind. Kann man mit einem neuen Produkt einen neuen Markt erobern? Und zwar bei einem Job, der nicht einfach ist, in wirtschaftlich problematischen Zeiten schon gleich gar nicht? Von vertrieblichen Mitarbeitern ist Anpassungsfähigkeit und Beeinflussungsgeschicklichkeit in hohem Maße zu fordern. Dazu werden die in Abschnitt 3.3.1 angesprochenen Kenntnisse über die Zielgruppen benötigt. Beispielsweise Gewerbekunden sind anders anzusprechen als Privatkunden, Altbaubesitzer anders als Mieter im Hochhaus usw. Wenn Sie mit der öffentlichen Hand zusammenarbeiten, schadet es nicht, die Struktur der Verwaltungen zu kennen und die entsprechenden Ansprechpartner.

Die Kernentscheidung im Familienbetrieb: Bleibt die Vertriebsstrategie Chefsache oder wird ein „Vertriebler" eingestellt?

Natürlich wissen wir, nicht zuletzt aus unserer Beratungstätigkeit, dass Sie als Chef/in im Familienbetrieb für solche Dinge wenig Zeit haben und Zeit ist überhaupt ein permanenter Engpassfaktor in Unternehmen. Hier kommt hinzu, dass speziell der Vertrieb in fast jedem Betrieb ebenfalls Engpassfaktor ist. Je schlechter die Wirtschaftslage, je geringer die Konsumneigung, desto schwieriger wird es, die eigenen Produkte und Leistungen am Markt zu positionieren.

Obwohl in Deutschland (zu Unrecht) der Vertrieb ein negatives Image hat, lebt letztendlich der gesamte Betrieb vom Verkauf. Stehen Sie hinter dem Produkt oder der angebotenen Leistung, ist es mit Sicherheit positiv, es auch an den Mann zu bringen. Größere Familienunternehmen beschäftigen natürlich Mitarbeiter im Vertrieb, aber auch für kleinere gilt:

Sowohl zur Chefentlastung als auch zur deutlichen Verbesserung der vertrieblichen Ergebnisse ist es prüfenswert, ob man jemanden speziell für den Vertrieb beschäftigt.

Wesentlich: Das Durchrechnen, ob eine Personalisierung im Vertrieb lohnt

Wichtig ist, dass sich das wirklich rechnet – mit dem Gehalt, ggf. plus Erfolgsbeteiligung und Nebenkosten (wie Reiseaufwand, falls Außendienst eingesetzt ist), landen Sie bei **Festangestellten** schnell bei einer sechsstelligen Kostenposition pro Jahr – ohne dass der Erfolg garantiert wird.

Wenn Sie mit **Freiberuflern** arbeiten, ist der Erfolg noch weniger sicher, gleichzeitig steigt die Gefahr, dass Ihre Produktideen oder Kontakte für eigene Geschäfte genutzt werden. **Absatzmittler** sind dagegen eine interessante Vertriebsvariante. Sie sind in vielen Fällen eine echte Referenz.

Die möglichen personellen Formen neben der Festanstellung

Neben dem „tradierten" Verkauf gibt es weitere Kanäle, um das eigene Angebot in den Markt zu bringen, die wichtigsten seien genannt:
- Kooperationen zwischen Branchen, etwa im Handwerksbereich mit anderen Gewerken (z.B. „Badausbau aus einer Hand"),
- Kooperationen innerhalb der gleichen Branche,
- Werbegemeinschaften,
- Internetauktionen,
- Branchenportale im Internet.

Neben dem üblichen Verkauf gibt es zahlreiche weitere Vertriebskanäle

Die Palette ist groß, nicht alles passt für Sie, aber etwas Passendes ist dabei. Vertriebskanäle können ganz neue Fakten schaffen, wenn man „quer denkt" und das betreibt, was in großen Firmen und von Vertriebsprofis **„Cross Marketing"** genannt wird.

Lernen von den „Großen": Fantasievoll über Cross-Marketing nachdenken

Ein kleines Beispiel: Wer heute im Tchibo- oder Eduscho-Laden nach Kaffee sucht, muss sich erst durch Gartenscheren, Leggings, Salzstreuer, Fußmatten und Thermojacken wühlen. Die großen Kaffeehäuser haben auf die massiven Preisstürze im Kaffeemarkt reagiert und aus ihren Läden auf andere Weise eine Goldgrube gemacht. Sie haben ihre Präsenz in der Stadtmitte, im Ortskern oder bevorzugten Lagen der Vororte genutzt, um als Vertriebskanal für viele andere – kaffeefremde, aber zu ihrer Zielgruppe passende – Produkte einen „Point of Sale" zu bieten. Geschickt ist dabei, die Produkte jeweils immer nur für begrenzte Zeit anzubieten, wodurch das Sortiment begrenzt (geringer Platzbedarf) bleibt, aber die (Stamm-)Kunden immer aufs Neue in den Laden gelockt werden.

Das bewährte Mittel der **Werbegemeinschaft** ist ebenso erwägenswert wie die **engere Form der Kooperation**. Sie ist kein Allheilmittel, aber wenn die Rahmenbedingungen der Kooperation stimmen, dann bleibt für jeden viel Raum, um davon zu profitieren. Auch für den Kunden, der von Komplettangeboten einen großen Nutzen hat, weil ihm viel Zeit bei der Koordination gespart wird. Und solche Vorteile sind den meisten ihren Preis wert. Wenn die Konkurrenz ohnehin nicht mehr das ist, was sie mal war, wenn der Wettbewerb aus dem Vorgarten in den Globus gerutscht ist, ergeben sich auch neue Chancen für die Marktbearbeitung durch Kooperation. Marktauftritt optimieren, neue Zielgruppen erschließen, Verkaufsförderungsmaßnahmen verstehen, das Leistungsspektrum fokussieren, all das lässt sich mit einer Kooperation durchaus bewerkstelligen.

Weitere unterstützende Maßnahmen sind Werbegemeinschaften und Kooperationen

Dabei unterscheidet man
- horizontale,
- vertikale und
- diagonale Kooperationen.

Die bisher angesprochenen Kooperationen sind **horizontal**, sie liegen auf gleicher Produktionsstufe: Gewerke im Handwerk arbeiten zusammen oder auch zwei Firmen des gleichen Gewerks oder gleiche Dienstleister etc. treten gemeinsam auf. Die Vorteile liegen vor allem darin, dass sich übergreifende Funktionen wie Marktforschung, Kundenservice, Vertriebs- und Verkaufsgemeinschaften gemeinsam gut schultern lassen und dem Kunden ein breiteres Angebot bieten.

Vertikale Kooperationen führen Betriebe unterschiedlicher Produktionsstufen zusammen. Da wird dann z.B. die Renovierung aus einem Guss denkbar: Der Hersteller von Bauelementen agiert zusammen mit einer Bau ausführenden Firma.

Branchenübergreifend arbeiten die **diagonalen** Kooperationen; sie ermöglichen, Dienstleistungsbündel anzubieten. Allerdings sind Kooperationen keine Wunderwaffe, denn Aufbau und Pflege erfordern einiges an Manpower. (Siehe Kooperation statt Konfrontation)

3.3.5 Preis

Das dritte P: der Preis (= engl. price)

Das Problem zu niedriger Preise und deren ruinöse Folgen wurden in diesem Kapitel eingangs schon angeschnitten. Aber niedrige Preise sind nicht nur eine zwangsweise Reaktion auf schwierige Marktverhältnisse. Sie sind in manchen Branchen genau kalkuliert (Niedrigpreis-Strategie). So wurden „Schnäppchen-Läden" lange als neue Geschäftsidee gehandelt. Der niedrige Preis war und ist Lockvogel. „Alles für einen Euro" ist die extreme Ausprägung. Sie macht deutlich, dass der Preis ein Signal für den Markt, das Marketing ist.

Neben der Preishöhe ist die Preisgestaltung entscheidend

Billig ist nicht unbedingt das Zauberwort, preiswert schon eher. Für Sie im Familienbetrieb ist die Frage, ob und wie Sie Rabatte ausgestalten, ob Sie Pauschalpreise anbieten, ob Signalpreise sinnvoll sind, eine eng mit der Geschäftsstrategie zusammenhängende Frage und dabei natürlich stark von Ihrer Zielgruppe abhängig. Zu entscheiden ist, ob Sie die folgenden „preispolitischen Instrumente" nutzen (wie die Marketingfachleute sagen):

- Signalpreise bzw. so genannte Schwellenpreise,
- Pauschalpreise,
- Rabatte,
- Kundenkarten,
- Sonderangebots-/Ausverkaufsaktionen.

> *Beispiele*
>
> *Haben Sie Kunden, die sich mit Schwellenpreisen locken lassen? Mit dem Euro kam im Handel die Diskussion um die Signalpreise wieder auf. Der Sonderpreis DM 1,99 ergab € 1,02. Das war unter Marktgesichtspunkten eine absurde Größe, mit der Kaufhemmschwellen keinesfalls überwunden werden. Es kann also Vorteile bringen, wenn Ihr Stundensatz 39 Euro beträgt. Möglicherweise sind aber runde Pauschalpreise förderlicher.*

> *Betreiben Sie ein Unternehmen, in dem Kundenkarten – oder auch nur günstigere Preise für Folge- bzw. Mehrfachaufträge (Stichwort Zehnerkarte) Sinn machen?*
> *Sonderangebote sind beispielsweise auch in Gewerken denkbar, die man dafür gar nicht vordergründig im Blick hat, z.B. Preisvorteile für Servicearbeiten vor Saisonbeginn (Heizungsprüfung im Sommer).*
> *Und exklusive Käufer warten nicht bis zum Schlussverkauf, im Gegenteil, sie stehen bereits im Laden, wenn die Preisaufkleber noch im Auszeichnungsgerät stecken.*

Die kostenrechnerische Seite der Preisgestaltung

Der Preis, den Sie mit den Marketingaugen betrachten, ist nicht unbedingt der Preis, den Sie erzielen müssen, um ertragreich zu wirtschaften. Immer wieder ist zu hören: Der vollkostendeckende Preis lässt sich am Markt nicht durchsetzen. Das soll bedeuten: Sie sind zu teuer, bzw. nicht wettbewerbsfähig, zumindest in den Augen der Kunden, die glauben, dass Ihr Angebot seinen Preis nicht wirklich wert ist. Dass Preissenkungen und Sonderangebote im Zeitalter von „Geiz ist geil" wirken, sollte nicht verwundern. Für Sie bleibt im Rahmen der Kostenrechnung zu klären, was machbar ist und wie viele und welche Sonderangebote Sie bieten können/wollen. Gehen Sie nicht weiter, als es die Erwartungen der Zielgruppe wirklich erfordern! Vielleicht brauchen Sie gar keine Sonderangebote – das ist auch gut, wenn die Zielgruppe damit „lebt". Springen Sie auch kostenrechnerisch nicht zu kurz, das ist ein zu kompliziertes Thema, um es in wenigen Bemerkungen zu behandeln. Nur soviel: Sie müssen in der Summe Ihres Familienunternehmens natürlich kostendeckende Preise ansetzen und sich notfalls von nicht lukrativen Geschäftszweigen verabschieden. Aber im Einzelfall kann es besser sein, einen nur Teilkosten einspielenden Auftrag hereinzunehmen, weil er immerhin anteilig die festen Kosten mitfinanziert.

Preiskalkulation ist auch Sache der Kostenrechnung

3.3.6 Wissen die da draußen, dass es uns gibt?

Berührungspunkte mit dem Markt „da draußen" gibt es viele. Jeder wird den Flirt mit dem Markt auf andere Weise angehen. Das ist auch gut so. Wichtig ist nur, dass Sie Ihrem Außenauftritt die Aufmerksamkeit schenken, die er verdient. Wichtig auch, dass Sie alle Ansätze nutzen, dass Ihre Hausfarbe, Ihr Logo, Ihre Slogans immer wieder und an allen wichtigen Stellen auftauchen. Grundsätzlich lassen sich vier Ebenen unterscheiden:
- Werbung,
- Corporate Design/Corporate Identity,
- PR/Öffentlichkeitsarbeit und
- Verkaufsförderung.

Alle vier Ebenen beziehen sich auf die Kommunikation und dazu müssen Sie wissen: Wo treffen Sie Ihre Kunden an, wo halten die sich auf?

Das vierte P (von engl. promotion = Bekanntmachung), die Marketingkommunikation...

... sie umfasst mehr als nur Werbung!

Das „Wo" der Kommunikation setzt Kenntnisse über die Kunden voraus

Weiterhin brauchen Sie Informationen zur Mediennutzung Ihrer Zielgruppe: Nehmen Ihre Kunden Anzeigen wahr? Wenn ja, in welcher Zeitung – in der regionalen oder überregionalen Presse, in Fachzeitschriften? Welche Rolle spielt das Internet? Ist Plakatwerbung denkbar? Sind Werbebriefe ratsam, eignen sich Handzettel besser?

VERLIEREN SIE DABEI NIE AUS DEM AUGE, DASS KEINE KOMMUNIKATION MIT DER BLOSSEN BOTSCHAFT ERLEDIGT IST – SOLL SIE WIRKLICH WIRKEN, ERFORDERT DAS NACHARBEIT

Da aus Kommunikation Rückmeldung erwartet wird, ist Nacharbeit das Entscheidende!

Diese Nacharbeit braucht Kapazitäten/Personal. Wer bearbeitet Anfragen, wer telefoniert die Anschreiben nach usw.?

Wichtig ist natürlich auch das „Wie" Ihrer Kommunikation: Spiegeln Produktblätter, Imagebroschüren und Prospekte den Charakter Ihres Hauses wider, oder genügt eine grellrote Notrufnummer, die Sie als Aufkleber verteilen? Nutzen Sie das Internet nur als Visitenkarte für Ihren Betrieb, oder informieren Sie dort über Neuerungen? Haben Sie vielleicht sogar eine elektronische Kundenzeitschrift? Zeigen Sie als Unternehmer Gesicht bei öffentlichen Veranstaltungen? Bieten Sie Kurse bei der Handwerkskammer, bei der Volkshochschule an? Arbeiten Sie in Facharbeitskreisen bei der öffentlichen Verwaltung mit?

Das „Wie" der Kommunikation führt auf professionelle Realisierung

Klären wir die vier Ebenen etwas näher – erschöpfend ist dies im Rahmen dieses Buches nicht möglich, dazu müssen wir auf Fachliteratur verweisen (siehe im Literaturverzeichnis am Ende dieses Buches).

Werbung meint den Direktangriff auf die Bedürfnisse, die Aktivierung des „Haben-Wollens". Die Streuung kann je nach Zielgruppe unterschiedlich groß bzw. breit sein. Streuverluste (die zu vermeiden sind, weil sie natürlich echtes Geld kosten) werden dann minimiert, wenn die Zielgruppe gut bekannt ist und die Werbeeinsätze auch tatsächlich beim „Zielobjekt" landen. Typische Werbemittel sind:

Die typischen Werbemittel
- Werbebriefe, Faxe, E-Mails,
- Prospekt/Broschüren,
- Regionales Radio/TV,
- Anzeigen in Tageszeitungen/Magazinen,
- Plakate,
- Messen/Ausstellungen,
- Kundenzeitschriften,
- Internet-Auftritt.

Gerade auch für „Kleine" machbar und sinnvoll: PR

Öffentlichkeitsarbeit bzw. **Public Relations** hat keinen direkten werbenden Effekt. Vielmehr wird in den Medien über das Unternehmen berichtet und positives Image angestrebt. Im Unternehmen sind dazu Aktivitäten zu planen, die von „öffentlichem Interesse" sind. Einige kleine Beispiele: Sollten Sie interessante ausländische Gäste haben, wäre das ein Anlass. Der besondere Behindertenarbeitsplatz oder eine spezielle Ausbildungsmöglichkeit ebenfalls. Es ist nicht nur der große Scheck für den guten Zweck, obwohl viele Familienunternehmer Öffentlichkeitsarbeit als „tue Gutes und rede darüber" interpretieren. (siehe unten).

Corporate Design sind die Kontaktpunkte, das Image, der Auftritt Ihres Betriebes und Ihrer Mitarbeiter. Das Ganze reicht weit: Kleidung, Fuhrpark, Betriebsgelände, Geschäftspapier, Visitenkarte, Büroausstattung, Arbeitsklima. Hier gilt die einfache Regel: „Wer die Chance des ersten Eindrucks nicht nutzt, wer im Gegenteil eine eher schlampige Außenwirkung zulässt, kann auch mit der höchsten Produktqualität nicht mehr viel auffangen.

Leider oft vernachlässigt, obwohl gut realisierbar: die einheitliche Außenwirkung/das CI

Verkaufsförderung geschieht meist am „Point of sale", direkt beim Verkaufsgeschehen. Dazu gerechnet werden Aspekte wie:

Direkt am Verkaufsgeschehen: die Verkaufsförderung

- Präsentationsmappe,
- Datenblätter,
- Produktprospekte,
- Imagebroschüre,
- Referenzlisten,
- Plakate,
- Hinweisschilder,
- Beipack-Zettel.

Wir werden gleich noch näher auf diese Werbemittel eingehen und auch hier empfehlen wir Ihnen für die ausführliche Beschäftigung entsprechende Fachliteratur aus der Liste am Ende des Buches. In diesem Kapitel beschränken wir uns auf ein paar Tipps, die für Familienbetriebe besonders interessant sind.

3.3.7 Kunden finden – Kunden binden

Bei allen Marketing-Bemühungen sollten Sie sich nicht nur darauf konzentrieren, neue Kunden zu gewinnen. Es gilt das Motto: einen bestehenden Kunden zu binden, ist einfacher und meist preiswerter, als einen neuen zu finden. Das ist mittlerweile gängiges Wissen, das unter dem neudeutschen Namen **CRM** am Markt Furore macht. Dieses **C**ustomer-**R**elationship-**M**arketing oder -**M**anagement trägt dem Rechnung, was die Kunden zunehmend verlangen: Aufmerksamkeit, sich um sie kümmern, Beachtung, Respekt. Für Sie als Familienbetrieb mit einer motivierten Mannschaft, die mit Ihnen in einem Boot sitzt, sollte das eine der leichteren Übungen sein.

CRM ist relativ neu, aber sein Kern gerade im Familienunternehmen tradiert: das individuelle Bemühen um den Kunden

Bei allen neuen Ansätzen gibt es auch weniger spektakuläre, aber trotzdem wirkungsvolle Maßnahmen, um Kunden an sich zu binden. Wie oft haben Sie sich schon über unaufmerksame Bedienungen im Restaurant geärgert. Tun furchtbar beschäftigt, schauen aber nie an Ihren Tisch. Wie oft waren Sie sauer über Handwerker, die irgendwann anfangen, das Pauschalangebot mit teuren Zusätzen in unvorstellbare Höhen zu bringen? Wann haben Sie sich das letzte Mal über eine unfreundliche Stimme am Telefon aufgeregt? Über eine bürokratische und unflexible Haltung der Leute, die einzig darauf abzielt, Regeln einzuhalten und den

Menschen, den Kunden vergisst? Oft, nicht wahr? Eben! Und deshalb heben sich all diejenigen Unternehmen, die den Kunden das Gefühl geben „Da bin ich gut aufgehoben", „Die sind aber nett und zuvorkommend" ausgesprochen positiv vom Rest ab. Aus Erfahrung dürfen wir Ihnen sagen: Das sind die Betriebe, die unter der Hand weiterempfohlen werden. Bei denen jeder den Eindruck hat, mit gutem Gewissen den Rat geben zu können: „Geh dahin, die sind gut". Gemeint sind damit vor allem die Fürsorge für den Kunden, die Dienstleistungsorientierung, die geschäftliche Fairness, die kontinuierlichen und kompetenten Kontakte, und zwar über alle Mitarbeiter.

GEPLANTE UND STRUKTURIERTE BEZIEHUNGEN ZWISCHEN UNTERNEHMER UND KUNDEN HABEN STARK AN GEWICHT GEWONNEN.

CRM baut den Kerngedanken der „Kundenpflege" systematisch aus – durch die Nutzung konkreter Kundendaten

Möglicherweise liegt hier der beachtenswerte Unterschied zwischen Früher und Heute, also der Unterschied zwischen dem, was in den Familienbetrieben eher intuitiv abgelaufen und auch ganz gut mit Kundenpflege umschrieben ist, und dem, was CRM heute anbietet: Die konzentrierte Erfassung der Kundendaten und die klar gegliederte Struktur. Das hat einmal mit dem Mehr an Daten zu tun, zum anderen mit der Tatsache, dass das Wissen im Kopf des Unternehmers nicht ausreicht. Um Erfolg zu haben, muss dieses Wissen mindestens auch in die Köpfe der Mitarbeiter weiterwandern. Und dann muss es auch wieder zielgerichtet zu dem Zeitpunkt in Ihrem Kopf, bzw. in den Köpfen der Mitarbeiter aktiviert sein, wo es benötigt wird.

Das heißt konkret:

OHNE DETAILLIERTE ERFASSUNG MÖGLICHST VIELER DATEN ÜBER DEN UND ZUM KUNDEN, KANN ES KEIN VERNÜNFTIGES CRM GEBEN.

Datenermittlung und -erfassung ist ein erster Schritt

Das Herauskitzeln dieser Daten – von Geburtstagen über Eigenarten (Farbwünsche, Traumberuf, Bezug zur Geschwindigkeit, Bewertung der äußeren Erscheinung, Diätapostel, Weinliebhaber ...) bis zu konkreten Daten (Single, Familienstatus, Eigenheimbesitzer...) – das ist Ihr Job und der Ihrer Mitarbeiter. Sie sollten sehr intensiv die Vorlieben und auch die besonderen Belastungen des Kunden herausfinden. Nur dann können Sie auch zielgerecht auf die Leute eingehen.

DIE ERFASSUNG DER DATEN IST DER ERSTE SCHRITT, ABER DIESE DATEN SIND ERST WIRKLICH GUT, WENN SIE ZUM RICHTIGEN ZEITPUNKT DER RICHTIGEN PERSON AUCH ZUGÄNGLICH SIND.

Das ist keinesfalls selbstverständlich. Heutzutage kann Ihnen die EDV dabei gute Unterstützung leisten, und zwar sowohl bei der Erfassung als auch bei der Strukturierung und der anschließenden Verfügbarkeit. Wie auch bei anderen Marketinginstrumenten werden fantasievolle Ideen gebraucht, um gute Anknüpfungspunkte bei Ihren Kunden zu finden. Die Basics sind gezielte Werbebriefe und Telefonate. Für manche Leser/innen mag das absolut nichts Neues sein – bei Ihnen geht es um die Optimierung. Andere Leser/innen werden vielleicht einwenden, dass das nicht für sie infrage kommt – bringen Sie diesen Einwand nicht vorschnell, sondern überdenken Sie die Anregung erst einmal.

Die gezielte Nutzung der erfassten Kundendaten für die Werbung ist die eigentliche Anwendung

Beispiele

Serienbriefe sind einfacher zu erstellen, als viele denken. Eine gute Datenbank vorausgesetzt, genügen wenige Mausklicks, um ein Schreiben in einen Serienbrief zu verwandeln. Das ist eine preiswerte Möglichkeit, Kontakt zu halten. Verfügen Sie über Kundenadressen, die bisher ausschließlich zur Rechnungserstellung herangezogen wurden? Nutzen Sie sie auch werblich!

Und: Warum nicht auch mal anrufen und nachfragen, ob Bedarf an neuen Produkten besteht? Oder – noch besser – um persönlich eine Einladung zum anstehenden „Tag der offenen Tür" oder zur „Vernissage eines bekannten Künstlers" in Ihren Räumen auszusprechen? Telefonate sind sehr persönlich, sie eignen sich deshalb nicht bei jedem Kundenkreis (und Sie müssen rechtliche Regelungen beachten, insbesondere dürfen Sie nicht einfach jedermann anrufen). Aber wenn es sich um einen kleinen Zirkel von Leuten handelt, die Sie auch persönlich kennen, ist das Telefon ein adäquates Mittel.

Das sind nur einfache Beispiele – wir kommen darauf in Abschnitt 3.3.9 zum Stichwort Marketing mit knappem Budget noch konkreter zurück.

Tipp: Meisterbrief als Marketinginstrument

Nun ist sie also durch, die durchaus umstrittene Lockerung: Auch ohne Meisterbrief dürfen sich Handwerker als Unternehmer selbstständig machen. Nicht in allen Branchen, manchmal erst nach zehn Jahren Erfahrung, aber überall dort, wo keine direkte „Bedrohung" für die Kunden zu erwarten ist.
▶ Der Meisterbrief bekommt damit eine neue Bedeutung: er wird zu einem wesentlichen Marketinginstrument für den, der ihn in Händen hält.

Wo auch immer die Gesetzgeber die Daumenschrauben abnehmen: in den Köpfen der Leute wird der Betrieb mehr Vertrauen genießen, der seine Kompetenz per Dokument nachgewiesen hat. Das ist ein Vertrauensvorschuss, den Sie als Meisterbrief-Handwerker nicht aus der Hand geben sollten. Wir sind überzeugt, dass die Handwerker in den nächsten Jahren als Sieger hervorgehen, die ihren Meisterbrief in geschäftlichen Erfolg umsetzen können. Und dazu unter anderem ihr Zertifikat zum Verkaufserfolg nutzen.

3.3.8 Global denken, regional agieren, lokal Geld verdienen

Neue Medien können überregionale Chancen eröffnen

Jeder Unternehmer sollte es sich leisten, die internationalen Entwicklungen zu verfolgen, die damit verknüpften Konsequenzen für den eigenen Betrieb auszuloten, die Risiken zu erkennen und die Chancen zu nutzen. Gerade im Marketing sind durch die Neuen Medien, durch E-Mail und natürlich durch das Internet wirksame Instrumente entstanden, die Ihnen einerseits neue Konkurrenz bescheren (wenn Kunden jetzt direkt im Ausland einkaufen können), die Sie aber andererseits selbst nutzen können und sollten. Sie sollten die Medien kennen und präsent sein, auch wenn Sie nur begrenzt Geld über diese Wege zum Markt verdienen.

Unabhängig davon, dass jeder für sich prüfen sollte, was Grenzöffnungen für das eigene Geschäft bringen, bleibt doch vielen Unternehmen nur die Konzentration auf den heimischen Markt. Das engt ein und unter strategischen Gesichtspunkten ist das nicht nur vorteilhaft. Aber es nutzt nichts. Sie haben die Aufgabe, das Beste daraus zu machen, und eventuell bieten sich internationale Kooperationen an.

In vielen Branchen erfährt die Globalisierung eine Art Gegenbewegung durch Besinnung auf regionale Produkte

Beruhigend ist, dass sich hier auch Trends abzeichnen, die für Sie, die für ein **Regionalprinzip** sprechen. Denn je mehr High-Tech, je mehr Anonymität entsteht, umso größer sind die Chancen, dass die Gegenbewegung nicht auf sich warten lässt. Dass es wieder um menschliche Beziehungen geht, um Sozialkontakte, um Gespräch und Austausch. Da lauert Ihre große Chance. Das Prinzip „**Platzhirsch**" verkörpert das – wenn auch nicht in der idealen Weise. Platzhirsche werden irgendwann verdrängt – vom nächsten Platzhirsch. Der besetzt dann in der Region eine bestimmte Sache mit seinem Namen und dominiert. Sie können ihn gut als Wettbewerbs-Sparring-Partner heranziehen und prüfen, was er so gut kann. Sie können auch seine Position anstreben. Allerdings sollten Sie sich dann klar machen, dass Sie viel Zeit damit verbringen müssen, Angreifer abzuwehren. Alternativ besteht immer die Möglichkeit, sich abzugrenzen, mit anderen Gewerken in Kooperation zu treten – und die Region damit zu besetzen. Mit Ihrem Namen.

Wo regional agiert wird, muss auch „regionales Marketing" stattfinden – durch konsequent örtliches Auftreten und Agieren

REGIONALES MARKETING FUNKTIONIERT FÜR DIE FAMILIENBETRIEBE IMMER DORT WUNDERBAR, WO ALLE KANÄLE GENUTZT WERDEN.

Es ist stark auf die handelnden Personen ausgelegt. Das beginnt schon damit, dass der Platzhirsch oft Bekanntheit, Reputation und Einfluss daraus bezieht, dass er sich regionalpolitisch betätigt (z.B. im Stadtrat) und/oder in Vereinen. Entscheidend sind weiter regionale Präsenz und ein Image, das in der Region Furore macht, weil es heißt: „Bei denen bist du gut aufgehoben", „Da kannst du beruhigt hingehen" „Bei denen bekommst du immer eine Auskunft", „Die haben sogar das Telefon mit guten Leuten besetzt". Das ist Marketing, das Erfolg bringt, und es ist finanzierbar. Überhaupt ist „machbares" Marketing wichtig, deshalb gibt der nächste Abschnitt ein paar Tipps aus der Low-Budget Kiste.

3.3.9 Marketing mit knappem Budget

3.3.9.1 Ohrwürmer mit Kaufeffekt – regionale Rundfunkwerbung

„Hiendl – mehr soog i ned",es gibt keinen Bayer, der diesen Spruch nicht kennt. Das Bayerische Urgestein Ottfried Fischer dröhnt es alle halbe Stunde durch die bayerischen Rundfunksender. Im Osten der Republik heißt es „Braustolz, ein Bier wie wir". Lokale, regionale, überregionale Präsenz in den Radios der Leute schafft Ohrwürmer mit Kaufeffekt. Und Sie können dabei sein, denn Radiowerbung kann für kleinere Unternehmen eine interessante Variante der Werbung sein.

DAS RADIO IST DAS MEISTGENUTZTE MEDIUM, BIS ZU 80% DER BEVÖLKERUNG DREHT ES AN, TEILWEISE BIS ZU VIER STUNDEN TÄGLICH, UND DIE ZAHLEN STEIGEN WEITER AN.

Beim Bügeln, Autofahren oder Hausaufgaben machen: Im Hintergrund läuft der Lieblingssender. Lieblingssender und Zielgruppe gehören dabei meist zusammen. Die Mediafachleute nennen die Profile der einzelnen Sender oder der Programmteile auch „Formate" und davon gibt es in jeder Region reichlich viele. Was hört Ihre Zielgruppe? Und wann haben die auf „on" gedrückt? Es gibt zu berücksichtigen:

Senderauswahl:	Wer seine Zielgruppe gut kennt, kann durch die richtige Auswahl des Radiosenders die Streuverluste niedrig halten.
Spot:	Genauso verhält es sich mit der Gestaltung des Werbespots. Auch wenn es kein Ohrwurm wird: Entscheidend ist, dass bei Ihrer Zielgruppe der Funken überspringt.
Slogan:	Prinzipiell sind der Kreativität bei einem Slogan keine Grenzen gesetzt. Denken Sie an Sprüche wie „Nicht immer, aber immer öfter" oder „Geiz ist geil". Auch bei genauerem Hinschauen ist hier keine direkte Verbindung zum Produkt erkennbar. Trotzdem weiß jeder, wer oder was gemeint ist. Wie weit Sie sich mit Ihrem Text vom Produkt entfernen können, hängt von Ihrer Zielgruppe ab.
Sonderaktionen:	Wer keinen eigenen Werbespot erstellen lassen will, kann eine so genannte Patronatswerbung einnehmen.
Ständiges Wiederholen:	25-mal sollte ihr Spot tatsächlich „on air" ein, danach können Sie davon ausgehen, dass ein großer Teil der Hörer sich den hervorstechenden Slogan oder die Melodie merken kann.

Konkret „Marketing machen" in den (kleineren) Familienunternehmen

– das bedeutet meistens: mit knappem Budget zu wirtschaften und die Kommunikation zu optimieren. Dieser Abschnitt zeigt, welche Kommunikationsmittel und Werbeinstrumente unter diesem Blickwinkel konkret eingesetzt werden können. Der berühmte Marketing-Mix ist durchaus differenziert, denn durch regionale Sender haben auch Rundfunk und Fernsehen längst Einzug ins sog. Local Marketing gehalten.

3.3.9.2 Das Ohr am Markt – richtiges Telefonieren

Die sehr ungünstige Wirkung schlechten Telefonverhaltens wird vielerorts sträflich ignoriert – dabei ist es keinesfalls schwer, kundenorientiert zu telefonieren!

Meist klingelt es in einem ungünstigen Moment. Das Telefon kann ein lästiger Störenfried sein. Vielfach bekommt das dann der Anrufer zu spüren. Und dieser „Störenfried" ist dann oft ein Kunde. Spätestens hier ist Schluss mit lustig. Wie oft haben Sie sich selbst schon geärgert, wenn Sie anrufen und am anderen Ende der Leitung sitzt eine muffige Person, die Sie kopflos quer durch alle Abteilungen weiterverbindet, um dann festzuhalten, dass sie Ihnen auch nicht weiterhelfen kann? Alles, was von dem Anruf bleibt, ist die Pausenmusik, die noch Stunden danach in Ihren Ohren dröhnt.

Häufiger Fehler: Man optimiert nur das aktive Telefonieren und vergisst das passive, das aber gleich wichtig ist.

Sie bzw. Ihre Mitarbeiter können sich dank des Telefondesasters der anderen mit wenig Aufwand wohltuend aus der Masse hervorheben – und Punkte bei den Kunden sammeln. Das beginnt bei der professionellen Annahme des Telefonats und kann beim erfolgreichen Verkauf per Telefon enden.

FÜR BEIDE POSITIONEN – DAS AKTIVE UND PASSIVE TELEFONIEREN GIBT ES EIN PAAR REGELN, DEREN BEACHTUNG EMPFEHLENSWERT IST.

Die wichtigsten Telefonregeln

1. Ein gutes Telefonat braucht Ihre volle Aufmerksamkeit. Bevor Sie den Hörer abnehmen, sollten Sie sich auf das Gespräch einstellen. Wer auch immer Sie dann anruft.
2. Melden Sie sich mit Ihrem Namen und dem Namen der Firma, aber vermeiden Sie unendlich lange Namensnennungen. Überlegen Sie sich eine knackige Begrüßungsformel (und sorgen Sie dafür, dass alle Mitarbeiter diese einheitlich verwenden).
3. Seien Sie höflich, aber vermeiden Sie Floskeln, wie: „Was kann ich für Sie tun?" Die sind zwar mittlerweile oft zu hören, werden aber nach unserer Erfahrung vom Kunden als zu gekünstelt mindestens belächelt.
4. Achten Sie darauf, dass Sie den Namen des Anrufers richtig verstehen und nennen Sie ihn im Lauf des Telefonats. Persönliche Ansprache ist kundenorientiert und ggf. wollen Sie etwas aus dem Gespräch schriftlich festhalten, zur unmittelbaren Geschäftsabwicklung oder auch für die Kunden- und Werbekartei.
5. Vermeiden Sie, dass der Anrufer lange in der Leitung hängen bleibt. Wenn Sie nicht sofort eine Antwort parat haben, bieten Sie einen Rückruf an. Notieren Sie die Nummer korrekt, damit der Rückruf auch klappt.
6. Fassen Sie das Gespräch am Ende noch mal kurz zusammen, bedanken Sie sich für den Anruf und verabschieden Sie sich.

Das klingt alles ganz undramatisch. Aber allein die Beachtung dieser Regeln ist schon weitaus mehr, als viele im Repertoire haben.

> Schätzen Sie mal ehrlich Ihr Telefonatverhalten und das Ihrer Mitarbeiter ein! Ist es verbesserungswürdig und -fähig?

3.3.9.3 Nicht Ablage „P" wie Papierkorb – erfolgreiche Werbebriefe

„Ablage P" – das ist die häufigste Form der Ablage für Werbebriefe. Vieles, was täglich ins Haus flattert, scheint keiner weiteren Beachtung wert. Ab und zu schaut man mal rein in ein solches Schreiben. Weil es ansprechend aussieht oder weil Sie der Inhalt interessiert. Wer vorhat, sein Bad zu renovieren, ist empfänglich für Werbung zum Thema Bad. Wer 10 kg zu viel hat, blättert schon mal durch das Angebot des Fitness-Centers.

Auch wenn Sie selbst die meisten Mailings vielleicht schnell wegwerfen – richtig gemacht ist der Werbebrief für kleinere Unternehmen ein sehr taugliches Instrument!

EIN KATEGORISCHES „NEIN" ZU MAILINGS IST UNANGEBRACHT. WENN SIE IHRE „PAPPENHEIMER" KENNEN UND DIE LEUTE MIT IHRER NACHRICHT AM NERV TREFFEN, HABEN SIE GUTE CHANCEN, AUCH GELESEN ZU WERDEN.

Das ist aber nur der erste Schritt. Der zweite Schritt ist schon ungleich schwieriger – nämlich Ihre Kundin/Ihren Kunden zum Handeln zu bringen: Infomaterial anfordern, einen (Beratungs-)Termin vereinbaren oder gar gleich etwas kaufen bzw. einen Auftrag erteilen. Die Werbefachleute sprechen von „**Response**". Damit Werbebriefe (Mailings) Aufmerksamkeit erfahren und Wirkungen hervorrufen, beachten Sie einige Voraussetzungen. Sie lesen sich recht einfach.

Grundlegende Anforderungen an Werbebriefe
- Sprechen Sie eine klar eingegrenzte Kundengruppe an!
- Platzieren Sie Informationen, die für diese Zielgruppe auch von Bedeutung sind!
- Bieten Sie ein nutzbringendes Incentive mit an (aber: Wettbewerbsregeln beachten).
- Eigentlich selbstverständlich ist: Formulieren und gestalten Sie den Brief und das evtl. Informationsmaterial ansprechend!

Form, Aufbau, Inhalt von Werbebriefen
Bei der rein äußerlichen Gestaltung orientiert man sich am besten an den DIN-Normen, die allgemein für Geschäftsbriefe gelten (wer unsicher ist, zieht am besten ein Buch über Geschäftskorrespondenz heran, siehe Literaturverzeichnis). So schießen Sie sich nicht schon mit den Formalien aus dem Rennen. Etwas schwieriger wird es bei der Einhaltung des **Spannungsverlaufs** im Brief. Mit welchen Mitteln lässt sich die Aufmerksamkeit des Lesers wecken, vor allem: Wie kann man sie festhalten?

Aktuell wie altbekannt – die AIDA-Formel:
Attention = Aufmerksamkeit
Interest = Interesse
Desire = Wunsch /Bedürfnis
Action = Handlung

Auch nach Jahrzehnten hat hier die gute alte „**Aida-Formel**" ihren Einsatz. Auch wenn der Name italienisch anmutet, stehen die Buchstaben doch wieder einmal für englische Begriffe.

Die Stichworte zeigen, dass es zunächst darum geht, den Leser auf das Schreiben aufmerksam zu machen. Das kann durchaus auch mit ungewöhnlichen Betreff-Zeilen geschehen oder mit einem ungewöhnlichen Aufbau, ungewohnten Farben und Ähnlichem. Aufmerksamkeit kann aber schnell wieder verschwinden, wenn es nicht gelingt, das Interesse zu wecken. Was bieten die da genau? Ist das was für mich? Wenn der Leser diese Fragen mit einem klaren „JA" beantwortet, ist ein robuster Schritt in die richtige Richtung gemacht. Denn dann kann es gelingen, den Wunsch zu wecken, das Produkt – Ihr Produkt/Ihre Leistung – zu erwerben. Und den Leser zu dieser Handlung zu bringen, ist letztlich Sinn und Zweck der ganzen Übung. Es gibt eine Reihe von Möglichkeiten, das zu erreichen. Es ist nicht ganz einfach, aber auch nicht unmöglich.

DER ERFOLG DES GANZEN PROJEKTS HÄNGT DAVON AB, DASS SIE TATSÄCHLICH EINE INTERESSANTE POSITION ZU VERMITTELN HABEN, EINEN INHALT, DER DEN LESER ANSPRICHT UND DER IHM VOR ALLEM NUTZEN VERSPRICHT.

Die Formel muss ernsthaft verwendet werden – mit echten (Produkt-) Argumenten/ Kundennutzen, nicht mit Phrasen

Wer das professionell leistet, macht Marketing par excellence. Wir stimmen nicht ganz mit einer Reihe von Koriphäen des Direktmarketing überein (das ist das Segment des Marketing, dem die Direktansprache von Kunden z.B. per Brief zugerechnet wird). Denn manche Experten sehen vor allem in der geschickten Gestaltung des Briefs den Haupterfolgsfaktor und richten darauf ihre wesentliche Aufmerksamkeit. Für den Familienbetrieb steht aber nicht „Klappern", sondern das Angebot von Leistung und Substanz im Vordergrund. Dass ein Werbebrief dennoch „geschickt" aufgebaut werden muss, ist unbestritten.

3.3.9.4 So werden Sie zum Leinwandstar – Kinospots

Werbung im Kino ist möglich durch
– Werbespots oder
– Werbung im Umfeld

Entdecken Sie das Kino – als Werbeplattform. Es bietet, bei (wieder) steigenden Zuschauerzahlen recht preiswerte Möglichkeiten, die eigene Firma im Vorlauf des Hauptfilms zu präsentieren. Etwa 18 Mio. Menschen haben 2003 in Deutschland einen Kinofilm gesehen – keiner konnte die Werbung wegzappen. Dabei muss es kein **Werbefilm** sein, der in der Produktion aufwändig und kostenintensiv ist. Die meisten Kinos bieten die Leinwand als Werbefläche an, **Dias** (heutzutage modern produziert, aber noch immer so genannt) werden an die Wand geworfen und mit einem kurzen Text untermalt. Preislich läuft das meist in einem fairen Rahmen ab. Je nach Ihrem Angebot sind Streuverluste bei diesem Auftritt recht gering zu halten. Alternativ können Sie sich überlegen, Popcorntüten mit Ihrem **Logo bedrucken** zu lassen oder **Flyer** im Foyer **auslegen**. Nutzen Sie also die Wiederentdeckung verloren geglaubter Werbeflächen.

3.3.9.5 Kleine kommen groß raus – Plakate

Wer heute „on" ist, drückt sich im Großformat an Häuserzeilen entlang. Das ist je nach Bedarf deutschlandweit oder regional möglich. Mischen Sie in der Plakatszene mit. Egal, wie groß Ihr Betrieb ist: Die Werbefläche für die eigenen Produkte und Leistungen kann nicht auffällig genug sein.

Platkatstandorte sind differenziert buchbar

Vor allem, nachdem große Unternehmen viele Werbeflächen mittlerweile ungenutzt lassen, ist Raum frei geworden. Macht bundesweite Werbung für Sie keinen Sinn, können Sie auch in einzelnen Straßenzügen mit Plakaten groß rauskommen. Der Überraschungseffekt wird Ihnen sicher sein. Dabei ist es gar nicht notwendig, in Hochglanz und vierfarbig aufzutreten. Die einfache Ankündigung: „Noch zweihundert Meter bis zum Ziel" bindet Aufmerksamkeit.

Grundsätzlich sind folgende Kosten einzuplanen: Layout, Druck, Beklebung und Standplatzmiete. All das ist zu erschwinglichen Preisen zu haben. Fragen Sie nach bei der Deutschen Städtereklame bzw. beim Fachverband Außenwerbung e.V., www.faw-ev.de.

3.3.9.6 Konsequent verkaufen statt nett plaudern

„Das war ein sehr angenehmes Gespräch. Der Kunde ist unheimlich interessiert und auch offen für neue Ideen. War einfach nett." Wenn dies das Fazit eines Verkaufsgespräches ist, wagen wir die Behauptung: Das wird nichts. Verkaufsgespräche haben wenig mit netten Plaudereien gemein. Wer verkaufen will, führt das Gespräch, und zwar sinnvollerweise mit dem Ziel eines Verkaufserfolg. Das schließt nicht aus, dass sich Ihr Gegenüber wohl fühlen kann. Im Gegenteil. Der potenzielle Auftraggeber sollte den Eindruck haben, dass Sie nicht nur ein sympathischer Gesprächspartner sind, sondern in erster Linie die Lösung seines Problems darstellen. Das kommt nicht von ungefähr, es gelingt, wenn Sie das Handwerk der Gesprächsführung beherrschen. Das hat nichts mit unlauteren Tricks zu tun, nicht mit „über den Tisch ziehen". Es ist einfach nur die Weiterverarbeitung bestimmter Erkenntnisse. Und es ist hilfreich, sich dieses Wissen einzuverleiben und es dann auch in der konkreten Situation umzusetzen.

Kundenorientierung erschöpft sich nicht in Freundlichkeit, sondern ist zielstrebig – das gilt auch im Verkaufsgespräch

Wenn wir hier von **Verkaufgespräch** reden, so ist das **Auftragsgespräch** für eine Dienstleistung mit gemeint! Das ist in vielen Familienbetrieben ein wunder Punkt: Man lebt zwar davon, dass Kunden Aufträge erteilen und dann bezahlen, tut sich aber schwer damit, dass man etwas verkauft und dass letztlich auch die Verkäuferrolle mit zum Geschäft gehört. Wie sieht das bei Ihnen aus? Das notwendige Wissen für „Verkäufer" in diesem Sinn hat zwei Dimensionen: Es geht einmal um die **psychologischen Positionen** der Menschen. Die hat u.a. Prof. Correll sehr einleuchtend dargestellt. (siehe Mitarbeiter – die unbekannten Wesen) Und es geht um die **Technik des Gesprächs** an sich: Um die Art der Fragestellung, um die Vorgehensweise, die Methode. Zwei Dimensionen, zwei Absätze, in denen wir uns damit auseinander setzen.

Gesprächstechnik

Verkauf heißt Lösungen bieten, Probleme lösen – die Probleme des Kunden. Das klingt alles ganz einfach, auf jeden Fall in der Theorie. Aber selbst die Theoretiker wissen, dass es in der Praxis anders aussieht, und die Verkaufstheorie bietet einen **Gesprächsleitfaden**, der Sie zum Verkaufserfolg leitet und die genannten Positionen berücksichtigt. Er bezieht sich auf das, was in allen Verkaufssituationen – trotz vielfältiger Varianten in den Details – letztlich übereinstimmend sinnvoll ist.

Um diesen Leitfaden zu nutzen, muss er natürlich konkretisiert und angepasst werden, die nachfolgenden sieben Punkte stellen nur die Basis dar.

1. Erster Schritt jeden erfolgreichen Verkaufsgespräches ist die eigene Vorbereitung. Das bedeutet im mindesten Fall, dass Sie sich sammeln, nach Möglichkeit, fünf Minuten auf das Gespräch einstellen und sich positiv motivieren (also nicht zu spät kommen, hektisch aus dem Auto stürzen und gedanklich noch beim letzten Kunden sind, über den Sie sich maßlos geärgert haben...).
2. Hat der Kunde Sie bestellt (weil er von Ihnen z.B. ein Angebot für eine Handwerksleistung haben möchte), werden Sie sicher rasch zur „Sache" kommen. Haben jedoch Sie den Kunden um den Termin gebeten (z.B. als Außendienstler oder als Chef, der selbst Kundenakquise betreibt), rennen Sie keine Türen ein, sondern suchen Sie erst einmal unverfänglich Kontakt. Finden Sie Gesprächsanlässe, die Ihr Ineresse am Gegenüber signalisieren (den Garten lobend erwähnen, das Auto vorm Haus ansprechen, nach den Kindern fragen, deren Fotos auf dem Schreibtisch stehen usw.). Es kann sich auch anbieten, sich über den Zustand des Unternehmens Ihres Abnehmers zu erkundigen.
3. Im Zuge dieser so genannten Kontaktphase finden Sie sicherlich einen Ansatzpunkt, nahtlos in die Fragephase überzugehen. Was steht an? Was ist das Problem? Nutzen Sie dabei die bekannten W-Fragen, die Ihr Gegenüber nicht einfach mit Ja oder Nein beantworten kann, sondern zu konkreten Aussagen „zwingt".
4. Wenn Sie durch geschicktes Fragen herausgefunden haben, wo der Schuh drückt, können Sie mit Ihrer Lösung „auftrumpfen". Jede Dienstleistung ist per se eine Lösung. Verkaufen Sie ein Produkt, stellt der Umgang mit diesem die „Lösung" dar und darüber sprechen Sie!
5. Sie haben Ihre Argumente vorgetragen und dabei immer den Blick auf den Nutzen für den Anwender gehalten. Jetzt dürfen Sie etwas Gas geben und den „Kauf" herbeiführen. Lassen Sie sich an dieser Stelle nicht von Killerphrasen oder Vorwänden aushebeln. Geht es darum, ein Angebot zu schicken, ist das Gespräch an dieser Stelle natürlich zu Ende und kann erst dann wieder aufgegriffen werden, wenn der Kunde das Angebot erhalten hat und prüfen konnte.
6. Sobald das Okay da ist, dürfen Sie die Zügel wieder locker lassen. Mehr noch: Bekräftigen Sie, dass Ihr Gegenüber eine gute Entscheidung getroffen hat. Das tut gut, denn bei jedem Kauf stellt sich eine gewisse Kaufreue ein. Motto: War das gut, hätte ich nicht anders entscheiden sollen? Solche Dissonanzen gilt es abzubauen durch lobende Worte.
7. Auch wenn das Gespräch gut gelaufen ist, sollten Sie den Verlauf nachbereiten. Was haben Sie gut gemacht, was können Sie beim nächsten Mal besser machen? Diese Nachbereitung ist wichtig, Sie gibt Ihnen eine gute Motivation für künftige Gespräche.

Wer verkauft, bietet Lösungen. Das ist ebenso trivial wie folgerichtig, denn es spiegelt die eigentlichen Beweggründe des Verkaufs wieder. Marketingexperten und hier insbesondere die Werbefachleute kennen sich damit besonders gut aus. Es ist also kein Zufall, dass sie meist des Pudels Kern treffen.

Alles Psychologie oder was?

Kaufentscheidungen werden zu einem hohen Grad gefühlsmäßig und zu einem überraschend geringen Anteil verstandesmäßig getroffen (im so genannten Business-to-Comsumer-Bereich, also im Verkauf an Endkunden, findet man in einigen Quellen die Zahlenangabe 80 % : 20 %; aber auch im Business-to-Business, d.h. beim Geschäft zwischen Firmen, geht es nach allen Erfahrungen nicht bloß rational zu). Diese Weisheit wird in allen Verkaufsseminaren als Erstes ausgeschüttet. Im Grunde wissen wir das alle.

Gekauft wird nicht ein Produkt, gekauft wird eine Lösung, wird etwas, das ein gutes Gefühl macht, das stolz macht, das befreit, das mehr Erfolg verspricht. Das ist keine neue Erkenntnis. Aber als Verkäufer emotional zu sein, reicht längst nicht aus, den Käufer zum Kauf zu bringen.

Jeder reagiert anders und hat andere Vorstellungen und Erwartungen. Nun sind Sie ja Unternehmer und kein Psychologe. Aber Verkäufer haben dieses Wissen und/oder Gespür, wie sie auf die unterschiedlichen Typen eingehen können. Und schon geringe Kenntnisse der Psychologie können Ihnen dabei weiterhelfen. Wir greifen sehr gerne auf ein sehr einfaches und einsichtiges Muster zurück, das Walter Correll erarbeitet hat, um die menschlichen Reaktionen besser zu verstehen. Im Zusammenhang mit Mitarbeiterführung werden wir dieses Muster im Kapitel 4 noch ein weiteres Mal beleuchten.

Psychologie bietet hilfreiche Modelle, dazu gehören Typisierungen

Walter Correl nimmt eine Typisierung nach dem Hauptmotiv vor, das das Handeln eines Menschen leitet. Er unterscheidet soziale Anerkennung, Sicherheit/Geborgenheit, Vertrauen, Selbstachtung und Unabhängigkeit/Verantwortung. Je nach Motiv des Kunden passen Produkte mehr oder weniger und man wird das Interesse daran mit unterschiedlichen Argumenten wecken bzw. fördern können.

Wer beispielsweise ein „sozialer Anerkenner" ist, also die Aufmerksamkeit seiner Umgebung sucht, wird auf ein anderes Auto ansprechbar sein als jemand, der lieber seine Ruhe hat und nach Sicherheit sucht.

Es ist dabei nicht von der Hand zu weisen, dass psychologisch fundierter Verkauf Gefahr laufen kann, die Menschen zu manipulieren. Diese Gefahr bzw. die Diskussion, ob und wie weit dies tatsächlich funktioniert, ist ein weites Feld, das den in diesem Buch gegebenen Rahmen deutlich sprengen würde und was wir nur als Aspekt streifen.

Mindestens so wichtig ist jedoch die Erkenntnis, dass **Verkauf** nicht einfach nur vom Produkt bzw. der Dienstleistung her kommen kann, sondern dass die **„Passung" mit dem Typus des Kunden** hergestellt werden muss, dass der Verkäufer den Perspektivenwechsel vornehmen und seine Argumente vom Kunden her strukturieren muss! Es schadet also nicht nur, wenn Sie sich die Leute, mit denen Sie es zu tun haben, genauer anschauen. Sie müssen es tun, wenn Sie das Pulver Ihrer Verkaufsbemühungen nicht vergeblich veschießen möchten.

3.3.10 Ein Bild vom Unternehmen – Öffentlichkeitarbeit

„Öffentlichkeitsarbeit" steht bei vielen mittelständischen Betrieben in der Aufgabenliste weit hinten. *„Bringt keinen Mehrumsatz; ist nur was für die Großen"* – Begründungen für die Zurückhaltung gibt es viele. Übersehen wird:

AUCH WENN SIE NICHT AN IHREM IMAGE BZW. AM IMAGE IHRES BETRIEBES ARBEITEN – SIE HABEN AUF JEDEN FALL EINES. WAS AUCH IMMER SIE TUN ODER UNTERLASSEN.

Niemand kann verhindern, ein Image zu haben – das zwingt zu Öffentlichkeitsarbeit, um das Image in die richtige Richtung zu lenken

Denn die Öffentlichkeit, „die da draußen", das ist eine kunterbunte Masse, die Informationen über Ihren Betrieb bekommt: Von Kunden, die über Sie reden, von Mitarbeitern, von Lieferanten. Und wenn die Öffentlichkeit in der Presse von Betrieben liest, geht es meist um negative Dinge wie Entlassung, Hygienemängel, Abwasserverunreinigung usw.

Wer den Informationsfluss an die Öffentlichkeit, die Pflege der Beziehungen zur Öffentlichkeit, neudeutsch, PR, Public Relations genannt, den anderen und dem Zufall überlässt, muss damit rechnen, dass dort eher Schlechtes erzählt wird. Das hängt einerseits mit der Neigung der Medien zusammen, „nur schlechte Nachrichten als gute, druckreife Nachrichten" zu sehen, und natürlich mit dem hohen Interesse der Leser an Skandalen und Skandälchen.

Trotzdem geht es anders. Ganz bewusste, positive Akzente in der Öffentlichkeit zu setzen, eingepackt in irgendeine Neuigkeit, das geht immer.

UND GERADE FÜR SIE ALS FAMILIENBETRIEB, DER JA TROTZ INTERNET UND GLOBALISIERUNG IN ALLER REGEL LOKAL BZW. REGIONAL PRÄSENT IST, BIETEN SICH HIER VIELFÄLTIGE ANSÄTZE, DAS IMAGE IHRES BETRIEBES IN DER ÖFFENTLICHKEIT POSITIV ZU BESETZEN.

Kernbestandteil von Öffentlichkeitsarbeit ist eine gute Zusammenarbeit mit der örtlichen Presse

Eine gute Zusammenarbeit mit der ansässigen Presse ist sicherlich von hohem Wert. Auch wenn sich die Presse in Deutschland immer noch sehr unabhängig gibt: Redakteure und Journalisten stehen auch in einem harten Wettbewerb. Und deshalb sind sie keineswegs gefeit, wenn sie

- permanent informiert werden,
- den Eindruck haben, dass Substanz für einen Artikel da ist,
- professionelle Unterlagen bekommen und
- sich im persönlichen Kontakt von den Qualitäten der Leute überzeugen können, über die sie dann berichten wollen.

Für Sie als Unternehmer heißt das: Kontakt aufnehmen. Das kann der/die Lokalredakteur/in sein, den/die man vielleicht nach der Gemeinde- bzw.- Stadtratssitzung anspricht. Das kann der Fachredakteur eines speziellen Blattes sein, das für und über Ihre Branche berichtet. Am besten, Sie treffen Redakteure bei einer Veranstaltung und können sich in lockerem Rahmen vorstellen. Das ist eine gute Basis, um im Nachgang Kontakt aufzunehmen und auszubauen. Dranbleiben ist die Devise. Mittelfristig wird auch hier derjenige siegen, der Kontinuität im Kontakt mit hoher Qualität und Zuverlässigkeit verbindet. Der Familienbetrieb eben.

3.3.11 Auf Messen messen?

Gesicht zeigen auf der Messe? Ist das wirklich noch empfehlenswert? Nachdem die Messeorganisatoren ganz unverhohlen auf die Besucherzahlen schielen, ist sich jeder selbst der Nächste – und vielleicht auf der nächsten Messe deshalb gar nicht mehr präsent. Vorbereitung, Werbung, Konzeption, Personal: da laufen die Kosten in einem Wahnsinnstempo auf. Der Mehrumsatz, der durch die Messe getätigt wird, kann mit der Kostenexplosion nur selten mithalten. Zeit, anzuhalten und die eigene Vorgehensweise zu durchdenken. Gehen Sie sehr genau und auch mit spitzem Bleistift die Stationen durch, bevor Sie sich für die Messeteilnahme entscheiden.

Messebeteiligungen sollten gut abgewogen werden

- Ist ein Messebesuch für uns unerlässlich? Wenn ja, warum?
- Welche Ziele werden verfolgt?
- Welche Messe eignet sich dafür?
- Wie werden diese Ziele umgesetzt?
- Wie wird der Auftritt beworben?
- Wer soll die Ziele am Stand vor Ort vertreten?
- Wer kann das – außer dem Chef/der Chefin?

Achtung! Masse hat selten etwas mit Klasse zu tun. Denken Sie auch an regionale Veranstaltungen, Gewerbeschauen usw. Hier können Sie recht gezielt die Leute in Ihrer unmittelbaren Reichweite tatsächlich erreichen. www.businessdeutschland.de hat eine Reihe interessanter Veranstaltungshinweise. Dort sind eine Vielzahl an aktuellen und kommenden Messen aufgeführt. Weitere Informationen erhalten Sie über die örtliche IHK, übergeordnete Verbände sowie den Ausstellungs- und Messeausschuss der Deutschen Wirtschaft (AUMA).

Vielfach bieten sich sinnvolle regionale Veranstaltungen an

3.3.12 Der Mix macht`s

Ein Patentrezept gibt es nicht. Die Art, wie Sie Marketing machen, hängt immer von Ihrem Leistungsspektrum ab sowie natürlich von der Zielgruppe, dem Wettbewerb, Ihren Fähigkeiten. All das bestimmt die Produkt-/Leistungspalette, die Vertriebskanäle, die Preise und die Art, wie Sie mit dem Markt kommunizieren. Das ist ein Gesamtpaket, bei dem die Mischung stimmen muss. Auch und gerade als Familienbetrieb sollten Sie sich diese Erkenntnisse der Marketingfachleute und der Wissenschaftler zu Eigen machen, sie aber keinesfalls eins zu eins übernehmen. Denn dadurch würden Sie all die **Nischen** übersehen, die Ihnen und Ihrem Betrieb den Erfolg bringen können. Das ist so, weil die Großen – bildlich gesprochen – in diese Nische gar nicht „reinpassen". Also, ran an den Markt!

4 Mitarbeiterführung in Familienbetrieben – Perlen fischen

4.1 Besonderheiten und Eigenarten

"Die gehören schon irgendwie zur Familie" - das klingt logisch, wenn ein Familienunternehmer sich so über seine Mitarbeiter äußert. Nähe und Verständnis statt Anonymität und Entfremdung kann die Beziehung zwischen Chef/in und Belegschaft kennzeichnen. Das ist ein ausgezeichneter Nährboden, um eine gute und motivierte Mannschaft aufzustellen. Ein Team, das mitarbeitet am Erfolg des Betriebes; das mitdenkt, dem das Wohl des Unternehmens wichtig ist und das hinter dem Unternehmer/der Unternehmerin steht. Diese **hohe Identifikation mit dem Betrieb** findet sich selten, und wenn überhaupt, trifft man solche Oasen in Familienbetrieben. Sie existieren (noch) dort, wo die persönliche Beziehung wichtig ist und neben Gehalt und Arbeitsplatzsicherheit Dinge wie Fairness, Offenheit und Betriebsklima hohe Bedeutung haben.

Wenn es (noch) hohe Identifikation mit dem Betrieb gibt, dann am ehesten im Familienunternehmen!

Wir kennen Betriebe, in denen das funktioniert. Da arbeiten „Perlen", auf die sich der Chef verlassen kann. Männer und Frauen, die man ohne Bauchschmerzen den Kontakt zum Kunden wahrnehmen lässt, die in Fachfragen versiert und bereit sind, Verantwortung zu übernehmen. In diesem Klima lernen schon die Azubis, was Qualität in ihrem Betrieb bedeutet, nämlich Kundenzufriedenheit. Sie erfahren, dass Zusammenhalt jedem nützt und entwickeln ein soziales Gewissen. Wir kennen aber auch das Gegenteil.

Familienbetriebe bieten interessante Ansatzpunkte, um der Personalführung eine besondere Note zu geben. Aber all die Vorteile können leider ganz schnell in Nachteile umschlagen.

In kaum einem anderen Funktionsbereich des Betriebs sind Chefin oder Chef so stark zu Gratwanderungen gezwungen wie bei der Führung

Bevor wir die Wege und Etappen „familiärer Mitarbeiterführung" beschreiten, stellen wir Ihnen **vier Thesen** zu den „familiären Faktoren" der Mitarbeiterführung vor: **Personalführung im Familienbetrieb ist eine Gratwanderung zwischen**

1. persönlichen bzw. individuellen und betrieblichen Interessen,
2. familiären Untugenden und betrieblichen Ungeschicklichkeiten,
3. Wirtschaftseinheit und Sozialamt,
4. Werteposition und speziellen Anforderungen.

Hier die vier Aspekte im Einzelnen:

4.1.1 Persönliche und betriebliche Interessen

*Aufgabe der Mitarbeiterführung ist es, eine **möglichst große Schnittmenge zwischen den Interessen des Mitarbeiters und denen des Betriebs** herzustellen. In Unternehmen geht es ständig um den Ausgleich persönlicher und betrieblicher Ziele. Je besser der gelingt, umso zufriedener sind der Chef und das Team. Gelingt es nicht, wird getuschelt, geschimpft und jeder verteidigt erbittert seine Pfründe.*

Auf der Liste der Mitarbeiter stehen: Gehaltserhöhung, geldwerte Vorteile und sonstige Vergünstigungen, flexible Arbeitszeit, Weiterbildungsmaßnah-

men, Karrierechancen. Und das kann schnell zum Alptraum werden, wenn es um Sieg und Niederlage geht und Vertrauen keine Rolle spielt.

Natürlich hängt die Härte der Auseinandersetzung auch an anderen Faktoren: am Arbeitsmarkt zum Beispiel. Werden verzweifelt Leute gesucht, haben die Mitarbeiter mehr Trümpfe in der Hand, sie setzen mehr ihre eigenen Interessen durch. Ist die Zahl der Arbeitslosen hoch, verwirklichen die Unternehmer mehr ihrer Vorstellungen. Dieses Tauziehen ist bis zu einem gewissen Grad normal, in der Gesellschaft sogar gewollt.

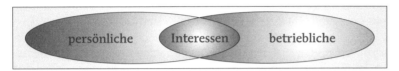

Abb. 4.1: Anzustreben ist eine möglichst große Schnittmenge zwischen persönlichen und betrieblichen Interessen

Unabhängig von saisonalen Schwankungen haben Familienbetriebe die größte Chance, die persönlichen und betrieblichen Interessen zusammenzubringen, die **Schnittmenge möglichst groß** werden zu lassen und die **Reibungsverluste möglichst gering** zu halten. Jede Seite kann dazu einen positiven Beitrag leisten. Die Triebfeder aber ist der Chef (bzw. die Chefin). Sein Verhalten ist Vorbild, an ihm macht sich in erster Linie fest, ob die Mitarbeiter sich mit dem Betrieb identifizieren. Die Unternehmensziele können zu einer gemeinsamen Orientierung werden, zu dem Strang, an dem alle ziehen.

Das Familienunternehmen bietet die beste Chance, die Interessen zusammenzubringen – dies steht und fällt mit dem Verhalten des Chefs bzw. der Chefin

Das Team wird nicht nur aus „Perlen" bestehen, aber diese verdienten und wichtigen Mitarbeiter haben eine sehr positive Ausstrahlung auf die Mannschaft, ziehen die Azubis richtig heran, kontrollieren und motivieren die anderen Mitarbeiter, entlasten damit Sie und oftmals die gesamte Situation. Aber das Unternehmen **beginnt am Kopf mit dem richtigen Führungsverhalten**. Und von Ihnen, dem Chef/der Chefin, von Ihrem Verhalten hängt ab, wie sich die Positionen weiterentwickeln.

4.1.2 Familiäre Untugenden und betriebliche Ungeschicklichkeiten

Niemand kann private Probleme aus seinem Arbeitsleben heraushalten. Die Anspannung eines heftigen Ehekrachs, Sorgen mit dem Junior, der Krankheitsfall – all das bleibt der Umwelt, den Mitarbeitern nicht verborgen. In Familienbetrieben hat das viele Ebenen. Die Mitarbeiter wissen, wenn der Chef und seine Frau/Partnerin Ärger haben, weil die sich nämlich nur bedingt aus dem Weg gehen können. Die Mitarbeiter suchen Deckung, um a) nicht in ein Streitgespräch zu platzen, und um b) nicht den Ärger abzubekommen.

Typischer Fehler: private Konflikte werden in den Betrieb getragen

Kümmern Sie sich darum, wie Sie, Ihre Partnerin und Ihre Belegschaft miteinander umgehen, wenn der Haussegen schief hängt. Denn auch wenn der Betrieb nicht konfliktfrei zu halten ist, bleibt Raum genug, dass alle Beteiligten sich arrangieren können.

Die Chance: Konflikt- verhalten praktizieren, das vorbildhaft wirkt

Partner, die ihre privaten Konflikte vernünftig lösen, übertragen dieses gute Konfliktverhalten auf den Betrieb. Unternehmer, die mit Konflikten umgehen können, Probleme auf den Tisch bringen und nicht unter den Teppich kehren, sammeln in der Mitarbeiterführung Punkte. **Konfliktfähigkeit** *ist nicht nur im Außenverhältnis zu Kunden und Lieferanten eine wesentliche unternehmerische Eigenschaft. Nach innen, auf den Betrieb gerichtet, zeigt sich, dass die familiären Einflüsse nur dann ein Vorteil sind, wenn in der Familie Konflikte und Auseinandersetzungen konstruktiv geführt werden. Ist das nicht der Fall, werden die Untugenden familiärer Konfliktvermeidung oder gar Konfliktunfähigkeit auf den Betrieb übertragen.*

Übrigens; Sie können kein Verständnis für die eigenen familiären Konflikten erwarten, ohne auch den Mitarbeitern Verständnis zu geben. Auch die haben Partner, Kinder, Sorgen. Verständnis und Gespräche bringen alle näher zusammen und verbessern das Gefüge des Unternehmens

4.1.3 Wirtschafteinheit und Sozialamt

Die enge Bindung und das familiäre Auftreten verhindern häufig wirtschaftlich zweckmäßige Entscheidungen. An den Eckpunkten stehen die Kündigung von wahrlich altgedienten Mitarbeitern und die Einstellung von Nichten, Neffen, Bekannten eines Verwandten, des dritten Nachcousin. Die meisten Unternehmer sind damit konfrontiert und nahezu alle haben mit solchen Erscheinungen Probleme. Sie fühlen sich unwohl dabei. Sie vermeiden es, das Thema zu diskutieren, anzusprechen und offen nach Lösungen zu suchen. Das ist verständlich, denn wenn man über lange Zeit propagiert, dass alle in einem Boot sitzen, kann man nicht einfach jemand aus der Mannschaft „Hops gehen" lassen. Das macht ein schlechtes Image, die Leute reden schlecht, die Kunden sind möglicherweise irritiert.

Wenn Rücksichtnahme Entscheidungen lähmt, hilft nur miteinander reden

Was tun? Reden! Mit den Betroffenen reden - über die Situation und das Problem. Fangen wir mit dem Senior an und betrachten wir ein Beispiel.

Nehmen wir an, er ist seit 30 Jahren mit dabei (also damals noch von Ihrem Vater oder Ihrer Mutter eingestellt worden), immer loyal, immer am Schuften; er wohnt mit Frau, Sohn und dessen Familie in einem Haus, mittlerweile ist er zweifacher Opa. Seine Einsatzmöglichkeiten sind begrenzt, er ist nicht mehr so einsatzfähig und -freudig. Sie könnten gut auf ihn verzichten und die Auftragslage erforderte längst, dass Sie sich von ihm trennen.

Miteinander reden bringt Erkenntnisse

Wer das Gespräch nicht sucht, ist in der Gefahr, an der tatsächlichen Situation vorbeizudenken. Weil er gar nicht auf die Gedanken kommt, die die Mitarbeiter haben. Wenn Sie nicht versuchen, an der Situation etwas zu ändern, können Sie nicht gewinnen. Nur wenn Sie die Chancen ausloten, haben Sie auch die Möglichkeit, neue Positionen einzunehmen. Zum Nutzen aller.

Stellen Sie sich vor, Sie nehmen das Gespräch auf, konfrontieren den „Opa" mit der Situation, Ihren Bauchschmerzen, ihn auf der Lohnliste zu halten. Und Sie sind ganz unglücklich dabei. Dabei nimmt das Gespräch eine überraschende Wende: Ihr Mitarbeiter erzählt von den Enkeln, seinen Hobbys, dass er gern mehr Zeit für die hätte, sich aber gar nicht traut, das anzusprechen, weil er ja im Betrieb gebraucht wird. Upps. Volltreffer. So kann es gehen.

Selbst wenn die Situation nicht so optimal läuft, werden Sie im Gespräch zusammen mit dem Altgedienten eine Lösung finden, die nicht nur ihnen beiden schmeckt, sondern auch Ihrem Gewissen. Die neuen Regeln der Alters-

teilzeit bieten viel Spielraum Also ran an den „Feind", er entpuppt sich wahrscheinlich als fairer Mitspieler.

Ähnlich konsequent sollten Sie sein, wenn Ihnen angetragen wird, den entfernten Bekannten eines noch entfernteren Verwandten im Betrieb aufzunehmen. Weil der „arme Kerl" einfach keine Lehrstelle findet, oder noch besser, weil er schon zweimal rausgeflogen ist. Familiäre Verpflichtungen schlagen zu. Denken Sie daran, dass Sie erst einmal für Ihre Familie, den Betrieb und die Mitarbeiter Verantwortung haben. Zu dieser Verantwortung müssen Sie stehen, die sollten Sie nach außen tragen und Ihre Handlungen danach erklären, wenn es sein muss, auch verteidigen. Sie führen einen Betrieb und keine Außenstelle des Vereins für schwer erziehbare Jugendliche oder gar das Sozialamt für schwer vermittelbare Arbeitnehmer. Schlechtes Gewissen ist fehl am Platz. Wenn Sie unproduktive Mitarbeiter einstellen, geht das zulasten aller. Wenn überhaupt, geht es nur, wenn die Mannschaft Bescheid weiß und trotzdem bereit ist, das Wagnis einzugehen.

Familienunternehmer dürfen sich nicht „falsch verpfllichtet fühlen"

4.1.4 Werteprofil für spezielle Typen

Deutsche Schulabsolventen können die Beamtenlaufbahn oder eine Angestelltenposition einschlagen. Leute, die das Wagnis eingehen, sich bei einem „KMU" zu bewerben, obwohl jeder warnt, dass es da chaotisch ist, die Bezahlung nicht so toll ist, dass es manchmal hart hergeht. Menschen, die allen Unkenrufen zum Trotz bereit sind, auf den sicheren (Beamten)- Job zu verzichten – die gibt es und die brauchen wir. Denn das sind die Leute mit denen das Rückgrat der Wirtschaft, die kleinen und mittelständischen Betriebe, weiter gestärkt wird. Sie sind im Grunde wie Sie selbst. Sie schaffen, sie wollen Erfolg. Aber – im Gegensatz zu Ihnen, haben Sie (noch) nicht den Mumm, sich selbstständig zu machen. Und deshalb fordern sie Führung ein. Von Ihnen. Oder Ihrem Geschäftspartner oder von der Chefin. Es sind keine Führungs- oder Führerpersönlichkeiten. Aber es sind ehrgeizige Menschen, die ihren eigenen Kopf haben. Sie verdienen Respekt. Sie verdienen Chefs, die mit solchen Leuten umgehen können und deren Arbeitseifer zu schätzen wissen. Suchen Sie nach diesen Leuten. Sie sind zwar eher selten, aber einige genügen schon, um auch alle anderen, die sich jetzt in den „kleinen und mittelständischen" Gefilden tummeln, weil sie keine andere Alternative haben, leichter zu integrieren.

Gebraucht werden „zupackende" Mitarbeiter und diese erwarten eine angemessene Führung

Entscheidend ist, dass Sie als Chef eine Vorstellung haben, wie Sie Geschäfte machen, wie Sie Zusammenarbeiten für sich selbst verstehen. Vielleicht haben Sie das so noch nicht gesehen, aber Ihre persönlichen Wertvorstellungen sind schnell griffbereit für Sie. Lehnen Sie sich zurück und fragen Sie sich, was Ihnen wichtig erscheint. Wie gehen Sie mit Ihren Geschäftspartnern um und was erwarten Sie im Gegenzug? Ist es Loyalität der Sache und den Menschen gegenüber? Ist es Zuverlässigkeit, ist es Exaktheit, ist es Kreativität, ist es Fairness, ist es der Spaß an der Sache, ist es die Zufriedenheit, dem Kunden etwas Gutes getan zu haben? Viele Antworten sind denkbar, nehmen Sie sich die Zeit, darüber nachzudenken. Denn diese Werte, die Sie mit sich

Gefragt sind u.a. Wertvorstellungen, die sich als Vorbild eignen

rumtragen, die sollten auch bei Ihren Mitarbeitern angelegt sein. Und Sie sollten danach streben, möglichst viele aus Ihrer Mannschaft mit solchen Wertvorstellungen in Ihr Unternehmen zu bringen. Und möglichst wenige, bis keine, die mit Ihrem Verständnis von Business nichts anfangen können. Denn das geht auf Dauer nicht gut, da helfen auch die besten Motivationskisten nichts. Und weil das so ist, ist Personalführung eine ewig währende Aufgabe. Ein permanentes Suchen nach gleich Gesinnten. Je mehr Sie davon in Ihrem Team haben, umso mehr macht die Arbeit Spaß.

Wie stellen Sie sich darauf ein?

Damit möglichst viele Vorteile greifen und die Schwachstellen „familiärer" Mitarbeiterführung in den Hintergrund treten, empfehlen wir folgende Ausgangspositionen:

- Machen Sie sich klar, wie für Sie „ideale" Mitarbeiter/innen aussehen: fachlich, sachlich und menschlich. Wie sollte deren Einstellung zur Arbeit sein, welche Werte sollten sie schätzen und mit Ihnen teilen? Welche persönlichen und sozialen Eigenschaften sollten sie haben? Sind Ihnen solche „weichen" Faktoren wichtiger als fachliches Know-how, weil man Letzteres relativ schnell vermitteln kann? Bei sozialen Fähigkeiten und menschlichen Werten ist das schwieriger. Klären Sie Ihre eigene Werteposition und setzen Sie die als Maßstab bei der Mitarbeiterbewertung mit an.
- Machen Sie sich klar, welche Rolle Mitarbeiter für Sie und Ihr Unternehmen spielen. Haben Sie Spaß daran, Menschen zu führen, sie zu entwickeln und ihnen Freude am Arbeiten mitzugeben? Wenn ja, finden Sie nachfolgend eine Reihe von Werkzeugen, wie Sie das auch erfolgreich tun können. Oder ist die Auseinandersetzung mit Mitarbeitern nicht Ihre Welt? Dann lesen Sie trotzdem weiter und denken Sie genau darüber nach, wem Sie die Aufgaben der Personalführung übertragen können: Vielleicht an den/die (Ehe-)Partner/in oder an einen Mitarbeiter, der das Zeug hat, das Personal hinter sich bzw. hinter den Betrieb zu bringen. Sie müssen nicht alles selber machen, Sie sollten nur sicherstellen, dass die richtigen Dinge richtig gemacht werden.
- Planen Sie auch Ihr Personal so genau, wie Sie die Investitionen in Sachanlagen genau überlegen. Grundlage dafür ist Ihre Unternehmensstrategie. Sie gibt Ihnen die Leitlinien, an denen entlang Sie entscheiden, wie viele Mitarbeiter Sie heute, morgen, in fünf Jahren beschäftigen. Welche Qualifikationen die Leute haben sollten, ob Sie selbst ausbilden können oder ob Sie die Qualifikationen am Markt „zukaufen" müssen. Quantitative Planung („Köpfe zählen") und qualitative Planung (welche Anforderungen sind nötig) ergeben zusammen ein rundes Bild der Personalführung.
- Planen Sie Frust mit ein. Sie haben so viel investiert, Sie haben sich alle Mühe gegeben, keine Kosten und keine Zeit gescheut – und trotzdem geht ein Mitarbeiter einfach. Oder die Mitarbeiterin will nun doch zu ihrem Freund nach Irgendwo ziehen. Undank? Vielleicht. Aber selbst das kommt in den besten Familien vor. Nehmen Sie es sportlich und keinesfalls persönlich. Lassen Sie sich davon für die Zukunft nicht entmutigen, es würde den Perlen, die Sie schon im Betrieb haben, nicht gerecht werden, wenn Sie resignieren. Stattdessen werden gerade die anderen Ihre Bemühungen sehen und schätzen.

4.2 Oktaven realer Personal- „Führung"

Vorurteile werden nicht dadurch richtig, dass sie häufig wiederholt werden, aber sie geben immer einen guten Einblick in die Anschauungen der Unternehmer. Wie in den bisherigen Kapiteln hier typische O-Töne:
- „Am besten ist es, ich mache alles selbst."
- „Die wollen doch nur mehr Geld."
- „Zu uns Kleinen will doch keiner."
- „Wie geht man vertraglich korrekt vor?"
- „Da sollten wir mal schnell eine Anzeige schalten."
- „Ich kann doch dem nicht kündigen."
- „Den werden wir nie mehr los."

O-Töne aus der Beratungspraxis zum Thema Führung

Das sind die Aussprüche, die Familienunternehmer gerne von sich geben. Es sind Aspekte, die Familienunternehmer beschäftigen, wenn sie sich mit Personalfragen beschäftigen.

Noch einfacher und auf den Punkt gebracht lässt sich das, was in den Betrieben unter Personalpolitik läuft, auf vier neuralgische Positionen reduzieren:
- Wie finde ich gute Leute? (= Thema Personalsuche)
- Wie werde ich die Unpassenden los? (= Thema Kündigung)
- Was muss ich den Leuten zahlen? (= Thema Entlohnungssystem)
- Wie kann ich ganz schnell mal motivieren? (= Thema Motivation)

Wesentliche Elemente der Personalführung

Das sind zweifellos wichtige Elemente der Personalführung. Stehen sie aber isoliert, ohne den größeren Zusammenhang, verlieren sie schnell an Substanz und Bedeutung. Wer sucht, der findet, wer irgendwas sucht, findet irgendwas. Nur wer gezielt und überlegt sucht, findet das, was er braucht – in der richtigen Anzahl und der richtigen Ausstattung.

Ohne einen Personalplan werden Unternehmer im Dunkeln stochern. Aber sie alle finden gleichzeitig viele Gründe für ihr Scheitern. Dass es keine guten Leute gibt, dass die sowieso nicht zu den Kleinen gehen, dass sie unvorstellbar viel Geld wollen usw. Offenbar hat keiner dieser Unternehmer richtig nachgefragt, denn Mitarbeiter haben andere Erwartungen. Gerade die guten Fachkräfte haben offene Augen für einen Arbeitsplatz, bei dem es „einfach passt". Wo nicht nur die Chemie zwischen Chef und Belegschaft stimmt, sondern auch die gleiche Einstellung, die gleiche „Moral" herrscht. Abb. 4.2 auf der folgenden Seite zeigt das teilweise überraschende Ergebnis einer Umfrage.

Ausgangspunkt ist eine Personalplanung

Fühlen sich die Mitarbeiter bei Ihnen wohl? Wissen sie, dass der Chef alles versuchen wird, die Arbeitsplätze zu erhalten – und dass jeder einzelne Mitarbeiter im Grunde mit-entscheidend ist, wie erfolgreich die Geschäfte laufen, wie zufrieden die Kunden sind und ob Aufträge akquiriert werden können? Identifizieren sie sich mit der Firma, weil es was zum Identifizieren gibt? Kennen sie die Ziele der Unternehmensführung? Fühlen sie sich ernst genommen und weiß die Mannschaft, dass der Chef auch bereit ist, schwierige private Zeiten mit den Mitarbeitern durchzustehen?

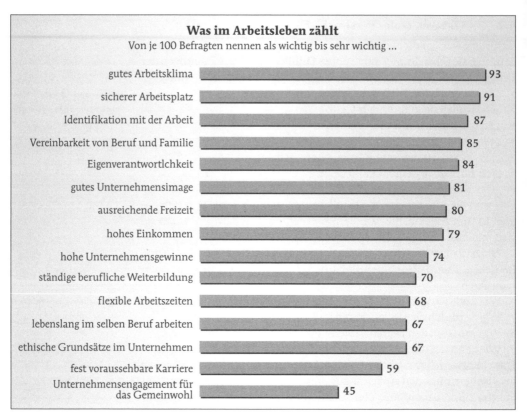

Abb. 4.2: Kriterien von Mitarbeitern für einen „guten" Arbeitsplatz

Dass er auf die Neigungen und Wünsche der Leute einzugehen versucht? Oder glaubt die Mannschaft, dass sie nicht ernst genommen wird, dass sie ohnehin nur aus „Deppen und Idioten besteht", wie mancher Chef gerne mal rumschreit. Leider wagt keiner, nachzufragen, wer sie eingestellt hat, die Deppen und Idioten, wer sie vielleicht sogar ausgebildet (!!) hat.

Ohne Zweifel ziehen kleine und mittelständische Unternehmen nicht unbedingt die Absolventen der Top-Eliteschulen an. Azubis, die ihren Beruf aus Leidenschaft lernen, sind eher selten. Der Mangel an Alternativen ist es, der sie in die unterschiedlichsten Werkstätten, auf die Baustellen und in die Büros zwingt und zwängt. Das Freizeitverhalten dieser nachwachsenden Arbeitsgeneration ist meist intensiv: Geradelt wird, Bodybuilding wird gemacht, Nächte am Computer durchgespielt. Spaß ist wichtig. Für den Chef ist es schwierig, zu vermitteln, dass Arbeit auch Spaß machen kann. Dass es nicht uncool ist, sondern moralisch einwandfrei, sich in der und für die Arbeit zu engagieren. Dass sich niemand schämen muss, wenn er fleißig, ehrlich und zuverlässig ist. Es sind die Meister der Personalführung, die das erfolgreich vermitteln.

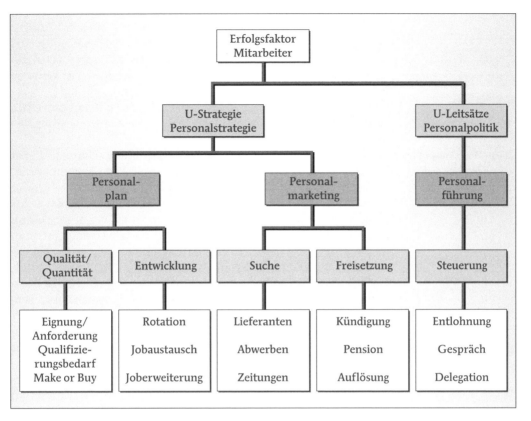

Abb. 4.3: Struktur der Personalentwicklung/-arbeit

Meister wird, wer das Personal zur Chefsache erklärt und nicht nur im kleinen, operativen Bereich herumwurstelt, sondern eine strategische Linie und konsequente Leitsätze verfolgt.

PERSONALFÜHRUNG IST DAHER CHEFSACHE UND OB DAS PERSONAL EIN ERFOLGSFAKTOR FÜR IHREN BETRIEB IST, HÄNGT IN ERSTER LINIE VOM FÜHRUNGSVERHALTEN AB.

4.3 Der Betrieb bin ich?

4.3.1 Führung von Mitarbeitern

Es gibt Chaoten, Despoten, Demokraten, Patriarchen. Es gibt Führungswillige, Führungssuchende; Freiheitsliebende und Sicherheitsstrebende. Als Mitarbeiter sind sie alle unter einen betrieblichen Hut zu bringen. Das ist ein Kraftakt, der kaum hundertprozentig gelingt, aber auf vielfältige Weise bewältigt werden kann. Er erfordert eine echte Integrationsfigur, einen „echten" Chef/eine „echte" Chefin an der Spitze.

Führung muss unterschiedlichen Mitarbietertypen gerecht werden – der Chef ist als Integrationsfigur gefragt

Nun kann der/die Betreffende – wie in der „guten" alten Zeit – durchaus ein Patriarch sein. Getreu dem Motto: „Der Betrieb bin ich" regiert er/sie von oben herab die Geschicke des Betriebs. Das erfolgt selten mit Samthandschuhen, aber auch nicht mit Peitschenhieben. Der Patriarch passt als ein Muster in die zahlreichen Führungsstile, die die Managementlehre als mögliche herausgearbeitet hat, und läuft dort unter dem autoritären Stil. Wir müssen uns nicht mit allen Abarten befassen, betrachten wir nur die wichtigsten:

Wesentliche Führungsstile

Autoritäre Führung kann in der Praxis funktionieren, integriert aber in der Regel zu wenig

- **Autoritäre Führung:** Der so genannte „autoritäre" Führungsstil hat nicht nur Schattenseiten. Ein solcher Chef verfügt nicht nur, was zu geschehen hat. In der Praxis wird oft deutlich, dass er echte Fürsorge für die eigenen Leute zeigt. Er ähnelt einem strengen Vater, der nichts durchgehen lässt, keine andere Meinung als die eigene anerkennt, aber in die Bresche springt und die „Getreuen" verteidigt, wenn es notwendig ist. Wir wollen diese Art, zu führen, nicht verteufeln. Sie funktioniert, wenn das Mitarbeiterprofil entsprechend ausgeprägt ist. Ein „Patriarch" sollte Leute unter sich haben, die eine starke Hand brauchen bzw. Führung einklagen. Menschen, die jemanden suchen, der ihnen zeigt, wo' s lang geht, der ihnen Sicherheit gibt und Verantwortung trägt. Dieser Mitarbeitertypus (im später vorgestellten Modell von Corell der Typus III/II) kann aber nicht gleichzeitig Motor für Veränderungen sein. Querdenker, die auch einmal neue Ideen einbringen, werden es nicht lange aushalten unter der straffen Herrschaft des Patriarchen. Solange die gegenseitigen Erwartungen im Einklang sind, wird das Regiment meist gut akzeptiert.

Demokratischer Führungsstil wird der wirtschaftlichen Verantwortung des Betriebsinhabers kaum gerecht

Er kann auch Ausdruck von Konfliktunfähigkeit sein

- **Demokratie und Feigheit:** Wer als Chef „Mitdenker" will, wer Leute sucht, die bereit sind, Verantwortung zu übernehmen, muss ihnen Raum zum Denken und Handeln lassen. Er sollte führen ohne zu dominieren. Es sollte die Zügel fest in der Hand halten, aber auch mal locker lassen, um dem Gespann die Möglichkeit für neue Wege zu geben. Das hat nichts damit zu tun, das Heft des Handelns aus der Hand zu geben. Das ist die Richtung, die der „demokratische Führungsstil" vorgibt. Hier gilt das Prinzip Hoffnung: Die Mitarbeiter machen lassen und darauf vertrauen, dass die Mehrheit nicht irren kann und die Mitarbeiter schon die richtigen Entscheidungen treffen werden. Nun ist aber ein Betrieb keine politische Demokratie. Das Risiko trägt nämlich nur einer, der Unternehmer. Und solange das so ist, wäre es verwegen, unternehmerische Entscheidungen im demokratischen Prozess aufweichen zu lassen. Für Familienbetriebe können wir diese Art der Führung nicht empfehlen.

Allzu oft machen wir die Erfahrung, dass hinter einer scheinbar offenen Haltung gegenüber den Mitarbeitern nur eine Konfliktvermeidungstaktik steckt.

Unangenehme Situationen werden gemieden und der Gemeinschaft übergeben. Das ist nicht Führung, es ist Feigheit und einem Unternehmer nicht angemessen. Viele Chancen werden auch gar nicht wahrgenommen, weil die demokratischen Diskussions- und Abstimmungsprozesse länger dauern, als die Chance besteht.

- **Kooperative Führung**: Die letztendliche Entscheidung sollte in einer Hand, in der Hand des Unternehmers bleiben. Das schließt eine intensive Einbeziehung der Mitarbeiter in betriebliche Belange nicht aus, im Gegenteil. Sie integrieren Ihre Mitarbeiter in den Entscheidungsprozess, hören deren Meinung, sammeln alle Informationen und bewerten sie erst dann. Damit versteht sich von selbst, dass die Mitarbeiter auch an alle wichtigen Informationsprozesse angekoppelt sein sollten. Es können vielleicht sogar explizit Veranstaltungen organisiert werden, um die Ansichten der Mitarbeiter weiterzubringen. Kooperation ist das Zauberwort. Die Mitarbeiter als Kooperationspartner in den Prozess des unternehmerischen Erfolgs einzubinden, das sind Chefs, die kooperativ führen. Sie nutzen das Potenzial, das in den Mitarbeitern steckt, und geben den engagierten Leuten Raum, sich zu entwickeln. Das ist eine Aufgabe, die Zeit kostet und deutlich als Investition erscheint – sie muss sich auszahlen, was aber nach allen Erfahrungen auch der Fall ist.

Kooperativer Führungsstil entspricht dem kleinen Unternehmen besonders, kann aber zeitintensiv sein

- **Fazit**: Führung ist eine sehr persönliche Sache. Und es gibt kein Patentrezept. Aber es besteht ein enger Zusammenhang zwischen Ihrer Art zu führen und den Persönlichkeiten, die Sie führen. Getreu dem Motto: wie man in den Wald hineinruft, so schallt es wieder heraus. Und um bei den Sprüchen zu bleiben: Die beste Art der Führung ist das gute Vorbild.

Konsequenz: es muss eine persönliche Entscheidung zum Stil getroffen werden

4.3.2 Mitarbeiter/innen – die unbekannten Wesen

Es gibt Menschen, die behaupten, dass es keine schlechten Mitarbeiter gibt. Es sei nur so, dass die Leute am falschen Platz sitzen. An dieser Auffassung könnte etwas dran sein. In vielen Fällen steckt hinter der Beurteilung „schlecht" der Befund, dass die fachliche Qualifikation nicht hinreicht, damit die Arbeit zufrieden stellend getan wird. Das ist meist sehr schnell offenkundig und kann durch Versetzung/Ersetzung geklärt werden.

Denkbar ist auch, dass die fachliche Seite kein Problem ist, aber dass das „Drumherum" nicht den Fähigkeiten des Mitarbeiters entspricht. In den klassischen Karrieren gibt es solche Phänomene häufiger. Der Aufstieg nach oben ist z.B. mit mehr Verantwortung verbunden, erfordert mehr Entscheidungsfreude oder braucht Führungseigenschaften. Was, wenn der in der früheren Position erstklassige Mitarbeiter, den Sie mit Aufstieg belohnen wollten, diese Fähigkeiten nicht hat? Er wird in Stress geraten, sich in seinem Job disqualifizieren und mit hoher Wahrscheinlichkeit unglücklich werden.

Um Positionen „passend" zu besetzen, muss der Führende die Mitarbeiter kennen - Persönlichkeitsmodelle können dabei helfen

Werner Corell arbeitet in seinem Modell sehr plastische Typen heraus

Das A & O für jeden, der Mitarbeiter führt, ist, dass er seine „Pappenheimer" kennt. Das betrifft die fachlichen und sachlichen Kompetenzen, aber auch die sozialen Fähigkeiten. Es geht – weiter gehend – um die Persönlichkeit jedes Einzelnen. Weil das ein grundlegender Punkt der Mitarbeiterführung ist, gibt es viele Modelle, die sich an das schwierige Thema heranwagen, Persönlichkeitsstrukturen so zu durchleuchten, dass auch ein Laie damit was anfangen kann. Wir finden das Raster von Werner Corell eindrucksvoll, siehe Abb. 4.4. Es kann auch Ihnen helfen, Ihre Leute „einzuordnen". Das darf natürlich nicht nach Schema F geschehen, denn in jedem von uns steckt etwas von allen „Corell'schen" Eigenschaften. Aber in der Regel ist eine Eigenschaft herausragend und prägend. Wir haben das originale Schema von Corell ein wenig abgeändert und versucht, in unsere Darstellung in Abb. 4.4 lebendige Beispiele einzubauen.

Corell spricht zum Beispiel vom „**Sozialen Anerkenner**". Das ist ein Mensch, der Publikum und Bewunderung braucht, der sich in der Gruppe bewegen will, das Rampenlicht sucht und ständig nach Anerkennung strebt. Er freut sich über eine Beförderung, die ihn zum Anführer macht. Der „**Sicherheitssuchende**" dagegen möchte gerade das umgehen. Eine Beförderung in Richtung mehr Verantwortung und Aufmerksamkeit wäre für ihn ein Gräuel. Und auch derjenige, der „Liebe und Harmonie" sucht, wird sich als Anführer einer Gruppe eher schwer tun.

Motiv Beobachtung	soziale Anerkennung	Sicherheit Geborgenheit	Vertrauen	Selbstachtung	Unabhängigkeit Verantwortung
Sport	Paragliding, Traben, Hochseefischen	Schrebergarten, Briefmarken, Schach	Team, Torwart, Linksaußen	Sammler	Golf, Tennis, Triathlon
Urlaub/ Freizeit	Bogenschießen, Tansania	bei Verwandten in D/A	wo der Mann zum Bergsteigen geht	Bildungsreise	Club
Erscheinung	extrovertiert	introvertiert	ausgeglichen	extrovertiert	extrovertiert
Verhalten	gesellig	individuell	gesellig, unauffällig	isoliert	gesellig
Kleidung	hochmodisch, auffällig	konservativ	konservativ	konservativ	modisch
Status	geschieden, 3. Ehe	unverheiratet, 1. Ehe	verheiratet, 2. Ehe	verheiratet, 1. Ehe	1./2. Ehe je nach Alter
Inhalte	no problem	mangelnde Transparenz	eigene Probleme	Regeln/Normen, Rituale, religiös	Führung übernehmen, individuelle Fragen

Abb. 4.4: Mitarbeitertypen (in Anlehnung an Corell)

Der so genannte „**Selbstachter**" ist ohnehin selten in kleineren und mittelständischen Betrieben zu finden. Er fühlt sich wohl in einer Gemeinschaft, deren Zusammenleben klar geregelt ist. Wo es kaum oder gar keine Abweichungen gibt und wo nicht dieses hohe Maß an Flexibilität gefordert wird. Der „**Unabhängige**" dagegen würde in einer solchen durchstrukturierten Umwelt sehr leiden. Er braucht Gestaltungsfreiräume, er will bewegen. U.U. werden Sie diesen Typ nicht allzu lange halten können, denn er wird eher dahin streben, selbst Unternehmer zu werden.

Praxistipp

„Scannen" Sie Ihre Mitarbeiter/innen einmal unter diesen Gesichtspunkten durch. Sicherlich können Sie einige Ihrer Leute sehr schnell in diese Kategorien einordnen. Schon beim ersten Augenschein wird dann vieles aus dem bisherigen Umgang miteinander verständlich, was Sie so gar nicht nachvollziehen konnten. Sie können gleich viel souveräner mit dem Einzelnen umgehen, wenn Sie auf seine Grunddisposition eingehen und die Anforderungen entsprechend formulieren.

Es bewährt sich in der Praxis, für Mitarbeiter/innen Profile zu erstellen

Wenn Ihnen dieser Praxistipp die Augen dafür geöffnet hat, warum einiges in Ihrem Betrieb so und nicht anders abgelaufen ist, können die Konsequenzen, die Sie daraus ziehen können oder müssen, auf durchaus unterschiedlichen Ebenen liegen: Sie werden Mitarbeiter/innen zum einen anders ansprechen oder motivieren, zum anderen aber vielleicht auch Ihre Personalplanung revidieren, wenn Sie erkennen, dass jemand eigentlich auf dem falschen Platz sitzt.

4.3.3 Mitarbeiter suchen und finden: Anforderung und Eignung

Wer weiß, was er will, findet leichter, was er sucht. Je genauer Ihre Vorstellungen davon sind, welche Fähigkeiten ein Mitarbeiter braucht, um eine bestimmte Stelle ausfüllen zu können, umso eher finden Sie Leute, die auf die Stelle passen, die Sie zu besetzen haben.

Mitarbeiterprofile helfen auch bei der Mitarbeitersuche

Die Qualifikationen beziehen sich auf die **fachliche Seite**, auf die **sachliche Kompetenz** und auf die **menschlichen Dispositionen**. Hochtechnologisierte Branchen stellen hohe Anforderungen an die Fachkompetenz der künftigen Kollegen. Branchen, in denen grundsätzlich neben dem eigentlichen Produkt/der (Dienst-)Leistung immer Kundenkontakt vorliegt, werden die sachliche bzw. soziale Kompetenz der Mitarbeiter in den Vordergrund stellen.

Neben diesen aktuellen Bewertungen ist die **Zeitachse** von großer Bedeutung. Qualifikationen, die Sie heute erwarten, sind in fünf Jahren möglicherweise nicht mehr gefragt, weil Sie dann längst einer anderen strategischen Linie folgen und ganz andere Erfahrungen gefragt sind. Die **Veränderungsbereitschaft** der Mitarbeiter wird zu einem weiteren Auswahlkriterium.

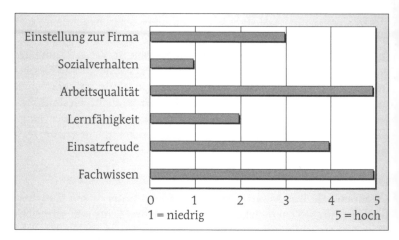

Abb. 4.5: Beispiel für das Raster eines Anforderungsprofils

Praxistipp

Wir empfehlen Ihnen, im Vorfeld einer Mitarbeitersuche (bevor Sie etwa eine Stellenanzeige schalten) ein Stellenprofil zu erstellen und die Anforderungen an die Position genau zu skizzieren. Das kostet Zeit, aber es lohnt sich, weil Sie dann einfach ein klares Bild davon haben, was Sie selbst erwarten. Andererseits kann der zukünftige Mitarbeiter gut erkennen, was auf ihn zukommt, er hat eine vernünftige Basis, seine Fähigkeiten und Potenziale an den Anforderungen zu messen. Das ist eine faire Sache für alle Beteiligten. Sie können dieses Profil auch später noch weiter einsetzen, beim regelmäßigen Mitarbeitergespräch etwa.

In Abb. 4.5 sehen Sie einen Vorschlag, wie ein solches Profil aussehen könnte. Die Kriterien und deren Bewertung sind beliebig zu gestalten (und genauer auszuarbeiten). In einer Stellenanzeige werden Sie natürlich auch nicht die Skalen abdrucken, sondern die Anforderungen in Worte kleiden – im Beispiel etwa „wir erwarten sehr hohes fachliches Können" (= Fachwissen 5), ... „„Sie arbeiten überwiegend am Einzelarbeitsplatz, aber gelegentlich ist auch kollegiales Arbeiten im Team gefordert" (= Sozialverhalten 1).

Zu wissen, was man selbst will, ist Voraussetzung, um das Heft des Handelns in der Hand zu halten. Das gilt auch und gerade dann, wenn Sie Kompromisse eingehen müssen, weil die Realität anders aussieht, als Sie sich das wünschen. Was den Arbeitsmarkt angeht, wird in den meisten Fällen nur wenig Übereinstimmung realisiert. Die idealen Bewerber stehen nicht gerade Schlange und die Entscheidung, jemanden einzustellen, der nicht wirklich passt, wird durch das sehr rigide Arbeitsrecht nicht erleichtert. Stellen Sie sich dieser Situation, denn alle demografischen Faktoren sprechen dafür, dass sich der Arbeitsmarkt nicht rosig entwickeln wird.

4.3.3.1 Hilfe! Der Markt der qualifizierten Leute schrumpft

Heute wird die Forderung nach einer Ausbildungsplatzabgabe erhoben, in zehn Jahren spätestens werden die Unternehmer eine Abgabe fordern können, weil es gar nicht so viele Azubis gibt, wie gebraucht werden. Der Markt an guten Leuten ist seit vielen Jahren ein absoluter Engpassfaktor in Deutschland und das wird sich in Zukunft nicht gravierend ändern. Für Sie als Unternehmer geht es um die Frage, wie Sie aus diesem mageren Trend das Beste herausholen können. Sie können mehrere Wege wählen:

Trotz hoher Arbeitslosigkeit gibt es einen Mangel an Fach- und guten Führungskräften

- Eigenbau: Entwickeln Sie Ihre eigenen Fachleute, bilden Sie aus.
- Ausschöpfung: Erhalten Sie sich Ihr Kernteam durch gezielte Personalarbeit.
- Attraktivität: Familienfreundlich und flexibel sein zieht an.
- Perspektivenwechsel: Sie machen was aus den guten Leuten.
- Integration: Nutzen Sie die offenen europäischen Grenzen.
- Schrumpfung: Sie arrangieren sich mit der Gesamtsituation und bedienen eine Nische.

Möglichkeiten bei der Mitarbeitersuche

In der Tat ist das eine Vielzahl an Möglichkeiten, was auch immer Sie für sich herauspicken. Vielleicht bevorzugen Sie auch eine Mischung. Auf jeden Fall gilt: Handeln Sie! Sonst werden Sie zum Spielball, denn nicht nur der Arbeitsmarkt, auch die wirtschaftliche Gesamtentwicklung wird nach unserer Einschätzung kritisch bleiben. Betrachten wir zwei Alternativen noch etwas näher.

- **„Marke" Eigenbau:** Kleine und mittelständische Unternehmen bilden bekanntlich die meisten Jugendlichen aus. Die Unternehmer werden damit einer wichtigen Verantwortung für die Gesellschaft gerecht. Gleichzeitig katapultieren sie sich an die Pole Position, wenn es darum geht, die Qualität der künftigen Facharbeiter von der Pike auf zu prägen. Wer den jungen Leuten gleichzeitig Perspektiven für die Zukunft aufzeigt, – wir bei BUS besetzen Führungspositionen fast nur mit Leuten aus dem eigenen „Stall" – wer ihnen so viel Verantwortung gibt, wie sie verkraften können, wer ihre Neigungen und Talente erkennt und fördert, zieht einen vollwertigen Mitarbeiter für die Zukunft heran. Natürlich ist es nicht einfach, junge Leute in den Betrieb zu integrieren. Mit 16, 17 Jahren sind die Interessen nicht nur auf den Beruf konzentriert. Mit ein wenig Verständnis lassen sich sicherlich Wege finden, die Durststrecke zu überwinden.
- **Alternative: „Zukauf":** Ihre Entscheidung, Fachleute am Markt zuzukaufen, statt sie selbst auszubilden, kann viele Gründe haben. Grundsätzlich sollten Sie davon ausgehen, dass es auch im fachlichen Beruf keine 100% Passgenauigkeit gibt, dass in den sachlichen und sozialen Belangen Unterschiede herrschen und jeder neue, quasi fertige Mitarbeiter eine mehr oder weniger lange Einarbeitung braucht, bis er den „Stallgeruch" hat. Ein Fehlgriff, der vielleicht erst nach sechs Monaten deutlich wird, ist eine kostenintensive Position.

Die Alternative „Zukauf" sollte nicht nebenbei betrieben werden. Schnelle Anzeigen, eventuell sogar nur ein Zweizeiler im Wochenblatt, oder mal irgendwo nachgefragt, ob es da nicht irgendjemand gibt, den man einstellen könnte – das geht sehr oft schief. Personalpolitische Fehlentscheidungen sind extrem teuer. Hohe Lohnkosten, ineffiziente Einarbeitungszeit, schwierige Kündigungssituationen bis hin zu Auseinandersetzungen beim Arbeitsgericht können aus einer kritischen Personalwahl resultieren. Von Ausschusszahlen, Kundenbeschwerden etc. einmal abgesehen, deren negative Konsequenzen meist nicht quantifizierbar sind. Je mehr Zeit Sie auf die richtige Auswahl verwandt haben, umso geringer solche Gefahren. Der erste Schritt dazu beginnt bei der Suche geeigneter Mitarbeiter.

4.3.3.2 Wie und wo finde ich passende Mitarbeiter?

Mitarbeitersuche als Daueraufgabe verstehen

Die Suche nach geeignetem Personal ist eine immer währende Aufgabe. Halten Sie deshalb immer und überall die Augen offen. Gute Leute können Sie grundsätzlich immer und überall treffen. Sie sind in einer glücklichen Lage, wenn Sie zugreifen können, sobald Ihnen ein passender Mitarbeiter über den Weg läuft. Dazu gehört auch, schon quasi Platz für ihn/sie zu schaffen, indem sie Fluktuation nutzen und umschichten, Aushilfen nicht verlängern etc. Wer akut sucht, weil etwa ein Mitarbeiter ausfällt, weil ein Großauftrag an Land gezogen wurde, der hat nur wenig Spielraum. Für die systematische Suche gibt es mehrere Möglichkeiten.

Möglichkeiten der aktuellen Suche

Zeitungsanzeigen

Wenn Sie eine Anzeige schalten, überlegen Sie genau, wen Sie suchen und welche Zeitungen derjenige lesen könnte. Die Regionalzeitung, oder eher die überregionale Presse? Je höher die Position angesiedelt ist, umso eher sollten Sie sich an die „Großen" wie Süddeutsche Zeitung, Frankfurter Allgemeine Zeitung oder „Die Welt" halten. Da die Kosten für gewerbliche Anzeigen hoch sind, empfiehlt es sich, die Media-Daten bei den Zeitungen anzufordern. Sie finden darin die Verbreitung und die Kosten der Anzeige. Auch und gerade für Regionalzeitungen können Sie auf diese Weise sehr punktgenau die Region Ihrer Wahl bewerben, Streuverluste meiden und Kosten sparen.

Ziehen Sie auch Alternativen in Betracht wie Handwerkszeitungen, Controller-Magazine, Branchenmagazine, Anzeigenblätter. Je nachdem, welche Stelle Sie zu besetzen haben, kommen Sie damit näher an Ihr „Zielobjekt" heran. Meist sind auch die Preise bei diesen Verlagen recht fair.

Formulieren und gestalten Sie die Anzeige professionell – es würde den Rahmen dieses Buches sprengen, darauf ausführlicher einzugehen. Greifen Sie bei Bedarf auf entsprechende Ratgeber zurück, schauen Sie sich zumindest an, wie die Konkurrenz ihre Anzeigen aufzieht (Stelle beschreiben, Anforderungen formulieren, Bedingungen angeben).

Internet

Ein Blick in die einschlägigen Stellengesuche lohnt immer. Professionelle Jobbörsen im Internet bieten eine Reihe von Vorteilen gegenüber der traditionellen Anzeige in der Presse. Ihr Angebot bleibt meist über längere Zeit stehen, der Bewerber kann sich sofort mit Ihrer Homepage vernetzen und Sie haben in aller Regel ausreichend Raum, um die Stelle möglichst genau zu beschreiben. Allerdings erreichen Sie nicht zwangsläufig alle Interessenten, auch wenn die Internet-Dichte in Deutschland hoch ist.

Agentur für Arbeit

Wieweit die Agentur für Arbeit die an sie gestellten neuen Erwartungen erfüllen wird, bleibt abzuwarten. Es schadet auf jeden Fall nicht, wenn Sie freie Stellen melden und Kontakt zu dem für Sie zuständigen Berater aufnehmen.

Personalberater

Personalberater sind eine Alternative, vor allem, wenn Sie schnell einen neuen Mitarbeiter brauchen. Ein Drittel des Bruttoarbeitslohns des ersten Jahres rechnen Berater üblicherweise ab. Aber klappen Sie nicht gleich das Buch zu: Spitzen Sie den Bleistift und rechnen Sie nach, ob die Zeit, die Sie investieren, plus die Zeit, in der Sie den Mitarbeiter nicht einsetzen können, plus die Wahrscheinlichkeit, dass die Personalprofis eine gute Vorauswahl treffen unterm Strich nicht preiswerter sind. Schauen Sie bei der Auswahl keinesfalls nur auf Branchenspezialisten.

Abwerben

Das geht fast immer, ist eventuell moralisch nicht hundertprozentig einwandfrei. Vielleicht müssen Sie auch Rücksichtnahme üben, weil Sie mit dem Konkurrenten, bei dem Sie abwerben würden, in dem einen oder anderen Kontakt oder sogar in einer Kooperation stehen. Auch werden Sie Ihren neuen Mann/Ihre neue Frau nur für sich gewinnen, wenn das Angebot stimmt. Schauen Sie sich um, was der Wettbewerb zu bieten hat. Die Entscheidung für Ihren Betrieb trifft letztlich immer der Mitarbeiter selbst.

Mittelfristige Akquisemöglichkeiten

Mit einer mittel- oder gar langfristigen Personalplanung können Sie all diese Dinge mit weitaus weniger Zeitdruck angehen, und einige Optionen mehr aus dem „Personal-Hut" ziehen. Diese zusätzlichen Optionen werden nicht zwangsläufig Erfolg versprechender sein. Aber sie sind allesamt geeignet, Sie mit möglichen Mitarbeitern in Kontakt zu bringen, die Ihr Team verstärken: Sachlich, fachlich und menschlich.

Möglichkeiten der mittelfristigen Suche

- **Kontakte zu (Berufs-)Schulen und Bildungsinstitutionen**: Sie suchen Azubis und deshalb zeigen Sie Gesicht bei den Veranstaltungen der Schulen. Sie suchen fertig ausgebildete Leute: Haben Sie Kontakt zu den Meisterschulen? Hängen am schwarzen Brett Ihre Stellenangebote? Oder ist Ihr Unternehmen gern gesehener Gast in der Mensa der (Fach-)Hochschule, weil Sie nicht nur Plakate aufhängen, sondern auch mal zum Campusfest was springen lassen? Gibt es in Ihrer Umgebung Schulen, die Buchhalter- Prüfungen machen? Praktikumsplätze werden händeringend gesucht. Teilweise arbeiten die Leute sogar ohne Honorar. Aber auch wenn Sie den angehenden Azubis am Ende des Monats etwas auszahlen, haben Sie auf jeden Fall eine gute Plattform, um die potenziellen Mitarbeiter selbst zu prüfen und um Ihren Betrieb zu präsentieren. Gute Leute legen auf solche Dinge wert. Und die wollen Sie ja schließlich.

- **Kontakt zu Verbänden/Innungen:** Innungsobermeister, Kreishandwerksmeister, andere Multiplikatoren sind meist Schaltstelle und Anlaufpunkt für Betriebe, die Mitarbeiter suchen. Sie kennen Firmeninhaber, die ihren Betrieb auf- und übergeben, die in Not geraten sind und die Krise nicht mehr abwenden können. Sie alle haben Mitarbeiter, von denen der eine oder andere in Ihren Betrieb passen könnte und der im Zuge eines „Outplacement" zu Ihnen kommen könnte. Nehmen Sie Kontakt auf mit den Organisationen Ihrer Branche. Ganz bewusst muten wir Ihnen das zu, ganz bewusst lenken wir Ihr Augenmerk in die Öffentlichkeit, dorthin, wie die Marktteilnehmer sind. Gute Beziehungen zu diesen Multiplikatoren sind nicht nur für Personalfragen ein gutes Fundament. Vergessen Sie dabei nicht, nach vor- und nachgelagerten Betrieben (Zulieferer und Abnehmer) zu schauen, die vielleicht auch interessante Fachleute in ihrem Portfolio haben.
- **Kinowerbung/Handzettelaktionen:** „Fachmann/-frau verzweifelt gesucht" – als Handzettel? „Azubis fühlen sich wohl bei uns" – das im Kino? Warum nicht? Möglicherweise kennt nicht jeder Ihren Betrieb, und die ihn kennen, wissen nicht, dass Sie immer wieder Leute suchen. Der Impuls, sich bei Ihnen zu melden – auch mal blind – braucht einen Auslöser. Das kann alles sein. Auch das Kino. Aber auch hier gilt, dass die Reaktionen nicht prompt kommen. Jeder Schritt in diese Richtung bringt Sie weiter auf dem Pfad, schon bei der Auswahl von Bewerbern aus den Besten wählen zu können.

4.3.4 Auf dem Weg zum Personalmarketing

Kino- oder Radioaktionen dieser Art haben zusätzliche Effekte, bringen Ihren Betrieb ins Gespräch, positiv ins Gerede. „Die machen was für uns, Junge". „Bei denen geht es cool ab, die bieten sogar....".

Damit sind Sie schon einen guten Schritt weiter, vom rein operativen Umgang mit Personalfragen zu einem taktisch gesteuerten Personalmarketing. Dahinter steckt die Erkenntnis, die Idee, dass die Arbeitsplätze, ähnlich wie Produkte und Dienstleistungen, dem Markt als attraktiv dargestellt werden. Immer wieder gibt es Betriebe, in die es die guten Leute zieht. Das sind nicht immer die Großen, es sind vielmehr die, bei denen die Ausbildung eine Referenz ist. „Bei dem hast DU gelernt? Respekt!", oder die, die ihren Mitarbeitern inhaltlich Angebote bieten. Sie haben häufig eine Warteliste von Interessenten. Das ist Ihr Weg. Ein Weg, der sich positiv auswirkt auf das Image Ihres Unternehmens (siehe auch Kapitel Marketing). Wagen Sie ruhig den Schritt aus der engen Betriebsperspektive. Sehen Sie Sponsoring für gezielte Aktionen auch als Möglichkeit, neues Personal zu gewinnen. Ferner kann auch die Kooperation mit anderen Betrieben öffentlichkeitswirksam dargestellt werden.

Für Bewerber interessant bleiben und gute Mitarbeiter anziehen – das erfordert ein Personalmarketing

Aber auch hier gilt: Je mehr Substanz Sie liefern, umso eher wird es gelingen, die Goldfische (Perlen?) aus dem Teich zu fischen – und sie vor allem auch zu halten.

4.3.5 Mitarbeiter finden – Mitarbeiter binden

Ähnlich wie bei den Kunden gilt für Mitarbeiter: Der Fokus liegt zwar meist auf dem Finden, dabei ist es oft ökonomischer und nervenschonender, die Guten im Betrieb zu halten. Das geht sinnvollerweise nur mit einem Personalplan. Wen würden Sie gerne halten, wie viele Leute werden Sie brauchen, um Ihre Strategie umsetzen zu können? Welche Qualifikationen werden gefordert?

Mitarbeiter halten – das setzt eine Planung voraus, um Potenziale zu bestimmen

Je nach fachlichen, sachlichen und menschlichen Qualitäten kann Ihnen auch hier ein Vierfelderportfolio helfen (Abb. 4.6), Ihre Mitarbeiter einzuordnen.

Als Instrument dient das Vierfelderportfolio

Abb. 4.6: Vierfelderportfolio für Mitarbeiter/innen

- Die **Fragezeichen** stehen für Mitarbeiter, deren Potenzial Sie noch nicht genau einschätzen können. Wird was aus ihnen? Können Sie fachlich, sachlich, persönlich auf den Mitarbeiter setzen? Ist er/sie veränderungsfähig genug, um die Herausforderungen der Zukunft zu meistern?
- **Stars** können Positionen, die für Ihren Betrieb wichtig sind und immer wichtiger werden, besetzen.

- Vielleicht ist er/sie aber auch schon in die Kategorie des **Routiniers** gerutscht. Das sind die verdienten Mitarbeiter, in die Sie nicht mehr viel investieren müssen, auf die Sie sich verlassen können, die eine „Hauptlast" tragen.
- Künftige **Externe** umfasst alle, deren Wertehaltung nicht mit Ihrer Art, Geschäfte zu machen, zusammenpasst. Es sind Mitarbeiter, die sich ihrerseits zügig auf ihren Ausstieg vorbereiten oder deren Leistungen von Ihnen nicht mehr gebraucht werden.

Eine solche Perspektive auf die Mitarbeiter ist die Zeit wert, die Sie brauchen, um ein derartiges Raster zu erstellen. Es ist eine gute Grundlage für Ihre Personalplanung und ergibt jährlich neue Perspektiven, die auch Ihren Umgang mit den Mitarbeiter besser steuern: Sie werden zum Beispiel „Fragezeichen", die auf eine Starrolle zusteuern, durch verschiedene Anreize bekräftigen, damit sie am Ball bleiben. Sie werden viel arbeitenden Routiniers beispielsweise durch eine flexible Urlaubsplanung entgegenkommen, Sie werden ein Augenmerk auf künftige Externe haben und sich rechtzeitig nach der Nachfolge umsehen etc. Was, werden wir unten noch näher aufgreifen.

4.3.5.1 „Überraschungen"planen

Die Verfügbarkeit von Mitarbeitern ist nur begrenzt planbar, aber die Praxis lehrt, dass man „Überraschungen" absehen kann

Wenn Sie Ihren Plan realistisch machen wollen, sollten Sie die „Überraschungen" nicht vergessen. Bundeswehrzeit/Zivildienst sind kalkulierbar. Private Veränderungen wie ein Umzug oder der Rückzug in das Privatleben kommen ebenso selten wirklich überraschend wie eine Schwangerschaft.

Vielleicht passieren all die Dinge ein, zwei Jahre früher, als der Plan der direkt Betroffenen wirklich vorgesehen hat, aber ganz aus dem Nichts kommen solche Ereignisse selten. Auch die Entscheidung eines Mitarbeiters, einen Teil der Erziehung mitzutragen, damit die junge Ehefrau und Mutter schneller ins Berufsleben zurückkommt, ist nicht jedem auf den Leib geschrieben. Überrascht es wirklich, wenn es dann „der" ist, oder haben Sie nicht schon damit gerechnet?

Die (Alters-)Teilzeit kann für alle Betroffenen von Vorteil sein, wenn Sie rechtzeitig mit den Leuten reden. Bieten Sie diese Wege offensiv an und warten Sie nicht, bis die Mitarbeiter ihr Recht einfordern. Wann war eine Kündigung eines Mitarbeiters für Sie wirklich überraschend? Chefs, die sich mit ihren Mitarbeitern beschäftigen, die deren Pläne und Ansprüche kennen und recht gut wissen, dass sie mit ihrem Betrieb die Wünsche dieses Mitarbeiters nicht erfüllen können und mittelfristig auf ihn verzichten müssen, haben sich meist darauf eingestellt. Wer seine „Pappenheimer" kennt, wird nur selten eine wirkliche Überraschung erleben. Tatsächlich wird auch das vorkommen: eine komplett überraschende Wende, eine Aktion, die manchmal an den Rand der Zuversicht führt. Die im ersten Moment lähmt und vielleicht den Glauben an die Menschen erschüttert. Betriebe sind Teil des „richtigen" Lebens: Nicht alle Bemühungen werden belohnt, einige werden ignoriert, manche unterlaufen. Lassen Sie sich davon, auch im Namen Ihrer anständigen Mitarbeiter, nicht irritieren, denken Sie daran, dass es auch anders geht.

4.3.5.2 Personalentwicklung

Am Anfang jeder Personalentwicklung steht das Gespräch. Wenn es Ihnen gelingt, herauszufinden, was der Mitarbeiter sich wünscht, wo er in fünf, vielleicht sogar in zehn Jahren stehen möchte, haben Sie schon die halbe Miete.

Aktive Personalentwicklung beginnt damit, regelmäßige (jährliche) Mitarbeitergespräche zu führen

DAS JÄHRLICHE MITARBEITERGESPRÄCH IST GLEICHERMASSEN WICHTIGE INFORMATIONSQUELLE WIE STEUERUNGSINSTRUMENT.

Viele Unternehmer sehen ihm mit Grauen entgegen und vermeiden es gerne. Die Befürchtung, dass der Mitarbeiter nur mehr Geld will, ist so ungerechtfertigt nicht. Die Frage ist hier, wer das Gespräch (im eigentlichen Wortsinn) führt und welche Themen er einbringen kann.

Wer bereits beim Einstellungsgespräch ein klares Anforderungsprofil vorgelegt hat, tut sich in diesen Gesprächen leicht. Denn er kann die Anforderungen, die er gestellt hat, an der Realität messen. Abweichungen sind immer Gründe, um aufzuzeigen, warum
- eine Gehaltserhöhung keine Begründung, oder viele gute Gründe hat und
- eine spezielle Personalentwicklungsplanung erfolgreich greift oder im Sande verlaufen ist.

Mythos Motivation?

Motivieren heißt „bewegen", den Mitarbeiter dazu bewegen, Dinge zu tun, die wir von ihm wollen. Wir erwarten die gleiche Gründlichkeit, die wir selbst haben. Weil das nicht einfach ist, werden Gurus auf die „Motivationsbühnen" gestellt. Erwartet werden Tipps, wie man die Leute „schnell mal so motiviert". Am schnellen „Verglühen" dieser Gurus merkt man: schnell mal so geht gar nichts. Motivation ist langfristige Arbeit für den Unternehmer. Sie ist kein Allheilmittel, denn es gibt eben Leute, die lassen sich nicht bewegen, wie wir das wollen.
Allen Vorurteilen zum Trotz: Lohn und Gehalt haben nur wenig motivierende Wirkung. Eine bloße Gehaltserhöhung bringt wenig. Der Umkehrschluss gilt: Zu geringe, unfaire Bezahlung führt zur Demotivation. Wirklich motivieren kann man nur den, dessen Bedürfnisse man kennt. Aber nicht jeder lässt sich mit beruflichen Anreizen motivieren. Können Sie jemanden nur mit „mehr Kohle" erfreuen, mag das an einer starken Orientierung auf Bedürfnisse außerhalb des Betriebs liegen – und dann passt er wahrscheinlich nicht in Ihr Unternehmen.

Regelmäßige, auf der Basis von Unterlagen geführte Gespräche gewährleisten Kontinuität

Die Skala der Qualifikationskriterien kann tatsächlich genauso angelegt sein wie die der Anforderungen. Wenn Sie möchten, können Sie den Mitarbeiter zu Beginn des Gesprächs den Bogen selbst ausfüllen lassen. Sie können dann gemeinsam mit ihm darüber sprechen, wenn Sie in Sachen „Arbeitsqualität" oder „Sozialverhalten" zu anderen Bewertungen gekommen sind. Gespräche dieser Art müssen keinesfalls hinsichtlich der Sache in Harmonie enden, aber Sie werden sehr schnell merken, dass es Sie in eine bessere Position bringt, wenn Sie Ihre Argumentation auf einer sachlichen Ebene aufbauen können, wenn Sie über Jahre hinweg mit dem Mitarbeiter gemeinsam seine Entwicklung betrachten, möglicherweise auf „Einbrüche" aufmerksam machen, Höhenflüge positiv markieren usw. Die Atmosphäre sollte jedoch immer konstruktiv und freundlich bleiben, das heißt, auch bei sachlichen Abweichungen muss das Gespräch angemessen enden. Kompetenz in Gesprächsführung ist dazu wichtig und man findet auch dazu entsprechende Fachliteratur (siehe Literaturverzeichnis).

Möglichkeiten, einen Job für gute Mitarbeiter attraktiv zu machen, gibt es viele. Bereits im Einstellungsgespräch können Sie eine Reihe von Perspektiven skizzieren, mit denen Sie gute Mitarbeiter locken können. Auch im Laufe der Zeit lassen sich, je nach Vorstellungen und Potenzialen der Betroffenen, dann quasi maßgeschneiderte Programme entwickeln. Folgende Möglichkeiten bieten sich – es sind keine neuen Ideen, sondern sie stammen aus der auf die Industrie bezogenen Arbeitswissenschaft und sind bislang noch viel zu wenig flexibel und fantasievoll für Familien- und Kleinbetriebe genutzt worden:

Auf der nicht-materiellen Ebene gibt es mehrere Möglichkeiten, Positionen attraktiver zu gestalten

1. Arbeitserweiterung

Ein Aufgabenfeld erweitern heißt, dass die Arbeit selbst mehr wird. Der Mitarbeiter bekommt weitere Aufgaben zugeteilt. Die Arbeit ist deshalb neu bzw. anders zu organisieren. Die Bürokraft wird künftig die Urlaubstage der Lagerarbeiter koordinieren. Der Fantasie sind keine Grenzen gesetzt, aber bitte fragen Sie nach, was sich die Einzelnen vorstellen und wünschen würden.

2. Arbeitsbereicherung

Reicher machen – wie können Sie eine Arbeitsstelle bereichern? Wesentlich ist, dass Sie mehr Verantwortung an die einzelnen Positionen vergeben. Das ist etwas für Mitarbeiter, die nach mehr Verantwortung streben. Dies kann sich zum einen auf die Mitarbeiterführung beziehen: Der Kollege bekommt dann Leute „unterstellt". Es kann aber auch für den erfolgreichen und verantwortlichen Abschluss eines Projektes gelten.

3. Qualitätszirkel/Arbeitskreise

Es wird viel über Wissen in den Köpfen der Mitarbeiter gesprochen. Das betrifft Personen, die am Markt tätig sind, die mit den Kunden sprechen.

Dazu gehören auch Monteure, die Aufträge vor Ort abarbeiten. Hier schlummert Wissen in den Köpfen, das kaum verfügbar ist. Sie können dies nutzen und gleichzeitig Ihre Mitarbeiter aufwerten. Richten Sie Qualitätszirkel/Arbeitskreise ein: Ihre Leute werden zusammengetrommelt und dürfen ein bestimmtes Thema bearbeiten: „Wer ist unsere Zielgruppe und wo treffen wir sie an?" „Ist unser Produkt auch in fünf Jahren noch attraktiv?", „Wie senken wir die Reklamationsquote?"

Lassen Sie Mitarbeiter an aktuellen Problemen mitarbeiten.

Im Idealfall arbeitet der Qualitätszirkel eine Lösung aus, im schlechtesten Fall finden die Mitarbeiter ihren Chef toll. Er weiht sie in die Prozesse und Probleme des Unternehmens ein, legt auf die Meinung des Einzelnen Wert und wünscht aktive Beteiligung des Teams. Mehr Motivation geht fast nicht und dieser schlechteste Fall, dass gar nichts dabei herauskommt, ist extrem selten – die aktive Auseinandersetzung verändert oft das Arbeitsverhalten der Mitarbeiter positiv.

4. Job-Tausch
Lassen Sie Ihre Mitarbeiter rotieren. Die so genannte „Job-Rotation" bringt im mindesten Fall Bewegung ins Spiel. Sie macht Schluss mit dem Vorurteil: „Die Arbeit des anderen ist immer am einfachsten/ schnellsten gemacht". Ein Mitarbeiter wird befristet in einem ganz anderen Bereich eingesetzt. Er erwirbt damit (Fach-)Kenntnisse, blickt über den Tellerrand seiner eigenen Arbeit hinaus und lernt damit, eher nebenbei, die Zusammenhänge im Betrieb kennen. Bei krankheitsbedingtem Ausfall oder Urlaub ist es entlastend, Leute zu haben, die mehrere Aufgaben ausfüllen können. Verständnis für die Position und Arbeit von Kollegen zu entwickeln, verbessert außerdem das Betriebsklima enorm.

5. Assistentenstellen
Ihr Assistent/Ihre Assistentin ist eine Person, die Ihr absolutes Vertrauen genießt und dem/der Sie zutrauen, in Zukunft Führungsaufgaben wahrzunehmen. Er/sie ist die rechte Hand des Chefs, in (fast) alle Pläne eingeweiht und deshalb in der Lage, Sie im operativen Geschäft zu entlasten.

In grossen Betrieben ist die Assistentenposition ein Sprungbrett für höhere Weihen, weil durch die täglichen Arbeiten erwartungsgemäss viel unternehmerisches Verständnis entwickelt wird.

Verbunden mit der Perspektive, nach Ablauf dieser Zeit einen Karrieresprung zu machen, ist das für besonders ambitionierte, junge Leute eine gute Ausgangsposition. Das gilt vor allem, wenn sie „nur" eine technische Ausbildung haben.

6. Seminarbesuche
Seminarbesuche können zwei Funktionen erfüllen: Ihre Mitarbeiter/innen müssen allein aus betrieblichen Gründen auf dem neuesten Stand bleiben (= Weiterbildung) und für engagierte und ambitionierte Mitarbeiter gilt die gezielte Weiterbildung immer als „Zuckerl" (= Motivation). Aber Vorsicht: Die Idee, einen verdienten Mitarbeiter als Belohnung auf ein Seminar zu schicken ist weder neu noch besonders einfallsreich. Wenn der Kurs nicht auf Mallorca stattfindet oder einen Zusatz – wie etwa den Besuch des Oktoberfestes bietet – ist das „Seminaring" nur bedingt zur Motivation geeignet. Das hat viele Gründe, einer davon ist, dass es selbst bei vorzüglichen Seminaren schwierig ist, den Bezug zwischen Inhalten und Alltagsleben im Betrieb herzustellen. Sprechen Sie Seminarangebote eng mit den Betroffenen ab.

Tipp: Faire Regelungen zu Kosten und Zeit anbieten

Weiterbildung der Mitarbeiter verspricht einen grundsätzlichen Nutzen für Ihr Unternehmen. Es nutzt aber auch den Mitarbeitern – über die Arbeit im Betrieb hinaus. Wir bei BUS haben uns mit der Mannschaft geeinigt, dass wir die Seminargebühren zahlen und die Mitarbeiter bei Inhouse-Veranstaltungen ihre Zeit einbringen. Das ist ein Vorschlag, der allseits akzeptiert wird.

7. Inhouse- Seminare
Seminare, die Sie in Ihrem Betrieb durchführen lassen, nachdem der Anbieter sich über die Bedingungen in Ihrem Unternehmen kundig gemacht und dann für mehrere Personen ein zielgerichtetes Seminar zusammengestellt hat, können möglicherweise mehr bieten als das, was auf dem freien Markt finden. Sie sind meist auch preiswerter, weil Logistikkosten eingespart werden.

8. Fernlehrgänge
Wenn Sie Zeitkonten in Ihrem Betrieb anbieten (siehe unten), wenn Sie auf absehbare Zeit weniger Aufträge haben, bieten Sie Ihren verdienten und guten Mitarbeitern an, dass sie Fernlehrgänge besuchen können und quasi ein Zeitdepot aufbauen. Natürlich muss das vertraglich geregelt sein, aber die Sache an sich bietet flexible Positionen.

4.3.6 Lohn und Gehalt: Ein ewiges Lied/Leid

4.3.6.1 Leistungslohn

In Unternehmen, in denen Leistung zählt, sollte die Leistung auch „gezählt" und entsprechend vergütet werden. Die sture Entlohnung laut Tarifvertrag, das wissen wir, wird den Qualitäten und Potenzialen der Mitarbeiter nicht immer gerecht. Und den Guten dann ab und zu mal was zuzustecken, um einen Ausgleich zu schaffen, das kann`s nicht sein. Leistungsgerechte Entlohnung ist machbar. Das System ist nicht ganz einfach zu installieren, funktioniert aber. Wenn es läuft, hat es motivierende Wirkung auf die Mitarbeiter. Für ein Leistungslohnsystem brauchen Sie drei Dinge:

Für leistungsgerechte Entlohnung gibt es erprobte Modelle

1. Einen Kriterienkatalog der Leistungsbewertung,
2. den tariflich vorgeschriebenen Mindestlohn und
3. eine Matrix der Bewertung.

Ersteres ist der schwierigste Teil, weil es hier um das „Eingemachte" geht. Welche Fähigkeiten/Leistungen wollen Sie belohnen und mit welcher Intensität? Denkbare Kriterien sind: Genauigkeit, Pünktlichkeit, Schnelligkeit, Zuverlässigkeit, Fachwissen, Veränderungsbereitschaft. Greifen Sie auf das Anforderungs- und Eignungsprofil zurück und erstellen Sie eine genaue Liste. Die Kriterien sollten für alle offen liegen. Transparenz ist wichtig, damit auch das brisante Thema Entlohnung in einem vertrauensvollen Klima besprochen werden kann.

> **Beispiel**
>
> Muster eines Entlohnungssystems
>
> | | −/− | − | +/− | + | +/+ |
> |---|---|---|---|---|---|
> | Qualität | 0 | 0 | **6** | 11 | 35 |
> | Quantität | 0 | **5** | 10 | 15 | 20 |
> | Integration | 0 | 2 | 5 | 8 | **10** |
> | Zuverlässigkeit | 0 | 2 | 15 | 20 | **25** |
> | Verhalten zur Instanz | 0 | 1 | 5 | **8** | 10 |
>
> *Angenommen, der Mindeststundenlohn beträgt laut Tarif € 14,-. Er lässt sich je nach Leistung um bis zu 50%, also auf € 21,- erhöhen. Dazu vergeben Sie zunächst – nach Ihrer Beurteilung der Wichtigkeit einzelner Kriterien – Punkte auf einer Fünfer-Skala. Innerhalb dieser Matrix ordnen Sie den Mitarbeiter ein. Hat er 100 Punkte erreicht, wird sein Lohn um 50% erhöht. In unserem Fall haben Sie dem Mitarbeiter „nur" 54 Punkte = 54% des Aufschlags geben. Er bekommt zusätzlich zu den €14,- Tarif noch € 3,78 Leistungslohn. (= 54% von 7 € maximalen Aufschlags) = € 17,78 Gesamtlohn.*

Auf diese Art können übrigens auch „Ungelernte" mit einam niedrigem Tariflohn, die ihren Job sehr gut machen, mehr bekommen. Denn der

Leistungszuschlag kann durchaus liegen als der Differenzbetrag zum niedrigeren Tariflohn und im Einzelfall könnte der „Ungelernte" in der Endsumme sogar durch deutlich höhere Bewertung den „Gelernten" übertreffen.

> **Beispiel**
>
> *Hat ein ungelernter Mitarbeiter einen Tariflohn von € 13,20 € und erhält für seine Leistungen eine Bewertung von 90%, ergibt sich sein Gesamtlohn aus € 13,20 Tarif + € 5,94 (90% von € 6,60 Maximalwert) = 19,14 €. Trotz niedrigeren Tariflohns wird seine Leistung/Stunde um € 1,36 besser vergütet als im obigen Beispiel.*

Tipp zur praktischen Einführung: Sprechen Sie mit Ihrem Verband und/oder lassen Sie sich rechtlich beraten – damit nichts formal schief geht

Spielarten sind vorstellbar. Für Ihre Zwecke genügen vielleicht nur drei Noten. Die Kriterien, die in Ihrem Betrieb von Bedeutung sind, können ganz andere sein. Sie können mehr Erhöhung als 50 % zulassen. Entscheidend ist auf jeden Fall, dass Sie damit eine Grundlage für Ihr Personalgespräch haben. Die Sie allerdings auch nutzen?! Zum Abschluss noch ein Hinweis: Lassen Sie sich vor der Einführung rechtlich beraten und/oder sprechen Sie mit Ihrem Verband, der Ihnen möglicherweise auch Kontakte zu Betrieben vermitteln kann, die ein solches System schon eingeführt haben. Denn Sie dürfen bei den Details natürlich keinen arbeitsrechtlichen Fehler machen und das Thema Arbeitsrecht können wir hier nicht näher aufrollen.

4.3.6.2 Optionen, die wichtiger als Gehalt sind

Weitere finanzielle Anreize zur Mitarbeiterbindung im kleinen Unternehmen

Die Lohntüte bzw. deren konkreter Inhalt hat sich in den letzten Jahren gewandelt. Das Zauberwort lautet: Mitarbeiterbeteiligung. Das ist eine Entlohnungsform mit Bindungscharakter. Auch kleine und mittelständische Betriebe sind mit diesem Thema nach vorne gepreschet und haben gute Erfahrungen gemacht. Darunter sind Unternehmen, die durch eine sukzessiv wachsende Beteiligung ihren Nachfolger aus den Reihen der Mitarbeiter gefunden haben. Das ist eine gute Variante, die gerade für Unternehmen, in denen kein Nachfolger aus der Familie zur Verfügung steht, zum Nachdenken anregen sollte. Es gibt eine ganze Fülle von Möglichkeiten, nicht alle aber passen überall. Die wichtigsten Formen finden Sie hier.

1. Mitarbeiterdarlehen

Der Mitarbeiter (MA) gibt dem Unternehmen einen Kredit, den der Unternehmer wiederum durch eine Bankbürgschaft oder eine versicherungsrechtliche Lösung absichern muss. Die Verzinsung richtet sich in aller Regel nach dem Betriebsergebnis. Der MA ist Gläubiger, nicht Miteigentümer, hat also keine Mitspracherechte. Da das MA-Darlehen rechtsformunabhängig und leicht abzuwickeln ist, ist es ein guter „Einstieg" in die MA-Beteiligung.

2. Mitarbeiter-Beteiligungsgesellschaft

In diesem Modell zahlen die Mitarbeiter ihre vermögenswirksamen Leistungen auf das Konto einer zu gründenden Gesellschaft. Diese Gesellschaft beteiligt sich dann als Ganzes an Ihrem Unternehmen. Die resultierende Zinsersparnis können Sie (in Teilen) an die Mitarbeiter weitergeben. Sie tun etwas Gutes für die Mitarbeiter, Sie nutzen staatliche Unterstützung und Sie haben ein weiteres Stück Unabhängigkeit von Fremdkapitalgebern erreicht.

3. Stille Beteiligung

Die typische Stille Beteiligung sieht vor: Gewinnbeteiligung, nach Vereinbarung auch Verlustbeteiligung, kein Mitspracherecht bei der Geschäftsführung, dafür aber Info- und Kontrollrechte. Die MA sind von Zuwächsen bei den stillen Reserven ausgeschlossen. Bei der atypischen Stillen Beteiligung ist das anders. Hier haben die MA auch Einfluss auf die Unternehmensführung und werden damit nach Ansicht der Finanzverwaltung zu Gewerbetreibenden. Diese Form eignet sich daher als MA-Modell weniger.

4. Genussrecht und Genussschein

Inhaber von Genussrechten sind am Gewinn, aber auch am Verlust beteiligt. Sie haben Schuldscheincharakter, Stimm-, Info- oder Kommunikationsrechte gibt es keine. Die Ausgestaltung ist relativ frei, der Gestaltungsraum ist hoch. Positiv ist: Die Rechte lassen sich leicht in Genussscheine umwandeln und werden damit börsenfähig.

5. GmbH – Anteil

Die Übertragung von GmbH-Anteilen ist ein aufwändiges Verfahren, denn jede einzelne Übertragung muss notariell beurkundet werden. Sie mag zwar die nahe liegende und konsequenteste Variante der Beteiligung für kleine und mittelständische Betriebe sein, nicht aber einfach und unproblematisch. Die Anteilseigner haben ein Mitspracherecht auch in der Geschäftsführung, und steuerlich problematisch ist, dass die Ertragsausschüttungen nicht als betriebliche Ausgabe geltend gemacht werden können. Die Bewertung der Anteile erfolgt häufig nach dem so genannten Stuttgarter Verfahren.

6. Arbeitnehmerfinanzierte Unterstützungskasse

Hier wird der Barlohn in einen Versorgungslohn umgemünzt. Ein Teil des Lohns wird als Altersvorsorge einbehalten. Steuer und Sozialversicherung werden keine fällig. Das bedeutet Einsparung für beide Parteien. Allerdings muss der Unternehmer dem Mitarbeiter eine rechtsverbindliche Zusage für eine lebenslängliche Altersrente geben und das ist natürlich eine sehr langfristige Verpflichtung. Eine Rückdeckungsversicherung ist dabei mindestens notwendig.

Familienfreundliche Arbeitsbedingungen sind eine herausragende Chance für Familienunternehmen

4.3.7 Familienfreundliche Betriebe – wer, wenn nicht wir?

Fällt Ihnen das auf? Die Großbetriebe heften sich das Label „familienfreundlich" ganz vorne auf ihre Öffentlichkeitsarbeit. Familienfreundlich! Es sollte uns auf der Zunge zergehen, letztlich macht es auch den Begriff des „Familienbetriebes" weiter salonfähig. Was den Großen nicht nur Hirnschmalz kostet, ist bei uns auf eher natürliche Art und Weise angelegt. Es ist ein Wettbewerbsvorteil, den wir ganz gezielt nutzen sollten. Es erfordert durchaus einiges an Organisation, in erster Linie aber ist es abhängig von Ihrer Bereitschaft, den familiären Charakter zu betonen und auch an Ihre Mitarbeiter weiterzugeben. Mit Blick auf die schwindenden Zahlen an Fachkräften wird die Familienfreundlichkeit ein wichtiges Kriterium, gute Mitarbeiter/innen zu binden. Für die neue, emanzipierte Generation der Männer, die ein Teil der Kindererziehung mittragen wollen, ist das auch wichtig.

Die Familienfreundlichkeit sollte einerseits berücksichtigen, dass die Politik in Zukunft noch viel mehr die Bemühungen bzw. Resultate der Nachwuchspflege fördern wird, fördern muss. Das gilt für die Eltern, aber auch für die Unternehmen, die sich hier kreativ zeigen. Und gleichzeitig wird unter Familie immer mehr auch das Thema Senioren eingebunden. Altersteilzeit, Altersvorsorge: Das sind alles Momente, in denen Sie sich positionieren und guten Leuten auch „Pfunde" bieten können.

4.3.7.1 *Elternzeit – Kinder braucht das Land*

Erziehungsurlaub gibt es seit vielen Jahren nicht mehr. Elternzeit ist das neue Stichwort. Das ist mehr als nur ein Wortspiel. Was sieht der Gesetzgeber vor?

ELTERNZEIT KÖNNEN VATER UND MUTTER FÜR MAXIMAL DREI JAHRE IN ANSPRUCH NEHMEN.

Damit verbunden ein Höchstmaß an Flexibilität für die Eltern – und auch deren Arbeitgeber. Die Aussicht auf einen elternzeitbedingten Ausfall von Mitarbeitern – vor allem in Schlüsselpositionen – ist im Personalplan zu berücksichtigen. Grundsätzlich gelten diese Regelungen nur für Betriebe mit mehr als 15 Mitarbeitern. Aber der Gesetzgeber geht davon aus, dass auch in Kleinbetrieben das Thema Eltern(teil-)zeit gütlich behandelt wird.

Denken Sie über Ansätze nach, ob da nicht auch Chancen lauern, die Ihren Betrieb attraktiv machen. Wäre es möglich, dass Sie den Betrieb besonders familienfreundlich herausstellen können? Das könnte geschehen, indem Sie anbieten, dass Arbeiten von zu Hause, also auch mit Baby, erledigt werden können. Oder Sie machen das Prinzip der freien Zeiteinteilung zum Anziehungsmagnet. Reden Sie mit befreundeten Unternehmern, mit Kooperationspartnern, vielleicht können Sie sogar gemeinsam einen betriebsinternen Kindergarten eröffnen. Wenn Sie Verständnis und Engagement zeigen, dürfen Sie von guten Mitarbeitern auch Flexibilität und Verständnis erwarten. Denn wenn es nicht um den Buchstaben der Regelungen geht, lässt sich vieles regeln.

4.3.7.2 Senioren – Strategien für sinnvolle Einsätze

Die Senioren sind die stimmengewaltigste Gruppe in Deutschland und daher für die Politiker ein besonderes Segment. So sehr gerade in Deutschland der Jugend gehuldigt wird, zeigt sich doch immer wieder, dass Erfahrung und die „Weisheit" des Alters trotz neuer Technologien weiter Wert haben. Sicher gilt das nicht für alle Branchen und nicht für alle Senioren. 55-Jährige können jung im Geist und körperlich fit sein. Manch 40-Jähriger wirkt dagegen verkrustet. Vorsicht: Es muss nicht immer eine Festanstellung sein, denn wenn Senioren vor ihrem Rentenalter den Betrieb verlassen, kann es sein, dass der Arbeitgeber einen Teil der Rentenzahlung übernehmen muss.

4.3.7.3 Altersversorgung

Der „familiäre" Charakter, der viele unserer Betriebe prägt, darf sich in Form von Zahlen und Fakten ausdrücken. Eine betriebliche Altersversorgung könnte für Sie und Ihre Mitarbeiter eine gute Sache sein, die für alle Beteiligten in vielerlei Hinsicht Nutzen bringt. Das gilt nicht nur angesichts des staatlichen Rentendebakels. Eine betriebliche Altersversorgung ist ein wirkungsvolles Fürsorge-Projekt mit dem positiven Nebeneffekt, gute Leute im Betrieb zu halten. Und es wird in Zukunft immer wichtiger: Über die Hälfte der Arbeitnehmer würden eine Altersversorgung der Gehaltserhöhung vorziehen, die Tendenz ist steigend. Natürlich ist die Einrichtung nicht einfach und eine sehr genau zu überlegende Entscheidung – wir möchten Sie mit diesem Abschnitt zum Nachdenken bringen und veranlassen, dass Sie sich über mögliche Modelle wenigstens einmal informieren.

4.3.7.4 Altersteilzeit – und tschüss…?!

Modell 57 ist der heimliche Star und wird am liebsten genommen. Hat der Mitarbeiter das magische Alter 57 erreicht, beginnt für ihn die sechsjährige Phase der Altersteilzeit. Er kann die ersten drei Jahre Vollzeit arbeiten und hat dann drei Jahre Freizeit. Mit 60 ist er im Grunde im Ruhestand. Einziger Wermutstropfen: Er muss bis zu 7,2 % Abschlag auf die Rente akzeptieren. Die Vorteile für das Unternehmen sind: Die Bundesagentur für Arbeit unterstützte die Aktion mit mindestens 20 % Lohnzuschuss und mit Übernahme der Rentenversicherungsbeiträge – vorausgesetzt, der Betrieb besetzt die frei werdende Stelle neu. Angerechnet wird dabei auch ein neuer Azubi oder die Übernahme eines Azubis in Festanstellung. Es gibt andere Modellvarianten mit gleitend reduzierter Arbeitszeit.

Das ist keine uninteressante Sache – weder für Arbeitnehmer noch für Arbeitgeber. Ob Modell 57 oder 59, das es auch gibt – je nach Einstellung des Mitarbeiters wird für ihn eine sehr individuelle Gestaltung des Lebensabends möglich. Ihnen als Unternehmer schafft es Gestaltungsfreiräume, die sich auf die gesamte Personalstruktur auswirken und auch unter monetären Aspekten interessant sind.

Ein paar Formalien sind natürlich wie immer zu beachten. Für viele Branchen gibt es bereits Tarifverträge für Altersteilzeit, die Sie abrufen können. Aber Achtung: Achten Sie darauf, dass Sie die Arbeitszeiten rechtzeitig im Vorfeld der entsprechenden Altersgrenze vereinbaren und verbindlich festlegen.

4.3.8 Nicht für harte Männer? Weiche Faktoren der Betriebsführung in der Unternehmenskultur

Unternehmenskultur und Betriebsklima dürfen nicht abgetan werden – sie haben nachweislich Wirkung

Unternehmenskultur, Zufriedenheit mit der Arbeit, Betriebsklima, Führung, Freude, Vertrauen – hier eine Auswahl der so genannten „weichen" Faktoren in der Unternehmensführung. Ob Sie es wahrhaben wollen oder nicht: Wer sich um diese Aspekte kümmert, wem das Klima im Betrieb wichtig ist, hat meist zufriedene und motivierte Mitarbeiter. Aufmerksamkeit allein kann schon sehr viel bewirken. Zeigen Sie, dass Sie sich mit Ihren Mitarbeitern auseinander setzen, indem sie sich mit ihnen zusammensetzen Zeigen sie ihnen, dass Sie sie nicht als bloße Nummern im Wertschöpfungsprozess wahrnehmen.

Gerade in Familienunternehmen besteht die Chance zum persönlichen Gespräch mit Mitarbeitern

DAS DIREKTE GESPRÄCH MIT DEM MITARBEITER, DAS SIE MINDESTENS EINMAL IM JAHR FÜHREN SOLLTEN, IST EIN FUNDAMENT, AUF DEM SIE EIN GUTES VERHÄLTNIS ZU IHREN LEUTEN AUFBAUEN.

Das gilt nicht nur, weil Sie ihnen das Gefühl geben, ernst genommen zu werden, weil Sie signalisieren, dass Sie sich Zeit nehmen für jeden Einzelnen, sondern auch, weil das Gespräch Ihnen wichtige Informationen bringt: über den Mitarbeiter als Mensch, als Persönlichkeit, über seine Probleme, über seine Interessengebiete. Da kommen manchmal ganz erstaunliche Dinge zu Tage und vieles, was Ihnen unverständlich war, wird plötzlich erklärbar. Das Gespräch ist der Moment, wo Sie über fachliche und sachliche Qualifikationen in Bezug auf die betriebliche Leistung sprechen, wo das Thema Gehalt diskutiert wird. Hier können konkrete Verbesserungen in gezielten Bereichen für das nächste Jahr geplant und Perspektiven für die Zukunft besprochen werden.

4.3.9 Manchmal muss es sein... – die Kündigungsproblematik

Der Umsatz in Ihrem Unternehmen ist eingebrochen und die Situation wird sich auf absehbare Zeit nicht verändern. Dann ist die Not auf allen Seiten groß. Nur mit einer klaren Strategie haben sie die Basis, um mit Ihren Mitarbeitern zusammen mehrere Wege/Alternativen zu erörtern und die richtige zu wählen. Am Ende des Spektrums steht notgedrungen die Kündigung, aber zur Überbrückung absehbarer Einbrüche gibt es Alternativen:

- Kurzarbeit,
- Zeitarbeitskonten,
- Umwandlung von Voll- auf Teilzeit,
- Altersteilzeit (siehe oben),
- Sabbatical-Jahr anbieten.

Möglichkeiten zur Arbeitsreduzierung vor dem letzen Mittel der Kündigung

Traditionell bieten eine Reihe von Branchen in saisonal bedingten schlechten Phasen **Kurzarbeit** an. Die Kurzarbeit wird der Bundesagentur für Arbeit gemeldet, die Kurzarbeiter bekommen die Differenz zu ihrem Lohn ersetzt; sollte danach doch eine Kündigung notwendig werden, wird das Arbeitslosengeld auf den ursprünglichen Betrag angerechnet.

Weniger aufwändig ist es, **Zeitarbeitskonten** einzuführen. In saisonal starken Zeiten sind die Mitarbeiter lange Zeit im Betrieb und bauen ihr Konto auf. In schlechten Zeiten können sie die Stunden dann wieder abbauen. Der Lohn wird gleichmäßig weitergezahlt. Besonders intensiv zeigt sich das Modell beim Fernlehrgang, bei Teilzeitstudiengängen und Ähnlichem mehr. Dem einen oder anderen Mitarbeiter kann man sicherlich auch einen **Teilzeitjob** anbieten. Klären Sie das in einem Gespräch mit dem Einzelnen. Selbstverständlich sollten Sie in diesem Zusammenhang die Chancen der Altersteilzeit prüfen und mit den Betroffenen diskutieren.

Vielleicht gibt es auch Leute, die es interessant finden würden, ein „**Sabbat-Jahr**" zu machen. Sie bekommen die Zusage, nach einem Jahr wieder einsteigen zu können. In der Zwischenzeit reisen sie durch die Welt, schließen ihr Studium ab, besteigen den Himalaya oder was auch immer.

4.3.10 Kurz vor Schluss: Akten und Fakten

Bestandteile der Personalakte

Eine gepflegte Personalakte enthält normalerweise den Arbeitsvertrag, Lohn- und Gehaltsunterlagen und Urlaubsscheine. Wir empfehlen Ihnen, die Akte mit ein paar weiteren Punkten zu ergänzen. Dazu gehört die Entlohnungsmatrix (siehe dort), dazu gehört auch eine Leistungsbeurteilungsliste, die Stellenbeschreibung, Protokolle der Mitarbeitergespräche.

Aber Vorsicht: Die Personalakte ist eine „offizielle" Akte und Sie sollten dort einerseits nicht solche persönlichen Bemerkungen ablegen, die Dritte nichts angehen. Andererseits brauchen Sie Notzen über und zu dem jeweiligen Mitarbeiter. Wann hat er Geburtstag? Hat er Familie, wie viele Kinder? Was mag er besonders gerne, wofür ist er weniger zu begeistern? Auf diese Art und Weise bauen Sie sich einen Motivations-Fundus auf, eine Art „Trick"-Kiste, auf die Sie zurückgreifen können, wenn Sie nach einer besonderen Aufmerksamkeit suchen. Und noch eine Rubrik

Formaler Charakter der Personalakte

würden wir Ihnen empfehlen: Den Wutzettel. Wenn Sie sich über einen Mitarbeiter ärgern – zu Recht oder zu Unrecht – ‚schießen Sie nicht gleich los. Setzen Sie sich stattdessen hin, schreiben Sie den Vorfall auf und legen ihn in die Wutzettel-Rubrik. Je nach Vorfall kann der da einen Tag, eine Woche, evtl. sogar Monate bis zum nächsten Mitarbeitergespräch liegen. Das ist sinnvoll, weil Sie sich durch das Aufschreiben bereits beruhigen und nicht in die Gefahr geraten, allzu unsachlich oder gar ungerecht zu reagieren. Trotzdem wird die Sache nicht vergessen, sie kann beim nächsten Mitarbeitergespräch sogar wichtig werden, wenn es um unterschiedliche Auffassungen zu lohnrelevanten Leistungskriterien geht. Diese zusätzlichen Bemerkungen sind Ihre persönlichen Notizen. Alles, was Sie ggf. einmal arbeitsrechtlich nutzen möchten, müssen Sie formal formulieren und „richtig" in der Personalakte ablegen.

Kleines Lexikon des Arbeitsrechts

Abmahnung
Sie ist Voraussetzung für eine verhaltensbedingte Kündigung. Ihr Mitarbeiter muss gegen gesetzliche oder arbeitsvertragliche Pflichten verstoßen haben, damit Sie ihn abmahnen können. Die Abmahnung sollten Sie möglichst kurz halten. Für jeden Verstoß ist eine eigene Abmahnung zu schreiben. Schildern Sie zunächst exakt den Vorfall: Datum, Uhrzeit, genauer Verstoß. Drohen Sie für den Wiederholungsfall die Kündigung an. Ein Vorfall, den Sie abgemahnt haben, gilt nicht mehr als Kündigungsgrund. Die Kündigung ist erst im Wiederholungsfalle möglich. Abmahnen darf jeder, der dem Mitarbeiter weisungsbefugt ist.

Ausbildungsverhältnis
Durch die Ausbildung sollen dem Azubi eine breit angelegte berufliche Grundbildung und die erforderliche Berufserfahrung vermittelt werden. Der Ausbildungsvertrag wird zwischen dem ausbildenden Unternehmen und dem Auszubildenden bzw. seinem gesetzlichen Vertreter abgeschlossen. Der Ausbildungsvertrag und mögliche Änderungen sind mit ihrem wesentlichen Inhalt in das Berufsausbildungsverzeichnis bei den zuständigen Stellen, also zum Beispiel Kammern und Innungen, einzutragen. Nutzen Sie die maximale Probezeit von sechs Monaten, denn eine Kündigung danach ist so gut wie ausgeschlossen.

Arbeitsvertrag
Arbeitsverträge können mündlich geschlossen werden. Wir empfehlen aber, sie schriftlich zu dokumentieren. Dazu gehören Name und Anschrift von Arbeitgeber und Arbeitnehmer, der Beginn des Arbeitsverhältnisses, die Dauer, der Einsatzort, die Beschreibung der Arbeit, das Arbeitsentgelt, die Arbeitszeit, der Urlaub, Kündigungsfristen, sonstige anwendbare Verträge (z.B. Tarifvertrag, Betriebsvereinbarung, Dienstvereinbarung). Datum und Unterschriften.

Befristung
Das Beschäftigungsförderungsgesetz gilt nicht mehr. Die Nachfolgeregelung sieht wie früher vor, dass eine Befristung für die Dauer von max. zwei Jahren mit Verlängerungsmöglichkeiten innerhalb dieser Zeit möglich ist. Die Befristung muss schriftlich vereinbart werden, sonst kann sich der Mitarbeiter darauf berufen, ein unbefristetes Arbeitsverhältnis abgeschlossen zu haben. Gegebenenfalls brauchen Sie dann einen Kündigungsgrund, um das Arbeitsverhältnis zu beenden.

Direktionsrecht

Der Arbeitgeber bestimmt, wie die Arbeit erledigt wird. Achten Sie bei Abschluss des Arbeitsvertrages darauf, dass die Regelungen zur Einsatzart Ihres Mitarbeiters nicht zu eng gefasst sind und einen Vorbehalt zu anderen Beschäftigungen enthalten. Im Übrigen müssen Sie sich bei der Ausübung Ihres Direktionsrechts natürlich an Recht und Gesetz halten. Dazu gehört auch das Persönlichkeitsrecht Ihres Mitarbeiters. Allerdings gibt es wenige Fälle, in denen ein Mitarbeiter aus diesem Grund erfolgreich gegen eine Weisung vorgehen konnte. Sollte man sich nicht einigen können, entscheidet der Richter, was der Mitarbeiter tun muss.

Kündigung

Kündigungen, Befristungen und Aufhebungsverträge müssen schriftlich erfolgen. Die Kündigung muss und sollte nicht begründet werden. (Ausnahme: Ausbildungsverhältnis) Im Falle der außerordentlichen Kündigung hat Ihr Mitarbeiter das Recht, Sie um Mitteilung des Kündigungsgrundes zu bitten. Erst im arbeitsgerichtlichen Verfahren müssen Sie zu den Kündigungsgründen Stellung nehmen. Holen Sie deshalb frühzeitig fachkundigen Rat ein, damit es vor dem Arbeitsrichter kein böses Erwachen gibt.

Teilzeitarbeit

Das neue Gesetz über Teilzeitarbeit sieht vor, dass Ihre Mitarbeiter von Ihnen die Verkürzung oder Verlängerung ihrer Arbeitszeit im Rahmen des Arbeitszeitgesetzes verlangen können. Ein Rechtsanspruch besteht zwar nur in Betrieben mit mehr als 15 Mitarbeitern, für Betriebe unterhalb dieser Grenze sind die Auswirkungen aber noch nicht klar abzusehen. Teile des Gesetzes gelten nämlich auch in diesen Betrieben.

Zeugnis

Jeder Mitarbeiter hat beim Ausscheiden aus dem Betrieb Anspruch auf ein Zeugnis. Darin sind Art und Dauer der Beschäftigung darzustellen. Die Tätigkeit Ihres Mitarbeiters ist so vollständig und genau zu beschreiben, dass sich der künftige Arbeitgeber ein klares Bild über die Fähigkeiten und Kenntnisse Ihres Mitarbeiters machen kann. Falls Ihr Mitarbeiter dies wünscht, müssen Sie auch zur Führung und zu den Leistungen etwas schreiben. Neuerdings ist auch eine Grußformel am Ende des Zeugnisses aufzunehmen.

Fazit
Personal ist eine Investition mit strategischer Dimension und damit Chefsache. Für Sie als Chef/in ist es eine permanent andauernde, immer währende Prozedur, eine wahre Lebensaufgabe. Damit Sie finden, was Sie suchen, brauchen Sie klare Vorstellungen von den Qualifikationen, die Sie erwarten, die Sie zur Umsetzung Ihrer Unternehmensstrategie benötigen und die Sie sich als Mensch von Ihren Leuten wünschen. Anforderungs-, Eignungs- und Entwicklungsprofile sind dabei besonders hilfreich. Die Kriterien, die Sie darin erarbeiten, geben Ihnen Stoff und Verhandlungsmasse in den regelmäßigen Gesprächen, die Sie mit Ihren Leuten führen sollten. Die Regelmäßigkeit dieser Gespräche ist wichtig, denn jede Aufmerksamkeit, die Sie den Mitarbeitern schenken, ist eine gute Investition.

5 Organisation, Information, EDV – ist Organisieren alles?

5.1 Besonderheiten und Eigenarten

Böse Zungen behaupten, dass das Organisationshandbuch das Vorletzte sei, was ein Unternehmen macht, danach käme nur noch der Gang zum Insolvenzrichter. Von der Hand zu weisen ist das nicht. Organisationshandbücher erfordern eine intensive Auseinandersetzung mit internen Prozessen. Erfahrungsgemäß wird darüber schnell der Markt vergessen.

Flexible, nicht starr festgeschriebene Organisation ist ein Vorteil in Familienbetrieben

Nun sind viele Familienbetriebe gegen diesen Handbuch-Virus resistent. Sie sind flexibel im Aufbau, vieles geht auf Zuruf, die Reaktionszeiten sind entsprechend kurz. Das bringt Schnelligkeit und Flexibilität. Beides sind wirkliche Wettbewerbsvorteile der Familienunternehmen. Die großen Konzerne schielen längst auf diese Chancen in Sachen Marktnähe und Kundenorientierung. Mit einer Vielzahl von Konzepten haben sie begonnen, kleine, überschaubare Einheiten zu bilden, die näher am Markt sind. Ob das nun modulare Unternehmensformen oder so genannte fraktale Fabriken sind: Die

Großunternehmen gliedern oft in kleinere Einheiten, um ihrerseits flexibler zu werden

„Tanker" wissen um die Chancen der schnittigen „Familien"-Boote und nehmen den scheinbar ungleichen Wettbewerb an. Mit der permanenten Anpassung der Organisation an die Marktbedürfnisse, mit den entsprechenden Formen der Personalführung und der Vernetzung nach innen und außen schaffen sie sich gute Ausgangspositionen.

Da heißt es aufpassen, dass wir im Rennen um Wettbewerbsvorteile nicht ohne Not zu viel Fahrt gegen die „Großen" verlieren. Zurücklehnen und auf traditionelle Vorteile setzen, das geht nicht, nicht mehr. Aber es gibt ein paar Wege, die für andere nur sehr schwierig, wenn überhaupt kopierbar sind. Die gilt es zu pflegen. Gleichzeitig gibt es aber auch chaotische Stellen, die für den Unternehmenserfolg kontraproduktiv sind. Die geradezu nach Organisation schreien, die aufgedeckt und bearbeitet werden sollten.

Flexibilität und Schnelligkeit haben ihre Grenzen

Weder Flexibilität noch Schnelligkeit sind unendlich dehnbar. Irgendwann wird Flexibilität zur Orientierungslosigkeit und Schnelligkeit zur unkoordinierten Raserei. Davon sind wiederum die Großbetriebe nicht betroffen. Da sollte man doch mal einen Blick wagen in die Organisation der Großen, fragen, ob es nicht denkbar ist, dass wir hier das ein oder andere kopieren.

Notwendige Organisation betrifft den Einzelnen und den Betrieb als Ganzes

*Organisation hat dabei **nicht nur etwas mit einer Organisation als Einheit** zu tun. Sie kann sich **auch auf einen Einzelnen beziehen**. Auf den Unternehmer zum Beispiel, auf dessen Chaos, auf seine Fähigkeit, das Wichtige vom Dringenden zu unterscheiden. Prioritäten zu setzen, darüber, was im Zeitablauf vordringlich abzuarbeiten ist, was noch ein wenig warten kann, und was delegierbar ist, das sollte in ein Raster gebracht werden. Ein gepflegtes Chaos hat einfach Vorteile. Es hilft, die wichtigen Termine, alles, was der Verfolgung der strategischen Ziele dient, klar zu erkennen.*

*Die **Informationsflut**, die mit Internet und weiteren neuen Medien über uns hereingebrochen ist, ist nicht nur ein Segen. Aus den vielen Angeboten* herauszufiltern, was für das Alltagsgeschäft oder sogar die strategische Entwicklung wichtig ist, ist eine Zeit raubende Angelegenheit. Die Daten und Fakten, schütten dann schon mal den Schreibtisch zu. Da behilft man sich mit Post-It's, da werden mehrere Aktenschränke aufgebaut und Sortiersysteme gekauft. Aber wenn man die Information braucht, von der man behauptet, dass sie noch kürzlich an dieser Stelle lag, ist sie einfach nicht auffindbar.

Beherrschung der Informationsflut gehört mit zur Organisation

Während diese kleinen Ärgernisse des Alltags noch verkraftet werden, zeigen sich weitere unangenehme Positionen, wenn man diese Unvollständigkeiten auf die ganze Organisation überleitet. Was ist, wenn auch im täglichen Geschäftsbetrieb die Informationen im Bedarfsfall nicht auftauchen? Weil sie in diesem Moment im Kopf eines Mitarbeiters sind, der gerade Füße und Seele im Mittelmeer baumeln lässt und kein Handy dabei hat? Da schlagen dem Chef und den Mitarbeitern die Nachteile einer locker gehandhabten Organisation in die Weichteile. Informationen in den Köpfen der Leute stehen noch längst nicht allen zur Verfügung. Sie zu sammeln, aufzubereiten und dem Rest der Mannschaft zur Verfügung zu stellen, ist Knochenarbeit. Das **Management des gesammelten Wissens** in einem Familienbetrieb ist notwendig, um die Abhängigkeiten von einzelnen Mitarbeitern zu reduzieren, um die Wissensbasis der eigenen Organisation zu vergrößern und die Erkenntnisse jedes Einzelnen weiterzubringen.

Vorhandene Information muss verfügbar gemacht werden – Wissensmanagement ist angesagt

Da ist ganz schön viel zu tun. Aber die neuen Medien, letztlich Urheber der Fluten, bieten mittels der **elektronischen Datenverarbeitung** akzeptable und gangbare Lösungsmöglichkeiten. Da tun sich gerade kleine Betriebe schwer, denn die meisten EDV-Lösungen sind für KMUs überdimensioniert in Umfang und Anwendungsmöglichkeiten, aber auch in den Preisen. Letztlich geht es nicht um den neuesten Schrei, sondern um die genaue Passform für den Betrieb.

EDV dient als Hilfsmittel

Wer die speziellen Fallstricke der Organisation in Familienbetrieben im Kopf hat, wird schnell ein passendes Konzept für sich finden können. Hier die bekanntesten Fußangeln und Chancen:
- Wichtig, dringend, unersetzlich und unabkömmlich
- Das Team sind wir – familiäre Teamkonzeptionen
- Rufe ins Labyrinth – Zuruf und Kompetenz
- Geheimniskrämerei, Informationsflüsse und Informationsfluten
- Berührungsängste und Angstkäufe. EDV: Was ist „Inside"?

Wichtig, dringend, unersetzlich und unabkömmlich

Zeit ist auch beim Familienunternehmer das ewig knappe Gut. Richtig ist, dass der Unternehmer, die Unternehmerin, einen breiten Aufgabenbereich hat und vor allem in den Auf- und Ausbauphasen an allen Ecken und Enden strapaziert wird. Weil man da schnell mal den Wald vor lauter Bäumen nicht mehr sieht, ist das Management der eigenen Zeit zweckmäßig.

Hohe Inanspruchnahme der Familienunternehmer/innen macht persönliches Zeitmanagement sinnvoll

Zeitmanagement-Bücher haben Hochkonjunktur, aber bei Unternehmern finden sie sich eher selten auf den Schreibtischen, wenn überhaupt, in den Schubladen. Die Befürchtung, dass vor lauter Planung der Zeit keine Zeit zum Arbeiten bleibt, hängt in der Luft und ist nicht nur aus der selbigen gegriffen.

Vermeintliche „Unersetzlichkeit" sollte abgebaut werden

Diese Hemmschwelle abzubauen, ist einfach, verglichen mit dem Abbau der mehr oder weniger verdeckten Vorstellung der „Unersetzlichkeit". Das Bedürfnis, die Bedeutung der eigenen Person zu unterstreichen, indem man ständig präsent ist, überall mitspielt, das schafft gnadenlose und unnötige Zeitfresser. Dahinter steckt die Angst, nicht perfekt zu sein, die Angst davor, Ansehen und Respekt zu verlieren, wenn man Arbeiten abgibt und damit Macht. Loslassen können, delegieren können, ein Team zu haben, auf das man sich verlassen kann: Das wäre die Aufgabe. Ein ebenso schwieriger wie wichtiger Prozess, der damit angetreten wird, denn die Zeit, die durch Delegation frei wird, steht ja für wirklich unternehmerische Aufgaben zur Verfügung. Das schafft Freiräume, die der Unternehmer braucht, um über den Tellerrand des operativen Geschehens hinaus zu blicken. Und die verschaffen auf eine andere Art und Weise Respekt und Ansehen. Es bringt auch der Familie die Chance, sich besser mit den Bedürfnissen des Betriebes zu arrangieren.

Das Team sind wir – familiäre Teamkonzeptionen

Das Team stellt sich in der Praxis meist recht einfach dar: „**T**oll, **e**in **a**nderer **m**acht es". Für viele Zeitgenossen ist Teamarbeit ein interessantes Projekt, bei dem die Verantwortung für Misserfolg leicht auf andere abgeschoben, Erfolg aber auf das eigene Konto gebucht wird. In unseren Betrieben ist das allein auf Grund der überschaubaren Größe schwieriger. Der Chef selbst hat das „faule Ei" irgendwann im Visier und kann entsprechend reagieren. Idealerweise geschieht das, weil andere Mitarbeiter rebellieren und nicht ständig einen mitziehen wollen, der sich auf Kosten anderer einen lauen Lenz macht. Das hat nichts mit denunzieren zu tun, sondern mit Fairness. Es ist Ihre Aufgabe als Chef/in, darauf zu achten, dass sich keiner auf Kosten anderer stark macht. Und zwar nicht unter irgendeinem Deckmantel, sondern im Namen der Kollegialität. Ein funktionierendes Team im Familienbetrieb ist in der Lage, die positiven Effekte der Teamarbeit nach außen zu bringen. Die Chance, dass sich hier eine Dynamik entwickelt, die jenseits der Ellbogen- und Mobbing-Mentalität liegt und dem Betrieb dient, ist hoch. Die Chance steigt, wenn das „Führungsteam" gut zusammenarbeitet, wenn Lebenspartner als echte Partner auftreten, wenn klar ist, dass sich Junior/in und Senior/in im Großen und Ganzen einig sind. Das ist leider keine Selbstverständlichkeit.

Ein echtes Teamverständnis sollte entwickelt werden

Rufe ins Labyrinth – Zurufe und Kompetenz

Arbeit auf Zuruf ist die schnellste Art der Zusammenarbeit. Das gilt allerdings nur, wenn der Zuruf auch dort ankommt, wo er gut aufgehoben ist. Das ist manchmal ein Glücksspiel. Und manchmal ist es auch eine Zumutung. Zum Beispiel für den Kunden, der nicht das Glück hat, an einer kompetenten Stelle zu landen. Der froh ist, dass er endlich am Telefon durchgekommen ist, um sich dann schrittweise von einem zum anderen durchzuhangeln, unterbrochen vom Radetzky-Marsch, und am Ende dann doch ohne Antwort hängen zu bleiben. Zurufe haben auch die Eigenschaft, dass sie unproblematisch sind, wenn alles gut läuft und seinen Gang geht. Sobald ein Problem eintritt, eine

Arbeiten auf Zuruf klappt nur, wenn alles glatt geht

Schwierigkeit auftaucht, ist gar nicht mehr so klar, wer wem was zugerufen hat. Das schafft Unsicherheit. Es untergräbt jedes Klima des Vertrauens. Ohne klare Verantwortlichkeiten, klare Zuständigkeiten und die Zuordnung der Aufgaben wird immer genug Chaos sein, um Unstimmigkeiten zu schaffen. Mit ein wenig Struktur, mit einem **Organigramm**, lässt sich ein Weg durch das Labyrinth finden. Das wirkt sich übrigens auch sehr positiv auf die familiären Beziehungen im engeren Sinne aus. Denn gerade hier sind die unklaren Zuständigkeiten Grund für viele Missverständnisse und für große Reibungsverluste (siehe etwa „Die Rolle der Unternehmerfrau").

Verantwortlichkeiten sollten klar geregelt werden

Geheimniskrämerei, Informationsflüsse und Informationsfluten

In großen Organisationen wirbeln Begriffe umeinander, die in kleineren Unternehmen weniger Bedeutung haben oder manchmal gar keine Rolle spielen. Mobbing gehört dazu, das konsequente Sägen an den Stühlen der anderen, die Ellbogenmentalität und das Herrschaftswissen: Bei einer annähernd fairen Führung durch den Chef, bei Klarheit und Transparenz der geschäftspolitischen Spielregeln, lässt sich das in Familienbetrieben erstaunlich reibungslos regulieren. Nicht bei allen Mitarbeitern (siehe im Kapitel 4 über Mitarbeiterführung), aber immerhin doch um die „Perlen" herum, die sich vorzugsweise in dieser Klientel bewegen.

Familienbetriebe haben eine gute Chance auf den Idealzustand des reibungslosen Informationsflusses

Der Idealstandard aber ist nicht überall zu finden, Schwachstellen zeigen sich immer dann, wenn die Beziehungen Führung – Mitarbeiter und Kollegen – nicht wirklich in Ordnung sind. Dann werden auch in kleinen Betrieben solche scheinbaren Vorteile verspielt. Dann zeigt sich der Wert eines durchdachten und wohlstrukturierten Wissensmanagements. Über eine EDV, die es ermöglicht, die relevanten Informationen einerseits zu sammeln und zu bündeln und andererseits eigene Informationen schnell und zielgerecht an den Mann/die Frau zu bringen. „Wenn Ihr Unternehmen wüsste, was es weiß" – tja, was wäre dann?! Erstaunlicherweise haben die wenigsten Unternehmer eine Vorstellung davon, was da so alles an Wissen vor sich hin schlummert und dümpelt. Das gilt es zu wecken.

Unterstützung bietet ein strukturiertes, EDV-gestütztes Wissensmanagement

Berührungsängste und Angstkäufe. EDV: Was ist Inside?

EDV ist eine interessante Größe in Familienbetrieben. Dort, wo Junioren mit ins Boot wollen, ist EDV recht gut positioniert. Wo das nicht der Fall ist, sind die Berührungsängste ausgesprochen groß. Das ändert sich, aber langsam. Häufig wird unsystematisch gearbeitet, Hard- und Software gekauft, die für den Betrieb überdimensioniert ist und auch zu immensen Folgeinvestitionen bei der Schulung des Personals führt. Solche Angstkäufe sind das eine Extrem, die immensen Berührungsängste das andere. In Familienbetrieben findet sich beides. Das hat nicht nur was mit dem Alter der Beteiligten zu tun. Es geht um Dinge wie Veränderungsbereitschaft, Auseinandersetzung mit neuen Herausforderungen. Dieses Zuviel an Ladehemmung wird oft mit Killerphrasen begründet: „Haben wir noch nie gebraucht und auch noch nie gemacht". Dran sein – Drin sein, das ist nicht nur für das Internet von Bedeutung.

EDV ist in Familienbetrieben oft eine Schwachstelle – teils zu wenig eingesetzt, teils überdimensioniert gekauft

Wie stellen Sie sich darauf ein?

- Organisation ist gut und wichtig, wenn die Prozesse durchschaubarer werden, wenn Doppelarbeit vermieden wird, wenn Ein- und Ausgang koordiniert sind, wenn die Buchhaltung in Ordnung ist, wenn die Neuen Medien genutzt werden, wenn Standardprozesse bekannt sind und weit gehend fehlerfrei ablaufen usw. Das sollte Ziel Ihrer organisatorischen Bemühungen sein. Jede Befürchtung, dass das Bürokratie sei, ist unbegründet. Oder eine Ausrede?
- Die Chancen, die in der intensiven Verständigungsfähigkeit der Menschen in Familienbetrieben liegen, sollten intensiv zum Vorteil der organisatorischen Abläufe genutzt werden. Ein Kopfnicken, eine hochgezogene Augenbraue, das reicht oft. Aber nicht immer und nicht für jeden im Betrieb. Bestimmte Positionen sollten dokumentiert werden, um sicherzustellen, dass die Außenstehenden, die Kunden, die Lieferanten, die Mitarbeiter auch von den schnellen Zugriffswegen und Durchlaufzeiten profitieren.
Neue Mitarbeiter können damit reibungsloser integriert werden. Vertretungsregeln lassen sich leichter aufstellen und die Personalentwicklung (siehe dort) kann auf den betrieblichen Bedarf eingestellt werden.
- Wie so oft beginnt auch bei der Organisation der Fisch am Kopf zu stinken. Ob und wie weit der Unternehmer organisiert ist, strahlt auf den gesamten Betrieb. Wenn Sie ständig einen gehetzten, vielleicht sogar überforderten Eindruck machen, schlägt das auf das Betriebsklima. Also versuchen, Sie, Prioritäten zu setzen. Denken Sie an die Strategie Ihres Unternehmens, unterscheiden Sie zwischen wichtig und dringend (siehe unten) und entdecken Sie den Spaß an der Delegation (siehe Führung).
- Arbeiten Sie an den Gegnern der Organisation: Aufschieberitis und Perfektionismus. Diese beiden killen jedes Zeitmanagement. Eine Prioritätenliste der Aufgaben, mit Einordnung in zeitliche und inhaltliche Rangfolge, ist ein gutes Mittel, um mit diesen Zeitkillern erfolgreich klar zu kommen.
- Die Auseinandersetzung mit der Welt der EDV fällt der jungen Generation einfacher. Aber sie hat kein Monopol darauf. Mit ein wenig Interesse können auch Sie sich diese Welt erschließen. Lassen Sie sich auf dieses Wagnis ein, es lohnt sich. Wer die Auseinandersetzung konsequent verweigert, darf sich nicht wirklich wundern, wenn er als moderner Analphabet betrachtet wird.
- Helfen Sie mit, ein scheinbares Paradox aufzulösen: Ausgerechnet die sehr stark technik-orientierte Gruppe der Familienunternehmer hat Ladehemmung, sich mit den neuen Technologien auseinander zu setzen. Technikfeindlichkeit dürfte daher nicht der Grund sein. Was dann? Sie allein kennen die Antwort. Denken Sie darüber nach, dass der Widerstand gegen Wandel auch Energie kostet, möglicherweise sogar mehr als die Aufnahme neuer Positionen.
- Organisieren Sie Ihr Privatleben mit, denn die Vernetzung von Leben und Arbeiten ist ein Managementproblem. Eine einseitige Belastung kann nie gut gehen, ein strikte Aufteilung würde die idealtypische Reaktionsfähigkeit des Familienunternehmens unterlaufen. Wenn Not am Mann/an der Frau ist, müssen die Kräfte dem Betrieb zur Verfügung gestellt werden. Da stehen dann auch mal die Kinder gerne an. Es gibt andere Phasen, Zeiten mit mehr Luft im Unternehmen. Dies soll, kann und darf dann auch der Familie zur Verfügung stehen. Gehen Sie nicht leichtfertig damit um, denn die Rechnung für schlechtes Familien-Betriebs-Management wird Ihnen irgendwann präsentiert. Spätestens, wenn es um das Thema Nachfolge geht.

5.2 Oktaven realer Organisation

Auf dem schmalen Grat zwischen Bürokratie und Ordnung bzw. Organisation bewegen sich die Familienbetriebe jenseits des einen Ufers. Und das heißt sicher nicht Bürokratie. Dass sie aber auch von der Organisation zu weit entfernt sind, zeigt sich meist eher verdeckt. Man erkennt dies in Aussagen, die den chronischen Zeitmangel signalisieren und erklären, in etwa folgenden Oktaven, die wie in den vorangegangenen Kapiteln aus unserer Beratungspraxis stammen:

- Dafür habe ich keine Zeit.
- Das machen wir alles selber.
- Wir sind doch bestens organisiert.
- Organisation ist was für Beamte.
- Wenn ich nur ein wenig mehr Zeit hätte.
- Ich weiß manchmal nicht mehr, wo mir der Kopf steht.
- Wir brauchen keine „neuen Medien".

O-Töne zum Thema Organisation

Wie geht es Ihnen, wenn Sie endlich mal wieder dazu kommen, den Schreibtisch aufzuräumen oder wahlweise das Lager oder die Werkzeugbank? Plötzlich finden sich Dinge wieder, die längst vermisst gemeldet waren, andere wandern schnurstracks in die Ablage „P"apierkorb. Gut so. Wieder andere lassen die Alarmglocken angehen: Oh, das hätte ja längst erledigt sein sollen... Eine Ordnungsaktion bringt also immer etwas zu Tage. Und jedes Mal nimmt man sich von neuem vor, dass man das nächste Mal eher drangehen wird, den Stapel nicht so hoch werden lässt. Das Vorhaben hält dann meist noch den ganzen Abend an...

Typische Situationen, die wir alle kennen...

Lästern bringt nun niemanden weiter. Aber ganz so unnütz kann es ja dann auch nicht sein, ein wenig Ordnung, ein wenig Organisation auf den Schreibtisch, in das eigene Leben, in den eigenen Betrieb zu bringen. Auch und gerade im Unternehmen, in dem mehrere Menschen zusammenkommen, ist es zweckmäßig, klare Vorgaben zu machen und Strukturen festzulegen. Für den einzelnen Mitarbeiter bringt das Orientierung, für das Team ist es Ansporn, die Vorgabe, den „High-Score" zu erreichen oder gar zu übertreffen.

... und die zu „mehr Ordnung" motivieren sollten

Es fordert heraus, die realen Abläufe im Betrieb genauer unter die Lupe zu nehmen. Ist das wirklich alles so gut organisiert? Stehen die Arbeiter nicht zu lange am Hof, weil wieder mal irgendein Teil nicht auftaucht? Stehen die Kopierer nicht unnötig still, weil vergessen wurde, den Toner zu bestellen? Sind die Rechnungen nicht schon längst überfällig? Hätten sie nicht schon vor vier Wochen gestellt werden können? Wer verantwortet das Mahnwesen, wer organisiert, dass die Schreiben rechtzeitig rausgehen? Fragen über Fragen, die man wahrscheinlich nur mit einem Mindestmaß an Organisation in den Griff bekommt – und die, wir sehen es an den gewählten Beispielen, bis in die Rechnungslegung und damit die unmittelbare Wirtschaftlichkeit reichen.

Erster Ansatz ist die genauere Betrachtung der Betriebsabläufe (die „Organisationsanalyse im Kleinen")

Organisation und Personalarbeit hängen eng zusammen

Es kommt übrigens nicht von ungefähr, dass Organisation und Personalarbeit meist sehr eng und in einem Zusammenhang erscheinen. Jede Organisation ist nur so gut, wie sie zu den Personen passt, die sie ausführen soll und je besser sie den Leuten auch bekannt ist.

Die Art der Organisation lässt sich sehr nah an die Bedürfnisse des Betriebes bzw. des Chefs hin aufbauen. Und auch die **Ablauforganisation**, die sich an die **Aufbauorganisation** anschließt, kann die Fähigkeiten und Stärken des Unternehmens sehr eng abbilden. Das ist eine der wenigen wirklichen Vorzüge, die Sie als Unternehmer haben: dass Sie eigenverantwortlich und sehr weit selbstbestimmt grundlegende Regeln für die Organisation des Betriebes nach Ihrem „Geschmack" festlegen können.

Perfekt organisiert?

Perfektionismus als Selbstzweck ist kontraproduktiv

Organisation ist auch ein recht wirksames Mittel gegen Perfektionismus. Perfektionismus hat nicht unbedingt etwas mit Qualität zu tun, weil der Kunde dieses „Mehr an..." nur selten wahrnimmt. Die Verbissenheit, mit der versucht wird, die Sache richtig bzw. perfekt zu machen, versperrt die Sicht auf die Frage, ob das überhaupt die richtige Sache ist. Die **Effektivität** bleibt außen vor, die **Effizienz** wird ad absurdum geführt, weil Aufwand und Ertrag in keinem Verhältnis mehr stehen. Ein Herr **Pareto** hat aufgezeigt, dass es wirtschaftlich betrachtet kaum vertretbar ist, nach dem perfekten Ergebnis zu streben. Sie können das in vielen Bereichen nachvollziehen. Meist erzielen Sie mit 20 % Ihres Einsatzes 80 % des Gesamtergebnisses. Mit 20% der Kunden machen Sie meistens 80 % des Umsatzes. Mit 20% Ihres Akquisitionsaufwandes generieren Sie wahrscheinlich 80% des Umsatzes. Von 80 auf 100 zu kommen, das bedeutet immensen Aufwand.

Der Weg zur Perfektion kostet. Er kostet Zeit, Geld und die Chance, sich intensiver mit der Effektivität auseinander zu setzen. Die Frage, ob und wieweit diese restlichen 20 % für den Kunden eine Bedeutung haben, darf, ja, muss gestellt werden. Die Frage, ob dieses permanente Feilen an der Perfektion ihren Preis wert ist, sollte ebenfalls genau untersucht werden und das Ganze am Ende in ein vernünftiges Zwischenmaß jenseits der 80 % führen. Es gibt Branchen, wo 100 % notwendig sind (und nicht nur die Chirurgen gehören dazu).

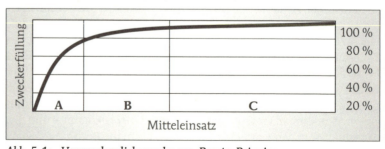

Abb. 5.1: Veranschaulichung des sog. Pareto-Prinzips

Auf jeden Fall bringt aber allein schon die Auseinandersetzung mit solchen Erkenntnissen ein Umdenken. Organisation ist ein Prellbock gegen die Perfektion, weil eine gute Organisation immer auch die Effektivität im Blick hat. Weil sie Sie zwingt, Aufgaben nach Prioritäten anzugehen und damit einen heilsamen Zeitdruck für die aufbaut, die sich nicht in der Lage sehen, Jobs abzuschließen, solange sie nicht perfekt sind. Was auch immer das im Einzelnen bedeutet.

5.3 Die Organisation bin ich?

Ganz ohne Vorbehalt lässt sich das bei den wenigsten Unternehmern sagen. Wahrscheinlich sind sie doch zu freiheitsliebend, um sich dem scheinbaren Sog einer Ordnungsstruktur zu unterwerfen. Auch das ist eine Gratwanderung. Wir stellen jedoch fest, dass Organisation einfacher und plausibler wird und ist, wenn klare Zielvorgaben vorhanden sind. Die Strategie Ihres Unternehmens kann Ihnen auch hier eine gute Leitlinie sein, denn sie trägt dazu bei, dass Prioritäten gesetzt werden. Sie gibt eine Orientierung bei der Einordnung nach „den richtigen Dingen".

Auch eine angepasste Organisation leitet sich aus Zielen ab

5.3.1 Meine persönliche Organisation

Es gibt eine Reihe von Phänomenen, die dem besten Ordnungsplan einen Strich durch die Rechnung machen. Eines davon ist **Aufschieberitis** (was fast schon ein „Fachbegriff" im professionellen Zeitmanagement ist). Am stärksten ausgeprägt ist sie erfahrungsgemäß bei unangenehmen Aufgaben. Sie ist meist gepaart mit einer unheimlichen Kreativität, die hilft, viele Gründe dafür zu finden, was man zuvor noch alles machen sollte. Das ist ein recht sicherer Weg, ein permanent schlechtes Gewissen zu haben und **Stress** aufzubauen. Denn das Problem bleibt ja weiter bestehen, es ist zumindest im Hinterkopf immer am Anklopfen und es wird mit hoher Wahrscheinlichkeit nicht kleiner. Trotzdem ist es verdammt schwierig, der Aufschieberitis einen Riegel vorzuschieben.

Vermeiden Sie unangenehme Aufgaben vor sich her zu schieben

WAS HELFEN KANN, IST, DIE AUFGABE AUS EINEM ANDEREN BLICKWINKEL ZU BETRACHTEN UND IHRE BEDEUTUNG FÜR DIE ZIELFINDUNG IN DEN VORDERGRUND ZU STELLEN.

Kleine Hilfsmittel erleichtern das. Lassen Sie uns mit einem sehr plausiblen Modell beginnen. Sie kennen es mit hoher Wahrscheinlichkeit schon, unser Raster. Diese Ausführung hat einen sehr bekannten Vater. Dwight D. Eisenhower, Präsident der Vereinigten Staaten, hat es eingeführt und es ist von zahlreichen Zeitmanagementsystemen aufgegriffen und abgewandelt worden. Eisenhower stand wohl seinerzeit auch vor dem Problem, nicht alle seine Aufgaben gleichzeitig bewältigen zu können, und um nicht von der Last der Aufgaben erdrückt zu werden, hat er die heute so breit bekannte Eisenhower-Matrix entwickelt.

Grundlegendes Hilfsmittel: Die Eisenhower-Matrix

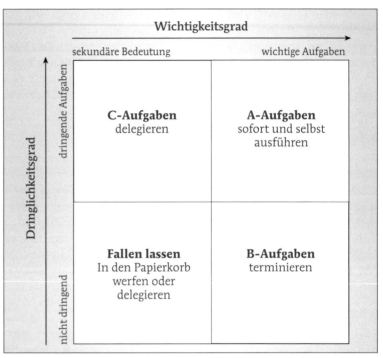

Abb. 5.2: Eisenhower-Matrix zur Beurteilung der Aufgaben

Durch Unterscheidung von Dringlichkeit und Wichtigkeit lassen sich Aufgaben nach Prioritäten ordnen

Eisenhower hat den Aufgaben Prioritäten gegeben. Seine Koordinaten waren: Zeit bzw. Dringlichkeit und Zielorientierung bzw. Wichtigkeit. Es ist im ersten Durchlauf gar nicht so einfach, die wichtigen und die dringenden Dinge klar zu trennen. Die Einteilung ist daher oft Gegenstand von so genannten Assessment-Centern, die vor allem angehende Manager durchlaufen. Hier dürfen sie beweisen, ob sie ihre knappe Zeit managen können.

Erfahrungsgemäß ordnen Ungeübte erst mal den Großteil der Aufgaben in den Quadranten Wichtig und Dringend ein. *„Ist ja so bei uns, da ist einfach alles wichtig und dringend."* Es bedarf schon ein paar Runden, bis klar wird, dass nicht alles, was das Etikett dringend trägt, auch tatsächlich wert ist, sofort bearbeitet zu werden. Was wichtig ist, hängt davon ab, wie es Ihren Zielen dient, ob Sie damit Ihre Strategie verfolgen. Wichtig sind u.a. grundlegende Entscheidungen, die aber in der Regel so oft im Vorfeld getroffen werden, dass sie nicht (tages-)dringend sind.

Versuchen Sie, Ihre Aufgaben, zumindest im Geiste, danach einzuordnen. Sie werden schnell feststellen, dass die Hektik ein wenig nachlässt und die Zufriedenheit steigt, wenn man am Ende des Tages sagen kann: Das, was wirklich wichtig und dringend war, habe ich geschafft. Und dazu noch ein, zwei weitere Aufgaben, und zwar wichtige. Solche klaren Meilensteine bringen Ruhe und helfen, Übersicht zu bekommen.

Bauen Sie den geistigen Durchgang durch das Anstehende in Ihren Tagesplan ein. Als Letztes am Vorabend oder morgens im Halbschlaf, kurz vor dem Aufstehen. Sicher werden Sie bald ausreichend Routine haben, um sich im nächsten Schritt vorzunehmen, dass Sie vermeiden wollen, Aufgaben wichtig und dringend werden zu lassen. Aufgaben, die in diese Kategorie fallen, sind tatsächlich häufig selbst gemacht. Irgendwann werden alle Aufgaben dringend, auch die, die zunächst „nur" wichtig waren. Einige hätten durchaus rechtzeitig terminiert werden können. Andererseits sind wirklich wichtige Aufgaben selten dringend. Wie oft ruft einer Ihrer wichtigsten Kunden an und fordert einen dringenden Rückruf ein? Einmal, zweimal in der Woche?

Wichtig ist, den Tagesplan vor dem jeweiligen Tag zu strukturieren

Schön wäre, wenn Sie schrittweise feststellen, dass die wirklich wichtigen und zugleich dringenden Aufgaben recht selten sind. Es sind selbstverständlich diejenigen, die Sie nicht delegieren können. Aber es sind auch nicht so viele, dass Sie das nicht bewältigen könnten. Die positive Kehrseite ist: Es gibt Raum zur Delegation – meist mehr, als die meisten Unternehmer erwarten (oder befürchten?!).

Längerfristiges Ziel: Abbau der Aufgaben, die wichtig und dringend sind

ABC-Analyse

Es gibt weitere Methoden, um sich an eine gewisse Zeitordnung heranzutasten. Die ABC-Analyse ist ein ebenso einfaches wie wirksames Werkzeug, das die Eisenhower Matrix gut ergänzt. Sie ermöglicht eine Einteilung nach Priorität in so unterschiedlichen Bereichen wie Aufgaben, Kunden, Delegierbarkeit, Bedeutung. Bei der Kundenanalyse etwa ordnen Sie unter A die Hauptkunden ein, unter B den normalen Kunden und unter C den nachrangigen Kunden. Das steht in keinem Widerspruch zur Kundenorientierung, denn auch der C-Kunde soll gut bedient werden – Sie staffeln nur Ihre aktiven Maßnahmen danach, was Sie von den einzelnen Kunden erwarten können und entscheiden sich in Entweder-Oder-Situationen zu Gunsten der besseren Zukunftserwartung (das ist nicht neu – schon jetzt überlegen Sie sich genau, wem Sie das letzte Stück einer erst in einigen Tagen wieder hereinkommenden Ware überlassen).

ABC-Analyse hilft, Aufgaben nach weiteren Kriterien sinnvoll zu staffeln

Die Aufgaben unterteilen Sie nach A = wichtig für das Erreichen Ihrer Ziele bzw. für guten Ertrag und dann abgestuft nach B = weniger wichtig und C = am wenigsten wichtig. Man kann auch Delegierbarkeit differenzieren. A-Aufgaben sind nicht delegierbar. Damit sie nicht auch noch dringend werden, sollten Sie sich schnellstmöglich daran machen. B-Aufgaben sind teilweise delegierbar, C-Aufgaben können ganz delegiert werden, oft genug sind sie ganz verzichtbar.

Sie werden schnell merken, dass sich mit wenig Aufwand tatsächlich viel (eigene) Zeit sparen lässt. Übertragen auf das gesamte Unternehmen darf zu Recht vermutet werden, dass sich Effektivitäts- und Effizienzvorteile ergeben. Die Zeit, die Sie für sich gewinnen, kann für strategische Fragen genutzt werden.

5.3.2 Die Organisation der Organisation

Irgendeine Organisation ergibt sich immer – es kommt darauf an, sie gewollt zu gestalten

Jedes System bildet gewollt und/oder ungewollt Strukturen aus. Sie haben die Chance, diesen strukturellen Aufbau zu steuern. Tun Sie das.

GERADE IN FAMILIENBETRIEBEN IST DIE BEWUSSTE ORGANISATION DER ORGANISATION MIT KLAREN REGELUNGEN UND VERANTWORTUNGSBEREICHEN EIN WICHTIGES INSTRUMENT.

Es hilft auch, emotionale Wirbelstürme zwischen den Familienmitgliedern, Kompetenzgerangel zwischen Geschwistern und Frustrationskörbe für die Junioren zu vermeiden.

5.3.2.1 Verantwortung, Aufgaben, Kompetenzen und Durchgriff

Die typischen, aus der Organisationslehre bekannten Formen finden sich in Familienbetrieben spezifisch ausgeprägt

Tatsächlich führt die Vernachlässigung einer klaren Skizze der eigenen Organisation dazu, dass insbesondere der familiäre „Führungskader" überall mitwurstelt und reinredet. Auch untereinander. Die Gefahr ist, dass die Verantwortung durchgereicht wird. Vor allem in kritischen Fällen, bei Fehlentscheidungen oder Umsetzungsproblemen, wird sie häufig wie ein heiße Kartoffel dem anderen zugeworfen. Das endet dann in fruchtlosen und unangenehmen Diskussionen, wer was wann wo getan hat. Klare Aufgabenteilung mit klaren Verantwortungsbereichen können das verhindern. Dies zeigt sich in der partnerschaftlichen Unternehmensführung und vor allem beim Generationenwechsel, der ja bekanntermaßen in deutschen Betrieben selten funktioniert.

Die Jungen haben ohnehin Schwierigkeiten, sich den Respekt der Mitarbeiter-Mannschaft zu erwerben. Langjährige Mitarbeiter sehen dann doch immer gern noch den „Kleinen", die „Kleine" im künftigen Chef. Wenn dann noch ein Senior dazukommt, der ständig dazwischenfunkt, nicht abgeben kann oder will, mehr oder weniger an seinem Stuhl klebt, wird das Ganze zu einem immensen Kraftakt, bei dem am Ende meist der Betrieb Verlierer ist.

5.3.2.2 Organisieren und führen

Familienunternehmer/ innen genießen den Vorteil, „ihre" Organisation selbst festlegen zu können

Für welche der Strukturen Sie sich entscheiden, hängt ganz wesentlich von Ihrer Art zu führen und zu arbeiten ab. Es richtet sich auch nach Ihrer Persönlichkeit. Wie viele Menschen in Deutschland, bitte schön, haben die Möglichkeit, eine Organisation nach dem eigenen, persönlichen Stil auszurichten? Hier ist ein Spielraum und eine wirkliche positive Seite für den/die Unternehmer/in im Familienbetrieb.

Organisation und Führungsstil bedingen sich wechselseitig

Der autoritäre Führungsstil (siehe im Kapitel über Mitarbeiterführung), der klare Anweisungen gibt und einen hohen Kontroll-Aufwand hat, findet sich am ehesten in einem strengen **Liniensystem**. Da mag es auch Hierarchien geben, aber der Chef hat auch auf die kleinste Einheit Durchgriff und Kontrollmöglichkeiten. Die Prinzipskizze in Abb. 5.3 veranschaulicht dies.

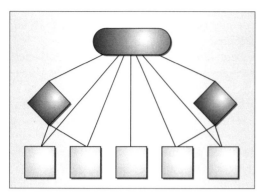

*Abb. 5.3 Unechtes Liniensystem.
Es gibt Führungskräfte, aber der
Chef/die Chefin nimmt auch direkten
Durchgriff auf alle Mitarbeiter*

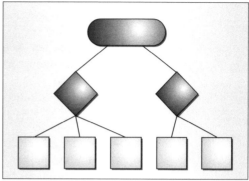

*Abb. 5.4 Echtes Liniensystem
Chef/in weist nur die Führungskräfte
an und diese sind eigenverantwortlich
„nach unten" tätig*

Wir hatten schon dargestellt, dass es durchaus Mitarbeiter geben kann, die sich in einem mittels autoritärer Führung klar vorgegebenen Raum gut fühlen. Hohe Flexibilität und Abweichung von den Vorgaben ist nicht zu erwarten. Eine partnerschaftliche Führungscrew kann sich kaum ausbilden, Teamarbeit ist nur auf den unteren „Etagen" installierbar.

Besonders problematisch ist die Organisation für die mittlere Ebene. Sie haben eine pseudo-verantwortliche Position, denn ihr Wort gilt nur so lange, wie der Chef nicht dazwischenfunkt. Der Durchgriff und die Missachtung von eigenständigen Verantwortungsbereichen führt in der Konsequenz dazu, dass irgendwann keiner mehr bereit ist, Verantwortung zu übernehmen.

Wenn ein „Liniensystem" gewählt wird, ist „Chefdurchgriff" problematisch

Eine Alternative findet sich in Betrieben, in denen der Chef auf bewährte Mitarbeiter setzen kann und auch auf sie setzen will. Diese „Perlen" genießen sein Vertrauen in fachlicher Hinsicht, sie sollten auch eine Vorstellung davon haben, wie sie mit „untergeordneten Kollegen" zu arbeiten haben. Gegebenenfalls macht es Sinn, die Betreffenden entsprechend zu schulen. Übrigens: die Möglichkeit, einen Mitarbeiter dadurch aufzuwerten, dass er für bestimmte Bereiche dann die Aufsicht über andere Kollegen hat, ist motivierend für diese Führungskräfte und entlastend für Sie. Das gilt auf allen Ebenen der Qualifikation.

Die „Perlen" sollten Verantwortung übertragen bekommen

> **Beispiel**
>
> Sie haben zehn Fahrer, die täglich einen kurzen Bericht abgeben sollen und die das in aller Regelmäßigkeit „vergessen". Mit Ausnahme von einem, der den Bogen gut ausgefüllt und zuverlässig abgibt. Mit dem einfachen organisatorischen „Trick", ihn zum „Verantwortlichen" für die Fahrberichte zu machen, schlagen Sie zwei Fliegen mit einer Klappe. Sie motivieren den Zuverlässigen unter den Fahrern, zeichnen seine Qualitäten aus. Gleichzeitig haben Sie die nicht unproblematische Aufgabe los, selbst hinter den Zetteln herzurennen.

Je nach Aufgabenstellung sind Variationen denkbar. Nehmen wir an, Sie haben ihre Erfolg versprechenden Mitarbeiter, also Ihre Stars und evtl. die Fragezeichen (siehe zu dieser Einteilung im Kapitel über Mitarbeiterführung) im Zuge der Personalentwicklung in unterschiedliche Unternehmensbereiche schnuppern lassen. Diese haben dann sehr schnell verstanden, worum es geht und werden eben nicht nur in fachlicher Hinsicht, sondern auch in sachlicher zum Leiter. In unserem Beispiel kann der „Oberaufseher" der Fahrberichte auch die Baustellenberichte einsammeln und sich verantwortlich kümmern. Damit greift er zwar in einen anderen Bereich, aber nicht in eine andere Kompetenz. Diese Organisationsform eignet sich auch, um Geschäftsfelder den beiden „Abteilungsleitern" zu geben, im Fall der räumlichen Trennung der Betriebsstätten kann auch einer für Ort A und der andere für Ort B verantwortlich sein. Oder einer ist zuständig für Produktion und der andere für Büro. Entscheidend ist, dass die Kompetenzbereiche klar aufgeteilt sind.

Ein Lininiensystem kann mit dem „Funktionalprinzip" kombiniert werden

Unsere Tipps

Skizzieren Sie sich solche Modelle auf und stellen Sie die Verantwortlichen namentlich vor. Gerade, wenn es sich um kleinere Delegations- und Verantwortlichkeitsthemen handelt, dürfen Sie recht genau erklären, warum wer welche Position und Weisungsbefugnis bekommen hat. Das ist eine Auszeichnung für diejenigen, die ihren Job gut gemacht haben, eine kleine Beförderung sozusagen. Für Erfolg versprechende Kollegen, für „Fragezeichen" ist es ein Anreiz und für diejenigen, die sich ohnehin nicht bewegen wollen, ist damit klar gestellt, dass der Kollege plötzlich wirklich die Erlaubnis hat, Anweisungen zu geben. Diese Aufklärung ist wichtig, damit Sie denjenigen, der nun in der Ordnung nach oben gestiegen ist, nicht überfordern. Es ist ja keinesfalls selbstverständlich, dass die anderen plötzlich akzeptieren, dass einer irgendwann anders ist als die anderen. Workshops, Qualitätszirkel, Betriebstreffen sind gute Plattformen, das zu vermitteln. (siehe dazu im Kapitel über Mitarbeiterführung).

Nun sind all diese Modelle recht statisch und nicht für jeden Betrieb zeitgemäß. Gerade die jüngeren Betriebe bzw. die jüngeren Unternehmer sind einerseits offen, auch einmal unkonventionelle Wege zu gehen. Andererseits bieten sich gerade im Familienunternehmen sehr vielfältige Wege für ungerade bzw. nicht-geradlinige Organisationsmuster an.

Die Sonderrolle des mitarbeitenden Ehepartners muss in der Organisation klar geregelt werden

Wo der Mann der Chef ist und die Ehefrau auch mitarbeitet, nimmt sie immer eine besondere Stellung ein. Aber leider viel zu selten ist das eine ganz konkrete Position (siehe auch im Teil III das Thema Unternehmerfrau). Theoretisch und praktisch hat sie eine Schnittstellenfunktion, die es ihr ermöglicht, von einer relativ gleichberechtigten Position aus, quer über Funktionsbereiche zu wirken. Sofern das explizit ihre Aufgabe

Die Organisation bin ich?   147

ist und jeder darüber informiert ist, kann diese Springerfunktion viele
Vorteile bringen. Um keine Kompetenz- und Verantwortungsprobleme   *Mögliche Form ist eine*
hochkommen zu lassen, ist es denkbar, auch eine projektorientierte Vor-   *Projektorganisation*
gehensweise zu planen. Einige Mitarbeiter/innen in Abb. 5.5 sind etwa
in ein Projekt eingebunden und haben dabei klare Aufgabenstellungen.
Sie arbeiten aber im Team.

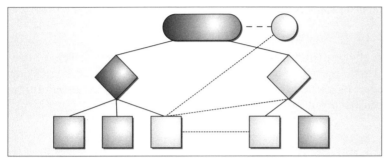

Abb. 5.5: Projektartige Organisation

Eine weitere Situation: Der Junior/die Juniorin will einsteigen. Ist für
ihn/sie nicht eine „Stabsfunktion" ein idealer Startpunkt? Oder wäre es   *Einsteigende Junioren*
besser, er/sie startet in der „unteren" Abteilung und arbeitet sich im   *können Stabsfunktionen*
Prinzip eines „Trainee-Programms" nach oben? Wie Sie das gestalten   *übernehmen*
wollen, hängt von Ihnen und Ihrem Nachfolger ab. Die Details sind abhängig von Ihnen und Ihrem Nachfolger. Um es deutlich zu sagen:

ES MACHT SINN, WENN IHRE ORGANISATORISCHEN REGELUNGEN
INDIVIDUELL UND AUF IHREN BETRIEB ANGEPASST SIND.

Was auch immer dabei herauskommt: Es sollte allen Beteiligten und Betroffenen klar sein. Man legt es am besten in einem Organigramm nie-
der, das allen Mitabeitern bekannt ist. Ähnlich kann dies auch mit einem
bewährten Mitarbeiter laufen, der für die Nachfolge infrage kommt.

5.3.2.3 Der alltägliche Feuerwehreinsatz

Struktur und Ordnung sind gut für die Prozesse und gute Anhaltspunkte
für die Mitarbeiter. Sofern sie nicht zum „Prinzip an und für sich" wer-   *Keine Regel ohne die Aus-*
den, sprich, solange die Einhaltung der Ordnung nicht wichtiger wird als   *nahme: Wenn es brennt,*
die Bedürfnisse der Kunden, sind sie gut für das Unternehmen. Das be-   *muss jenseits aller Organi-*
inhaltet, dass die Organisation Raum lässt für Flexibilität und damit für   *sation flexibel gehandelt*
den Wettbewerbsvorteil der Familienbetriebe. Das Bündeln der Kräfte,   *werden*
die im Notfall zur Verfügung stehen, das konsequente Einspringen für
andere, funktioniert meist recht gut. Vorausgesetzt, dass es nicht immer
dieselben Personen sind, die die Kollegialität strapazieren und auch vorausgesetzt, dass das „übertourige Drehen" nicht zum Dauerzustand
wird. Denn die permanente Bereitschaft zum Notfalleinsatz kostet zwar

Kraft, der permanente Notfalleinsatz kostet dagegen sogar Substanz. Häufig genug ist es ohnehin der Unternehmer bzw. die Unternehmerfrau, die schnell einsatzbereit sind und wie ein Feuerwehrmann dann am Ort des Geschehens auftauchen. Diese Springer- oder auch Liberofunktion sollten Sie ganz bewusst als Vorteil erkennen und einsetzen. Sie ist ein wichtiges Teil Ihrer Organisation, weil sie ein frei verfügbares Moment darstellt. Aber wie gesagt, nur wenn es nicht im Dauerbetrieb ist.

Es darf nicht dauerhaft „Noteinsatz" geben

5.3.3 Konsequenter delegieren

Es gibt noch immer zu viele Unternehmer, die Probleme haben, zu delegieren. Der befürchtete Machtverlust scheint größer als die Aussicht auf einen möglichen Zugewinn an Zeit und Freiraum für ganz andere Aufgabenstellungen. Aber:

Delegieren bedeutet nicht Einfluss aufgeben, sondern Arbeiten abgeben

DELEGATION IST DIE BESTE MÖGLICHKEIT, ZEIT ZU SPAREN. STRATEGISCHE ENTSCHEIDUNGEN, ALSO ALL DAS, WAS CHEFSACHE IST, KÖNNEN SIE NICHT DELEGIEREN, DENN DAS GEHÖRT EINFACH IN IHRE HAND. ABER EINIGE TAKTISCHE AUFGABEN KÖNNEN SIE SCHON AN VERDIENTE MITARBEITER WEITERGEBEN.

Ideal wäre, wenn Sie sich um die operativen Tätigkeiten, also die an „der Front", quasi überhaupt nicht mehr zu kümmern brauchen. Es wäre gut, wenn Sie nicht mehr selbst mit dabei sein müssen (aber im wichtigen Einzelfall können und sollen!) beim Kunden, auf der Baustelle, in der Produktion, beim Verkaufsgespräch, in der Werkstatt, am Computer... Das ginge, wenn Sie wüssten, dass das erstens, Ihre Mitarbeiter wirklich gut machen und zweitens, einer da ist aus der Mannschaft, der das überwacht. Ob das gelingt, ist ein Prüfstein für die Qualität Ihrer Personalführung. Nun wollen wir nicht die Verantwortung abschieben, Organisation sollte auch unabhängig von der Personalführung bestehen.

Optimaler Zustand: Unternehmer/innen können an der „Front" wirken, müssen es aber nicht (mehr) selbst

Nicht zu delegieren ist auf jeden Fall der größte **Zeitfresser** für einen Unternehmer. Dabei spielt es zunächst keine Rolle, ob Sie nicht abgeben können oder nicht abgeben wollen. Tatsächlich ist es in einigen Branchen und hier wiederum in den unteren Etagen schwierig, Veränderungen einzuführen und umzusetzen. Wo gute Worte nicht greifen, hilft manchmal Organisation. Die „Großen" machen uns das vor – in den großen Industriebetrieben, Handelsketten usw. gibt es ein „**Changemanagement**", das Instrumente bietet, um Veränderungsprozesse auf den Ebenen der Organisation und der Kommunikation sehr systematisch vorzubereiten und zu begleiten.

Delegation muss „eingeführt" werden, setzt Veränderungsprozesse voraus

Die groß angelegte Moderation von „Changeprozessen" wie z.B. dem Verändern von Verantwortlichkeiten innerhalb des Betriebs, wird für Familienunternehmen selten infrage kommen. Aber die Instrumente stammen eigentlich fast alle aus der professionellen Routine von Organisation und Kommunikation, dazu nachfolgend einige Grundlagen.

Wichtig beim „Changemanagement" ist die „richtige" Kommunikation

5.3.4 Organisieren und informieren

5.3.4.1 Wissensmanagement

Wissen ist Macht, auf jeden Fall ein Machtmittel besonderer Art. Neben Arbeit, Kapital und Boden wird es mittlerweile als vierter Produktionsfaktor behandelt.

Wissen gilt mittlerweile als vierter Produktionsfaktor

WISSEN IM SINNE VON BILDUNG IST EIN WERT AN SICH, SEINE SPEZIELLE BEDEUTUNG ERHÄLT ES, WENN ES VERFÜGBAR IST.

Zentrale Aufgaben für Sie als Unternehmer: Aufpassen, dass dieses Wissen dahin kommt, wo es gebraucht wird, frei fließt und nicht in einem Herrschaftswissen erstarrt, das jede Veränderung blockiert. Weiterhin gehört dazu, aufzupassen, dass Wissen Ihres Unternehmens nicht mit einem scheidenden Mitarbeiter abfließt, dass Wissen nicht zu Abhängigkeiten führt, die Sie als Unternehmer erpressbar machen.

Kernproblem von Wissensmanagement: Wissen verfügbar machen

Wissen und Wandel

Wissen bekommt seinen spezifischen Wert, wenn es **verfügbar** ist und im unternehmerischen Alltag **umgesetzt** wird in Leistung, Aktion, Handlungsanleitungen. Der wirtschaftliche Nutzen von Wissen entsteht nicht durch Besitz, sondern durch die Anwendung.

Gleichzeitig ist alles im Wandel, die Dinge ändern sich schnell, und das Wissen von heute hat morgen schon kaum noch Bedeutung. Bei der Auswahl und Bewertung Ihrer Mitarbeiter sollten Sie deshalb nicht nur auf das vorhandene Wissen, sprich die formale Ausbildung, achten. Die ist zweifelsohne wichtig, aber Fachwissen ist gleichzeitig das Wissen, das mit am schnellsten veraltet.

Prüfen Sie, ob Ihre Mitarbeiter in der Lage sind, zu lernen. **Lernfähigkeit und Lernbereitschaft sind Schlüsselqualifikationen.** Denn sie ermöglichen, dass der Mitarbeiter sich schnell an die neuen Anforderungen anpassen kann, das neue Wissen und die Informationen schnell speichern und ablegen kann. Und diese Fähigkeit ist gerade in unserer hektischen und schnelllebigen Zeit wichtig. Damit das Wissen, das Sie in Ihrem Betrieb managen wollen auch das ist, was Sie zum Erfolg brauchen.

Anders betrachtet heißt das auch, dass Sie nicht unbedingt und nicht für jede Position nur nach speziellen Fachkräften suchen müssen. Warum sollte eine Reiseverkehrskauffrau nicht die Aufgaben der Bürokauffrau übernehmen können? Wenn sie bereit ist, zu lernen, lässt sich vieles bewältigen. „Wissen veraltet, die Fähigkeit zu lernen bleibt."

Entscheidend ist praktisch nutzbares Wissen (Knowledge)

Nicht das statische Wissen ist entscheidend. Entscheidend ist, dass aus dem Wissen ein „Gewusst wie", ein „Know-how" wird. Nur so kann es anfangen, für den Erfolg des Unternehmens wirksam und „lebendig" zu werden. Praktisch nutzbares und genutztes Wissen, man spricht in der Welt der vielfach englisch geprägten Fachbegriffe auch von „Knowledge", braucht Management, damit es sich frei im Betrieb bewegen kann.

Bevor Sie Wissen „managen" können, ist zu klären, wo Wissen Ihres Unternehmens gespeichert ist. Ein Teil davon findet sich in Dokumentationen betrieblicher Abläufe, in den Pflichtenheften und in sonstigen Schriftsätzen. Das meiste Wissen findet sich in den Köpfen: in den Köpfen der Mitarbeiter und natürlich auch in Ihrem Kopf, im Kopf des Unternehmers. Nun kommt es nicht so einfach aus den Köpfen heraus und wird nicht einfach so wirksam und in Produktivität umgewandelt. Da müssen Vorurteile aus dem Weg geräumt werden – einer der typischen dürfte sein: *„Wenn ich mein Wissen weitergebe, bin ich nichts mehr wert".* Da müssen auch Eitelkeiten in einem anderen Licht betrachtet werden: *„Alle kommen zu mir, wenn sie was wissen wollen. Ich bin so wichtig…"*

Machen Sie den Wissenscheck!

Je mehr der folgenden Anforderungen Sie als bei Ihnen gegeben abhaken können, umso weiter sind Sie auf dem Weg eines durchdachten Wissensmanagements.

- ☐ Im Unternehmen gibt es umfassende Dokumentationen der Abläufe. Sie werden ständig angepasst.
- ☐ Es gibt eine Aufstellung zu den Kompetenzen der Mitarbeiter (fachlich, persönlich).
- ☐ Die Mitarbeiter haben Möglichkeiten und Räume, sich auszutauschen. Sie sind angehalten, sinnvolle Ideen in offiziellen Besprechungen einzubringen.
- ☐ Es gibt ausreichend offizielle Treffen, in denen Projekte besprochen werden, Abläufe untersucht, Probleme gewälzt werden. Die Ergebnisse werden verbindlich dokumentiert.
- ☐ Es gibt gut gepflegte Datenbanken, die auch von den Mitarbeitern genutzt bzw. gefüttert werden.
- ☐ Mitarbeiter können auch auf elektronischem Weg kommunizieren, Informationen austauschen und abrufen.
- ☐ Weiter gehend gibt es, und ist ideal (wenngleich erst ab einer bestimmten Größe machbar), die Installation eines Intranets.
- ☐ Wenn ein Mitarbeiter den Betrieb verlässt, führen wir am Ende ein intensives Gespräch, bei dem wir versuchen, noch einmal sein spezifisches Wissen herauszuarbeiten und zu dokumentieren.
- ☐ Mitarbeiter sind in den Prozess der permanenten Produktentwicklung bzw. -verbesserung einbezogen. In Workshops werden Ideen gesammelt, bewertet und Vorstellungen zur Vermarktung entwickelt.
- ☐ Gesammelt wird nicht nur internes Wissen, sondern vor allem auch Wissen über die Kunden. Die Pflege der Kundenbeziehungen, Teil des Customer-Relationship-Management, profitiert von strukturiertem Wissen.
- ☐ Wir versuchen, uns möglichst im Guten von den Leuten zu trennen und bitten sie, dem Betrieb in einer Übergangsphase für Fragen zur Verfügung zu stehen.
- ☐ Wir bieten Rentnern an, dass sie Pate neuer, junger Kollegen werden und ihre Erfahrungen dann auch vor Ort weitergeben.

Die Organisation bin ich?

Wird Wissen nicht aktiviert, bringt es im besten Fall keine Vorteile, im schlechtesten Fall werden Abhängigkeiten und Verwundbarkeit geschaffen. Das ist zwangsläufig so, weil das Wissen in einem solchen Fall mit dem Kopf abwandert, der uns verlässt. Gestandene Unternehmer werden so zu Spielbällen. Die Kapitalgeber wiederum sehen es auch nicht gerne, wenn alles Wissen beim Unternehmer liegt. In der Bewertung fließt das als negativer Punkt ein. Basel II und Rating verstärken diese Tendenz.

Weitere Problemkreise:
- Missbrauch von Wissen
- Abwanderung von Wissen

5.3.4.2 Austausch von „Kopfwissen" – Kommunikation managen

Wichtigstes Medium, um „Kopfwissen" auszutauschen, ist das Gespräch. Einige Quellen geben an, dass über 50 % des Wissens verbal weitergegeben wird, die konkrete Zahl spielt eigentlich keine Rolle. Informelle Gespräche, offizielle Treffen in Form von Arbeitskreisen sind Motoren, Wissen zwischen den Menschen im Betrieb fließen zu lassen.

Nutzbarmachen von Wissen erfordert Kommunikation und in erster Linie Gespräche

SCHAFFEN SIE BEWUSST RÄUME FÜR DIESE KOMMUNIKATION. LEGEN SIE WERT AUF TEAMARBEIT UND BEGLEITEN SIE DIE TEAMARBEIT, DAMIT SIE IN EFFIZIENTEN BAHNEN LÄUFT.

Es kann sein, dass Sie sich zunächst unsicher fühlen, weil Sie immer mehr auch in eine **Moderatoren- und Leiterrolle** von Prozessabläufen geraten. Eine solche Untersicherheit wird sich mit der Zeit legen. In der Summe sind solche Aktionen auf jeden Fall wichtige Signale Ihrer Bereitschaft, Wissensmanagement zu betreiben. Denn auch hier gilt: Das gute Vorbild macht' s. Konkrete Tipps bietet der Kasten auf der Folgeseite.

Stark verbreitet in großen Unternehmen ist die „Kommunikationsform Moderation", man sollte im Familienbetrieb „abschauen", was sinnvoll ist

Übrigens. Solche Veranstaltungen brauchen nicht unbedingt unter dem Label „Wissensmanagement" zu laufen. Sie können aus unterschiedlichsten Gründen einberufen werden. Grundsätzlich ist jedes Treffen ein Austausch von Erfahrung und Informationen. Und Sie können versichert sein, dass wir weit davon entfernt sind, Sie nun von einem Sitzungsmarathon in den anderen zu hetzen, wie Sie es aus manchen Großbetrieben hören mögen.

Für die kleineren und mittleren Unternehmen gibt es einige recht einfache Methoden. Zum einen möchten wir gerne darauf hinweisen, dass Sie allein schon aus dem Unvermeidlichen, wie dem täglichen Tratsch im Büro, das Beste machen können. Darauf kommen wir gleich unten konkret zurück. Zum anderen wollen wir Sie animieren, Prozesse anzustoßen, die die Organisation Ihres Unternehmens gezielt weiterbringen, die beitragen, wertvolles Wissen zu managen und dabei gleichzeitig die Mitarbeiter zu motivieren. Bitte machen Sie die Probe aufs Exempel und lassen Sie Vorurteile fallen, wie: *„Wenn die schon Workshop hören, verziehen sie das Gesicht"*. Wenn es so ist, nennen Sie das „Kind" nicht Workshop, sondern nennen Sie es z.B. Qualitätszirkel oder fangen Sie mit einer Meckerecke oder einem Betriebstreffen an.

Wichtig ist auch, die sog. „informelle Kommunikation" sinnvoll einzubinden

Betriebstreffen – geeignet arrangiert – sind nützliche Gesprächsplattformen

Wie man Betriebstreffen organisiert, brauchen wir natürlich Ihnen nicht darzulegen. Wir möchten Sie jedoch zum Nachdenken über Ziele und gezielte Gestaltung anregen: So kann z.B. ein formeller Teil (statt Workshop) stattfinden, an den sich dann ein informeller anschließt, bei dem z.B. die Partner nachkommen. Probieren Sie diese Form einmal aus und erleben Sie selbst, was Sie alles über den eigenen Betrieb noch erfahren können, wo die Probleme zwischen den Leuten liegen usw. Der weitere Zweck der „Pflege" guter Mitarbeiter ergibt sich fast von selbst.

Unser Tipp im Fall: „Hilfe, ich bin Moderator!"

Haben Sie es schon in der Schule gehasst? Vor versammelter Mannschaft stehen und geistreiche Dinge von sich geben. Wenn ja, ist das wahrscheinlich bis heute so geblieben. Unangenehmen Dingen geht man gern aus dem Weg – und erspart sich in der Folge sogar jedes Training. Dieses Training bräuchten Sie aber, denn Mitarbeiter erwarten von den „Frontleuten", dass sie sich auch körperlich vor die Mannschaft stellen, sich als Sprecher des Betriebes präsentieren, Sitzungen leiten, Teams moderieren. Ein guter Eindruck schadet dann nicht. Natürlich schadet Talent ebenso wenig, auch ein gesundes Selbstbewusstsein hilft. Das Entscheidende aber ist Handwerk, das Sie erlernen können.

A und O guter Moderation ist die **Vorbereitung**. Das gilt auch, wenn Sie Fachmann/-frau sind und die Materie, über die gesprochen werden soll, beherrschen. Es ist etwas anderes, Wissen zu haben und darüber zu reden. Machen Sie einen Ablaufplan. Überlegen Sie, welche Aspekte genau besprochen werden sollen. Schreiben Sie auf, was Sie sagen wollen und was Sie erreichen möchten. So können Sie Gespräche lenken und einen kompetenten Eindruck vermitteln.

Kompetenz ist Voraussetzung für souveränes Auftreten. Eine gute Vorbereitung gibt Ihnen eine erste Stufe von Sicherheit. Auf der zweiten Stufe können Sie sich gezielt einige „Moderationstechniken" aneignen (wozu wir auf Fachliteratur und entsprechende Seminare verweisen). Aber Vorsicht: Die Belegschaft kleinerer Betriebe, wo man fest auf dem Boden von Tatsachen steht, mag erfahrungsgemäß kein „aufgesetzes" Auftreten. Bei echten Problemen mit der Rolle sollten Sie dennoch für die ersten Hürden die Hilfe eines erfahrenen Moderators in Anspruch nehmen.

Im „Normalbetrieb" reichen „rhetorische Schmankerl", genauer gesagt, die Beachtung einiger Grundregeln:
- Lassen Sie die Teilnehmer/innen ausreden (sie fühlen sich beachtet und gewürdigt; falls Ärger eine Rolle spielt, wird er abgebaut).
- Geben Sie unangenehme Fragen an die Gruppe weiter bzw. zurück.
- Fragen Sie Ihrerseits möglichst viel, um auch möglichst viel zu erfahren. Das lohnt.

> **Unser Tipp zum Umgang mit Klatsch, Tratsch und Co**
>
> So wichtig der produktive Informationsaustausch zwischen Ihren Mitarbeitern ist, so störend, Arbeitszeit fressend und hinderlich kann der Klatsch sein, der in jedem Betrieb auch unweigerlich stattfindet. Damit sagen wir Ihnen genauso wenig Neues wie mit der Erkenntnis, dass man ihn kaum wirksam unterbinden kann, und er hat ja auch wichtige Seiten.
> Unser Tipp dazu lautet: Kanalisieren Sie ihn, frei nach dem Motto: Eine Kaffeemaschine ist selten allein. Am besten stellen Sie an einem angenehmen Platz in Ihrem Betrieb noch ein, zwei Bistrotische daneben. Kaffeepausen schaffen (eingegrenzten) Raum für Klatsch und Tratsch und was sich so an Gespräch entwickelt, können Sie unter Umständen sogar gut gebrauchen. Denn viel Wissen wird auf der informellen Ebene ausgetauscht, es findet sich nicht in den betrieblichen Dokumentationen, aber es hält die Dinge am Laufen. *„Weißt du, korrekt läuft das Ganze so ab, wie es auf der Liste steht. Aber ich mach' das anders..."* Solche Gespräche laufen am Kaffeetisch, beim Betriebsausflug. Schaffen Sie Raum für solchen informellen Austausch. Reden ist Gold für den betrieblichen Alltag. Sorgen Sie also dafür, dass ausreichend Kaffee da ist.
> Und den reinen Tratsch, den haben Sie so aus der Ecke des „Verbotenen" herausgeholt und ihn allein dadurch schon weniger attraktiv gemacht.

5.3.4.3 Keine Kekse mehr? Zum Umgang mit Besprechungen

Die Kommunikation der Mitarbeiter untereinander und auch mit Ihnen kann ungesteuert ablaufen, teils ad hoc und teils einfach auf informeller (Tratsch-)Ebene. Sie kann aber auch gesteuert und bewusst geplant werden. Dafür gibt es Besprechungen. Theoretisch sind sie ein wichtiges Instrument für den Informationsaustausch. Wie grausam ist dagegen die uns allen bekannte Realität: Viele (die meisten?) Sitzungen sind ineffizient und die Mitarbeiter fühlen sich nur genervt und finden das alles überflüssig, weil sowieso woanders entschieden wird. Oder es gibt sogar „gruppendynamische" Probleme (und statt Informationen fließen manchmal Tränen). Die vielerorts obligatorischen Kekse werden dann gegen den Frust gegessen und es herrscht Blockade statt Fortschritt.

Regelmäßige Arbeitsgespräche sind hilfreich – wenn Langeweile draußen bleibt und sich die Gruppendynamik nicht verselbstständigt

Keine Kekse, keine offiziellen Treffen, keine Besprechungen mehr? Ein Besprechungsunwesen einzudämmen und sich auf wesentliche Treffen zu konzentrieren, kann angesagt sein, das muss man regelmäßig überprüfen. Aber eigentlich brauchen wir gezieltere Kommunikation. Ob Besprechungen sinnvoll sind und klare Ergebnisse bringen, hängt von jedem einzelnen Teilnehmer, vom Moderator und den Rahmenbedingungen ab. Das kann gesteuert und beeinflusst werden.

Tipps, die zum Besprechungserfolg beitragen

- Die **Teilnehmer**: Hier gilt grundsätzlich – je geringer die Anzahl der Teilnehmer, desto einfacher die Leitung und umso höher die Chance auf einen befriedigenden Verlauf. Ideal sind Gruppengrößen zwischen drei und zwölf Teilnehmern.
  Empfehlenswert ist es, wenn die Teilnehmer sich im Vorfeld des Treffens vorbereiten, weil dann jeder weiß, was ansteht.

- Die **Formalien**: Je konkreter der Grund des Treffens, umso konkreter das Ergebnis. Das gilt für jede Art der Besprechung. Am besten ist es, wenn eine **Tagesordnung** vorliegt. Zeit, Ort, Teilnehmer und Themen sollten klar dargestellt sein. Gut ist, wenn Sie grundsätzlich maximal zwei Stunden einplanen. Und die sollten nicht allzu knapp vor den Feierabend gelegt werden.

- Die **Dokumentation**: Lassen Sie die Ergebnisse bzw. den Ablauf protokollieren, damit die Umsetzung der Ergebnisse kontrolliert werden kann.
  Das Protokoll sollte verbindlichen Charakter haben, empfehlenswert ist eine Aktionsliste, die zeigt, wer was bis wann zu tun hat. Protokollführer kann immer ein anderer sein. Vielleicht probieren Sie einmal ein Meeting ohne Stühle. Das befreit die Gedanken und fördert einen zügigen Verlauf.

- Der **Moderator**: Das A und O für den Moderator ist eine gute Vorbereitung. Wenn er weiß, wovon er redet, wenn er einen Tagesplan erarbeitet hat, der evtl. mit den Teilnehmern abgesprochen war, kann nicht mehr allzu viel schief gehen. Der Moderator im engeren Sinne sollte sich mit seiner Meinung zurückhalten. Der Leiter einer Sitzung kann eine andere Rolle einnehmen und tatsächlich eigene Beiträge einbringen. Das sollte zu Beginn des Treffens geklärt werden, z.B. bei der Festlegung der Spielregeln.

- Die **Spielregeln**: Es hat sich in der Praxis als hilfreich erwiesen, dass die Teilnehmer zu Anfang Spielregeln aufstellen. Dazu können gehören: sich vornehmen, nicht „dazwischen zu reden"; Killerphrasen vermeiden (z.B.: *„Das haben wir noch nie gemacht"* oder *„Das war schon immer so"*). Aktive Mitarbeit aller kann ebenfalls eine Spielregel sein, ferner Toleranz gegenüber den Meinungen anderer, und dass die eigenen Beiträge möglichst kurz gefasst werden sollten. Spielregeln schaffen klare Verhältnisse und legen damit den Grundstock für eine gute Arbeitsatmosphäre.

Vermeiden Sie „Sitzungskiller", denn damit bekommen Sie jede Sitzung klein. Sie sind auch deshalb so „erfolgreich", weil sie immer wieder auftreten. Die meisten der nachfolgend aufgeführten ergeben sich aus der Umkehrung der Tipps:

- Zu viele Teilnehmer (optimale Gruppengrößen, siehe Tipps, zwischen drei und zwölf Teilnehmern).
- Die Teilnehmer wissen nicht, was auf sie zukommt.
- Es gibt zu viele Besprechungspunkte. Weniger ist mehr. Machen Sie lieber mehrere und dafür kurze Treffen.
- Teilnehmer und Besprechungspunkte „passen" nicht zusammen.
- Der Moderator ist schlecht vorbereitet oder ist überhaupt unfähig, Sitzungen zu leiten.
- Die Ergebnisse der Besprechung werden nicht protokolliert. Das führt hinterher zu Reibereien, weil sich jeder anders erinnert, und es erschwert den Wiedereinstieg beim nächsten Treffen.
- Beschlüsse, werden nicht umgesetzt. Aus dem ganzen „Palaver" ist dann eben „mal wieder nichts geworden". Das demotiviert und steigert sicherlich nicht das Interesse an einer weiteren Aktion.

Zu beachten sind positive Gestaltungsregeln und zu vermeiden sind die typischen „Sitzungskiller"

„Krempeln" Sie nun aber Ihr Besprechungswesen nicht sofort komplett um, sondern fangen Sie im Kleinen an.

Eine Neuordnung des Besprechungswesens sollte man behutsam angehen

Beispiel

Ist bei Ihnen eine tägliche Morgenbesprechung sinnvoll? Haben Sie schon eine oder wäre es günstig, diese zu installieren? Ziel könnte sein, dass jeder kurz darlegt, was auf seiner Aufgabenliste steht. Ferner werden Vertretungsregeln aufgestellt, es wird geklärt, warum Kollege Maier oder Kollegin Müller gestern die Aufgabenliste nicht erfüllen konnte usw.

Für Ihr eigenes Training können Sie durchaus auch Ihre Mitarbeiter mit der Eisenhower-Matrix arbeiten lassen. Die Mannschaft ordnet die Aufgaben auf der Matrix ein und versucht, sich auch daran zu halten.

Besprechungen, wie die hier beispielhaft herangezogene Morgenbesprechung, kosten auf jeden Fall Zeit. Mit der Zeit zwar immer weniger, aber sie haben eine ganze Reihe guter Eigenschaften. Die Mitarbeiter haben tatsächlich einen klaren Plan und einigen tut das sehr gut. Sie haben die Chance, ein Gefühl für wirklich wichtige Dinge zu entwickeln. Sie sind den kritischen Augen der Kollegen ausgesetzt, die „Schummeln" nicht einfach zulassen werden. Und sie führen die Mitarbeiter an das Thema „Besprechungen" heran.

Was anfangs eher etwas Zeit kostet zahlt sich langfristig gut aus

Wir empfehlen übrigens auch in diesen kleineren Treffen, die Aussagen schriftlich zu dokumentieren. Sollten dazu technische Lösungen bereit stehen, umso besser.

5.3.5 Organisation und EDV

Neue Technik in alte Schläuche?

EDV ist einerseits „nur" moderne Kulturtechnik...

Betrachtet man es pragmatisch, lässt sich festhalten, dass die neuen Technologien zunächst ein Tribut an die Schnelligkeit unserer Zeit sind. Was einmal ein, zwei Tage dauerte, ist heute binnen Sekunden erledigt. Das macht das Leben als Unternehmer nicht einfacher. Die Erwartung einer schnellen Reaktion, durch Technik möglich, erhöht den Druck, dieser Geschwindigkeit gerecht zu werden. Prompte Reaktionen werden erwartet, nach drei oder vier Tagen, sammelt man schon Minus-Punkte.

Unter diesem Gesichtspunkt ist die Tastatur des Computers ein moderner Bleistift, der Bildschirm das Papier und die Festplatte steht für den ehemaligen Aktenschrank. Die Verkabelung übernimmt das, was früher der Postbote tun durfte. Wer nicht damit umgehen kann, trägt schnell den Stempel des Analphabeten, des Ewiggestrigen. Für Unternehmer ist das sehr unpassend.

...und bringt andererseits völlig neue (Arbeits-) Qualitäten

Um es mit aller Deutlichkeit zu sagen: dieses Mehr an Geschwindigkeit ist nur eine, durchaus zweischneidige Errungenschaft der neuen Medien. Sie bringen ganz neue Qualitäten und Dimensionen für die Beziehung Kunde – Unternehmen. Wir geben einige beliebige Beispiele: Die digitale Kamera führt im Bauhaupt- und Nebengewerbe zu einer neuen Form der Kundenbindung und Qualitätssicherung; Internet-Shops, weit voran die Internetbuchhändler, nehmen dem traditionellen Buchhandel Marktanteile weg; ob Internet-Shops auch dazu beitragen, dass die jeweilige Branche insgesamt mehr umsetzt, muss als durchgehender Effekt bezweifelt werden. Oder denken Sie daran, welche Logistikzeiten und Kosten durch Telefonkonferenzen eingespart werden können. Das alles sind neue Qualitäten, die den zum Zug bringen, der sie nutzt.

Nicht alles Neue ist zweckmäßig für jeden Betrieb – auch die EDV muss gezielt eingeführt werden

Auch hier gilt: Nicht alles ist zweckmäßig, nicht jede Möglichkeit ist für Sie bzw. Ihren Betrieb auch eine Chance. Also:

LOTEN SIE GENAU AUS UND HOLEN SIE SICH EXTERNE UNTERSTÜTZUNG, WENN SIE SICH ZU UNSICHER FÜHLEN. ACHTEN SIE DABEI AUF DIE UNABHÄNGIGKEIT DES EDV BERATERS.

Sonst kann es passieren, dass (im übertragenen Sinn) auf einmal eine S-Klasse in der Garage steht anstatt die ausreichende A-Klasse.

EDV-Beratung lässt sich nicht verallgemeinern – Standardlösungen sind oft überdimensioniert

EDV- Ratschläge können nur schwierig standardisiert werden. Jede Branche, eigentlich jedes Unternehmen, hat eigene Anwendungsthemen und es wäre sträflich, einfach nur das Größte, Schönste, Beste zu kaufen, was der Markt zu bieten hat. Es wird meist schnell deutlich, wenn die Ausstattung überdimensioniert ist: Der Betrieb verfügt zum einen nicht über die Funktionen und Kapazitäten, zum anderen sind die Anwender nicht ausreichend geschult, um die Potenziale zu nutzen. Leichter anzugeben sind Mindeststandards, dazu folgt der nächste Abschnitt.

Die Organisation bin ich? 157

5.3.5.1 Ausstattung (Mindeststandards)

Das Betriebssystem

Wir beginnen damit, obwohl das Betriebssystem auf die Hardware aufsetzt. Außer Acht lassen wir hier größere Systeme und beschränken uns mit Blick auf kleinere Unternehmen auf die PC-Welt. Auch gehen wir nicht auf das Fabrikat Macintosh (mit seinen eigenen Betriebssystemen) ein – das ist zwar für KMUs insbesondere in den Branchen Grafik, Agenturen und Druck von höchstem Interesse, aber hinsichtlich der Verbreitunsquote ein deutlicher Sonderfall.

Kleine bis mittlere Betriebe arbeiten in der Regel mit (vernetzten) PCs und mit Microsoft Windows oder Linux

Die Frage, ob Microsoft Windows® oder Linux® (beides sind geschützte Marken, der Gebrauch der Markennamen ist nicht frei, wir kennzeichnen dies aber nur bei der ersten Erwähnung), ist eine Glaubensfrage.

WER MIT WINDOWS ARBEITET, SOLLTE BEI NEUANSCHAFFUNGEN DAS AKTUELLSTE SYSTEM WÄHLEN, NACH MÖGLICHKEIT JEDOCH ZU VIELE UNTERSCHIEDLICHE VERSIONEN VERMEIDEN.

Wer mit älteren Systemen arbeitet, kann das auch weiter tun, wenn eine neue Version auf den Markt gebracht ist. Irgendwann ist nur zu befürchten, dass Fehlerbehandlung und Support eingestellt werden.

Man sollte stets neue Software zukaufen, aber ältere weiternutzen, solange es dafür Service gibt

Mittlerweile gibt es wirklich für (fast) jede Problemstellung auch eine Linuxlösung, wenngleich Windows noch eine größere Vielfalt bietet. Linux spart Lizenzkosten, in der Regel benötigen Sie aber nicht nur bei Spezialproblemen oder Störungen, sondern schon im Tagesbetrieb Fachpersonal mit entsprechendem Know-how. Wer das hat, kann ohne weiteres auf Linux umsteigen. Sicherheit und niedrige Lizenzkosten sprechen dafür.

Die Hardware

Die Hardware bietet heute immense Kapazitäten. Das jahrelange Preisdumping hat dazu geführt, dass die Hardware relativ preiswert zu bekommen ist. Auf ein- oder zweihundert Euro mehr (pro Arbeitsplatz) sollten Sie nicht unbedingt achten, dafür umso mehr auf Details. Zum Beispiel ist die Geräuschentwicklung wichtig. Es gibt nichts nervigeres als einen lauten PC unter dem Tisch, oder noch schlimmer, ein lautes Notebook auf dem Tisch. Das ist oft der Preis für die (zu) günstige Hardware. Manche Hersteller verzichten auf Qualität und auch auf Garantie. Wählen Sie Geräte mit einer Herstellergarantie von zwei, besser noch drei Jahren aus.

Zu preiswerte Hardware hat möglicherweise Einschränkungen bei sinnvoller Qualität

Lange Herstellergarantieen sind hilfreich

DIE GESETZLICHE GEWÄHRLEISTUNG VON ZWEI JAHREN NUTZT IHNEN NUR IN DEN ERSTEN SECHS MONATEN. DANACH MÜSSEN SIE NACHWEISEN, DASS DER MANGEL BEREITS BEIM KAUF VORGELEGEN HAT.

Dieser Nachweis ist im Regelfall nicht zu erbringen. Im Fall einer Reparatur unterscheiden sich die Hersteller immens. Bei einigen erhalten Sie sofort ein Austauschgerät, bei anderen warten Sie wochen-, gar monatelang auf die Reparatur. Daher sollten Sie bei kritischen Komponenten (z.B. Server, wichtige Mobilrechner) Austauschservice und eine Garantie über den Nutzungszeitraum vereinbaren.

Tipp: Verträge mit Stellung von Austauschgeräten bei sensiblen Komponenten wählen

Nicht immer ist das Neueste und Schnellste das Sinnvollste. Neue Geräte reifen oft erst beim Kunden. Die ersten sechs Monate laufen die Komponenten instabil und verursachen Ärger. Daher zwei Tipps:

- Verzichten Sie auf das Allerneueste. Kaufen Sie am besten Komplettsysteme, die schon 4 - 6 Monate auf dem Markt sind.
- Suchen Sie Systeme, die wirklich auf Ihren Bedarf abgestimmt sind. Für den ganz normalen Einzelplatz im Büro reicht ein Rechner mit einfacher Grafikkarte, einer Festplatte (bei der Verwendung von Servern kann diese auch sehr klein sein), einem ordentlichen Monitor, und einem leisen Gehäuse.

Thema Drucker und sonstige Peripherie

Bei den Peripheriegeräten verdienen Drucker wegen der Folgekosten besondere Beachtung

Zu jedem Rechner können diverse Ein- und Ausgabegeräte gehören, das können wir in diesem Buch nicht darstellen. Wir greifen als wichtiges Thema lediglich die Entscheidung für einen Druckertyp auf.

Unser Tipp: Tinte oder Laser – rechnen Sie spitz!

99 € für einen Drucker – klingt nach Schnäppchen. Damit schlagen die Tintenstrahldrucker ihre Hauptkonkurrenz, die Laserdrucker, locker aus dem Rennen. Oder doch nicht? Die Rechnung geht nur unter bestimmten Bedingungen auf:

- Der Tintendrucker lohnt, wenn Sie nur ab und zu etwas ausdrucken. Gute Druckqualität und günstiger Anschaffungspreis, damit ist er für Texte ebenso geeignet wie für einfache Grafiken. Der Haken liegt bei den laufenden Kosten. Durchschnittlich fallen 6 Cent pro Seite an. Die (kleinen) Tintenpatronen sind nicht sehr ergiebig, relativ teuer und müssen häufig gewechselt werden.
- Wenn Sie viel drucken, ist ein Laserdrucker ggf. preiswerter. Ein Großteil der Farblaserdrucker kostet derzeit über 2000 €, Schwarz-Weiß-Geräte sind ab 200 € zu haben. Gleichmäßige Farbverteilung, sichere Papierführung, hohe Druckgeschwindigkeit, niedriger Geräuschpegel und Langlebigkeit sind klare Vorteile. Die laufenden Kosten sind mit etwa 2 Cent pro Seite deutlich günstiger. Der Toner ist zwar absolut teurer als Tintenpatronen, aber die Kartuschen halten wesentlich länger.

Also: Beachten Sie Anschaffungspreise und laufende Kosten der jeweiligen Geräte und rechnen Sie aus, was bei Ihrem Druckaufkommen günstiger ist. Und: Fachzeitschriften drucken aktuelle Faustregeln.

Kommunikationsplattform

E-Mail-Systeme sind notwendige Kommunikationsplattformen. Das gilt für die Kundenpflege und für den reibungslosen Ablauf sonstiger Geschäftsprozesse. Wir unterscheiden zwischen internem und externem Mailsystem, wobei ein eigener E-Mail-Server bereits beide Funktionen unterstützt. Für ein **internes Mail-System** finden sich viele Gründe:

- Prozesse werden Dank des E-Mail-Verkehrs nachvollziehbar – auch noch Wochen später,
- Informationen können der Zielperson jederzeit zugeschickt werden. Die Papierflut wird nachhaltig eingedämmt. Der Empfänger hat einen gewissen zeitlichen Spielraum bei der Bearbeitung der Mails.
- Informationen können gleichzeitig intern und extern zugesandt werden.
- Persönliche E-Mail-Adressen ermöglichen quasi einen „direkten Draht".

Das **externe Mail-System** spart direkt Kosten. Die Portokosten und der Aufwand für den Versand von Schriftsachen verringern sich. Die Reaktionszeit gegenüber Kunden/Lieferanten verkürzt sich. Dauert mit dem herkömmlichen Postsystem eine Reaktion auf ein Schreiben mindestens einen ganzen Tag, werden mit dem E-Mail Nachrichten innerhalb von Sekunden ausgetauscht und je nach notwendiger Vorbereitung kann man innerhalb von Minuten bis Stunden reagieren.

E-Mail-Anbindung ist heute für jeden Familienbetrieb eigentlich Pflicht

Interne Mail-Systeme sind aber einer bestimmten Größenordnung organisatorisch sehr sinnvoll

Externe Mail-Systeme erhöhen Erreichbarkeit und senken Kosten

Internetauftritt

Ein Internetauftritt gehört heute zum Standard eines Betriebes. Wir wissen, dass einige Leser/innen das (noch?) skeptisch sehen. Bedenken Sie: Kunden wählen zwar nicht unbedingt nach dem Internet allein, sie kaufen möglicherweise sogar gar nichts übers Internet. Aber wenn sie eine Anschaffung planen, wollen sie sich im Internet über Anbieter informieren. Die Möglichkeiten des Internet eigenen sich hierfür ideal.

Auch ein Internetauftritt gehört heute zum Standard – ob minimal, ausgebaut oder sogar als Shop, hängt vom Betrieb ab

---

Profi E-Mails

Was im traditionellen Schriftverkehr Ihr Briefkopf oder -fuß ist, ist im Internet Ihre Unterschriftsdatei („Signature file" oder „Sigfile"). Das sind Standards, die jeder versendeten E-Mail automatisch angehängt werden. Sie erstellen sie einmal, schon fügt das E-Mail-Programm diese Zeilen automatisch jeder E-Mail an. Normalerweise enthält die Signatur Funktion des Absenders, Telefon-Durchwahl, Internet- und E-Mail-Adresse und einen freundlichen Gruß. Die Erstellung ist einfach. Z.B. im Programm Microsoft Outlook klicken Sie in der Menüleiste auf Extras und wählen den Unterpunkt Optionen. Bei dem daraufhin geöffneten Fenster kommen Sie zu einer Signaturauswahl über das Registerblatt „E-Mail-Format". Und los geht's. Andere Programme haben ähnliche Bedienung.

Wir sparen uns den Abdruck einer sich sowieso stetig ändernden Statistik, welcher Bevölkerungsanteil das Netz nutzt und wie sich dieser altersmäßig und demografisch zusammensetzt. Der Anteil ist hoch und wächst, und das reicht, damit wir das Internet „heute" als ein wichtiges Aushängeschild, mindestens als eine Art Online-Prospekt, berücksichtigen müssen.

Je nach Branche kann der Auftritt von der einfachen „Visitenkarte" bis hin zum integrierten Shop gehen.

Das Minimum eines Auftritts ist seine Ausgestaltung als „Visitenkarte" mit wesentlichen Elementen

Auf einer Homepage in Form einer Visitenkarte leuchten mindestens folgende Komponenten auf:
- Einstiegsseite mit Logo/Slogan (zur optisch guten und Erfolg versprechenden Gestaltung von Werbemitteln, auch nach dem CI, siehe im Kapitel Marketing),
- Kontaktseite (auch hier sollten Sie im Kapitel Marketing nachlesen – Sie können nur Kontakt anbieten, wenn Sie auch antworten wollen und können – eine Personal- und Kapazitätsfrage),
- Informationen über das Unternehmen (Qualität, Geschichte, ...),
- Referenzen,
- evtl. aktuelle Projekte,
- Impressum (gesetzliche Angaben).

Die Maximallösung für Kunden ist der Shop oder die elektronische Auftragsannahme

Auf dieser Basis können Sie weiterarbeiten und die Internet-Seiten in einem kontinuierlichen Verbesserungsprozess strukturieren. Ein Kontaktblatt wäre ein robuster nächster Schritt, Sie können darüber nachdenken, ob Sie einen „Link", eine Verknüpfung zu anderen Firmen machen wollen. Und auch die Verknüpfung des Auftragsbearbeitungssystems mit Ihren Lieferanten ist denkbar.

Eine ganz wunderbare Sache sind Kundenbeziehungspflege-Systeme (im Rahmen von Customer Relationship Management), die wir im Kapitel Marketing dargestellt haben und die hier eine technische Basis bekommen.

Am einfachsten überzeugen Sie sich selbst, indem Sie den Computer anwerfen und selber einmal surfen. Das Internet ist ein Tummelplatz an Informationen und es ist ein Marktplatz, in dem auch Sie interessante Produkte entdecken können. Wie Sie Ihren „Auftritt" gestalten, das bestimmt im Übrigen nicht zuletzt Ihre unmittelbare Konkurrenz, an der müssen Sie sich messen lassen. (Siehe auch das Thema Platzhirsch im Kapitel Marketing – hat „Ihr" Platzhirsch einen Auftritt und wie sieht dieser aus?)

Intranet: Wissen für alle

Das Intranet dient den Mitarbeitern und eingeschränkt zugelassenen Kunden (geschützte Bereiche)

Es funktioniert wie das Internet, ist aber eine exklusive Position für Ihren Betrieb, Ihre Mitarbeiter und teilweise für Ihre Kunden. Es ist wichtiges Medium für den freien Fluss von Informationen und Wissen in Ihrem Unternehmen und kann darüber hinaus zu einer Plattform erweitert werden, mit der Sie Kunden an sich binden können.

Sie können darauf ein Diskussionsforum abspulen. Sie können Informationen darin abspeichern, die die Mitarbeiter/innen im Bedarfsfall schnell abrufen können. Sie können die Dokumentation der Prozessabläufe im Unternehmen hinterlegen und den Leuten zur Verfügung stellen. Sie können der Mannschaft die Möglichkeit geben, Fragen ins Netz zu stellen, die möglicherweise ein Kollege beantworten kann.

Das Minimalangebot eines Intranets ist Information, ein zweiter Schritt die Abwicklung interner Geschäftsprozesse

Sie haben eine gute Plattform, die Mitarbeiter darin vorzustellen, indem Sie zum Beispiel eine Art „Gelbe Seiten" Ihres Betriebes machen. Jeder kann und darf seine Fähigkeiten reinschreiben. Da kann der Maurer sich tatsächlich als Hobbyfotograf präsentieren (siehe auch Kapitel Mitarbeiterführung), der dann entweder bei der Marketingbroschüre mitarbeiten darf oder vom Kollegen „gebucht" wird, um die Hochzeitfotos zu machen. Nutzen Sie all das, denn es ist ein guter Weg, um die grundsätzlichen Hemmschwellen, Wissen weiterzugeben, aufzulösen. Denn wenn Sie sich entschlossen haben, die internen Informations- und Wissenskanäle aufzudrehen, dann werden Sie auch sehr bald bemerken, dass es gar nicht zu einfach ist, Wissen zu entlocken.

Nur ergänzend erwähnen wir, weil das im Rahmen dieses Buches zu weit führen würde, die Möglichkeit, über das Intranet auch Geschäftsprozesse abzuwickeln (wie oben in der Bemerkung zur Anbindung von Kunden angeklungen). Intranets bieten die Möglichkeit, sich mit Kunden und Lieferanten zu vernetzen und „durchgehende", effiziente Prozesse zu schaffen. Um so etwas einzurichten, braucht man natürlich Spezialisten. Das leitet (leider) aber auch sofort zum nächsten Thema über.

Die Maximallösung für Lieferanten ist die Vernetzung der Geschäftsprozesse

5.3.5.2 Die Sicherheit

Der Sicherheitsaspekt darf keinesfalls unterschätzt werden. Zu viele Würmer, Trojanische Pferde und sonstige Ungeheuer tummeln sich im Netz. Wer seine Verwaltungsprozesse auf die neuen Medien umgestellt hat, ist abhängig davon. Ein Ausfall kann wirklich fatale Folgen haben. Schützen Sie sich für den Fall der Fälle. Ein erster Schritt ist die Zuverlässigkeit der Ausstattung (siehe oben). Auch ein funktionierender Virenschutz ist notwendig. Wir unterscheiden vier weitere Positionen:

Sicherheit hat vier Fassetten:
1. externe Bedrohung (z.B. Viren)
2. Datensicherung (gegen Verlust)
3. Datensicherheit (gegen Nutzungsmissbrauch)
4. Dokumentation (zur Rekonstruktion)

- **Schutz gegen externe Bedrohungen**
  Virenschutz und Firewall gehören zur Grundausrüstung der EDV. Selbst wenn das eigene Netz nicht am Internet hängt, gibt es eine ständige Bedrohung von außen. Viren können auch über Disketten, CD-ROMs oder Notebooks eingeschleppt werden. Nur eine Kombination aus Firewall (einer Art Mauer, die den Datenzugriff aus dem Internet auf die eigenen Rechner unterbindet), Virenscanner und einem Sicherheitsbewusstsein der Mitarbeiter verhindert Katastrophen.

- **Datensicherung**
  Die Sicherung der Daten ist eine Aufgabe, die Sie auch dann in Ruhe schlafen lässt, wenn wieder ein „Sasser" oder ein „I love you" durch die Gegend geistert. Sobald Sie regelmäßig Ihre Daten sichern, wird

der mögliche Verlust, der durch Virenbefall oder Hardwaredefekte eintritt, überschaubar bleiben. Zu beachten ist Folgendes:

Datensicherung ist durch unterschiedliche Techniken möglich und erfordert Strukturen und Zuständigkeiten

- Entscheiden Sie sich für ein klares Sicherungskonzept. Infrage kommen z.B. so genannte gespiegelte Festplatten oder Sicherungsbänder. Treffen Sie Ihre Entscheidung am besten auf der Grundlage EDV-fachlicher Beratung.
- Geht es nicht nur um Sicherung, sondern auch um die Dokumentation, zum Beispiel im Rahmen einer elektronischen Buchhaltung, so sind gesetzliche Regelungen zu beachten. U.a. müssen dann bestimmte Datenstände unveränderbar gespeichert werden und dafür kommen vor allem CD-ROMs infrage.
- Sicherungen müssen immer auf Erfolg überprüft werden!
- Der EDV-Betreuer soll genaue schriftliche Anleitungen erstellen.
- Wenn Sie Sicherungsbänder verwenden, sind diese in regelmäßigen Abständen auf Funktionstüchtigkeit zu überprüfen.
- Je eine Monats- / Jahressicherung sollte erstellt werden. Die täglich verwendeten Sicherungsbänder werden meist spätestens nach ein bis zwei Wochen überschrieben. Wenn z.B. unabsichtlich ein Ordner gelöscht wird und dies erst nach zwei Wochen entdeckt wird, sind die Daten unwiderruflich verloren. Eine Monats-/Jahressicherung kann dies verhindern.
- Die Sicherungsbänder sollten an einen externen Ort auslagert werden. Im Falle von Einbruch oder Brand sind damit die Daten unversehrt und können auf einen neuen Rechner ausgespielt werden.

- **Datensicherheit**

Datensicherheit ist ebenfalls durch unterschiedliche Maßnahmen möglich, primär durch Passwörter

Dieser Punkt betrifft nicht den Schutz gegen Verlust, sondern den Zugriff auf Daten durch Mitarbeiter und Dritte. Gewisse Daten sollten im Regelfall nicht der Allgemeinheit zur Verfügung stehen. Dies sind insbesondere Gehaltslisten, Buchhaltungsdaten oder auch Firmengeheimnisse (Rezepte oder Ähnliches). Im konkreten Fall sind Berechtigungen in Form von Kennwörtern vorhanden. Problematisch ist dann nur, wenn die Mitarbeiter gegenseitig die Kennwörter des anderen kennen. Auf jeden Fall haben fremde Dritte größere Schwierigkeiten, Daten zu entwenden, wenn Berechtigungen verwendet werden.

- **Dokumentation**

Achten Sie darauf, dass alle von extern durchgeführten EDV-Tätigkeiten dokumentiert werden. Denn nur so können Sie oder ein Dritter nachvollziehen, was gemacht wurde. Wenn Sie den Anbieter wechseln wollen, brauchen Sie diese Daten. Ein Auszug:

- Installationsanleitungen für spezielle Programme,
- Installationsdateien insbesondere für Hardware,
- Kennwörter und Berechtigungsstrukturen (zu E-Mail, Internet, Administration),
- Kabelinstallationsplan,
- Anleitung zur Wiederherstellung von Dateien.

STELLEN SIE SICH DIESE DATEN IN EINEM „NOTFALLHANDBUCH"
ZUSAMMEN UND VERWAHREN SIE ES AN EINEM SICHEREN ORT. IM FALL
DES FALLES, WERDEN SIE SEHR DANKBAR SEIN.

5.3.5.3 Die Organisation der Daten und ihre Benennung

Ein Computer kann unzählige Informationen speichern und behalten. Bei guter Sicherung geht auch nichts verloren – im Gegensatz zur Zettelwirtschaft. Das Problem ist allerdings, dass die Daten nicht immer verfügbar und nicht so einfach greifbar sind. Wir kennen alle diese typischen Fragen: *„ Wo habe ich das abgelegt?"* oder *„Wo hat es die Kollegin hingelegt?"* Ein Tastenklick und die Suche geht los. Das sind Momente, in denen man sich die guten alten Leitzordner zurückwünscht.

EDV-Daten erfordern – wie schon bisher Akten – eine strukturierte Ablage, die bei der Benennung beginnt

Schon ab einer relativ kleinen Datenmenge ist es notwendig, eine Ordnerstruktur für den Computer zu erstellen, und der gute alte Aktenplan ist beim Computer durchaus nicht abgeschafft, sondern wird – im übertragenen Sinn – auf jeden Fall ebenso gebraucht.

Unterschiedliche Ordnungsstrukturen sind denkbar, wichtig ist, dass im Betrieb eine einheitliche Position gefunden wird, dass diese Struktur niedergeschrieben wird und damit für jeden zugänglich ist. Dann werden Ausreißer seltener – und selbst für diesen Fall bleiben dann ja auch noch die Suchsysteme, die ebenfalls gute Dienste leisten.

Ergänzend ein Tipp für ein sehr typisches Praxisproblem: Viele der Dateien werden fortgeschrieben und neu gespeichert. Stellen Sie das Datum im Dateinamen voran, und zwar in der Form jjjj-mm-tt (also 2004-06-27 statt 06-27-2004). Vorteil ist die automatische Sortierung im Explorer, was das Auffinden und das Unterscheiden erleichtert.

Kurzcheck in Sachen EDV

- Haben Sie Virenscanner und Firewall, wenn ja, werden diese auch automatisch und regelmäßig aktualisiert?
- Machen Sie regelmäßig Datensicherungen, prüfen Sie auch, ob die Sicherung erfolgreich war?
- Kennen Sie Ihre monatlichen Druckkosten, inklusive Papier, Tinte bzw. Toner, Reparaturen und Abschreibungen auf die Geräte?
- Haben Sie eine zentrale Datenablage für Dokumente, E-Mails und sonstige elektronische Daten?
- Haben Sie E-Mail-Adressen und einen eigenen Internetauftritt? Wissen Sie, wie erfolgreich Ihre Internetseite ist?
- Haben Sie einen Notfallplan, wenn der Server brennt oder unter Wasser steht?
- Können Sie Bereiche definieren, auf denen nur Sie Zutritt haben?
- Besitzen Sie eine Dokumentation Ihrer EDV?
- Kennen Sie die neuesten Entwicklungen (mobile Datenerfassung, Telematik, Wireless Lan, Voice over IP, etc.)?

5.4 Steht am Ende doch das „Organisationshandbuch"?

Nachdem ja die Zertifizierungswellen schon seit geraumer Zeit wieder abgeebbt sind, kann man beruhigt ein deutliches „Jein" in den Raum stellen. Sofern das Organisationshandbuch die betrieblichen Prozesse dokumentiert, die Routineaufgaben erfasst und für jeden nachvollziehbar macht, ist das Handbuch absolut zu befürworten. Aus vielerlei Gründen:

- Zum einen ist es für den Anwender eine Art Stellenbeschreibung, bzw. eine klare Anweisung, wie er seinen Job an dieser konkreten Stelle zu erledigen hat.
- Zum anderen bringt die Auseinandersetzung mit den Prozessen bei der Erstellung des Handbuches Raum für Effizienzverbesserungen. Kaum wird über den Prozess nachgedacht, werden Gewohnheiten plötzlich hinterfragt, neue Wege werden erkennbar.
- Für neue Mitarbeiter ist es eine interessante Lektüre, die sie insbesondere in der ersten Zeit bei sich tragen können.

Wir haben uns etwa zur Gewohnheit gemacht, Azubis mit der „Überarbeitung" der Handbücher vertraut zu machen. Ihr Mentor erklärt am praktischen Beispiel, welche Prozesse ablaufen und bittet den Azubi, in der Dokumentation nachzulesen und zu prüfen, ob das alles auch so drin steht. Damit wird es aber auch tatsächlich aktuell gehalten.

Am Ende sollte das Wissen Ihres Betriebes irgendwo gebündelt und dokumentiert sein. Diese Aufgabe darf den Geschäftsbetrieb nicht behindern. Vielmehr sollte das in ein lebendiges System integriert sein.

6 Controlling in Familienunternehmen – Mit Gespür und Methode

6.1 Besonderheiten und Eigenarten

Die meisten Familienunternehmer in Deutschland sind Techniker, Ingenieure oder Handwerker. Ein große Zahl weiterer bietet Dienstleistungen an, zum Beispiel rund um die Gesundheit. Für alle diese Berufsstände hat „Handwerkszeug" traditionell eine hohe Bedeutung. Es gilt als Abgrenzungsmerkmal, entsprechend wird viel Wert gelegt auf Qualität, Präzision und Vollständigkeit. Was dem Techniker bzw. Handwerker recht ist, ist dem Unternehmer leider nicht billig. Der „Werkzeugkasten" der Unternehmensführung steht selten griffbereit. In vielen Familienbetrieben ist er teils unvollständig, teils mit falschen Werkzeugen gefüllt. Der Handwerker/Techniker im Unternehmer würde rebellieren, wenn seine Werkzeuge so unzureichend wären wie die Controlling-Instrumente des Unternehmers in vielen Fällen. Viele Unternehmer rebellieren nicht, weil sie die Chancen und Möglichkeiten des Controllings nicht umfassend genug kennen und deshalb nicht bemerken, was ihnen fehlt.

Für Familienunternehmen stehen tpyischermaßen Leistung und „Handwerk", im eigentlichen oder übertragenen Sinn, im Vordergrund

Der „Werkzeugkasten" der Unternehmensführung wird jedoch vernachlässigt

Das fängt schon bei den Begriffen an. Es macht den Anschein, dass Controlling und Kontrolle für das Gleiche gehalten werden. Weit gefehlt. Das negative Wort Kontrolle wird in Verbindung gebracht mit Misstrauen, mit Belauern, mit „irgendwann zuschlagen". Der Kontrolleur wird zwangsläufig zum Spitzel der Unternehmensführung. Nun dürfen Sie zu Recht vermuten, dass sich die Familienbetriebe wohltuend von solchen Auswüchsen abgrenzen. Hier, wo sich die Leute untereinander kennen, wo eine gute persönliche Beziehung besteht und eine positive Vertrauensbasis da ist, sollte es, ja darf es keinen Spitzel geben.

Das klassische Missverständnis: Controlling wird mit Kontrolle verwechselt

Aber einen Controller braucht es! Denn Controlling geht weit über die statische Kontroll- und Überwachungsfunktion hinaus.

CONTROLLING STEHT FÜR DYNAMIK, ES IST IMPULSGEBER FÜR VERÄNDERUNGEN. ALS ZENTRALES STEUERUNGS- UND PLANUNGSINSTRUMENT ERMÖGLICHT ES GRUNDSÄTZLICH DIE ÜBERWACHUNG ALLER UNTERNEHMENSBEREICHE.

Und Unternehmen sind zu überwachen und zu steuern! Unabhängig von ihrer Größe.

IN KÜRZE – OFFIZIELL AB 2006 – WIRD WELTWEIT KEIN UNTERNEHMEN OHNE FUNKTIONIERENDES CONTROLLING NOCH KREDITE ERHALTEN.

Controlling bietet Überwachung und Steuerung – und das ist zukünftig, beim Rating zwingend, gefordert

Viele Familienbetriebe in Deutschland werden zunehmend Schwierigkeiten bei der Geld- und Kapitalbeschaffung bekommen – im Gegensatz zu Familienunternehmen in anderen Ländern und im Gegensatz zu Großbetrieben. Diese Situation ergibt sich zum einen, weil sie zu wenig controllen und zum anderen, weil die Finanzausstattung deutscher Betriebe auf Grund der geringen Eigenkapitalquote eine hohe Kreditabhängigkeit aufweist (siehe dazu Kapitel 1). Die „Großen" der Finanzwelt haben mit Basel I und Basel II den Kreditinstituten grundlegende Formeln zur Mindestausstattung mit Eigenkapital verordnet und das Kreditwesengesetz (KWG) präzisiert. Die Banken unterliegen nun auch im kleinsten Kaff den Beschlüssen der internationalen Finanzwelt.

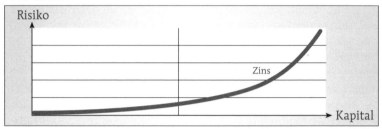

Abb. 6.1: Zinshöhen werden zukünftig auch vom Risiko abhängig gemacht

Der risikoabhängige Zinssatz steht ins Haus

Ein solcher Beschluss, die „risikoabhängige Bepreisung" des Zinses, sagt, dass die Kosten des Fremdkapitals mit dem Risiko in Verbindung gebracht werden. Je riskanter das Kreditengagement, desto teurer der Zins. Erreicht das Risiko eine bestimmte Ausfallwahrscheinlichkeit, müssen die Betriebe ihre Fremdmittel sogar zurückführen. Für viele wird es dann sehr eng.

DABEI GILT DIE FAUSTFORMEL: JE UNPRÄZISER DAS CONTROLLING, DESTO HÖHER DAS RISIKO.

Selbst, wenn Sie über Jahre hinweg gute Beziehungen zu Ihrem Firmenkundenberater bzw. zum Vorstand hatten, in absehbarer Zeit sind alle professionellen Kreditgeber gezwungen, das Risiko ihrer Kreditnehmer zu benoten (Rating) und das Vergabeverhalten danach auszurichten. Die Kreditinstitute brauchen ein Berichtssystem des Unternehmens, an das sie Geld ausleihen. Unvollständige oder gar fehlende Berichtsgrundlagen sind ein K.o.-Kriterium bei der Kreditentscheidung. Natürlich haben die Banken auch in der Vergangenheit Einblicke in den Betrieb gefordert. Und bekommen. Jedes Unternehmen kann deshalb grundsätzlich immer zwei wesentliche Bausteine des Berichtssystems vorlegen.

Controlling fängt nicht bei Null an - klassisch stehen bereits Jahresabschluss und BWA zur Verfügung

- Das ist einmal der Jahresabschluss, der bis spätestens 30.06. des Folgejahres, bei Kleinunternehmen bis spätestens 30.09. beim Kreditinstitut vorzulegen ist.
- Und es ist die monatliche „Betriebswirtschaftliche Auswertung" (BWA) zuzüglich der zugehörigen Summen- und Saldenlisten (SuSa).

Diese Unterlagen geben die Unternehmer mehr oder weniger murrend jährlich an die Bank weiter. Viel zu selten aber wird dieses sehr teure Papier analysiert und mit den eigenen Vorstellungen verglichen. Gibt es Abweichungen zwischen den eigenen Vorstellungen und dem tatsächlichen Ist? Wenn ja,

Besonderheiten und Eigenarten 167

warum? Antworten darauf zu suchen, ist ein wichtiger Schritt in Richtung Controlling. Auf dem Weg dahin gibt es noch ein paar Vorurteile und Hindernisse aus dem Weg zu räumen. Als echte Hemmschuhe für ein funktionierendes Controlling erweisen sich immer wieder die gleichen Positionen:
- Unter Volldampf im Blindflug – navigieren geht über probieren,
- Adlerauge sei wachsam – der Chef sieht alles,
- Wir sind Menschen, keine Zahlenkolonnen,
- Längs, quer, nach vorne – wir sind unvergleichbar und nicht planbar.

Wenn Controlling (dennoch) für überflüssig gehalten wird, hört man oft vier Vorurteile

Unter Volldampf im Blindflug – navigieren geht über probieren

Ein Skipper auf einem kleinen Segelboot, der mit vollen Segeln unterwegs ist, wird auf den Kurs achten und die Pinne im Griff haben. Eine Meuterei seiner Mannschaft ist eher nicht zu erwarten. Aber navigieren muss er genauso wie der Kapitän der Fähre bzw. des Überseedampfers. Familienbetriebe unterschätzen das: Der Einsatz von Navigationsinstrumenten bzw. Controllingwerkzeugen hat absolut nichts mit der Betriebsgröße zu tun. Natürlich unterscheiden sich Umfang, Präzision und Größe des Mitteleinsatzes. Der inhabergeführte klein- und mittelständische Betrieb benötigt andere Navigationsinstrumente als der Großbetrieb. Er braucht ein überschaubares Sortiment mit Instrumenten, das leicht handhabbar und doch präzise genug ist, um der Unternehmensführung die wichtigen Informationen zur Steuerung zu liefern. Das Verhältnis von Navigator und Kapitän entspricht dabei dem des Controllers und des Geschäftsführers. Auf großen Schiffen sind das zwei Bereiche mit unterschiedlichen Mannschaften. Auf kleinen Booten wird der Kapitän vermutlich die Navigation mitmachen, die Instrumente bedienen und überwachen. Er hat die letzte Verantwortung, dass Schiff, Besatzung und Fracht gut ankommen. Havarien enden ja meist für alle Beteiligten tödlich. Wie – im übertragenen Sinn – im richtigen Unternehmerleben. Es wird Zeit, Planung und Steuerung ins Büro des Chefs zu holen.

Controlling hat nichts mit Betriebsgröße zu tun!

Adlerauge sei wachsam – der Chef sieht alles

Nicht nur die Betriebsgröße verführt zur Annahme, dass alles wunderbar überschaubar sei. Ob angeboren, antrainiert oder aus der Last der Erfahrungen entstanden: Chefs in Familienbetrieben haben meist ein Adlerauge. Zweifelsohne haben sie ein Gespür dafür, in ungewöhnlichen Situationen aufzutauchen, immer dann, wenn sie weder erwartet werden, noch erwünscht sind. Trotzdem ist es trügerisch, zu denken, dass sie alles im Griff haben. Letztlich bleibt es trotz Gespür bei Blitzlichtaufnahmen. Denn wie oft sehen sie das Grinsen der Mitarbeiter/Lieferanten/Kunden nicht?

    Ein Gefühl der Lage: Ja. Aber – bei allem Respekt – Gefühl allein genügt nicht. Ein funktionierendes Controlling fasst das Gefühl in greifbare, nachvollziehbare Zahlen. Häufig erhält man dadurch Argumente für eine faire Diskussion gegenüber Mitarbeitern, Lieferanten, Kapitalgebern usw. Das, was der Chef im „Bauch" hat, lässt sich mit „objektiven" Daten hinterlegen und wird damit gesellschaftsfähig.

Das Gefühl für die Lage ist unentbehrlich, aber bei weitem nicht hinreichend!

Wir sind Menschen, keine Zahlenkolonne

Es ist positiv, dass es in Familienunternehmen „menschelt", dass keiner im Betrieb eine anonyme Nummer ist. Jeder kennt den Chef persönlich und kann das Gefühl haben, dass er mit dem Rest der Belegschaft in einem Boot sitzt. Diese sehr menschliche Seite ist gut und wichtig. Sie sollte gleichberechtigt neben einer objektiven Darstellung der betrieblichen Positionen stehen. Zahlen sind nur eine bestimmte Art, betriebliche Abläufe darzustellen. Daran ist nichts Außergewöhnliches.

Für Außenstehende wirkt es befremdlich, dass gerade die Techniker/Handwerker/Ingenieure Schwierigkeiten haben, die Handlungsströme ihres Betriebes in Zahlen abzubilden und diese Größen zu überwachen. Sie jonglieren täglich mit Zahlen, wissen, dass es lediglich abstrahierte Positionen realer Abläufe sind. Nur wenige wollen erkennen, wie einfach sich das auch auf die Unternehmensvorgänge übertragen lässt.

Das erschwert Controlling von vornherein. Und es schafft eine schlechte Ausgangsbasis, um „unerklärliche" Positionen aufzulösen. Solche unerklärlichen Positionen können etwa sein: der hohe Materialeinsatz, der fehlende Umsatz, die faszinierenden Reisekosten. Bitte vergessen Sie nicht: wo es menschelt, menschelt es in jede Richtung. Und auch wenn jeder erst mal Vertrauen verdient, ist es wichtig, dass Sie als Chef nicht in Gutgläubigkeit erstarren. Denn jeder, der sich außerhalb der Normen bewegt, tut das auf Kosten der gesamten Mannschaft. Und das sollten, das dürfen sie nicht zulassen. Stichproben sind schon allein deshalb notwendig.

Längs, quer, nach vorne – wir sind unvergleichbar und nicht planbar

Familienunternehmern haben Schwierigkeiten, sich mit anderen zu vergleichen. Bei anderen ist in der Regel alles anders, einfacher und besser. Wenn schon Vergleich, werden die Ergebnisse der vergangenen Jahre nebeneinander gelegt. Geht es aufwärts, ist die Freude groß. Zumindest auf den ersten Blick. Die Frage aber, ob eine Ertragskrise vorliegt, ob eine Liquiditätskrise droht, lässt sich stichhaltig nur mit einer Reihe von Kennziffern erkennen.

Längsschnittvergleiche bergen nämlich die Gefahr, dass „Schlendrian mit Schlendrian" verglichen wird. Längs und quer sollte die Blickrichtung laufen.

Auch der Blick in die Zukunft und die Frage, wie sich in fünf, in zehn Jahren die Positionen verändern sollen, ist mit aufzunehmen. Es sind die Referenzgrößen, an denen sich die Ergebnisse messen lassen.

Die Bedeutung der Planung, der Ausarbeitung eines konkreten Entwurfes, wie es in den nächsten Monaten, in den nächsten Jahren weitergehen soll, ist nur unzureichend bekannt. Es erstaunt, denn kein Handwerker /Techniker/ Ingenieur realisiert ein Projekt ohne einen Plan. Das eigene Unternehmen erscheint offenbar nicht als Projekt. Das ist kontraproduktiv für den Erfolg dieses Unternehmens.

Wie stellen Sie sich darauf ein?

- Es ist nicht so aufwändig wie gedacht. Die Erstellung eines Unternehmensplans für Familienbetriebe bis etwa 30 Mitarbeitern lässt sich innerhalb eines halben, maximal eines Tages erstellen. Bei einer besseren Navigation und einer besseren Steuerung, ist dieser Aufwand schnell zurückverdient. Das sehen alle, die sich damit auseinander gesetzt haben. Auch jene, die sich kräftig gegen die Einführung solcher Methoden gewehrt haben. Gerade sie fühlen sich heute ohne Vorausschau besonders hilflos.
- Gefühl ist gut, Zahlen auch. Machen Sie sich frei von Berührungsängsten im Umgang mit betrieblichen Zahlen. Alle betrieblichen Abläufe, Ein- und Ausgänge, Waren- und Zahlungsströme lassen sich in Zahlen abbilden. Dieses Zahlenwerk zeigt Ihnen sehr genau und weit gehend objektiv, wo Sie bzw. Ihr Betrieb stehen. Das ist wichtig, damit Sie manövrieren, navigieren können.
- Erstens kommt es anders. Ein gern zitiertes Argument gegen die Planung, die ja zentrales Element des Controlling ist. Natürlich kommt es selten genauso, wie man plant. Aber ohne Plan ist das „Gewurstel" Willkür. (Siehe unseren Tipp)
- Schauen Sie nach rechts, links, nach hinten und vorne. Es wäre wünschenswert, wenn Sie bzw. Ihr Betrieb unverwechselbar sind, wenn Ihr Profil sich klar von anderen unterscheidet. Bei aller Unverwechselbarkeit ändert das nicht, dass Ihr Betrieb und dessen Ergebnisse mit anderen vergleichbar sind. Weil viele Grundfunktionen vergleichbar sind. Das sollten Sie für Ihren Vorteil nutzen. Denn auch von anderen kann man lernen. Ihr Werkzeug dazu ist das Controlling. Fangen Sie an, der Rest gibt sich schon.

6.2 Oktaven realen Controllings

Wie hören sich die Oktaven des realen Controllings an? Sie klingen:
- Ich gebe doch mein Geld aus, das brauche ich nicht zu kontrollieren.
- Die Banken sollen schauen, wie sie zurechtkommen.
- Ich will mein Elend gar nicht sehen.
- Wieso planen, wenn die Realität ohnehin nicht abzubilden ist?
- Bei uns geht es um Vertrauen, nicht um Kontrolle.
- Zahlen, Zahlen, Zahlen... ich kann damit nichts anfangen.

O-Töne zum Thema Controlling

Nehmen wir an, der Unternehmer würde tatsächlich sein eigenes Geld ausgeben. Hätte dieses Geld nicht den gleichen Respekt verdient wie das Geld anderer? Gut, das ist Geschmackssache.

Ohnehin brauchen wir uns an dieser Stelle nicht weiter aufzuhalten, denn, wir haben das in den beiden Kapiteln über Strategie und über Investitionen schon dargelegt: Deutsche Familienunternehmer geben überwiegend das Geld anderer Leute aus: Der durchschnittliche Eigenkapitalanteil liegt bei knapp über 10%. Das meiste Kapital, über das die geschäftsführenden Unternehmer verfügen, gehört ihnen also nicht. Selbstverständlich stehen sie in Form von Sicherheiten und Bürgschaften für die Kredite gerade. Aber 40.000 Unternehmensinsolvenzen im Jahre 2003 sprechen eine deutliche Sprache. Viele der hier betroffenen

Die hohe Fremdfinanzierung von Familienbetrieben führt zwangsläufig zu Controllinganforderungen

Konkrete Controlling-Anforderungen erwachsen allein aus den MAK

Unternehmer mussten aufgeben, weil sie ihre Schulden nicht mehr zurückzahlen konnten. Viele Kreditinstitute, aber noch mehr Kollegen (Zulieferer) sind mit hohen Forderungen sitzen geblieben.

Die Banken sind bestrebt, das Risiko weiterer Ausfälle zu minimieren. Basel II und die Mindestanforderungen des Kreditwesens (MAK) engen den Spielraum der Kreditpolitik gerade von Genossenschaftsbanken und Sparkassen weiter ein.

INFORMATION UND EINSICHT IN DIE BETRIEBLICHEN ABLÄUFE DER INSTITUTE SIND LOGISCHER SCHLÜSSEL ZU KÜNFTIGEN KREDITEN.

Vernünftiges Unternehmertum umfasst offene Informationspolitik gegenüber Geldgebern

Gute Unternehmer werden versuchen, den prüfenden Geldgebern die Arbeit zu erleichtern. Eine vernünftige Information, insbesondere wenn die wirtschaftliche oder finanzielle Lage des Unternehmens nicht nur zur Freude Anlass gibt, verlangt das Gebot der Fairness und der Geschäftspartnerschaft. Kreditverlängerung oder gar Ausweitung sind unter solchen Bedingungen einfacher zu gestalten.

Die meisten Unternehmer haben ein Gespür dafür, wo sie mit ihrem Unternehmen in etwa stehen. Aber die Grenzen zwischen Schnupfen, Erkältung, Lungenentzündung oder gar Krebs sind fließend und ohne Controlling neigt der Geschäftsführer in der Analysephase erfahrungsgemäß eher dazu, die erkennbaren Dinge zu verniedlichen: „Das ist ja alles gar nicht so schlimm". In Kapitalgesellschaften führt es zu einem bösen Erwachen, wenn Insolvenzgründe unerkannt bleiben. Es werden keine oder nur unzureichende Konsequenzen wie Fortführungsprognose, Sanierungskonzept, Status sowie die Beseitigung des Insolvenzgrundes, wie Überschuldung und/oder (drohende) Zahlungsunfähigkeit, eingeleitet. Verantwortliche Inhaber sind motiviert, Krisen frühzeitig zu erkennen und Krisenursachen zu identifizieren, um rechtzeitig in der richtigen Dosis und ohne Nebenwirkungen den Krankheitsherd zu beseitigen. Ohne Controlling läuft das nicht!

Schmunzeln mit Marx, Engels, Lenin und den Lehren aus der Vergangenheit

Diskussionen über „Blaumachen", „schlechte Arbeitsmoral", „fehlende Produktivität" können abendfüllend sein. Eine gute Figur macht dabei der, der nicht mit Grummeln im Bauch kommt, sondern echte Argumente liefert. Das Unbehagen, dass Mitarbeiter nicht in die Gänge kommen, dass sie viel Zeit damit verbringen, ihre Brotzeit einzukaufen und sich dann auf die Suche nach einem passenden Platz für das bescheidene Mahl machen – es mag stimmen, aber es macht am Stammtisch genauso schlechte Stimmung wie in der Mitgliederversammlung.

Ganz anders dagegen ist die Frage nach der rückläufigen Produktivität gelagert. Ganz anders war auch die sehr pragmatische Frage von Lenin: „Was tun?". Nun ist dieser Mann mit seinen kommunistischen Parolen weit entfernt vom Verdacht der Ausbeutung. Wie schon Marx und Engels spricht er von Mehrwert, von Produktivität, von Ausbeutung, die dann entsteht, wenn eine Reihe von Leuten viel schuftet, damit es anderen Leuten gut geht. Zugegeben, das ist eine sehr verkürzte Darstellung der damals geäußerten Positionen.

> Uns kommt es auch nur darauf an festzuhalten: Da wurde nicht ans Gefühl appelliert, sondern mit Begriffen der Wirtschaft sachlich gegen die damals schlimmen Verhältnisse argumentiert. Wir haben heute andere und in vielen Fällen sogar umgekehrte Verhältnisse. Dennoch werden Unternehmer noch oft genug mit den „ewig alten" Vorwürfen der „Ausbeutung" belegt.
> Der Unternehmer heute kann sich darüber aufregen. Das Bedauerliche ist, dass vielen die Argumente fehlen, um solchen Vorwürfen sachlich zu begegnen und dass Diskussionen emotional geführt werden oder sogar auf Stammtischniveau verharren. Es kommt ein Gefühl auf, dass heute alles anders ist und dass Unternehmer zu wenig Schutz erfahren.
>
> Aber ohne triftige Argumente verhallt das ungehört, wenn der Unternehmer nicht sagen kann: Mehrwert? Welcher Mehrwert? Hier wird längst kein Mehrwert (mehr) erarbeitet, sondern Verluste. Und das liegt daran, dass die Arbeitskosten so hoch, die Produktivität dafür niedrig und der vollkostendeckende Stundensatz überhaupt nicht am Markt erzielbar ist. Meine Zahlen lesen sich so...
> Halten Sie verkrusteten Strukturen massive, überprüfbare Argumente entgegen. Halten Sie es in diesem Fall mit Lenin und Co, die wirtschaftlich-sachlich argumentiert haben. Bringen Sie Zahlen, Fakten, konkrete Daten, statt dumpfe Gefühle.
> Dazu aber brauchen Sie ein funktionierendes Controlling!

6.3 Controlling bin ich?

6.3.1 Grundlegendes zum Vorgehen

Controlling, egal ob im Management- oder im Familienbetrieb, ist – auf den Kern gebracht – die **Abweichungsanalyse**. Um Abweichungen festzustellen, einzuordnen und Maßnahmen für Veränderungen einzuleiten, braucht es eine Richtschnur, die gegen die Realität zu vergleichen ist. Einige Vorgabestandards für solche Vergleiche haben sich als zweckmäßig erwiesen:

Ein Kern des Controlling ist die Abweichungsanalyse – im zeitlichen Längsschnitt, im Quervergleich zu anderen und durch Planvergleiche

- **Längsschnittvergleich**: Hier werden die jetzt entstehenden Zahlen mit denen der Vorjahre verglichen.
  Beispiel: Umsatz im Jahr   2000 =   937 T€
                     2001 =   999 T€
                     2002 = 1.087 T€
                     2003 = 1.012 T€

  Über die Zeit wird somit eine betriebliche Kennziffer (hier der Umsatz) verfolgt und zwischen den Jahren verglichen.
- **Querschnittvergleich**: Zu einem bestimmten Zeitpunkt wird eine betriebliche Kennziffer mit denen verschiedener Betriebe verglichen, die eine ähnliche Struktur haben, z.B. die Materialeinsatzquote in der Gastronomie = 32 %.
- Längs- und Querschnittvergleiche sind vergangenheitsorientiert, Controlling umfasst jedoch noch eine dritte, zukunftsorientierte Vergleichsbasis. Unternehmer sollten idealerweise ein Bild der Zukunft haben und versuchen, den Weg dahin bestmöglich zu gestalten. Das Instrument dafür ist der **Plan**.

EIN WESENTLICHER BESTANDTEIL DER UNTERNEHMENSFÜHRUNG, INSBESONDERE DES CONTROLLING, IST DIE ERSTELLUNG VON PLÄNEN UND DIE KONTROLLE, OB UND WELCHE ABWEICHUNGEN ES GIBT.

Die typischen vier Ablaufschritte

Um ein präziseres Navigationssystem zu haben, vergleicht man unterjährig häufig das aufgelaufene Ergebnis zum Vorjahr und zum Plan. Controlling im engeren Sinne läuft in vier Stufen:

1. Vorgaben ermitteln (Soll),
2. Tatsachen erfassen (Ist),
3. Abweichungen feststellen und analysieren,
4. Maßnahmen für Veränderungen entscheiden.

Die für Familienunternehmen (meist) ausreichenden Pläne

Die Insolvenzforschung und die Anforderungen des Rating zeigen, dass dafür mindestens **drei Dimensionen** notwendig, für Familienbetriebe aber auch ausreichend sind:

- Investitionsplanung,
- Jahresplanung oder kurzfristige Erfolgsrechnung (KER),
- Liquiditätsplanung.

Bevor wir tiefer einsteigen, soll noch etwas zur Planung gesagt werden.

Ein Wort zur Planung

Planung? – Wozu? Es kommt ohnehin anders als man denkt. Diese Ansicht wird nicht nur von Existenzgründern geäußert. Tatsächlich liegt ein großer Kern Wahrheit darin. Planungen sind von so vielen Faktoren abhängig, dass es unvernünftig wäre, die Eintrittswahrscheinlichkeit der Plangrößen zu hoch zu bewerten.

Aber nur ein Plan ermöglicht Überwachung und Kontrolle, zeigt Abweichungen und ermöglicht zeitnahe Maßnahmen. Planung ist die **Sichtbarmachung und Festlegung Ihrer Ziele**, des unternehmerischen Erfolgs. Arbeit, Zeit, Nerven und Aufwand, die Sie in die Plan-Erstellung stecken, zahlen sich zu einem späteren Zeitpunkt aus. Planung gibt Ihnen ein **Gerüst**, an dem entlang Sie die konkreten und robusten Schritte Ihrer Tätigkeit ablesen können. Soll und Ist: Wieso gibt es Abweichungen? Habe ich falsch geplant? Habe ich unrealistisch geplant? Kann meine Planung der Realität nicht standhalten? Ist mein Vorhaben an sich unrealistisch? Was muss ich ändern, um aus den negativen Positionen erfolgreiche werden zu lassen? Fragen, die Sie zum Erfolg führen. Und sicher wird Ihr dritter Plan weitaus genauer, weitaus näher an der Realität sein als Ihr Erstlingswerk.

Das trägt auch dazu bei, dass Sie Ihrem Gefühl trauen können – sofern es mit den Zahlen übereinstimmt. Unternehmer treffen ihre Entscheidungen immer unter absoluter Unsicherheit. Die Entscheidung selbst umfasst

- das Entscheidungsproblem (Was soll ich machen?),
- die Wege, wie das Problem gelöst wird (Wie kann ich es machen?) und
- die Alternativen mit unterschiedlichen Auswirkungen (Was passiert, wenn ich es mache?).

Unsicherheit an allen Ecken und Enden. Und doch trifft jede Fehlentscheidung in die Kernsubstanz des Unternehmens, frisst das mehr oder weniger dicke Finanzpolster auf. Das wissen auch die Kreditgeber, sind aber verständlicherweise nicht bereit, das Risiko, die finanziellen Auswirkungen zu tragen. Vertrauen ist gut, Kontrolle ist besser, und entsprechend intensiv ist die Kontrolle der Kapitalgeber. Egal ob Bank oder Risikokapitalgeber. Als Außenstehende brauchen sie einen Referenzrahmen, an dem entlang sie die einzelnen (Investitions-) Entscheidungen bewerten können. Je stringenter die Planung, umso näher sind Sie an einer Kreditzusage.

6.3.2 Investitionsplanung

Investitionsplanung war uns ein eigenes Kapitel wert (siehe Kapitel 2 über Investition und Finanzierung und hier insbesondere den exemplarisch in Schritten abgeleiten Plan im Abschnitt 2.3).

Unter dem Gesichtspunkt des Controlling geht es darum, alle Investitionen der Folgejahre zu planen. Grundlage sind die (strategischen) Ziele: Wachstum, Konsolidierung oder Schrumpfung. Je nach Strategie wird es Erweiterungs-, Erhaltungs- und Desinvestitionen geben (dazu lesen Sie mehr im Kapitel Strategie). Die Komponenten werden aufeinander abgestimmt und die (Fremd-)Finanzierung wird gesichert. Fragen zu Kapazitätsauslastung (Maschinen), Ertragsausweitung (Marketing), Effizienzsteigerung (Organisation/EDV) und Qualitätsverbesserung (Personal) werden jährlich zu diskutieren sein und mit den Vorgaben, bzw. den Annahmen bei der Planung verglichen werden.

Grundlage für alle Investitionen ist die (Norm-)Strategie

Kleines Beispiel: Bringt die neue digitale Druckmaschine im ersten Jahr tatsächlich eine (geplante) Mindestauslastung von 42%? Abweichungshöhe (und -richtung, also die Zahl mit Vorzeichen gelesen) ist die Steuergröße bei der Realisierung der Strategie. Bei höherer Auslastung verringern sich die Risiken der Gesamtinvestition. Das Ergebnis (bei gleicher Afa) verbessert sich. Die frühere, die Investitionsentscheidung ist ständig zu überprüfen, um eine mögliche Fehlentscheidung zu korrigieren. Das gilt auch für positive Abweichungen. Denn hier sind ggf. Folgeentscheidungen, wie z.B. die Verkürzung der Abschreibungszeiträume, zu treffen.

Controlling ist das Instrument, mit dem Investitionsentscheidungen regelmäßig überprüft und ggf. angepasst werden

6.3.3 Jahresplanung (KER)

Im Vordergrund der Controllingmaßnahmen im Familienbetrieb steht der alljährliche und der unterjährige Soll-/Ist-Vergleich. Diese „kurzfristige Erfolgsrechnung" (KER) wird auch als „Ertragsvorausschau" bezeichnet. Sie umfasst die monatliche Planung, aber auch die monatliche „Erfolgs"kontrolle. Worum geht es?

Herzstück des Controlling ist die Ertragsvorschau-kurzfristige Erfolgsrechnung, in der Erträge und Kosten gegenübergestellt werden

> AUF BASIS DER VORJÄHRIGEN ABSATZ- UND UMSATZZAHLEN UND
> UNTER BERÜCKSICHTIGUNG ZUKÜNFTIGER UMWELTEINFLÜSSE
> ERSTELLEN SIE EINE VORSCHAU FÜR UMSATZ UND KOSTEN.

Sie planen zunächst den Absatz (Stückzahlen, Produktionsstunden etc). Zum Umsatz kommen Sie, wenn Sie im zweiten Schritt die Preise pro Einheit einrechnen. Es ist auch denkbar, vorhandene Produktionsstunden in der Werkstatt zu berechnen, mit dem Auslastungsgrad zu multiplizieren und im Anschluss mit dem Stundenverrechnungssatz zu vervielfachen. Das wird gleich anschließend in unserem Fallbeispiel deutlicher.

Wir vollziehen im Folgenden die einzelnen Planungsschritte exemplarisch an einem fiktiven, aber von seinen Eckdaten her typischen Autohaus, dessen „Fall" über mehrere Planungsetappen weitergeführt wird.

Die einzelnen Planungsschritte werden anhand eines Fallbeispiels vollzogen

Eckdaten des Musterbetriebs im Fallbeispiel

Darlegung der Personalstruktur

> **Fallbeispiel (1)**
>
> In der Praxis sieht das so aus: Ein Autohaus hat sieben Werkstattmitarbeiter und zwei Meister, die für Werkstattannahme und Arbeitsvorbereitung zuständig sind. Ein weiterer Mitarbeiter ist bis zu 6 Std. am Tag mit der Kommissionierung des Materials beschäftigt. 6 Monteure mit 35-Stunden-Woche sind pro Tag 6,5 Std. produktiv. Kalkuliert man 10 Krankheitstage, 11 Feiertage und 30 Urlaubstage, ergeben sich 209 Anwesenheitstage pro anno. Macht pro Mitarbeiter 1.358,50 Std. jährlich. Bei 6 Mitarbeitern sind das 8.151 verrechenbare Stunden. Plus 209 Std. für den im Lager beschäftigten Mitarbeiter ergibt 8.360 Gesellenstunden. Die zwei Meister arbeiten täglich je 1 Std. mit, was weitere 418 Std. bringt. Zuzüglich 44 Samstagen, an denen sie je 4 Std. mitarbeiten, macht weitere 176 Std. Bei voller Kapazitätsauslastung eribt sich damit eine Produktionskapazität von 8.954 Std./anno.

Die Planungsunsicherheit muss quantitativ gefasst werden

Das gilt erst mal theoretisch. Denn jetzt greift die **Planungsunsicherheit**. Wird die Werkstatt im nächsten Jahr zu 70% oder zu 80% oder gar zu 90% ausgelastet sein? Über diesen Auslastungsgrad wird der Deckungsbeitrag/Erfolg erwirtschaftet. Und hier wiederum entscheidet sich das positive oder negative wirtschaftliche Gesamtergebnis.

Das Musterunternehmen erzielt Umsatzerlöse aus Handwerks-/Dienstleistungsunternehmen und aus Produktverkauf

> **Fallbeispiel (2)**
>
> Unterstellen wir einen 80%igen Auslastungsgrad. Dann ist selbstverständlich monatlich zu prüfen, ob dieser Auslastungsgrad tatsächlich erreicht wird. Im Beispiel geht der Unternehmer für das Folgejahr von 8.954 h x 0,8 (Auslastungsgrad) = 7.163,2 „verkauften Stunden" in der Werkstatt aus. Bei einem durchschnittlichen Stundenverrechnungssatz von 60 € ergibt sich ein geplanter Werkstattumsatz von 429.792 €. Der Einfachheit halber werden wir auf T€ 430 Planumsatz für die Werkstatt aufrunden.
> Diese Berechnung ist nun für jeden weiteren Geschäftsbereich einzeln zu planen. Beim Autohaus sind das beispielsweise Teileumsatz, Gebrauchtwagen und Neuwagen.
> Wir haben im Folgenden den Verkauf von 60 Neufahrzeugen und 90 Gebrauchtwagen eingeplant. Vorgabe für den Unternehmer war ein durchschnittlicher Überschuss am Gebrauchtwagen von 300 €, nach Einkauf sowie technischer und optischer Aufbereitung. Im Einzelfall kann durchaus ein schlechteres Ergebnis erzielt werden, entscheidend ist, dass der Durchschnitt stimmt. Wir kennen mittlerweile Unternehmer, die jedes verkaufte Stück „mit Vornamen kennen" und auf den Euro genau wissen, „was und auf welcher Seite es hängen geblieben ist". Wenn das Gewicht dann sehr negativ auf die Seite des Unternehmens ausschlägt, darf sich der Unternehmer schon fragen, was

ihn bewogen hat, den Verlustbringer überhaupt auf den Hof zu stellen. Das bringt zumindest in stillen, häufig genug einsamen, Stunden, wichtige Erkenntnisse für das weitere Einkaufsverhalten.
Die Neuwagenspanne festzulegen, ist ein erfreulicherer Job. Offiziell erhalten Händler 12 % – 20% auf die Fahrzeuge. Durch die Vielzahl der unvermeidbaren Nachlässe pendelt sich der tatsächliche Ertrag meist bei 3% – 4% ein. Nur vernünftige Planwerte sind seriöse Vorgaben für den Verkäufer, auch und gerade wenn es der Unternehmer selbst ist. Wir haben 6% vom (Netto-)Neupreis festgelegt.
Der Teileumsatz steht noch auf dem Plan. In unserem Beispiel zeigt die Vergangenheit, dass der Teileumsatz in etwa 50% – 60% höher lag als der mit den Löhnen in der Werkstatt erzielte Erlös. Selbst bei konservativer Planung scheint ein Teileumsatz von T€ 650 realistisch.
Sonstige Dienstleistungen umfassen die nicht selbst durchgeführten Lohnarbeiten (Blechreparaturen, Lackierungen usw.) Eine so genannte „handling-fee" von 10% darf veranschlagt werden. Der Einsatz für Fremdleistungen liegt dann auch bei 90%, während für die Teile nur 2/3 des Umsatzes für den Einkauf kalkuliert wurden.

In die Planung gehen (natürlich) branchentypische Eckwerte ein

Das war's im Großen und Ganzen. Aufwändig? Um (Plan-)Ergebnisse wie die aus unserem Fallbeispiel zu ermitteln, haben wir (beratungsseitig) bei keinem Unternehmen länger als wenige Stunden gebraucht, egal, ob Autohaus, Bodenfachbetrieb oder Omnibusunternehmen. Da wollte der eine die Unterteilung in Textil-, Kunststoff- oder Holzbeläge haben und zusätzlich den Geschäftsbereich Einzelhandel und Estrich, weil er dafür Subunternehmer beschäftigt. Der Omnibusbetrieb ermittelte seine Absatz- und Umsatzzahlen getrennt für Linienverkehr, Anmietung, eigenen Reiseverkehr, Provisionen und Krankenfahrten. Die Struktur von Absatz- und Umsatzplanung sah immer gleich aus, natürlich unterschieden sich Texte und Zahlen. Zu Papier gebracht, schaut die Erfolgsplanung im ersten Schritt unseres Fallbeispiels aus wie in Abb. 6.2 (auf der folgenden Seite).

Aus der Beratung resultiert die Beobachtung, dass die Planungsstrukturen über die meisten Branchen hinweg ähnlich aussehen

Den ermittelten Erlösen aus den einzelnen Geschäftsfeldern stehen nun die **Kosten** gegenüber. Wirtschaftlich übersichtlich ist es, wenn der Betrieb die Möglichkeit hat, Kosten direkt den einzelnen Geschäftsfeldern zuzuordnen. In der Praxis ist das meist nicht mal bei den Personalkosten möglich. Trotzdem sollten gerade hier alle Möglichkeiten der Aufzeichnung genutzt werden, um zumindest den Deckungsbeitrag II (d.h. die Erlöse minus der Summe von Materialkosten + Personalkosten) nach den einzelnen Segmenten zu ermitteln.

Im 2. Schritt werden den Erlösen die Kosten gegenübergestellt

In Deutschland ist den Personalkosten besonderes Augenmerk zu schenken. Auf der übernächsten Seite ist zunächst die Personalübersicht für „unser" Autohaus abgedruckt (Abb. 6.3). Auf die dahinter liegenden Personalkostenberechnungen gehen wir anschließend ein.

Nach Betriebstyp zwar unterschiedlich, bilden die Personalkosten doch meist den Hauptkostenblock

Firma Familienbetrieb - Autohaus GmbH				
	2003 in TEUR	in %	**2004** in TEUR	in %
Absatzplanung				
Neuwagen			60,00	
Gebrauchtwagen			90,00	
Lohnerlöse			7.170 h	
Teileverkauf				
sonstige Dienstleistungen				
Umsatzerlöse				
Neuwagen			80,0	6,5%
Gebrauchtwagen			27,0	2,2%
Lohnerlöse			430,0	35,0%
Teileverkauf			650,0	52,8%
sonst. Dienstleistungen			43,0	3,5%
+ sonstige betriebliche Erlöse				
Gesamtleistung			**1.230,0**	**100,0%**
WE-/Fl-Quote in Vorspalte auf Spartenumsatz bezogen				
Wareneinsatz Neuwagen				
Fremdleistung Neuwagen				
Wareneinsatz Gebrauchtwagen				
Fremdleistung Gebrauchtwagen				
Wareneinsatz Lohnerlöse				
Fremdleistung Lohnerlöse				
Wareneinsatz Teileverkauf		67%	433,3	35,2%
Fremdleistung Teileverkauf				
Wareneinsatz sonst. Dienstleistungen				
Fremdleistung sonst. Dienstleistungen		90%	38,7	3,1%
Summe Wareneinsatz			433,3	35,2%
Summe Fremdleistungen			38,7	3,1%
Summe			472,0	38,4%
Rohertrag (Deckungsbeitrag I)			**758,0**	**61,8%**

Abb. 6.2: Planung von Absatz und Umsatzerlösen

Personalübersicht

Firma Familienbetrieb - Autohaus GmbH — **Planjahr 2004**

Pers. Br.	Name	Bereich	Anmerkung	Stundenlohn in EUR	Lohn/Gehalt Brutto (incl. VWL) in EUR	DV/Ausl. Sonstiges in EUR	AG-Anteil in EUR	Lohn/Gehalt Kosten in EUR	Lohn/Gehalt U'Lohn produktiv in EUR	Plan prod. Std. in Stunden	Lohnstundensatz in EUR
1	Unternehmer		Management / Vertrieb		48.000,00		912,00	48.912,00			
2	Unternehmerin		Verwaltung		26.400,00		6.032,40	32.432,40			
3	Bürofachkraft		Buchhaltung		13.200,00		3.016,20	16.216,20			
4	Aushilfe (Büro)		Verwaltung / Ablage / Anmeldungen			5.760,00	1.324,80	7.084,80			
5	Meister 1		Arbeitsvorbereitung	14,75	27.258,00		6.228,45	33.486,45			
6	Meister 2		Annahme	14,25	26.334,00		6.017,32	32.351,32			
7	Lager/Monteur		Lagerist / Werkstatt	13,75	25.410,00		5.806,19	31.216,19			
8	Geselle 1		Werkstatt	13,75	25.410,00		5.806,19	31.216,19			
9	Geselle 2		Werkstatt	13,50	24.948,00		5.700,62	30.648,62			
10	Geselle 3		Werkstatt	13,00	24.024,00		5.489,48	29.513,48			
11	Geselle 4		Werkstatt	13,00	24.024,00		5.489,48	29.513,48			
12	Geselle 5		Werkstatt	12,75	23.562,00		5.383,92	28.945,92			
13	Geselle 6		Werkstatt	12,50	23.100,00		5.278,35	28.378,35			
14	Verkäufer 1		Vertrieb		12.000,00		2.742,00	14.742,00			
15	Aushilfe 1		Reinigung / optische Aufbereitung		6.600,00		1.508,10	8.108,10			
16	Aushilfe 2		Zulassung / Botendienste			4.620,00	1.035,00	5.655,00			
17	Azubi 1		Werkstatt		6.900,00		1.576,65	8.476,65			
18	Azubi 2		Werkstatt, ab 1. September		1.648,00		376,57	2.024,57			
19											
20											
21											
22											
23											
24											
25											
26											
27											
28											
29											
30											
Summen					338.818,00	10.380,00	69.723,71	418.921,71			

Abb. 6.3: Personalübersicht

Detailwerte zu den Personalkosten übernimmt das Controlling aus der Lohn- und Gehaltsabrechnung

Wie kommt diese Übersicht zu Stande? Von 365 Tagen ist der durchschnittliche Mitarbeiter 209 Tage im Betrieb (das hatten wir im Fallbeispiel Teil 1 schon ausgerechnet). Die Kosten für die Fortzahlungen im Urlaubs- und Krankheitsfall ergeben für die Anwesenheitszeit eine beachtliche Zusatzposition, die durch Sozialversicherungsbeiträge, Berufsgenossenschaft und sonstige Abgaben noch ordentlich erhöht wird. Von ungefähren Schätzungen sollten Sie Abstand nehmen, ebenso von den in zahlreicher Literatur kursierenden pauschalen Faktoren zu den Arbeitskosten. Diese taugen als volkswirtschaftlicher Mittelwert und für Tendenzaussagen, nicht jedoch für die betriebswirtschaftliche Einzelbetriebsplanung.

Bei der konkreten Ausfertigung der Übersichten ist entsprechende EDV hilfreich, die Datentransfer zwischen Rechenblättern ermöglicht

Die Ausführung für unser Autohaus ist in Abb. 6.4 auf der gegenüberliegenden Seite zu sehen. Wenn die Tabelle in einer geeigneten Software erstellt wurde, lässt sich nahezu automatisch die schon in Abb. 6.3 abgedruckte Übersicht erzeugen – das ist beispielsweise bei Microsoft Excel® relativ unaufwändig und elegant möglich. Eine solche Übersicht empfehlen wir grundsätzlich für die Kostenkontrolle.

Mit der Personalplanung ist der größte Aufwand für Ihre Unternehmensplanung geschafft. Die konkreten Zahlen entnehmen Sie ganz einfach der Lohnabrechnung. Mit der vorliegenden Summen- und Saldenliste (31.10.) können die einzelnen Kostenkonten für das Jahresende hochgerechnet und für die Planung verwendet werden. Haben Sie keine Angst vor Fehleinschätzungen. Die Planwerte der Kosten lassen sich nach Eingang der letzten BWA (31.12.) nochmals korrigieren. Abweichungen bei der Hochrechnung sind dann recht schnell angepasst.

Übrigens: Allein die Auseinandersetzung mit der laufenden Kostensituation im Oktober/November zur Planung des neuen Jahres initiiert Kostensenkungsmaßnahmen. Das ist unsere Erfahrung, die wir unabhängig von Branchen und Sparten gewinnen konnten. Allein diese Chance sollten Sie sich nicht entgehen lassen.

Die weiteren Planungsbestandteile

Nach den Personalkosten werden weitere Kosten geplant - das Controlling übernimmt betriebswirtschaftle Daten (Schnittstelle zur Buchhaltung)

Die Personal(kosten)-Planung findet Eingang in die Gesamtkostenplanung (bitte blättern Sie um, betrachten Sie Abb. 6.5).

Die Überprüfung der Daten für den 31.12. wird meist genutzt, um bei der Kosten-, der Umsatz- und Absatzplanung die „Vorjahresergebnisse" einzutragen. Damit sind zwei Vergleichsbasen gegeben:
- Die Vorjahresergebnisse
- Die Planzahlen

Personalplanung

Firma Familienbetrieb - Autohaus GmbH   **Planjahr 2004**

Personalnummer oder fortlaufende Nr.		Unternehmer	Unternehmerin	Bürofachkraft	Aushilfe (Büro)	Meister 1	Meister 2	Lager/Monteur	Geselle 1	usw.
Name										
Kalendertage		365	365	365	365	365	365	365	365	
− Samstage/Sonntage		104	104	104	104	104	104	104	104	
− Urlaub	30	30	30	30	30	30	30	30	30	
− Krankheit	10	10	10	10	10	10	10	10	10	
− Feiertage	11	11	11	11	11	11	11	11	11	
− freie Tage	1	1	1	1	1	1	1	1	1	
= Anwesenheitstage		209	209	209	209	209	209	209	209	
x Stunden pro Tag	7,0	7,0	7,0	7,0	7,0	7,0	7,0	7,0	7,0	
x unproduktive Zeiten pro Tag	0,5	0,5	0,5	0,5	0,5	0,5	0,5	0,5	0,5	
+ Überstunden pro Monat (Durchschnitt)										
= produktive Stunden p.a.		1.358,50	1.358,50	1.358,50	1.358,50	1.358,50	1.358,50	1.358,50	1.358,50	
Festbezüge (z.B Gehalt, Prämien) in EUR		4.000,00	2.200,00	1.100,00						
Stundenlohn						14,75	14,25	13,75	13,75	
Monatsstunden (Normalstunden)		154,00	154,00	88,00		154,00	154,00	154,00	154,00	
Monate		12	12	12	12	12	12	12	12	
Überstundenlohn (Zuschlag =)	25%									
= Jahresarbeitslohn		48.000,00	26.400,00	13.200,00		27.258,00	26.334,00	25.410,00	25.410,00	
in % vom Monatgehalt/-lohn (Festbezüge) + Weihnachtsgeld										
in % vom Monatgehalt/-lohn (Festbezüge) + Urlaubsgeld										
+ Vermögenswirksame Leistungen										
= Bruttojahresarbeitslohn		48.000,00	26.400,00	13.200,00		27.258,00	26.334,00	25.410,00	25.410,00	
S=Sozvers.-frei, Z=ZVK-frei, a = Bemessung aus	S									
+ Arbeitgeberanteil Soz.Vers.	21,0%	912,00	5.530,80	2.765,40		5.710,55	5.516,97	5.323,40	5.323,40	
+ Berufsgenossenschaft	1,9%		501,60	250,80		517,90	500,35	482,79	482,79	
= Summe AG-Anteil		912,00	6.032,40	3.016,20		6.228,45	6.017,32	5.806,19	5.806,19	
+ Direktversicherung					5.760,00					
+ Sonstiges pauschalversteuert					1.324,80					
+ Pauschalsteuer	23,0%									
+ Auslöse										
+ Sonstiges										
= gesamte Jahreslohnkosten		48.912,00	32.432,40	16.216,20	7.084,80	33.486,45	32.351,32	31.216,19	31.216,19	
Sparte/Bereich										

Abb. 6.4: (Detaillierte) Personalplanung

Kostenplanung

Firma Familienbetrieb - Autohaus GmbH

Gesamtleistung ist 100%

Faktor Lohnsteigerung
Faktor sonstige Kostensteigerung

		Planj. fix in TEUR	var. in TEUR	% von GL	2003 in TEUR	in %	2004 in TEUR	in %
Personalkosten		**454,9**					**454,9**	**37,0%**
KT	laufende Personalkosten	418,9					418,9	34,1%
KT	Weihnachtsgeld (incl. AG-Anteil)							
Kt.	Urlaubsgeld (incl. AG-Anteil)							
Kt. 4010	Provisionen für Verkauf lt. Plan	36,0					36,0	2,9%
Raumkosten		**76,2**					**76,2**	**6,2%**
Kt. 4100	Miete	66,0					66,0	5,4%
Kt. 4110	Gas, Strom, Wasser	9,0					9,0	0,7%
Kt. 4120	Reinigungskosten							
Kt. 4130	sonst. Raumkosten	1,2					1,2	0,1%
Betriebliche Steuern								
Kt.	Grundsteuer							
Kt.	Gewerbesteuer							
Kt.	Körperschaftsteuer							
Versicherungen/Beiträge		**9,5**					**9,5**	**0,8%**
Kt. 4210	Versicherungen	5,0					5,0	0,4%
Kt. 4220	Beiträge HWK/Verband	4,5					4,5	0,4%
Kt.								
Besondere Kosten		**16,0**					**16,0**	**1,3%**
Kt. 4310	Vertrag Kundendienst	8,0					8,0	0,7%
Kt. 4320	Kulanz	8,0					8,0	0,7%
Kt.								
Kfz.-Kosten (incl. Kfz.-Steuer)		**29,0**					**29,0**	**2,4%**
Kt.	Kfz.-Steuer							
Kt. 4410	Aufwendungen für Vorführwagen	13,5					13,5	1,1%
Kt. 4420	Geschäftswagen	7,0					7,0	0,6%
Kt. 4430	Instandsetzung/Pflege	8,5					8,5	0,7%

Abb. 6.5: Kostenplanung

Zusammenstellung zum „Erfolgsplan"

Absatz-, Umsatz- und Kostenplanung werden zum „Erfolgsplan" zusammengefasst (Abb. 6.6, bitte umblättern) – schon ist die Grundlage des Controlling fertig und kann den Fremdkapitalgebern zum Jahresanfang vorgelegt werden. Meist reicht dieser abgebildete „Erfolgsplan" plus den detaillierten Planungsübersichten für Personal- und sonstige Kosten.

Werbe-/Reisekosten			**9,0**	**0,7%**
Kt. 4510	Werbekosten		3,0	0,2%
Kt. 4520	Reisekosten		3,0	0,2%
Kt. 4530	Einführung neuer Modelle		3,0	0,2%
Kosten Warenabgabe			**8,0**	**0,7%**
Kt. 4610	Fracht		8,0	0,7%
Reparatur/Instandhaltung			**10,0**	**0,8%**
Kt. 4710	Werkstatt / Maschinen		2,5	0,2%
Kt. 4720	Büro und Geschäftsausstattung		1,5	0,1%
Kt. 4730	Hard- und Software		6,0	0,5%
Sonstige Kosten			**19,2**	**1,6%**
Kt. 4900	sonst. Kosten (allg.)		1,2	0,1%
Kt. 4910	Porto, Telefon, Internet		2,5	0,2%
Kt. 4920	Büromaterial		1,5	0,1%
Kt. 4930	Fortbildungskosten		4,0	0,3%
Kt. 4940	Rechts- und sonst. Beratungskosten		3,6	0,3%
Kt. 4950	Abschluss- und Steuerberatungskst.		5,8	0,5%
Kt. 4960	Nebenkosten des Geldverkehrs		0,6	0,0%
Zinsen			**24,0**	**2,0%**
Kt.	Zinsen kurzfristig (Automatik)			
Kt.	Zinsen kurzfristig		16,0	1,3%
Kt.	Zinsen langfristig		8,0	0,7%
Abschreibungen			**46,8**	**3,8%**
Kt. 4810	Masch. & Geschäftsausstattung		10,8	0,9%
Kt. 4820	Fahrzeugbestand		36,0	2,9%
Kt.	Forderungsverluste			
Kt.	EWB auf Forderungen			
kalkulatorische Kosten				
Kt.	kalk. Unternehmerlohn produktiv			
Kt.	kalk. Unternehmerlohn sonst			
Kt.	kalk. Miete			
Kt.	kalk. Eigenkapitalzins			
Summe der Kosten			**702,6**	**57,1%**

Fairerweise ist zu sagen, dass bei der ersten Erstellung einer solchen Unternehmensplanung ein höherer Zeitaufwand entsteht. Nach unserer Erfahrung sind 4 – 8 Std. zu veranschlagen. In den Folgejahren ist der Aufwand dann entsprechend geringer, weil die Struktur steht und „nur" aktuelle Werte eingetragen werden.

Der Zeitaufwand für die Ersterstellung bei Etablierung eines solchen Controlling ist etwas höher

Erfolgsplan

Firma Familienbetrieb - Autohaus GmbH   Planjahr 2004   2004 sb / cs
Berater

	2003 in TEUR	in %	2004 in TEUR	in %	2005 in TEUR	in %	2006 in TEUR	in %
Absatzplanung								
Neuwagen	52,00		60,00					
Gebrauchtwagen	79,00		90,00					
Lohnerlöse	7.092,00		7.170 h					
Teileverkauf								
sonstige Dienstleistungen								
Umsatzerlöse								
Neuwagen	69,9	6,0%	80,0	6,5%				
Gebrauchtwagen	18,1	1,6%	27,0	2,2%				
Lohnerlöse	408,8	35,2%	430,0	35,0%				
Teileverkauf	623,9	53,8%	650,0	52,8%				
sonst. Dienstleistungen	39,9	3,4%	43,0	3,5%				
+ sonstige betriebliche Erlöse								
Gesamtleistung	**1.160,6**	**100,0%**	**1.230,0**	**100,0%**				
WE-/FI-Quote in Vorspalte auf Spartenumsatz bezogen								
Wareneinsatz Neuwagen								
Fremdleistung Neuwagen								
Wareneinsatz Gebrauchtwagen								
Fremdleistung Gebrauchtwagen								
Wareneinsatz Lohnerlöse								

Abb. 6.6:   Erfolgsplan

Fremdleistung Lohnerlöse	68%	425,8			67%	433,3	
Wareneinsatz Teileverkauf			36,7%				35,2%
Fremdleistung Teileverkauf							
Wareneinsatz Sonst. Dienstleistungen	93%	37,0			90%	38,7	
Fremdleistung Sonst. Dienstleistungen			3,2%				3,1%
Summe Wareneinsatz		425,8	36,7%			433,3	35,2%
Summe Fremdleistungen		37,0	3,2%			38,7	3,1%
Summe		462,8	39,9%			472,0	38,4%
Rohertrag (Deckungsbeitrag I)		**697,8**	**60,1%**			**758,0**	**61,6%**
- Personalkosten		440,9	38,0%		454,9 #DIV/0!	454,9	37,0%	454,9 #DIV/0!
= Deckungsbeitrag II		256,9	22,1%		-454,9 #DIV/0!	303,0	24,6%	-454,9 #DIV/0!
- Abschreibungen		43,5	3,7%		46,8 #DIV/0!	46,8	3,8%	46,8 #DIV/0!
- ausgabewirksame Kosten		176,4	15,2%		176,9 #DIV/0!	176,9	14,4%	176,9 #DIV/0!
= Deckungsbeitrag III		37,0	3,2%		-678,6 #DIV/0!	79,3	6,5%	-678,6 #DIV/0!
+/- Finanzergebnis		-23,1	-2,0%		-8,0 #DIV/0!	-24,0	-2,0%	-8,0 #DIV/0!
= Ergebnis d. gew. Geschäftstätigkeit		**13,9**	**1,2%**		**-686,6 #DIV/0!**	**55,3**	**4,5%**	**-686,6 #DIV/0!**
+/- außerordentliches Ergebnis								
bilanzielles Ergebnis		**13,9**	**1,2%**		**-686,6 #DIV/0!**	**55,3**	**4,5%**	**-686,6 #DIV/0!**
- kalkulatorische Kosten								
- außerordentliches Ergebnis								
+ Körperschafts-/Gewerbesteuer								
= wirtschaftliches Ergebnis		**13,9**	**1,2%**		**-686,6 #DIV/0!**	**55,3**	**4,5%**	**-686,6 #DIV/0!**

Kurzfristige Erfolgsrechnung
Firma: Familienbetrieb - Autohaus GmbH

Planjahr 2004
Berater sb / cs
Auswertung vom 31.03

	Monatswert			Kumulierte Werte		
	Plan	Ist		Abw.	Plan	Ist
	in TEUR	in TEUR	in %	in TEUR	in TEUR	in TEUR	in %
Neuwagen	6,7	8,8	7 %	2,1	20,0	14,9	5 %
Gebrauchtwagen	2,3	2,8	2 %	0,6	6,8	4,8	2 %
Lohnerlöse	35,8	42,0	32 %	6,2	107,5	106,4	37 %
Teileverkauf	54,2	74,1	56 %	19,9	162,5	149,3	52 %
sonst. Dienstleistungen	3,6	4,0	3 %	0,4	10,8	12,4	4 %
sonstige betriebliche Erträge							
Gesamtleistung	**102,5**	**131,7**	**100 %**	**29,2**	**307,5**	**287,8**	**100 %**
Summe Wareneinsatz/FL	**39,3**	**49,2**	**37 %**	**-9,9**	**118,0**	**117,4**	**41 %**
Summe Deckungsbeitrag I	**63,2**	**82,5**	**63 %**	**19,3**	**189,5**	**170,4**	**59 %**
Personalkosten	34,7	38,3	29 %	-3,6	104,2	106,9	37 %
Deckungsbeitrag II	**28,4**	**44,2**	**34 %**	**15,8**	**85,3**	**63,4**	**22 %**
Abschreibungen	3,9	1,8	1 %	2,1	11,7	5,4	2 %
ausgabewirksame Kosten	**14,7**	**14,4**	**11 %**	**0,3**	**44,2**	**42,0**	**15 %**
Raumkosten	6,4	5,5	4 %	0,9	19,1	17,7	6 %
Betriebliche Steuern							
Versicherungen/Beiträge	0,8	0,8	1 %	0,0	2,4	3,0	1 %
Besondere Kosten	1,3	1,4	1 %	-0,1	4,0	2,7	1 %
Kfz.-Kosten (incl. Kfz.-Steuer)	2,4	3,3	3 %	-0,9	7,3	10,2	4 %
Werbe-/Reisekosten	0,8			0,8	2,3	1,8	1 %
Kosten Warenabgabe	0,7	1,5	1 %	-0,8	2,0	1,9	1 %
Reparatur/Instandhaltung	0,8	1,0	1 %	-0,2	2,5	2,0	1 %
Sonstige Kosten	1,6	0,9	1 %	0,7	4,8	2,7	1 %
+/- Finanzergebnis	-2,0	-5,1	-4 %	-3,1	-6,0	-6,9	-2 %
= Ergeb. d. gew. Geschäftstät.	**7,8**	**22,9**	**17 %**	**15,1**	**23,3**	**9,2**	**3 %**
+/- außerordentliches Ergebnis							
= bilanzielles Ergebnis	**7,8**	**22,9**	**17 %**	**15,1**	**23,3**	**9,2**	**3 %**
- kalkulatorische Kosten							
- außerordentliches Ergebnis							
+ Körperschafts-/Gewerbesteuer							
= wirtschaftliches Ergebnis	**7,8**	**22,9**	**17 %**	**15,1**	**23,3**	**9,2**	**3 %**
+ Abschreibungen	3,9	1,8	1 %	2,1	11,7	5,4	2 %
+ kalkulatorische Kosten							
+ außerordentliches Ergebnis							
- Körperschafts-/Gewerbesteuer							
= Cashflow	**11,7**	**24,7**	**19 %**	**13,0**	**35,0**	**14,6**	**5 %**
+ Zinsen	2,0	5,1	4 %	-3,1	6,0	6,9	2 %
= erweiterter Cashflow	**13,7**	**29,8**	**23 %**	**16,1**	**41,0**	**21,5**	**7 %**
- Entnahmen/Ausschüttung							
= Kapitald./Invest.-Spielraum	**13,7**	**29,8**	**23 %**	**16,1**	**41,0**	**21,5**	**7 %**

Abb. 6.7: Kurzfristige Erfolgsrechnung (Beschreibung nachfolgend)

Abw. in TEUR	in %	Vergleichsjahr 2003 in TEUR	in %	Plan 2004 Ist + Plan in TEUR	in %	Vorschau in TEUR	in %	Abweichung z.Vergleichsjahr in TEUR	Abweichung z. Plan in TEUR
-5,1	-26 %	69,9	6%	80,0	7%	74,9	6 %	5,0	-5,1
-2,0	-29 %	18,1	2%	27,0	2%	25,1	2 %	7,0	-2,0
-1,1	-1 %	408,8	35%	430,0	35%	428,9	35 %	20,1	-1,1
-13,2	-8 %	623,9	54%	650,0	53%	636,8	53 %	12,9	-13,2
1,7	15 %	39,9	3%	43,0	3%	44,7	4 %	4,7	1,6
-19,7	**-6 %**	**1.160,6**	**100%**	**1.230,0**	**100%**	**1.210,3**	**100 %**	**49,7**	**-19,7**
0,6	**1 %**	**462,8**	**40%**	**472,0**	**38%**	**471,4**	**39 %**	**8,6**	**-0,6**
-19,1	**-10 %**	**697,8**	**60%**	**758,0**	**62%**	**738,9**	**61 %**	**41,1**	**-19,1**
-2,7	-3 %	440,9	38%	418,9	34%	421,6	35 %	-19,3	2,7
-21,8	**-26 %**	**256,9**	**22%**	**339,0**	**28%**	**317,3**	**26 %**	**60,4**	**-21,8**
6,3	54 %	43,5	4%	46,8	4%	40,5	3 %	-3,0	-6,3
2,2	**5 %**	**176,4**	**15%**	**176,9**	**14%**	**174,7**	**14 %**	**-1,7**	**-2,2**
1,4	7 %	76,0	7%	76,2	6%	74,9	6 %	-1,1	-1,3
-0,6	-26 %	9,4	1%	9,5	1%	10,1	1%	0,7	0,6
1,3	33 %	15,2	1%	16,0	1%	14,7	1%	-0,5	-1,3
-3,0	-41 %	28,6	2%	29,0	2%	32,0	3 %	3,4	3,0
0,5	20 %	10,3	1%	9,0	1%	8,6	1%	-1,8	-0,4
0,1	5 %	6,8	1%	8,0	1%	7,9	1%	1,1	-0,1
0,5	20 %	12,0	1%	10,0	1%	9,5	1%	-2,5	-0,5
2,0	44 %	18,1	2%	19,2	2%	17,1	1%	-1,0	-2,1
-0,9	15 %	-23,1	-2%	-24,0	-2%	-24,9	-2 %	-1,8	-0,9
-14,1	**-61 %**	**13,9**	**1%**	**91,3**	**7%**	**77,2**	**6 %**	**63,3**	**-14,1**
-14,1	**-61 %**	**13,9**	**1%**	**91,3**	**7%**	**77,2**	**6 %**	**63,3**	**-14,1**
-14,1	**-61 %**	**13,9**	**1%**	**91,3**	**7%**	**77,2**	**6 %**	**63,3**	**-14,1**
6,3	54 %	43,5	4%	46,8	4%	40,5	3 %	-3,0	-6,3
-20,4	**-58 %**	**57,4**	**5%**	**138,1**	**11%**	**117,7**	**10 %**	**60,3**	**-20,4**
-0,9	-15 %	23,1	2%	24,0	2%	24,9	2 %	-1,8	-0,9
-19,5	**-48 %**	**80,5**	**7%**	**162,1**	**13%**	**142,6**	**12 %**	**62,1**	**-19,5**
-19,5	**-48 %**	**80,5**	**7%**	**162,1**	**13%**	**142,6**	**12 %**	**62,1**	**-19,5**

Unterstützung der Betriebssteuerung

Die kurfristige Erfolgsrechnung wird regelmäßig zur Betriebssteuerung genutzt

Die Erfolgsplanung dient auch Ihnen, um Ihren Betrieb „mit Controlling zu führen". Das heißt, dass Sie die Erfolgsplanung nicht erstellen und dann „vergessen". Vielmehr werden im Regelfall die Planzahlen durch die Saisonkomponenten den einzelnen Monaten zugeordnet, indem die Prozent-Werte anhand der Vorjahre ermittelt werden. Sie berechnen, wie viel Prozent des Jahresumsatzes pro Monat zu erzielen sind. Damit ist ein unterjähriger Vergleich möglich. Monatlich werden die Ergebnisse aus den Summen- und Saldenlisten den jeweiligen Konten der Planung zugeordnet: die erzielten Umsätze den Erlöskonten, die Einkäufe den Materialkonten und der Rest nach dem Kontenplan.

So bietet Controlling als Abweichungsanalyse die unterjährige Überprüfung, um ggf. gegenzusteuern

Leicht lässt sich hier die unterjährige Entwicklung des Unternehmenserfolgs erkennen. Eventuelle Abweichungen vom Plan, vom Letzt-Jahresergebnis (Kurs) werden frühzeitig festgestellt (Kompass), die Korrekturen lassen sich mit „lockerer Hand" rechtzeitig einleiten.

Das Unternehmensschiff kann wieder auf dem (Erfolgs-) Kurs steuern. Das Beispiel der kurzfristigen Erfolgsrechnung für unser Fallbeispiel ist in Abb. 6.7 (bitte zurückblättern) zu sehen.

In der zweiten Spalte ist der monatliche Wert (März) eingetragen und kann mit der ersten Spalte, dem planmäßigen Monatsverlauf, verglichen werden. Monatsergebnisse sind nicht sehr aussagekräftig, weil über den Monatsultimo keine Abgrenzungen stattfinden. Deshalb lesen Sie in der Spalte 5 die Planwerte für die kumulierten Monate und daneben in Spalte 6 die kumulierten Ist-Werte ab. Bereits nach drei Monaten haben Sie eine gute Übersicht. Die wird noch besser, wenn mit den Vorjahreszahlen im Vergleich zum Planjahr eine Hochrechnung zur Verfügung steht. Wir empfehlen, die tatsächlichen Ist-Zahlen als Basis zu nehmen und die geplanten Werte für das restliche Jahr zu addieren, soweit realistisch.

Berichtssystem und Chefinformation

Damit sind die Grundlagen für das **interne und externe Berichtssystem** gelegt, mit denen sich erst einmal leben lässt. Jahr für Jahr darf dieses System verfeinert werden. In dem Übersichtsblatt „Chefinformationssystem" haben wir die zusätzlichen Daten zusammengetragen (Abb. 6.8).

Weitere Informationen fließen ins Chefinformationssystem ein

Die Chef-Info beschäftigt sich mit den wichtigen **Bestandsveränderungen** – wichtig, weil hier ein „Munitionslager" an Manipulationen schlummert. Nicht immer wendet sich das Blatt zu Gunsten der Familienbetriebe. Es geht um den Auftrags- und Lagerbestand und um den Bestand an teilfertigen Leistungen, die bis zum Monatsende erbracht, aber nicht abgerechnet bzw. als Umsatz fakturiert wurden. Beispielsweise in der Baubranche haben diese Werte zur Bewertung des unterjährigen Ergebnisses besonders hohe Bedeutung.

Je nach Relevanz für die betreffende Branche werden auch Bestandsveränderungen mit betrachtet

Chef-Informations-System (Bestands-/Leistungsdaten)

Firma Familienbetrieb - Autohaus GmbH

Planjahr 2004
Berater sb / cs
Auswertung vom 31. Okt

Auswertungsmonat	Dez 03	Jan 04	Feb 04	Mrz 04	Apr 04	Mai 04	Jun 04	Jul 04	Aug 04	Sep 04	Okt 04	Nov 04	Dez 04	Kumuliert
Auftragsbestand														
Anzahl		21	20	22	20	19	21	23	21	22	22	21	22	
in TEUR		0,0	0,0	0,0	0,0	0,0	0,0	0,0	0,0	0,0	0,0	0,0	0,0	
Lagerbestand in TEUR														
z.Monatsende		0,0												0,0
Veränderung														0,0
Unfertige in TEUR														
z.Monatsende		0,0												0,0
Veränderung														0,0
Forderungen														
fällig														
überfällig														
Verbindlichkeiten														
aus L & L														
Sozialkassen														
Steuern														
Sonst.														
Bankverbindlichkeiten														
Darlehen														
Wechsel														
KK 1														
KK 2														
Leistungsdaten														
Arbeitstage		21	20	22	20	19	21	23	21	22	22	21	22	254
Stunden Plan		0,0	0,0	0,0	0,0	0,0	0,0	0,0	0,0	0,0	0,0	0,0	0,0	0,0
Stunden Ist		0,0	0,0	0,0	0,0	0,0	0,0	0,0	0,0	0,0	0,0	0,0	0,0	0,0
Gesamtschulden	0,0	0,0	0,0	0,0	0,0	0,0	0,0	0,0	0,0	0,0	0,0	0,0	0,0	
- Gesamtforderungen in TEUR	0,0	0,0	0,0	0,0	0,0	0,0	0,0	0,0	0,0	0,0	0,0	0,0	0,0	
	0,0	**0,0**	**0,0**	**0,0**	**0,0**	**0,0**	**0,0**	**0,0**	**0,0**	**0,0**	**0,0**	**0,0**	**0,0**	

Abb. 6.8: Beispiel für ein Chefinformationssystem (unausgefülltes Muster)

Für die Liquiditätsplanung werden Forderungen, Kreditorenbestände und Bankkonten einbezogen

Ohne deren monatliche Erfassung wird künftig kein positives Rating mehr möglich sein. Fremdkapitalgeber warten keine 12 oder mehr Monate, um „geprüfte" Jahresabschlüsse zur Kenntnis zu nehmen. Forderungen und Kreditorenbestände zu erfassen, zeigt auf, wie sich die Liquidität entwickelt. Werden die Verbindlichkeiten (Kontostände) bei Kreditinstituten in die Betrachtung mit aufgenommen, können Sie die unterjährige Entwicklung des Unternehmens „controllen" (navigieren). Für den Unternehmer lässt sich erkennen:

- Wo stand das Unternehmen zum gleichen Zeitpunkt im letzten Jahr?
- Wo wollte ich zu diesem Zeitpunkt mit meinem Unternehmen stehen?
- Wo stehe ich tatsächlich?
- Wie hoch sind die Abweichungen (vom Kurs)?
- Was muss ich tun, um den ursprünglichen Kurs, das Ziel zu erreichen?

Liquiditätsplan

Firma Familienbetrieb - Autohaus GmbH nicht alle Altforderungen verteilt

Werte in TEUR		Umsatzsteuer 16%		Jan 04	Feb 04	Mrz 04
Planumsatz (brutto)				118,9	118,9	118,9
Einzahlungen aus Umsatz (Brutto)		Zufluss	Merkpo.			
1	desselben Monates	10%	Brutto	11,9	11,9	11,9
2	vor einem Monat	40%			47,6	47,6
3	vor zwei Monaten	40%				47,6
4	vor drei Monaten	8%				
5	vor vier Monaten	2%				
6	Abbau Altforderungen frei verteilt	Die Zuflusserwartung		90,0	50,0	10,0
7	Sonstige betriebliche Erlöse	entpricht einem Ziel von				
8	Finanzerträge					
9	Sonstige (Darlehen/o.a.Erträge)	46,2	Tagen			
10	Summe der Einzahlungen			101,9	109,5	117,0
Auszahlungen (brutto) für		Tage				
11	Material/Fremdleistungen Gesamt			45,6	45,6	45,6
12	Personal netto			19,1	19,1	19,1
13	Personal Sozvers. + LSt.	Satz	45%	15,6	15,6	15,6
14	ausgabewirksame Kosten m. V'St.	V'St wie in Stamm		16,2	16,2	16,2
15	ausgabewirksame Kosten o. V'St.			0,8	0,8	0,8
16	Kontokorrentzinsen	Satz	9,75%	1,8		
17	Darlehenszinsen					
18	Tilgung			6,0	6,0	6,0
19	Umsatzsteuerzahllast	ersten Monat angeben		7,9	7,9	7,9
20	sonst. Steuern/Auszahlungen				4,5	
21	Privatentnahmen					
22	Summe Auszahlungen			105,1	111,2	115,7
23	Über-/Unterdeckung lfd. Geschäft			-3,2	-1,8	1,3
24	Altschuldenabbau Lieferanten	Betrag:		22,3	12,1	4,0
25	+/- Ein/Auszahlung sonst. Aktiva					
26	-/+ Ein/Auszahlung sonst. Passiva					
27	Ausgaben für Investitionen incl. U'St.					
28	Überdeckung-/Unterdeckung			-25,5	-13,9	-2,7
29	Kontokorrentstand zu Beginn	Wenn Soll, dann "-"		-221,0	-246,5	-260,4
30	Kontokorrentstand zum Ende			-246,5	-260,4	-263,1
31	Kontokorrentlimit	Limit mit "-" eingeben		-250,0	-250,0	-250,0
32	Limitunterschreitung			3,5		
33	Limitüberschreitung				10,4	13,1
copyright by BUS München						

Abb. 6.9: Liquiditätsplan (für das Fallbeispiel)

Jeder Unternehmer, mit dem wir in unserer Beratungspraxis dieses Controlling erarbeitet haben, fühlte sich nach Einführung des Systems wohler. Das war und ist auch und gerade dann der Fall, wenn sein Bauch ständig Signale geschickt hat, die er aber nicht wirklich in der Realität erkennen konnte. Controlling hilft so der kleinsten Nussschale, die wesentlichen Dinge in den Kopf zu bekommen. Der „gute" Unternehmer wird sich in einer Mischung aus „Gespür und Methode" bewegen.

6.3.4 Liquiditätsplanung

Ein Unternehmen, das immer seinen Zahlungsverpflichtungen nachkommt, wird nicht insolvent. Aber auch ein gutes Unternehmen kann vorübergehend in Liquiditätsschwierigkeiten kommen. Das liegt an der Zeitspanne zwischen den unterschiedlichen Zahlungsaus- und -eingängen.

Die Liquiditätsplanung beachtet zusätzlich vorübergehende Schwankungen

Zeitraum	Jan 04	bis	Dez 04						
Apr 04	Mai 04	Jun 04	Jul 04	Aug 04	Sep 04	Okt 04	Nov 04	Dez 04	
118,9	118,9	118,9	118,9	118,9	118,9	118,9	118,9	118,9	
11,9	11,9	11,9	11,9	11,9	11,9	11,9	11,9	11,9	
47,6	47,6	47,6	47,6	47,6	47,6	47,6	47,6	47,6	
47,6	47,6	47,6	47,6	47,6	47,6	47,6	47,6	47,6	
9,5	9,5	9,5	9,5	9,5	9,5	9,5	9,5	9,5	
	2,4	2,4	2,4	2,4	2,4	2,4	2,4	2,4	
2,0									
118,5	118,9	118,9	118,9	118,9	118,9	118,9	118,9	118,9	
45,6	45,6	45,6	45,6	45,6	45,6	45,6	45,6	45,6	
19,1	19,1	19,1	19,1	19,1	19,4	19,4	19,4	19,4	
15,6	15,6	15,6	15,6	15,6	15,6	15,9	15,9	15,9	
16,2	16,2	16,2	16,2	16,2	16,2	16,2	16,2	16,2	
0,8	0,8	0,8	0,8	0,8	0,8	0,8	0,8	0,8	
6,0	6,0	6,0	6,0	6,0	6,0	6,0	6,0	6,0	
7,9	7,9	7,9	7,9	7,9	7,9	7,9	7,9		
		4,5			4,5			4,5	
111,2	111,2	115,7	111,2	111,2	116,0	111,7	111,7	116,2	
7,3	7,7	3,2	7,7	7,7	2,9	7,2	7,2	2,7	
7,3	7,7	3,2	7,7	7,7	2,9	7,2	7,2	2,7	
-263,1	-255,8	-248,1	-244,9	-237,3	-229,6	-226,7	-219,5	-212,3	
-255,8	-248,1	-244,9	-237,3	-229,6	-226,7	-219,5	-212,3	-209,6	
-250,0	-250,0	-250,0	-250,0	-250,0	-250,0	-250,0	-250,0	-250,0	
	1,9	5,1	12,7	20,4	23,3	30,5	37,7	40,4	
5,8									
							Planung vom	17 11 03	

Jährlich wird die Kreditlinie bestimmt

Der Kontokorrentkredit sollte die ausreichende Versorgung mit Geldmitteln absichern. Dafür ist die **Kreditlinie** jährlich anhand der kurzfristigen Erfolgsrechnung zu ermitteln. Es gilt, die Zeit knapper Liquidität zwischen den unterschiedlichen Zahlungsaus- und eingängen zu überbrücken.

Annahmen über Zahlungseingänge werden exemplarisch am Fallbeispiel gezeigt

Fallbeispiel (3)

In dieser vorstehenden Übersicht des Fallbeispiels wurden bestimmte Annahmen aus der Vergangenheit übernommen, zum Beispiel die prozentuale Verteilung der Zahlungseingänge. Es wurde ermittelt, dass nur 10% der Rechnungssumme im gleichen Monat eingingen, 40% im Folgemonat und die weiteren 40% gar erst im darauf folgenden.
Die Altforderungen aus dem Vorjahr wurden in der Zeile 6 auf die restlichen Monate verteilt, zusammen mit dem Abbau der Altschulden aus Lieferung & Leistung sowie Steuern und Sozialversicherungen.
In unserem Fall wird deutlich, dass das Unternehmen von Februar – April vermutlich seinen Kontokorrentrahmen überschreiten wird. Das sollte dann schnellstmöglich der Hausbank mitgeteilt werden. Besser wäre es, ohne Skontoverzicht evtl. Zahlungen nach Absprache zu strecken oder zumindest für ein Vierteljahr die Erhöhung des Rahmens um T€ 15 bei der Hausbank zu beantragen.

Reicht die Liquidität unterjährig nicht hin, laufen Mahnungen in der dritten Stufe oder gar als Mahnbescheid auf, befindet sich das Unternehmen in der Liquiditätskrise.

Sie ist juristisch gesehen ein eindeutiges Indiz für die drohende Insolvenz.

Eine nicht ausreichende Kreditlinie/Liquiditätskrise ist Alarmsignal und löst Sonderpflichten aus

Für den Fall der Liquiditätskrise ist die Geschäftsführung sogar in der Pflicht, nicht nur einen Liquiditätsplan sondern eine **Liquiditätsvorausschau**, mit genauer Auflistung jedes einzelnen Zahlungsstroms und seinem Betrag, zu erstellen.

Für diesen Fall empfehlen wir Ihnen einen in der Sanierung versierten Fachmann.

Doch mit dem vorgeschlagenen Controlling aus Investitions-, Erfolgs- und Liquiditätsplan und monatlichem „echten" Soll-/Ist-Vergleich, sollte der Unternehmer so erfolgreich sein, dass er Probleme im Vorfeld erkennt, sodass die Liquiditätsvorausschau nicht notwendig wird. Die Kapitalgeber sehen das grundsätzlich auch so.

Unser Tipp: Erfolgreiche Bankgespräche

Würden Sie einem Halodri Geld verleihen? Wenn Sie davon ausgehen müssen, dass sie keinen Cent mehr sehen? Sicher nicht. Banker sind Profis in Sachen Geldgeschäfte. Sie machen sich sogar strafbar, wenn sie Kredite vergeben, ohne geprüft zu haben, ob der Kreditnehmer vertrauenswürdig ist. Kredit leitet sich von dem Wort „delcredere", Vertrauen, ab. Weil sie Profis sind, haben sie die Aufgabe, dieses Vertrauen mit konkreten Zahlen und Fakten aufzufüllen. Das Bundesaufsichtsamt hat dazu die Mindestanforderungen an die Kreditvergabe (MAK) vorgegeben.

§ 18 DES KREDITWESENGESETZES MACHT EINE STÄNDIGE INFORMATION ÜBER DIE WIRTSCHAFTLICHE UND FINANZIELLE ENTWICKLUNG DES SCHULDNERS NOTWENDIG.

Banken müssen daher Einsicht in die Betriebe haben und werden sie sich holen bzw. bei fehlender Information die Geschäftsverbindung abbrechen. Mit Willkür hat das nichts zu tun.

Unabhängig von diesen zwingenden Vorgaben schaden vertrauensbildende Maßnahmen keineswegs. Wenn schon klar ist, dass die Bank Unterlagen will und braucht und das möglich vollständig, sollten Sie nicht warten, bis der Banker anklopft und nachfragt.

Suchen Sie das Gespräch, treten Sie in Kontakt, schicken Sie Ihre betrieblichen Zahlen nicht erst nach der dritten Mahnung an die Bank. Bereiten Sie sich auf ein Gespräch gut vor. Versuchen Sie, Ihren Firmenkundenberater mit Daten und Unterlagen zu „füttern". Er wird es dann, gut präpariert, seinerseits in der Bank leichter haben, die zweite Unterschrift unter den Kreditbeschluss zu erhalten. Diese Vorbereitung umfasst mehrere Positionen:

a) Legen Sie Ihre Ziele fest!
- Planen Sie eine größere Investition?
- Brauchen Sie Geld, weil Ihr Betrieb schnell wächst?
- Wollen Sie Ihre Kontokorrentlinie ausweiten?
- Ist das Gespräch eine vertrauensbildende Maßnahme?

b) Klären Sie Ihre Machtposition!
- Haben Sie ausreichend Sicherheiten?
- Sind Sie langjähriger Kunde und leisten den Kapitaldienst pünktlich?
- Sind Sie in einer zukunftsträchtigen Branche?
- Haben Sie ein schlüssiges Konzept?
- Informieren Sie Ihren Banker unaufgefordert?

c) Halten Sie die notwendigen Unterlagen bereit! Dazu gehören:
- Die drei letzten Jahresabschlüsse und
- die aktuelle Betriebwirtschaftliche Auswertung (BWA), einschließlich der Summen- und Saldenlisten; dazu gehören eine kurzfristige Erfolgsrechnung, die letztjährigen Steuerbescheide und die „Vermögensübersicht".

Diese Positionen sind Standard. Sie sollten bei jedem Bankgespräch vorliegen.

Und Sie sollten sie im Vorfeld des Gesprächs angeschaut und analysiert haben. Wahrscheinlich wird der Banker genau die Schwachstellen ausdeuten und dann sind Sie mit plausiblen Argumenten gut vorbereitet.

Je nachdem, welches Ziel Sie verfolgen, brauchen Sie ergänzende Informationen:
- **Investitionsfinanzierung**: Hier braucht es einen klaren Investitions- und Finanzierungsplan (siehe dort) plus eine Ertragsvorausschau, am besten mit und ohne Investitionen.
- **Wachstumsbedingter Kreditbedarf** erfordert auch einen Erfolgs- und Kostenplan und eine klare Marketingstrategie, die das weitere Wachstum begründet.
- **Finanzierung von Verlusten**: Neben einer klaren Analyse der Ursachen Ihrer Verluste

und der Prüfung, ob und wieweit der Betrieb fortführungsfähig ist. Dazu braucht es ein Sanierungs- bzw. Konsolidierungskonzept. Darin müssen der Turn-around, das notwendige Kapital (Sanierungskredit) und die anschließende Kapitaldienstfähigkeit definiert sein. Es ist Voraussetzung dafür, dass die Banken überhaupt noch Gelder zuschießen dürfen. Das darf nicht ein irgendwie beschriebenes Papier mit guten Hoffnungen sein. Denn die konzeptionellen Vorgaben sind monatlich auf ihre Wirksamkeit zu überprüfen. Sollte eine wesentliche Voraussetzung für den Sanierungserfolg wegfallen, „sind unverzüglich die Sanierungsabsichten zu beenden". Dies ist mit drei handgeschriebenen Seiten mit Sicherheit nicht zu bewerkstelligen.
- **Kurzfristige Ausweitung des Kontokorrent-Rahmens**: Forderungsausfälle sind ein häufiger Grund für finanzielle Engpässe, die eine Erhöhung des KK-Rahmens erfordern. Ein plausibler Liquiditätsplan ist Voraussetzung für dieses Gespräch
- **Umschuldung**: Sie stellen fest, dass Ihr Unternehmen nicht fristengerecht finanziert ist und wollen die Umschuldung anbahnen. Ist sie nicht mit einer Ausweitung des Engagements belegt und liegt der Umschuldungsplan vor, gibt es meist keine Probleme. Sie sollten allerdings belegen können, warum im Vorfeld falsch finanziert wurde, z.B. Investitionen über den Kontokorrentkredit. Damit die Umschuldung auch bankenintern (Renditeverzicht) argumentierbar ist.
- **Betriebsübergabe**: Informieren Sie Ihre Bank rechtzeitig, wenn Sie planen, den Betrieb weiterzugeben: An den Junior, an einen verdienten Mitarbeiter, an einen außenstehenden Dritten. Und beziehen Sie den Übernehmer rechtzeitig mit ein.

Wenn Sie diese Unterlagen bereit haben, wird der Banker beeindruckt sein von Ihrer Professionalität. Sollten Sie sich im Gespräch mit den Bankvertretern dann auch noch eher beiläufig als Fachmann in Sachen Controlling outen, indem Sie sich sicher auf dem Parkett des Begriffswirrwarrs von Rentabilität, Ertrag, Investitionsplan, Erfolg bewegen, dann sammeln Sie echte Vorurteilspunkte. Das klappt am besten, wenn Ihnen die wichtigsten betrieblichen Kennziffern in Fleisch und Blut übergegangen sind.

6.3.5 Controlling und sonst noch alles

Controlling in der konkreten Anwendung kann vielerlei Dienste leisten: Unerklärliches transparent machen. Entscheidungshilfe geben, traditionelle Kriterien des Erfolgs prüfen.

Unerklärliches

Missbrauch im Unternehmen kann mit einer ganzen Reihe von Kennzahlen zügig erkannt werden. Plausibilitätskontrollen lohnen für folgende Relationen:
- Wareneinkauf zu Gesamtleistung,
- Kapitaleinsatz zu Gesamtleistung,
- Personaleinsatz zu Gesamtleistung,
- sonstige Kosten zu Gesamtleistung.

Bewegen sich all diese Positionen nach oben, drängt sich der Verdacht auf, dass Umsätze verkürzt werden. Verschiebt sich zum Beispiel nur die Wareneinsatzquote nach oben, ist zu vermuten, dass Material abhanden kommt. Werkzeuge, Kleinteile, der Pulli, die Dose: all das kann leicht wegtransportiert werden. Von wem auch immer? Wenn man es weiß, kann man der Sache nachgehen. Aber auch der Einkauf kann sich verteuert haben – ohne die Preise erhöhen zu können.

Genauigkeit und Präzision

Es ist ein Vorurteil, dass Controller und/oder Buchhalter keine Kreativität entwickeln (dürfen). Die Steuerungsmechanismen, die Veränderungsdynamik, das Feintuning der Planung, all das lebt in der konkreten Ausprägung von den Ideen des Controllers. Andererseits schadet eine gewisse Sorgfalt und ein Ordnungsverständnis nicht. Ohne Genauigkeit und Präzision ist es schwierig, verlässliche Datenmengen zu erarbeiten. Das ist in der Buchhaltung ähnlich, wenngleich die Buchhaltung durchaus nach außen, z.B. ins Steuerbüro, gegeben werden kann.

Controlling ist der Pulsschlag Ihres Betriebes. Das lässt sich nicht delegieren an Externe. Wohl aber kann durchaus der Buchhalter und der Controller in mittelständischen Betrieben ein- und dieselbe Person sein. Die Qualität des Controlling hängt letztlich auch von der Qualität der Buchhaltung ab. Beide bedingen sich. Und die Fragen des Controlling erhöhen die Präzision der Buchhaltung. Andererseits erhöht ein funktionierendes Controlling die Genauigkeit in der Buchhaltung. Denn der Controller wird sehr genau nachfragen, was mit den Mahnungen ist, ob die Rechnungen draußen sind usw. Das tut dem Betrieb und vor allem der Liquidität gut.

Deckungsbeiträge

Die Situation: Auftrag droht, aber zu Preisen, die jenseits dessen sind, was die Kalkulation ergeben hat. Die entscheidende Frage: Auftrag annehmen oder nicht? Die Methode, mit der sich das feststellen lässt, heißt Deckungsbeitragsrechnung.

Sie basiert auf der Unterscheidung zwischen direkten und indirekten Kosten bzw. den beschäftigungsabhängigen (variablen) und den beschäftigungsunabhängigen (fixen) Kosten. Den konkreten Auftrag vor Augen, addieren Sie die direkt dem Auftrag zuordenbaren Kosten und ziehen die Summe vom Erlös ab. Übrig bleibt der Deckungsbeitrag, der einen Teil des indirekten Kostenblocks abdeckt. Dieser wird pro Jahr ermittelt. Jeder Auftrag, der nach Abzug der variablen Kosten noch einen Beitrag zur Deckung der fixen Kosten übrig lässt, kann im Grunde akzeptiert werden. Jeder Auftrag mit positivem Deckungsbeitrag verringert den indirekten Kostenblock, die Kosten der „Bereitstellung". Man muss natürlich aufpassen: Am Jahresende müssen die Aufträge in ihrer Summe die fixen Kosten komplett abgetragen haben, wenn keine roten Zahlen geschrieben werden sollen. Deshalb muss es Aufträge geben, bei denen mehr übrig bleibt als die fixen Kosten, die also einen positiven Deckungsbeitrag der nächsten Stufe liefern.

Im Jahresablauf haben Sie hier ein Steuerungsinstrument, das schon frühzeitig aufzeigt, ob Ihre Kosten überschießen, wenn sich nicht gravierend was ändert. Solche Änderungen können sein: Reduktion der Materialkosten durch geändertes Einkaufsverhalten, durch Einsatz preiswerterer Materialien, durch Verkleinern der Portionen, usw. Vielleicht wäre auch eine Personaleinsparung sinnvoll. Die Freisetzung von Personal verändert die Kostenstruktur meist tief greifend. Die strategische Ausrichtung ist bei solchen Fällen eher die Konsolidierung. Sollten Sie eine Wachstumsstrategie anstreben und die Kostendecke durch mehr Umsatz abtragen wollen, steht eine Investition ins Marketing an. Gleich, an welcher Schraube Sie drehen, fundierte Antworten auf die Fragen des Tagesgeschäftes gibt Ihnen nur zeitnahes Controlling.

Erfolgreich, rentabel, wirtschaftlich

Für den wirtschaftlichen Erfolg ist es von Bedeutung, dass Sie die richtigen Dinge tun, und die dann auch noch richtig. Effektivität bestimmen Sie mit einer klaren Unternehmensstrategie. Ob Sie dann auch noch effizient sind, entscheidet sich recht zügig im Controlling.

Gewinn ist das Zauberwort. Im Kern wird darin eine Motivation unternehmerischen Handelns gesehen. Gewinn selbst ist in unterschiedlichste Begriffe gekleidet.

- Der Erfolg des Betriebes zeigt sich rechnerisch, wenn der Einsatz der Produktionsmittel (Kosten) vom Ertrag (Gesamtleistung) abgezogen wird. Er stellt die Verzinsung des

Eigenkapitals und bei Personengesellschaften zusätzlich den Unternehmerlohn dar.
- Die Rentabilität des Betriebes zeigt, in welcher Höhe sich das eingesetzte Kapital verzinst hat. Dabei unterscheidet man zwischen Gesamtkapitalrentabilität (hier werden die Fremdkapitalzinsen einberechnet und die Eigenkapitalrentabilität.
- Wirtschaftlichkeit lässt sich ablesen, wenn Ertrag mit den diversen Kostengruppen ins Verhältnis gesetzt wird.
- Die Produktivität zeigt sich, wenn man den mengenmäßigen Ertrag (Stück, Gramm usw.) ins Verhältnis zum Einsatz der Produktionsfaktoren setzt.

Abschließend stellen wir noch eine Reihe wichtiger Kennzahlen übersichtlich zusammen.

Das ist schon eine recht gute Annäherung an das Thema Erfolg. Ist es das, was Familienunternehmer wollen? Materiellen Erfolg als Basis für persönlichen Erfolg?

Die wichtigsten Kennzahlen im Überblick

Eigenkapitalrentabilität = (Gewinn [vor Steuern] · 100) / Eigenkapital

Eigenkapitalquote = (Eigenkapital · 100) / Gesamtkapital

▶ Gesamtkapitalrentabilität = ([Jahresüberschuss + Steuern + Zinsen] · 100) / Gesamtkapital

Umsatzrentabilität = (Gewinn [vor Steuern] · 100) / Umsatz

▶ Anlagendeckung = Anlagevermögen : Eigenkapital + langfristige Verbindlichkeiten

▶ Durchschnittlicher Fremdkapitalzins = $\dfrac{(k_1 \cdot p_1) + (k_2 \cdot p_2) \ldots + (k_n \cdot p_n)}{\Sigma\, k_1 \text{ bis } k_n}$

▶ Durchschnittliche Debitoren in Monaten = $\dfrac{\text{Forderungen}}{\text{Umsatz}} : \dfrac{1}{12}$

▶ Bestandsveränderungen = $\dfrac{\text{Material-, Waren-, teilfertige und Forderungsbestände}}{\text{Vorjahresbestände}}$

Cashflowrate = $\dfrac{\text{Cashflow}}{\text{Gesamtleistung}} \cdot 100$

oder: = Betriebsergebnis + Abschreibungen + Erhöhung langfr. Rückstellungen

Verschuldungsgrad = Fremdkapital / Eigenkapital

Die mit ▶ gekennzeichneten Werte sind so genannte Schlüsselkennziffern, die im Rating eine herausragende Bedeutung haben. Bewegen sich Gesamtkapitalrentabilität und Anlagendeckung nachhaltig nach unten und gleichzeitig die anderen Werte wie FKZ, Bestände und Debitorenlaufzeit nach oben, ist die Wahrscheinlichkeit für eine Insolvenz in den nächsten drei Jahren bei nahezu 85%. Dies hat eine Studie der Deutschen Bank und der deutschen Ausgleichsbank Mitte der 90er-Jahre ergeben. Die Forscher untersuchten damals 5.000 insolvente Unternehmen auf ihre Gemeinsamkeiten in den Jahresabschlüssen der letzten drei Jahre vor der Insolvenz. Diese fünf Kennziffern waren das Ergebnis der Gemeinsamkeiten. Findet sich dieser Trend auch in den eigenen Abschlüssen, sollte man gute Argumente für das Gespräch mit den Kapitalgebern haben.

Teil III

Spezifische Erfolgskriterien und Problemfelder von Familienunternehmen

1 Unternehmer sein

1.1 Unternehmerrolle, Unternehmergeist

Unternehmer sein ist eine Herausforderung, ein Raum zum Gestalten, zum unternehmen statt unterlassen. Es ist eine Chance, die Freiräume zu nutzen, die ein stark regulierter Standort wie Deutschland noch zulässt. Es heißt, Abhängigkeiten zu reduzieren, dabei aber neue, andere aufzubauen und Wege zum persönlichen Erfolg zu gehen.

Wir sagen Ihnen nichts Neues: Ein Unternehmen führen ist keine reine Privatsache, sondern es hat immer mit Verantwortung zu tun und Sie als Familienunternehmen haben viel **persönliche Verantwortung**: Für Ihre Familie, die durch und mit dem Betrieb lebt, auch materiell; für die Mitarbeiter; für die Kunden, die eine faire Behandlung erwarten dürfen; für die Lieferanten, die für ihre Leistung Geld sehen wollen. Dieses direkte betriebliche Umfeld hat Ihre volle Aufmerksamkeit verdient.

Überdenken Sie aber auch einmal den Aspekt, dass Ihre Verantwortung über das unmittelbare Umfeld hinausgeht und hineinragt in die **gesamtgesellschaftliche und die volkswirtschaftliche Ebene**. Sie haben eine wirtschaftliche Position und erzielen eine Wertschöpfung mit Ihrem Unternehmen. Sie stellen Arbeitsplätze zur Verfügung und Sie zahlen Steuern. Das dürfte, ja sollte eine Quelle sein, aus der Sie **Selbstbewusstsein** schöpfen könnten.

Unternehmer-Sein, und zwar Familienunternehmer, hat auch eine **gesellschaftliche Dimension**. Durch und mit ihrem Verhalten prägen Familienunternehmen das Ansehen der Nation mit. „Made in Germany", wohinter Wertarbeit steckt, auf die Verlass ist (oder war, das mag man diskutieren), zielt in diese Richtung. Aber der Standort hat unbestritten Probleme, wir sehen mindestens die im Folgenden dargestellten vier, die unmittelbar auf die Familienbetriebe zurückwirken.

1.1.1 Probleme des Standorts und Verortung des Familienunternehmens

Geschäftskultur und -moral

Geschäfte per Handschlag? Gibt es das heute noch? Selbst dort, wo es die Gerichte zulassen würden, ist es eher die Ausnahme. Vertrauen in die Aussage des anderen schlägt gerne mal zurück – oft mitten ins Gesicht. Da wird man wach und vorsichtig. Die Moral des Geschäftemachens hat sich geändert. Zahlungen kommen säumig, Verträge werden nicht eingehalten. Mitzunehmen und herauszuholen, was im eigenen Interesse ist, scheint gängige Methode. Viele Konservative, die an den alten Werten festhalten, deren Wort gilt, resignieren.

Was tun Sie als Familienunternehmen? Sie können Bollwerk sein gegen ein moralisches Abdriften. Das ist möglich, indem Sie sich nicht mit den allgemeinen Tendenzen mitbewegen, sondern an Ihren **Wertpositionen** festhalten. Weil Sie nicht möchten, dass Ihre Kinder abstruse Wertvorstellungen übernehmen, weil Sie selbst nicht in einer solchen Umwelt leben wollen. Familienunternehmer/in sein, anständiger Unternehmer sein, das reicht unter diesem Blickwinkel weit über den bloßen Geschäftserfolg hinaus und ist eine **Haltung**, die auf die langfristige Sicherung von Qualitäten unseres Standorts zielt.

Schwächelnde Wirtschaftskraft

Im ehemaligen Wirtschaftswunderland Deutschland findet man heute viel zu wundern – das Land steht überraschend hinter Nachbarn an, die fetten Jahre sind (zunächst?) vorbei. Der Spaßgesellschaft bleibt angesichts der ungünstigen Rahmenbedingungen das Lachen schon mal im Hals stecken. Trotzdem haben wir das Gefühl, dass der Ernst der Situation noch nicht wirklich durchgedrungen ist. Vielen ist klar, dass sich etwas ändern muss, aber beim Streit um Einsparungen hat man oft den Eindruck: nur bei den anderen. Für viele ist es unvorstellbar, dass Deutschland ein wirtschaftlicher Zwerg werden könnte. Aber kein System, weder ein politisches, noch ein wirtschaftliches, kann auf Dauer überleben, wenn – um es spitz zu zeichnen – sich ein Großteil als „Systemlutscher" darstellt und nur mitnimmt, aber nicht bereit ist, auch hinzugeben. Der Staat wird weiter als Selbstbedienungsladen missverstanden, es wird nicht begriffen, dass ein soziales Netz nicht nur in Anspruch genommen werden kann, sondern verdient worden sein muss.

Natürlich murren und schimpfen auch Unternehmer, viele sind desillusioniert, vielleicht auch Sie. Das ist verständlich, denn die politischen und rechtlichen Rahmenbedingungen, denen sich der deutsche Unternehmer zu beugen hat, sind schwierige und eine Belastung, auch wenn man im Einzelnen und graduell darüber streiten mag. Betroffen sind vor allem die Fleißigen, die sich nichts schenken lassen wollen, und die Ehrlichen, die sich nicht für Zugänge (oder sogar Schlupflöcher) des Fördertopf-Dschungels interessieren, weil sie den Standpunkt vertreten, dass es der bessere Teil ist, wenn sie ihr Geld durch „unternehmen" wirklich verdienen.

Was tun Sie als Familenunternehmen? Unternehmer können gerade in schlechten Zeiten Profil zeigen. Familienunternehmer haben dabei einen ganz besonderen Stand in Deutschland. Sie sollten zwar noch einiges dazulernen, um auch ihren materiellen Erfolg auf solidere Beine zu stellen. Sie dürfen lernen, zu verstehen, dass sie mehr vom „Handwerk der Unternehmensführung" erlernen sollten (wir hoffen, dass Sie das Buch in dieser Hinsicht unterstützt).

Moralisch aber, auf der Werteebene, der schon angesprochenen Kultur des Geschäftemachens, können sie vielen Lenkern großer Betriebe, und da sehen wir beide Parteien – Manager und gewerkschaftliche Vertreter –, unbedingt das Wasser reichen. Auf schwarze Schafe, die es natürlich auch gibt, kommen wir noch zu sprechen.

Verhältnis Unternehmer und Mitarbeiter

Nur schwierig lässt sich heute die Rolle und die Position des Unternehmers in Deutschland in all den Initiativen und Aktionen finden, mit denen man der Arbeitsmarktkrise begegnen will. Da trägt die Politik beispielsweise Existenzgründer zum „Jagen" und „ködert" sie mit der kostenlosen Erstellung eines Businessplans. In Wahlkampfzeiten wird regelmäßig an die Wirtschaft allgemein appelliert, sie sollte mal endlich „etwas" tun.

Für jede Sichtweise gibt es Beispiele. Es gibt schlechte Unternehmer und faire Mitarbeiter. Und es gibt faire Unternehmer und radikales Personal. Ein Mitarbeiter beschwert sich zu Recht, wenn hohe Privatentnahmen des Unternehmers – nachvollziehbar durch Rechnungen des Shopping-Wochenendes in London – dafür sorgen, dass Gehalt nicht ausgezahlt wird. Natürlich stinkt es dem Unternehmer, wenn der Gelbe Zettel auf ein durchzechtes Wochenende oder einen Sprung in den Baggersee zurückgeht und Freizeitspaß für ihn zur Belastung wird. Dann soll der Unternehmer schön den „Ball flach halten", schließlich sind es ja die Mitarbeiter, die den Mehrwert schaffen...?! Da können sich dem Familienunternehmer, der bereits am Mittwoch seine 40-Stunden-Woche auf dem Buckel hat, schon mal die Nackenhaare stellen.

Was tun Sie als Familienunternehmen? Wie gesagt, es gibt für alles Beispiele, alles ist richtig, aber doch ist jede dieser Sichtweisen unproduktiv, weil sie den Graben zwischen Unternehmer und Mitarbeiter, zwischen Arbeitszeit und Freizeit immer breiter treibt. Stellen Sie sich nicht auf eine Ebene mit einseitigen Positionen, egal, ob sie von gewerkschaftlicher oder verkrusteter Verbandsseite formuliert wird. Bieten sie „gute" Arbeitsbedingungen. Familienbetriebe brauchen die „Perlen" unter den Mitarbeitern und die erhält man nur mit fairem Umgang. Positionieren Sie sich, zeigen Sie Profil.

Mitnahmementalität

Auch bei den Chefs von Familienbetrieben entwickeln sich nach unserer Beobachtung Rollenverständnisse, die mehr oder weniger an dem vorbeischrammen, was den Namen Unternehmer verdient. Die Gründe dürften zum einen in gesellschaftlichen Entwicklungen liegen und zum anderen in persönlichen Dispositionen. Volkswirtschaftlich betrachtet ist das ein immenses Problem. Denn entweder entwickelt sich die Gruppe der Unternehmer hin zu denen, die das soziale Netz in Deutschland (mit-)strapazieren oder sie fahren ihr gesamtes Engagement zurück. Motto: „*Wir, meine Familie und ich, schaffen es zu überleben. Nur mein Partner und ich, vielleicht noch Sohnemann oder Tochter. Im Notfall gehen wir ins Ausland.*" Es gibt Beispiele (Unternehmensverlagerungen etwa nach Südafrika oder Australien) und z.B. Amerika ist gesprächsbereit, wenn es darum geht, Patentrechte zusammen mit den Unternehmern ins Land zu holen. Die politische Sprengkraft, die hinter einer Verweigerungshaltung der Familienunternehmer steckt, hatten wir einleitend in diesem Buch schon angesprochen.

Eine ganze Reihe von Unternehmern reagiert auch in die Richtung, sich zunehmend doch um Subventions- und Steuersparmodelle zu kümmern. Verdenken kann man ihnen nicht, dass sie sich in die große Gesellschaft der daran Interessierten begeben, denn es gibt nachvollziehbare Argumente: „*Warum soll ich mich anders verhalten als die anderen, warum soll ich nicht herausholen, was geht? Wenn der Staat das zahlt?*"

Was tun Sie als Familenunternehmen? Die drei ersten skizzierten Problemkreise liegen auf der Ebene, wo Familienunternehmer Gegenreaktionen zeigen können: Werte und Geschäftsmoral verteidigen, Potenziale ausschöpfen, engagierte Mitarbeiter suchen und attraktive Bedingungen bieten. All das läuft darauf hinaus, sich nicht von der düsteren Lage einschüchtern zu lassen. Das vierte Problem hat hingegen eine andere Qualität: Wer mitnimmt, was er bekommen kann, den Betrieb auf die engere Familie einschrumpft, wer gar den Standort verlässt, wechselt die Grundhaltung und gibt letztlich auf, was Familienunternehmertum ausmacht.

1.1.2 Unternehmertypen

Wie verhalten sich Familienunternehmer/innen bei der skizzierten Bandbreite von Möglichkeiten? Welche Position nehmen sie ein, welches Engagement entwickeln sie? Das hängt letztlich von

- ihrem Rollenverständnis und
- von ihren jeweiligen unternehmerischen Fähigkeiten ab.

Wir haben versucht, beides zu systematisieren. Interessanterweise lassen sich die Positionen nicht am materiellen Erfolg der Unternehmer allein festmachen. Vielmehr haben wir im Spannungsfeld zwischen **Erfolg** einerseits und **Verantwortungsbereitschaft** andererseits vier Typen herauskristallisiert (Abb. 1.1). Wir beschreiben die vier Typen näher, wobei wir im Uhrzeigersinn durch das Schema wandern.

Typus: Der Redliche

Sie haben die Wunden geleckt, die ihnen das als unternehmerfeindlich empfundene Klima in Deutschland zugefügt hat. Sie fragen, ob und wie es weitergehen kann. Während sie nachdenken, haben sie den einen oder anderen Vermögenswert veräußert und zusammen mit dem Familiensilber in den Betrieb gesteckt. Das liegt alles jenseits dessen, was die Betriebswirtschaft lehrt.

Sie kämpfen darum, den notwendigen Preis für Ihre Leistung durchzusetzen. Sie wollen nicht mehr als das, was sie geleistet haben. Sie kämpfen um Anerkennung im Markt und bei den Kollegen. Im Grunde wollen sie ihre Ruhe. Wenn es zu hektisch wird, ziehen sie sich wahlweise in die Werkstatt oder ins Büro (oder in Küche, Labor, Praxis, Lagerhalle usw.) zurück.

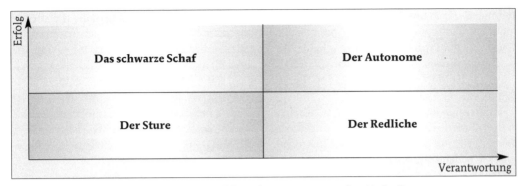

Abb. 1.1: *Unternehmertypen zwischen Erfolg und Verantwortungsbereitschaft*

„So viel zu tun". Geld verdienen müssen sie, aber jeder Cent ist schwer verdient.

Sie jammern schon mal über die Lage, würden vieles gern anders, besser machen. Ihr Wunsch ist, dass die Kunden bzw. Abnehmer Verständnis für ihre Situation haben und dass die Mitarbeiter genau das tun, was sie tun müssen. Ohne großes Gerede. Dafür, dass sie wirtschaftlich nicht immer so gut dastehen, gibt es Schuldige und gute Gründe. Die wenigsten Gründe gehen auf ihr Konto.

Leider entspricht das nicht der realen Erfahrung – bei allem Verständnis, das man für solchermaßen fleißige, arbeitsame und redliche Leute aufbringen will. Es gehört einfach ein wenig mehr dazu, um wirtschaftlich gesehen ein erfolgreicher Unternehmer zu sein.

Typus: Der Sture

Vor allem in traditionellen Betrieben findet sich eine gehörige Portion Ignoranz bei den Unternehmern. Sie äußert sich in Killerphrasen wie: *„Das haben wir noch nie so gemacht"*. *„Das brauchen wir nicht"*, *„Das ist doch nichts für uns"*. Meist äußert das derjenige, dessen Erfolg aus vergangenen Jahren verbürgt ist. Veränderungen erwartet er ausschließlich von den anderen, den Mitarbeitern, den Kunden, dem Staat. Teilweise kann er sich diese Sturheit leisten, weil sein Vermögen seine Alterssicherung deckt und vielleicht sogar so gut ist, um ein paar Jahre Verluste zu kompensieren.

Der Film läuft zum Leidwesen möglicher Nachfolger ab, die wenig bewegen können, weil der Senior das gar nicht zulässt. Erwartungsgemäß springen die besten unter diesen Junioren auf einen anderen Zug. Denn die Abschiedsgesänge auf bessere Zeiten helfen maximal, um eine sinnvolle Weiterführung der Familientradition zu unterbrechen. Das Unternehmen stirbt. Auch gesellschaftlich betrachtet hat das mit Verantwortung wenig zu tun.

Veränderungsbereitschaft ist heute eine grundlegende Voraussetzung. Wer nicht bereit ist, zu verändern, auch sich zu verändern, kann als Unternehmer nicht bestehen. Offenheit gegenüber den Dingen, die neu sind und heute unumgänglich, das ist es, was den Unternehmer auszeichnet. Alles andere führt schnell an Grenzen und vorbildlich ist das keineswegs. Kompetenz von außen akzeptieren und erkennen, dass die Vielfältigkeit heutiger Anforderungen nicht mehr in einem Kopf gedacht, erkannt und umgesetzt werden kann.

Typus: Das schwarze Schaf

Wirkliche schwarze Schafe fallen auf. Das geschieht mehr oder weniger schnell. Es sind die „Abzocker", die ihren Wissensvorsprung nutzen und dem Verbraucher nur ein U für ein X verkaufen. Sie versuchen, durchaus auch mit unlauteren Mitteln, ans Geld anderer Leute zu kommen. Sie machen schlechte Arbeit und verlangen dafür unverschämt viel, was man nicht auf den ersten Blick sieht, aber mit den Tricks, die ein Profi schnell durchschaut: Mit Nachbesserungen, schauderlichem Materialaufschlag, Sollbruchstellen und was es alles in dieser Trickkiste gibt.

Sie kennen die Schlupfwinkel staatlicher Subventionen ziemlich genau und nutzen sie auch. Die Ausbildungsabgabe käme ihnen gerade recht, denn wer nach dem Oktober Auszubildende einstellt, bekäme einen staatlichen Zuschuss. Da lohnt sich das Warten.

Dem Image des Unternehmertums schmeichelt dieser Typus nicht. Diese so genannten Unternehmer sind es, die das Image der deutschen Wertarbeit in die Knie zwingen. Sie haben – zumindest über eine beachtliche Zeit – Erfolg. Es wäre schade, wenn sie sich langfristig als Vorbild für unsere Gesellschaft entwickeln würden. Noch sind solche schwarzen Schafe in der Minderheit, aber sie vermehren sich, nicht zuletzt, weil sie sich an gesellschaftliche Trends anpassen, die sich bei uns breit zu machen beginnen. Einer dieser Trends sagt: Gewinne sind privat, für Verluste soll die Gesellschaft aufkommen. Und warum sollen dann Unternehmer päpstlicher als der Papst sein?

Typus: Der Autonome

Familienunternehmer haben überwiegend große Schwierigkeiten, Unterstützung, Rat oder gar Hilfe von außen anzunehmen. Das ist zum einen verständlich, denn für Unternehmer gibt es kein soziales Netz, das sie auffängt. Sie sind oder werden deshalb im Laufe der Zeit meist zu Einzelkämpfern. Verständlich ist dies zum anderen auch, weil Unternehmer idealerweise mit einem Streben nach Unabhängigkeit ausgestattet sein sollten. Es ist ein wichtiger Motor, der dem Chef die Kraft gibt, auch mal eine einsame Entscheidung zu treffen.

Wirklich autonome Unternehmer verwechseln ihre Position nicht mit Autarkie. Das würde bedeuten, dass sie sich gegen die Außenwelt abschotten und glauben, sie können selbst alles am besten. Wirklich Autonome sind durchaus in der Lage, sich Rat von allen Seiten zu holen. Sie sind sich bewusst, dass sie es sind, die letztlich die Alternativen auswählen, egal, welchen Rat auch immer sie bekommen. Und sie wissen, dass ihre Entscheidung umso besser wird, je mehr und je bessere Informationen sie haben. Sie sind autonom, weil sie bestrebt sind, die Abhängigkeiten grundsätzlich zu reduzieren. Das macht sie erfolgreich.

Allerdings findet sich, dass eine solche einsame Entscheidung auch einmal darauf hinauslaufen kann, die Alternativen intensiv abzuwägen und die Suche nach „dem eigenen Ding" intensiver zu gestalten. In der Konsequenz werden oft sukzessive Mitarbeiter abgebaut, Chancen im Ausland ausgelotet oder auf eine „Zwei-Mann-Show" gesetzt. Handwerk und Handel haben durchaus gute Chancen, das so zu machen. Der eine steht an der Front, der andere kümmert sich um die Vermarktung und die Verwaltung.

Gestandene Familienunternehmer können das ohne weiteres, sie geben damit zwar ihren Unternehmensstatus auf, aber sie verlieren auch Belastungen und Verantwortung für andere. Ihr Verdienst ist meist besser und die Nerven werden geschont.. Das funktioniert nicht in jedem Fall, nur dort, wo noch nicht allzu viele Investitionen gelaufen sind, die dann als nicht abschüttelbare Verpflichtung stehen.

1.1.3 Die schwierige Entscheidung zum (Familien-)Unternehmer

Trotz und gerade wegen der Standortprobleme würden wir uns wünschen, dass mehr Menschen den Mut haben, (Familien-)Unternehmer zu sein, den Mut haben, zu sagen: Schaut her, wer wir sind. Wir bilden das wirtschaftliche Fundament dieser Gesellschaft, wir haben einen Wertekodex, der vorbildlich war und ist, der Tradition und Fortschritt verbindet. Und wir sind bereit, stärker Verantwortung zu übernehmen. Eine solche Haltung fließt in das ein, was landläufig **Entrepreneurship** heißt.

Haben Sie sich hinsichtlich der vier Typen selbst eingeschätzt? Es liegt auf der Hand, dass wir uns wünschen, dass Sie zu einem der beiden gehören, bei denen die Verantwortung stärker ausgeprägt ist, dass Sie also weder ein „schwarzes Schaf" noch „ein Sturer" sind.

Unternehmer vom Typus „Der Autonome" nutzen bereits viele Methoden und Techniken der Unternehmensführung. Beim Typus „Der Redliche" darf einiges mehr aufgebaut werden in Sachen unternehmerische Werkzeuge. Natürlich ist das eine Modellbildung mit Schattierungen.

Für jeden Typus gibt es eine Reihe von Wegen, die er einschlagen kann. Gemeinsam ist allen, das arbeiten wir in Teil II heraus, dass sie eine Strategie brauchen, wenn sie das Heft des Handelns in der Hand halten wollen. Zurzeit, in einer Phase wirtschaftlicher Einschnitte, zeigt sich, dass zu viele Unternehmen „von außen strategisiert" werden, dass ihnen das Ziel vorgegeben wird. So schrumpfen sie, weil der Markt schrumpft, und nicht, weil ihre unternehmerische Strategie dies gezielt vorsieht. Hier ergibt sich die Kehrseite unserer Empfehlung zum Unternehmertum.

Was spricht gegen Unternehmertum als „Professsion"?

1. Scheitern ist möglich und schon beim Schrumpfen sind die Einschnitte hart. Das gilt insbesondere, wenn dabei ein Wachstumskurs unterbrochen wird. Weichen lassen sich nicht einfach zurückstellen. Leasingverträge, Darlehen, Mitarbeiterverträge, Mieten, Telefonanlagen – das sind nur wenige Beispiele einer sehr langen Liste, die nicht einfach gekappt werden kann. Bedauerlicherweise sind oft viele Positionen dabei, die dem vorletzten Aufbäumen entspringen, und sie betreffen meist Investitionen, die auf Wachstum ausgelegt waren. Wenn Menschen auf Wachstum gesetzt und Entscheidungen in diese Richtung getroffen haben, können sie nicht einfach aufhören, sie sind im Kreislauf gefangen und müssen zwangsläufig weitermachen.
2. Wir sehen, dass zur Zeit viele Familienunternehmen zur Schrumpfung tendieren. Sie wissen, dass die rechtzeitige Entscheidung, radikal zu schrumpfen, einen immensen Aderlass beim Unternehmen selbst verhindert. Wenn sie es richtig machen, haben sie gute bis sehr gute Chancen, mit ihrem Unternehmen langfristig am Markt zu bestehen, erfolgreich durch klare Positionierung.
3. Die Überlegungen, die wir in der Beratungspraxis hören, gehen aber manchmal radikal weiter, nämlich, auf eine sehr kleine Kernmannschaft zu schrumpfen, die nur aus Familienmitgliedern, vielleicht noch aus ein, zwei sehr verdienten Mitarbeitern besteht, und mit diesen das „eigene Ding" zu machen. Tatsächlich sind es vor allem die sehr zahlreichen 10-bis-30-Mann Betriebe, die sich deutlich mit der Idee beschäftigen, den gesamten unternehmerischen Ballast abzulegen und nur noch für ihr eigenes, ganz persönliches Geschäft durch die Gegend zu fahren. Sie sind sicher, dass sie das Risiko der Freiberuflichkeit schultern, aber sie haben keine Lust mehr, die Risiken der anderen mitzutragen und mitzufinanzieren.

Ganz radikal haben sich eine Reihe Unternehmer sogar völlig zum Ausstieg entschieden. Sie machen dicht und können sich das auch leisten. Für die Einzelperson ist das möglicherweise eine gute Lösung.

Was spricht für Unternehmertum?

Die gesellschaftlichen Konsequenzen eines gehäuften Ausstiegs wären geradezu verheerend. Denn solche Entscheidungen entledigen sich der (meisten) Verpflichtungen nach außen, stoppen Investitionen und behalten realisierte Gewinne für sich selbst, statt sie wieder in den Betrieb zu stecken. Ein Teufelskreis der wirtschaftlichen und sozialen Abwärtsspirale würde befördert und besonders betroffen davon wären vor allem diejenigen, die schon immer redlich gearbeitet haben – egal, ob als Selbstständiger, Unternehmer oder Mitarbeiter. Es würde sich im Großen einstellen, was wir im Kleinen alle kennen: der tägliche Ärger führt dazu, dass wir die guten Dinge leicht vergessen oder als selbstverständlich hinnehmen. Wenn wir uns beispielsweise über drei Mitarbeiter ärgern, was ist dann mit den anderen zwanzig? Natürlich ist es nicht immer einfach, sich hier zu motivieren und den Ärger auch einmal zu schlucken. Aber das wäre nur fair denen gegenüber, die unsere Fairness verdienen. Sie sind es, die unter dem weiteren Abbau von Werte- und Sozialsystemen zu leiden hätten und sie würden wenig Gestaltungsfreiraum haben, dagegen anzugehen.

Sie als Unternehmer haben mehr Möglichkeiten, und das ist eines, wenn nicht das **entscheidende Argument eines verantwortungsvollen, aktiven Unternehmers** für seine Rolle.

Für gute Mitarbeiter, für die eigenen Kinder und die Kinder aller anderen, lohnt es sich, nachzudenken, ob es nicht auch andere Wege gibt. Wir sind überzeugt, dass es sie gibt. Wir möchten mit dazu beitragen, dass „Unternehmer-Sein" nicht negativ belegt, sondern mit Mut, Stärke, Persönlichkeit und Bereitschaft zur Verantwortung assoziiert wird. Das wird den Respekt schaffen, der notwendig ist, um mehr Attraktivität in diese Form der Beschäftigung, in das Unternehmer-Dasein zu bringen. Unser Appell an Sie ist: Bleiben oder werden Sie Unternehmer und Gestalter, nicht Unterlasser und Verweigerer. Das ist eine große Aufgabe. Gehen Sie mit gutem Vorbild voran, zeigen Sie, dass (Familien-)Unternehmer eine besondere Stellung in Wirtschaft und Gesellschaft haben. Dazu werden Menschen gebraucht, die Verantwortung übernehmen, Wertmaßstäbe setzen und vorleben, die Anker sind.

Ungute Gefühle

Unternehmer haben viele gute Eigenschaften. Sie sind bereit, Verantwortung zu übernehmen, bringen den Mut auf, auch ungeliebte Entscheidungen zu treffen und bei Schwierigkeiten geben sie nicht gleich auf. Das sind alles Eigenschaften, die auch dazu beitragen, dass der Betrieb erfolgreich geführt wird.

Aber diese „Tugenden" können auch unangenehme Seiten entwickeln: Wenn die Last der Verantwortung erdrückend wird, die Erfolgskurve stetig nach unten zeigt und die Perspektiven für die positive Entwicklung eher düster aussehen – dann wird es gerade für die seriösen und verantwortungsvollen Unternehmer besonders schwierig. Dann geht es ans Eingemachte, an die Substanz der eigenen Persönlichkeit. Erfolg und Misserfolg, Scheitern oder Bestehen werden dann zum Wertmesser der eigenen Person. Schließlich hängt sehr viel davon ab, auch für sehr viele Menschen, in welche Richtung die Würfel fallen.

Betroffen sind die Mitarbeiter, die Familie, deren Einkommen weit gehend aus dem Betrieb kommt, betroffen ist aber auch der Unternehmer als Mensch. Denn wenn die Entwicklung schlecht läuft, ist der Schuldige schnell gefunden. Es ist verständlich, dass hier jeder anders reagiert, zumal gerade der Unternehmer nicht mit viel Verständnis seiner Umgebung rechnen kann.

Es ist aber auch so schwierig, Außenstehenden klar zu machen, was so alles an diesem Betrieb hängt. Und was wirklich kaputtgeht, wenn die Krise von heute nicht mehr überwunden werden kann. Die Scham ist groß, die Sorgen auch und all das behindert dann auch noch die klare Sicht auf die unternehmerischen Entscheidungen.

Unsere Berater haben in solchen Fällen die Erfahrung gemacht, dass die Unternehmer in zwei Richtungen ausreißen. Entweder sie verdrängen. Verdrängung – all die Sorgen und

1.2 Meister, Ingenieur und Unternehmer

Echte Unternehmer braucht es. Das ist leicht gesagt. Was ist denn ein echter Unternehmer? Offenbar ist nicht jeder dazu berufen, kaum einem wurde das Unternehmer-Sein in die Wiege gelegt. Wir brauchen Persönlichkeiten, die unternehmen mit Blick auf die Gesellschaft und kein schlechtes Gewissen haben, wenn sie dabei auch Geld verdienen.

Nun wird überall die Aufweichung des Meisterbriefes beklagt. Über diese Entscheidung der Politik lässt sich trefflich diskutieren. Wir beklagen dagegen, dass nirgendwo und von niemandem ein Unternehmerbrief gefordert wird. Der tut Not, denn ein guter Fachmann ist nicht zwangsläufig auch ein guter Unternehmer. Ein Experte in Unternehmensführung wird sich nicht anmaßen, einen defekten Heizkessel wieder auf Trab zu bringen. Er wird möglicherweise auch bei der Autopanne hilflos in der Gegend stehen. Der Heizungs- und Sanitär-Meister aber ist gefordert, dass er das Handwerk der Unternehmensführung „locker mitmacht". Dabei ist das mindestens so entscheidend wie seine fachliche Kompetenz. Wir sagen dies exemplarisch, es gilt natürlich für andere Berufsgruppen auch.

Unternehmer/in sein ist ein „Handwerk" an sich, das bestimmte fachliche, sachliche und persönliche Positionen erfordert. Es ist ebenso anstrengend wie lohnend, wenn Sie es beherrschen.

1.2.1 Fachliche Position

Die fachliche Position ist im Grunde die Expertise Ihrer ureigensten Fähigkeit, Ihrer Berufskompetenz, Nachweis und Ausweis dessen, was Sie gelernt haben. Ob Meisterbrief, Fachschul- oder akademischer Abschluss (oder

Probleme einfach schönreden, manchmal „schönsaufen", ist ein sehr menschliches Phänomen.

Die Sündenbockrolle wird nach außen verlagert. Die Aggression richtet sich gegen „die da draußen": Banker, Politiker, Kunden, die gesamte Menschheit. In diese Welt einzudringen, ist für Außenstehende fast unmöglich. Sogar die engsten Angehörigen dringen dann nicht mehr zu dem Unternehmer vor, Veränderungen sind so gut wir unmöglich, das Teufelsrad dreht sich schonungslos.

Es kommt aber auch vor, dass der Unternehmer Format genug hat, um eine absolute Notbremse zu ziehen. Dass er einer sachlichen und schonungslosen Analyse zustimmt und seine Bereitschaft signalisiert, Dinge zu verändern. Dazu braucht er Rat von außen, denn allein kommt er aus dem Schlamassel nicht heraus. Und das ist für viele eine immense Hürde. Rat von außen anzunehmen. Ich? Ich brauche doch keinen Berater. Ich schaff' das schon alleine: Das ist die gängige Meinung. Man findet sie nur und ausschließlich in kleinen und mittelständischen Betrieben. Denn die Großen haben schon lange kein Problem mehr, zuzugeben, dass die heutigen Herausforderungen nicht von einem Kopf gelöst werden können. Sie haben Berater. Nicht immer sind diese wirklich gut, aber die Erkenntnis, dass ein Unternehmen heute professionell geführt werden muss, um am Markt bestehen zu können, lässt sich ja nur mit der Erkenntnis zusammenbringen: Wer kann uns helfen? Wer kann mir als Unternehmer helfen? In guten wie in schlechten Zeiten und vor allem in der Absicht, das Kind erst gar nicht in den Brunnen fallen zu lassen. Gute Ratgeber zu haben und um sich zu scharen, das ist den meisten Unternehmerköpfen nur im Ansatz angedacht. Schade, weil gerade sie jemand brauchen, der die Komplexität und die Herausforderung ihres Lebens versteht und ihnen mit echtem Rat und Tat zur Seite steht. Das hilft auch, ungute Gefühle besser handhaben zu können.

auch nur besondere Berufskenntnisse): Es ist wichtig und gut, dass Sie Ihr eigenes Fach aus dem „ff" beherrschen. Wir sagen dies ausdrücklich, weil wir nicht ansatzweise in den Verdacht kommen wollen, wir würden die Notwendigkeit fachlicher Kompetenz bestreiten.

In einem Unternehmen können sich Mitarbeiter/innen mit gutem bis sehr gutem Fachwissen weit nach oben arbeiten. Ab einer gewissen Stufe der Karriereleiter ist plötzlich Schluss. Der Bruch kommt, wenn sich die Aufgaben verändern, wenn neue dazukommen, die mit dem ursprünglichen Fach bzw. Beruf nichts mehr zu tun haben: Mitarbeiterführung zum Beispiel, ein Mehr an Controlling, Verantwortung für den Markterfolg und vieles mehr. Je mehr sich der Mitarbeiter dann an Sachwissen aneignet, umso wahrscheinlicher wird es, dass er seine Position auf- und ausbauen kann. Gelingt ihm das nicht, ist die Karriere beendet. Ob er sich dann selbstständig macht...?

Als Unternehmer/in, wir sagen Ihnen nichts Neues, haben Sie alle diese Aufgaben der Unternehmensführung zu schultern und in Ihren Tagesablauf zu integrieren. Denn, dass Sie Ihr Fach beherrschen, davon gehen wir aus. Ob der Meisterbrief immer ein klares Qualitätssignal ist, darüber kann man diskutieren. Nicht jeder Meister ist so gut wie sein bester Mitarbeiter. Beispielsweise können/dürfen Portugiesen auch ohne Meisterbrief Fliesen legen und Italiener machen guten Wein. Den Ausschlag für den Erfolg gibt die Fähigkeit, ein Unternehmen zu führen.

1.2.2 Sachliche Position

Die sachliche Position meint die Sache der Unternehmensführung und umfasst alle Aufgaben, die ein Unternehmer jenseits der fachlichen Arbeit zu leisten hat. Nicht jeden Fingerstreich, der im Betrieb zu erledigen ist, sollte der Unternehmer selber machen. Dafür gibt es Mitarbeiter und das wunderbare Mittel der Delegierung. Aber es gibt eine Reihe fundamentaler Entscheidungen, die einfach Chefsache sind. Sie können nicht delegiert werden. Dazu gehören die Grundsatzentscheidungen in den Bereichen, die wir in Teil II dieses Buches behandeln: Strategie, Finanzierung/Investition, Marketing, Personal, Controlling.

Zentrale Entscheidungen in diesen Bereichen sind Chefsache und Ihr Job dabei ist, die Markierungen, die Richtlinien auszugeben, an denen sich alle anderen in ihrem jeweiligen Bereich orientieren können und sollen. Selbstverständlich brauchen Sie dazu nicht alles im Detail zu wissen, aber Sie sollten so viel Ahnung haben, dass Ihnen niemand ein X für ein U vormachen kann.

SOLLTE IHNEN DER HINTERGRUND ZU EINIGEN BEREICHEN FEHLEN, DENKEN SIE AN WEITERBILDUNG ODER DENKEN SIE AN IHRE PARTNER, DIE IM UNTERNEHMEN SIND UND DIE MÖGLICHERWEISE ARBEITSTEILIG EINEN WICHTIGEN PART DIESER UNTERNEHMERISCHEN AUFGABEN ÜBERNEHMEN KÖNNEN.

Auch ein **Berater** kann an diesen neuralgischen Schnittstellen wichtige Erkenntnisse geben oder zumindest als „geistiger Sparringspartner" zur Verfügung stehen.

1.2.3 Persönliche Position

All das zu schultern, ist eine echte Aufgabe. Unternehmer-Sein kann daher nicht als Notlösung in Betracht kommen. Es bedarf mehr. Einiges davon lässt sich aneignen, einiges antrainieren, vieles erlernen. Der Weg zum besseren Unternehmer ist ein Ziel an sich. Aber befragt, was er hat, der Erfolgreiche, der Unternehmer, der aus dem Nichts ein Imperium aufbaut, kehrt Schweigen ein? Was kann er, was kann er/sie besser als die anderen? Wissen Sie es? Wir konnten zunächst keine eindeutige Antwort geben. Aber wir wollten es wissen.

Denn wir sind davon überzeugt, dass der Erfolg des Unternehmens und die Persönlichkeit des Unternehmers untrennbar miteinander verknüpft sind. Wer an dieser Erfolgsschraube

„drehen" will, muss die Eigenschaften des Erfolgs kennen. Da die Wissenschaft sich in dieser Frage bedeckt hält oder sich auf einschlägige Management-Tests konzentriert, haben wir bei BUS in einem umfassenden Arbeitskreis und in Zusammenarbeit mit Psychologen und Statistikern eine **„Erfolgsformel"** entwickelt. Herausgekommen sind zehn **originäre Eigenschaften**, die der Unternehmer mitbringen muss. Originär meint, dass diese Fähigkeiten den Unternehmer in die Lage versetzen, Unabweisbares zu tun, anderes zu delegieren. Ein Unternehmer muss z.B. nicht unbedingt teamfähig sein. Aber er sollte offen genug sein, um Teamarbeit im Betrieb zu forcieren und zuzulassen. Die originäre Fähigkeit ist also die Offenheit, Teamfähigkeit ist nur nachgelagert. Die folgenden Basics wurden herausgearbeitet.

Erfolgseigenschaften für Unternehmer

▶ *Offenheit*: Augen und Ohren offen zu halten für die Umwelt, für das, was im Betrieb geschieht, was sich im Markt bewegt, wie sich Kundenbedürfnisse ändern, welche Schritte die Konkurrenz geht, das ist eine grundlegende Fähigkeit. Offenheit für Neues, Dinge, die bei erstem Hinschauen als Spinnerei durchgehen, bei denen alle den Kopf schütteln, genauer ansehen. Das gilt für neue Ideen ebenso wie für ungewohnte Lösungsmethoden. Selbstverständlich hat diese Offenheit mit Kreativität zu tun: Wer nicht offen ist für noch nicht da Gewesenes kann nichts Neues schöpfen. Offenheit erfordert auch Flexibilität, denn wer offen ist, nicht starr auf altgewohnten Regeln zu bestehen, ist konsequenterweise auch flexibel. Damit das Ganze nicht überschießt, steht die Reflexionsfähigkeit als eine Art Korrektiv.

▶ *Reflexionsfähigkeit*: Nicht alles, was neu ist oder zum Zeitgeist erhoben wird, ist für den eigenen Betrieb gut und passend. Gerade in der heutigen Zeit ist der Veränderungsdruck immens. Angebote infrage stellen, hinterfragen, ob und wieweit sie zu den persönlichen Werten und Zielen passen, ist wichtig, um Fehlentscheidungen zu vermeiden. Reflexion ist wie ein Filter, der Wesentliches von Unwesentlichem trennt. Sie bewahrt uns vor blindem Agieren auch und gerade in Krisensituationen.

Reflexion meint auch, das eigene Denken und Handeln immer wieder zu überprüfen und an neue Anforderungen anzupassen. Diese Fähigkeit ist ein Zeichen persönlicher Reife, sie setzt voraus, dass man Kritik annehmen kann. Sie ist damit eine wichtige Voraussetzung für Veränderungen. Nur ein Unternehmer, der veränderungswillig und veränderungsfähig ist, kann sich langfristig am Markt behaupten. Denn, dass sich das Umfeld in einem turbulenten Veränderungsprozess befindet, wissen wir längst. Die Frage ist, ob wir uns schnell genug und in die richtige Richtung mit-verändern.

▶ *Entscheidungskompetenz*: Ein Unternehmen führen, bedeutet, täglich Entscheidungen zu treffen. Die Qualität dieser Entscheidungen macht den Erfolg des Unternehmens aus. Die Konsequenzen einer Fehlentscheidung treffen niemanden stärker als den Unternehmer selbst, denn als sein eigener Risikokapitalgeber verantwortet er Glücks- und Missgriffe auch finanziell. Entscheidungskompetenz hat zwei Komponenten. Einmal geht es um die Frage, wie der Unternehmer Entscheidungen trifft. Gute Entscheidungen basieren auf der eindeutigen Beschreibung des Entscheidungsproblems. Die Ausgangslage genau zu kennen und den Kern des Problems zu sehen, ist so wesentlich, wie sich konsequent Informationen zu beschaffen. Meist gibt es mehrere Entscheidungs-Alternativen. Es macht den guten Unternehmer aus, sich bei der Auswahl auf Informationen zu stützen, aber auch Intuition mit einfließen zu lassen. Zum Zweiten geht es um Entscheidungsfreude. Im Wirtschaftsleben lassen sich Entscheidungen nicht aussitzen. Denn eine Entscheidung nicht zu treffen, ist eine Entscheidung für den Status quo. Den

Mut und die Fähigkeit, sich für eine Option zu entscheiden, und damit gegen eine andere, braucht ein Unternehmer.

▶ *Identifikation:* Die Übereinstimmung zwischen persönlichen Lebenszielen und Zielen der Unternehmung ist ein kritischer Faktor. Ohne diese Übereinstimmung wird der Erfolg nur schwer vorstellbar und das Leben zäh. Erträglich ist das in guten Zeiten, bei materiellem Erfolg. Er kann ausgleichen, vielleicht gar überdecken, dass der ideelle Erfolg nicht zum Zuge kommt. In konjunkturell kritischen Zeiten ist diese Verdrängungsleistung schwierig, wenn überhaupt machbar. Frust ist das Ergebnis. Die Toleranz fehlt, denn der Unternehmer ist nicht in der Lage, seine Ideale, seine Visionen, im und durch das Unternehmen umzusetzen. Die Chance, als Unternehmer seine eigenen Ideen und Ziele durch Arbeit umsetzen zu können, ist nicht lebendig. Die Einheit zwischen Person und Betrieb bezieht sich dabei auf die Werte, auf die Normen und die Kultur.

▶ *Ziel-/Leistungsorientierung/Umsetzungsdynamik:* Leistungsorientierung meint nicht nur den Willen zur Leistung, sondern vielmehr, dass der Unternehmer bestrebt ist, seine Leistung in all jenen Tätigkeiten zu steigern oder hoch zu halten, die für den persönlichen und beruflichen Erfolg von Bedeutung sind. Das setzt eine klare Zielvorstellung voraus, auf die hin sich der Einzelne konzentrieren kann und in deren Erfüllung er seine Energie steckt. Das allerdings in einem beachtlichen Ausmaß. Dazu gehört zweifelsfrei eine gehörige Portion an Disziplin und Fleiß. Im Zielkonflikt zwischen gepflegtem Freizeitleben und Betrieb wird Letzterer meist die Oberhand gewinnen.

Disziplin ist eng mit der Umsetzungsstärke verbunden. Jede Entscheidung ist nur so gut wie ihre Umsetzung. Erfolgreiche Unternehmer sind nicht nur entscheidungskompetent, sondern auch in der Lage, diese Entscheidung umzusetzen. Gefragt ist Beharrlichkeit, um die Dinge in Bewegung zu halten. Gefordert ist manchmal verkäuferisches Talent, wenn Ideen an den Mann/die Frau gebracht werden sollen, damit diese sie auch akzeptieren. Umsetzungsstarke Menschen sind nicht nur hartnäckig, sondern auch erfinderisch.

▶ *Bewusste Risikobereitschaft:* Ausnahmeunternehmern wird in aller Regel eine hohe Risikobereitschaft attestiert. Das ist oft eine verkürzte Sicht, denn gerade Ausnahmeunternehmer zeichnen sich dadurch aus, dass sie die Risiken abwägen und kalkulieren. Bewusste Risikobereitschaft ist das Charakteristikum, denn unreflektiertes Eingehen von Risiken gehört ins Kasino und nicht ins Unternehmen. Unternehmer sind keine Zocker, sie nehmen nicht den Verlust des gesamten Betriebs in Kauf, um ihrer Risikofreude zu frönen. Andererseits ist das Unternehmerdasein permanent Risiken unterworfen – auch dem des totalen Scheiterns. Eine gewisse Freude am Risiko gehört deshalb zum Unternehmertum. Wer sich heimlich nach sicherem Einkommen und möglichst wenig Verantwortung sehnt, scheint nicht zum Unternehmer geboren. Der reflektierte Umgang mit Risiken ist es, was Erfolg und Zufriedenheit bringt.

▶ *Multifunktionalität*: Hilfreich ist, wenn Unternehmer über ein breites Spektrum an Fähigkeiten und Fertigkeiten verfügen. Alle Grundfunktionen der Unternehmensführung sollten Ihnen geläufig sein, denn auch wenn Sie nicht alles selbst machen, so ist doch die Voraussetzung für eine effiziente Delegierung an Mitarbeiter, dass Sie selbst wissen, was in den jeweiligen Funktionen und Bereichen tatsächlich erreicht werden soll. Gefragt sind Menschen, die in möglichst vielen Bereichen Kompetenz besitzen und zusätzlich bestimmte Kernkompetenzen aufweisen, auf die sie sich ebenfalls konzentrieren können. Rotation im Betrieb ist dafür eine gute Sache, aber sehr bewährt hat sich, dass der Unternehmer auch aus der Perspektive des eigenen Betriebs herausgekommen ist. Früher gab es Wanderschaft, heute gibt es Praktika oder auch Lehrjahre im Ausland. Je unterschiedlicher die Bereiche, in denen Sie geschnuppert haben, umso besser ausgeprägt ist Multifunktionalität.

▸ *Konfliktfähigkeit:* Konflikte lauern überall, auch und gerade in Unternehmen. Kaum eine Beziehung zwischen Unternehmen und Umwelt verläuft ganz konfliktfrei. Konflikte entstehen, wenn unterschiedliche Interessen aufeinander treffen. Das ist im Wirtschaftsleben nahezu immer der Fall. Die eigenen Interessen durchsetzen zu wollen, Konflikten nicht aus dem Weg zu gehen, sie manchmal auch zu provozieren, macht einen Unternehmer aus. Nicht nur, weil dahinter eine gewisse Freude an der Auseinandersetzung mit anderen durchscheint, sondern, weil in Konflikten häufig der Zündstoff für neue Ideen, für Innovationen, für permanente Verbesserungen steckt. Unternehmerpersönlichkeiten spüren das und sie verstehen sich darin, auch den permanenten Konflikt zwischen Wandel und Beständigkeit im Ausgleich zu halten. Voraussetzung dafür ist Stabilität der eigenen Persönlichkeit und, um dem Druck dauerhaft standhalten zu können, auch eine hohe Belastbarkeit.

▸ *Streben nach Verhandlungsmacht*: Der feste Wille, in Verhandlungen die eigenen Interessen unabhängig zu vertreten und durchzusetzen – unter strikter Wahrung moralischer Werte und unter Berücksichtigung der Interessen anderer, ist wichtiger Aspekt des Unternehmertums. Der Wille zum Erfolg, zum Durchsetzen der eigenen Ziele bedeutet für den guten Unternehmer nicht, mit unlauteren Tricks zu arbeiten. Er will seine Befriedigung haben, aber er will niemanden über den Tisch ziehen. Verhandlungen sieht er als ein Spiel, in dem es durchaus nur Gewinner geben kann. Das Streben nach günstigen Verhandlungspositionen, die ihn in eine Ausgangslage bringen, aus der heraus er die Regeln (mit-)bestimmen kann, ist dabei eine hilfreiche Neigung. Ob der Unternehmer bewusst oder unbewusst Punkte für Verhandlungen sammelt, ist dabei weniger entscheidend als die Tatsache, dass er es tut.

Ausprägung der Erfolgseigenschaften

Das interessante Phänomen ist nun, dass diese Eigenschaften nicht alle zu 100 % in einer Person vereinigt sein dürfen, sondern, dass eine bestimmte Verteilung zweckmäßiger ist. Abb. 1.2 zeigt das Polaritäten-Profil einer Ideallinie und exemplarisch eine fiktive „unternehmerische" Abweichung.

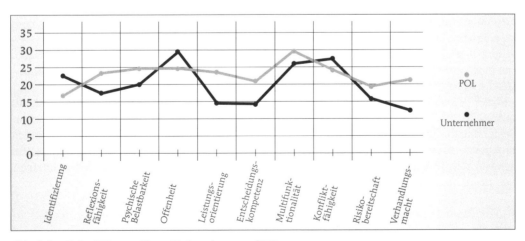

Abb. 1.2: Polaritätenprofil zur Unternehmerqualität

Weiterhin hat sich im Zuge unserer Arbeit herausgestellt, dass sich bestimmte Eigenschaften zu Bündeln zusammenschließen. Diese Eigenschaftsbündel machen dann wieder ganz besondere (Unternehmer-)Typen aus. Auch diese Typen haben wir versucht, zusammenzufassen. Nachfolgend stellen wir Ihnen sechs Typen vor, die sich modellhaft herauskristallisiert haben.

▶ *Der Innovator (1):* Er/sie lässt sich z.B. nicht so leicht unterkriegen, sondern sieht die Zukunft als positive Herausforderung. Er hat immer Neues im Blick und ist immer gut für Ideen. Er schaut lieber nach vorne als wehklagend zurück. Was ihn antreibt, ist die Frage: Wie lassen sich die Dinge noch besser machen? Offenheit und Multifunktionalität sind bei ihm stark ausgeprägt. Konsequenterweise mag er abwechslungsreiche Arbeiten, die ihn ständig herausfordern. Der Innovator vertraut in die Zukunft und darauf, dass es immer und überall eine große Menge an Aufgaben gibt, die er anpacken und bewältigen wird. Sein Selbstbewusstsein kommt auch daher, dass es kaum ein Thema gibt, für das er keine Lösung finden würde. Er kennt sich in vielen Bereichen aus und er hat auch kein Problem, sich in ein neues Gebiet einzuarbeiten. Dieses Wissen beruhigt, was aber für einen innovativen Typus kein Grund ist, ruhig zu sein. Im Gegenteil, er ist ständig bemüht, die Entwicklungen in und um seinen Betrieb herum genau zu beobachten, um möglichst langfristig erkennen zu können, welche Anforderungen zu erwarten sind. Die genaue Beobachtung der Veränderungen außerhalb und im Unternehmen ist eine gute Basis, um die Innovation in den Betrieb zu bringen. Anpassung an neue Herausforderungen ist ein wesentlicher Faktor, um ein Unternehmen langfristig am Markt zu behaupten.

▶ *Der Beanspruchte (2):* Ganz heimlich wünscht er/sie sich schon ab und an Ruhe, aber der Betrieb hält ihn immer auf Trab. Eine permanente, wenn auch nicht überwältigende Unzufriedenheit mit der eigenen Arbeit kennzeichnet diesen Typus. Er wünscht sich mehr Zeit für sich selbst, kann sich aber nicht aus den Verpflichtungen des Betriebs lösen. Der Geforderte findet sich im Spannungsfeld zwischen hoher Identifikation mit dem Unternehmer und dem Wunsch nach einer ruhigen, stressfreien Zeit. Da er gleichzeitig auch Konflikte mit sich selbst eher verdrängt, kann er dieses Feld nicht auflösen,. Das wiederum führt direkt in den Teufelskreis. Die Belastung führt dazu, dass weitere Dinge verdrängt werden und so zum Versuch, weiteren Problemen aus dem Weg zu gehen. Das kann in Resignation enden. Denn solange seine Hauptbeschäftigung darin besteht, Schwierigkeiten zu umschiffen, statt sie zu lösen, wird er eben auch immer wieder damit konfrontiert. Seine Belastbarkeit ist entsprechend wenig ausgeprägt. Die Anstrengung, die er wahrnimmt, ist auch hausgemacht. Probleme und Konflikte trägt er immer mit sich herum und wenn eine Entscheidung getroffen wurde, die nicht ganz perfekt war, macht er sich Vorwürfe. Trotzdem ist er nicht in der Lage, bestimmte Aufgaben zu delegieren. Die Meinung, dass er viele Sachen selbst erledigen muss, weil sie für andere zu kompliziert sind, ist bei diesem Typ häufig anzutreffen. Auch das ist ein Paradox, denn obwohl er sich einerseits müde und abgespannt fühlt, und mit seiner Arbeit eher unzufrieden ist, sieht er keinen, der ihn würdig vertreten könnte. Die Beanspruchung bleibt bestehen.

▶ *Der Patriarch (3):* Er ist sozusagen der „Klassiker" der Familienunternehmer. Was dem Sonnenkönig Ludwig recht war, der einmal gesagt hat: „Der Staat bin ich", ist dem Patriarchen ebenso lieb. Sein Motto : „Der Betrieb bin ich". Er setzt sich bei Meinungsverschiedenheiten durch und geht lieber bis zum Äußersten, als feige zu sein. Die hohe Identifikation des Patriarchen mit seinem Unternehmen lässt sich auf vielfältige Weise erklären. Der Betrieb ist die wichtigste Quelle der Anerkennung für ihn, entsprechend stolz ist er auf das Erreichte. Das zu bewahren, sieht er als wesentlich an, seine Grundhaltung ist konservativ. Ordnung und Beständigkeit betont er auch auf Kosten von Innovationen und Veränderungen.

Er setzt seine Ansichten grundsätzlich auch bei Meinungsverschiedenheiten durch. Stößt er auf Widerstand, findet er Mittel und Wege, seine Ziele doch noch zu erreichen. Diese intensive Durchsetzungsstärke ist nicht immer durchdacht, dem Patriarchen geht es mehr darum, dass er seine Meinung durchsetzt, als darum, ob die Inhalte auch sinnvoll sind.

Entsprechend ausgeprägt ist sein Selbstbewusstsein, das er zu einem beachtlichen Teil daraus schöpft, was er im Lauf der Zeit in seinem Unternehmen aufgebaut hat. Laufen Dinge aus dem Ruder, greift er auf altbewährte und in der Vergangenheit erfolgreich angewandte Methoden zurück. Neue, vielleicht sogar unkonventionelle Formen sind ihm eher suspekt und werden prinzipiell abgelehnt. Für den Erfolg des Unternehmens kann das langfristig sehr hinderlich sein. Dies insbesondere, weil der Patriarch keinem anderen im Unternehmen grundsätzlich die Möglichkeit einräumt, dieses Neue auszuprobieren. Auch nicht dem Junior, der Juniorin oder einem anderen potenziellen Nachfolger.

▶ *Der Analytiker (4):* Er/sie betrachtet die Situation von allen Seiten, und riskiert nur so viel, damit das Fortbestehen des Betriebs nicht gefährdet wird. Vorsicht und Disziplin sind die hervorstechenden Eigenarten des Analytikers. Eine Entscheidung zu treffen, ist für ihn eine Angelegenheit, die Zeit braucht. Zeit, um die Lage der Dinge genau zu beobachten, Zeit, um wichtige Informationen zur Meinungsbildung zu sammeln, Zeit vor allem auch, um die Konsequenzen der Entscheidungsalternativen zu bewerten. Die gründliche Vorbereitung einer Entscheidung ist in vielen Fällen sinnvoll und wünschenswert, lassen sich so doch zahlreiche Fehlentscheidungen verhindern. Leider hat der Analytiker die Tendenz, nur solche Gründe und Informationen als gültig zu sehen, die sich begründen lassen. Intuition und Gespür lässt er als Kriterium nicht zu und verbaut sich dadurch auch unternehmerische Chancen. Die oftmals lange Zeit, die er braucht, um letztlich zu einem Ergebnis zukommen, kann dazu führen, dass er gar nicht zu einer Entscheidung kommt. Denn sobald er sich zu einer Alternative durchgerungen hat, haben sich die Umstände so verändert, dass der ganze Prozess wieder von vorne beginnt. Die Risikobereitschaft hängt davon ab, wie sicher die Situation bewertet werden kann. Je sicherer der Ausgang, umso höher die Risikobereitschaft. Leider kommen solche sicheren Situationen selten vor.

▶ *Der Fanatiker (5):* Die Firma geht ihm über alles, abschalten kann er nicht. Der Fanatiker identifiziert sich stark mit seinem Unternehmen. Der Beruf ist ihm eine Berufung und wichtiger als Freizeit und Hobbys. Workoholics, Arbeitssüchtige, finden sich bei diesem Typus gehäuft. Er bewegt sich ständig im roten, sprich übersteuerten, Bereich und hat die Fähigkeit verloren, auch mal abzuschalten. Der Betrieb bedeutet ihm mehr als Geld und dessen Wohlergehen liegt ihm sehr am Herzen. Deshalb hat er auch die Neigung, Zeit und Kosten zu investieren, die unter dem Gesichtspunkt des unternehmerischen Erfolgs nicht sinnvoll sind. Auch und gerade, wenn er diese Ansicht vehement vertritt und argumentiert, dass er diese oder jene Vorleistung gegen den Wettbewerb nicht in den Griff bekommt.

Sein hoher Einsatz bedingt sehr häufig, dass er andere Lebensbereiche außen vor lässt und deshalb permanent gefährdet ist, an einem „Burnout"-Syndrom, einem Gefühl des Ausgebrannt-Seins zu ersticken. Das kann er nur durch noch mehr Arbeit verdecken, was lediglich Symptombehandlung, aber keinesfalls die Bekämpfung der Erschöpfung bedeutet. Grundsätzlich nimmt er seine Rolle als Unternehmer sehr ernst, beobachtet die Umwelt, um neue Impulse zu bekommen, ist auch bereit, einmal Umwege zu gehen, um zu seinem Ziel zu kommen, und er ist auch nicht gleich am Ende, wenn eine Sache nicht wie geplant läuft. Denn der Fanatiker ist beileibe kein hypernervöser Choleriker.

Im Umgang mit anderen – auch mit Mitarbeitern – ist er durchaus umgänglich und verständnisvoll. Sein Ziel ist es, die Mitarbeiter so zu motivieren, dass sie mit ihm an einem Strang ziehen, der nur heißen kann, das Unternehmen möglichst erfolgreich zu führen. Dabei ist nicht auszuschließen, dass der Kontakt mit den Mitarbeitern auch eine der wenigen sozialen Kontaktformen ist, die der Fanatiker pflegt. Ein Familienleben ist, wenn überhaupt, nur sehr schwer vorstellbar. Bedauerlicherweise führt das Scheitern im Privatleben dazu, dass noch mehr Energie in das Unternehmen gesteckt wird. Die wiederum ist nicht unbedingt positiv geladen.

▶ *Der Bedächtige (6):* Der Schweißausbruch ist vorprogrammiert, sobald eine Entscheidung ansteht. Mach' ich denn auch alles richtig, oder habe ich nicht doch etwas übersehen? Das Wissen, dass jede Entscheidung für eine Sache auch eine Entscheidung gegen mindestens eine andere Sache ist, bereitet dem Bedächtigen sehr große Schwierigkeiten.

Im Unterschied zum Analytiker geht es ihm nicht darum, möglichst viele Informationen zu bekommen, sondern darum, möglichst viel Unterstützung für eine Alternative zu bekommen. Er ist deshalb sehr damit beschäftigt, andere um Rat zu fragen und spricht im Grunde ständig über seine beruflichen Probleme. Diese Offenheit ist eine scheinbare Offenheit, denn sie dient nicht der Sammlung von Perspektiven, sondern der Bildung von Unterstützung. Sobald Widerstände auftreten, ist der Bedächtige denn auch sofort bereit, eine andere Meinung anzunehmen. Er verlässt sich auf die Meinung anderer mehr als auf sein eigenes Wissen und Gefühl, freut sich aber im Nachhinein, wenn es zu einer Übereinstimmung kommt.

Einordnung zwischen Erfolg und Potenzial

Hatten wir in Abschnitt 1.1 Unternehmertypen nach Erfolg und Verantwortung herausgearbeitet, so können wir die sechs Typen nun zwischen Erfolg und Potenzial einordnen.

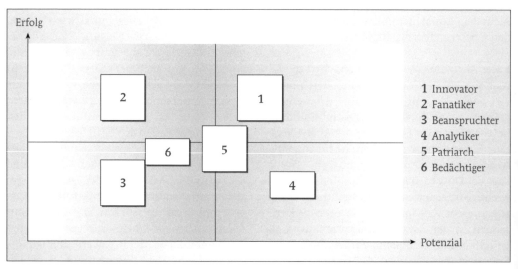

Abb. 1.3: Portfolio der Unternehmertypen

Unternehmer im Blickpunkt

Dass Wirtschaften eine aufregende Sache ist, wird nicht zuletzt durch solche Darstellungen klar. Wenn sich derart unterschiedliche Menschen um das gleiche „Objekt der Begierde" – die Kunden – rangeln, ist es logisch, dass unterschiedliche Ansichten, Antworten und Reaktionen dabei herauskommen. Unternehmer sein heißt auch, Koalitionen zu führen: mit Zulieferern, mit Kunden, Mitarbeitern und auch mit dem Staat und seinen Institutionen.

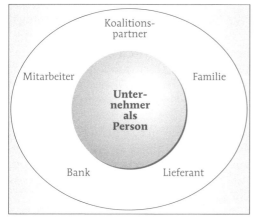

Abb. 1.4: Wirkungskreis

Unternehmer sein heißt, in einer Zeit, in der die Bürokratie scheinbar in alle Bereiche Einzug hält, die Fahne der Selbstständigkeit hochzuhalten und vorzuleben. Unternehmer sein heißt auch, trotz des ständigen Zeitdrucks, Freiräume für die Familie zu schaffen. Jeder Typus wird auf diese Anforderungen seine speziellen Antworten finden. Ist es nicht aufregend, zu sehen, was sich hier alles bewegt? Ist es nicht aufregend, zu erkennen, dass da tatsächlich für unterschiedliche Charaktere Platz ist?

Ganz schön viel...

Wie auch immer persönliche Reaktionen laufen, was da von einem Kopf erwartet wird, ist ganz schön viel. Nahe liegend ist, die Aufgaben auf mehrere Köpfe zu verteilen. Große und große mittelständische Betriebe tun das bekanntlich konsequent. Je nach Rechtsform haben sie Vorstände, die für je eine Unternehmensfunktion zuständig sind. Jeder verantwortet sein Ressort und bei Abstimmungsschwierigkeiten vermitteln der Vorstand oder Hauptgeschäftsführer. Je besser die Unternehmen, desto qualifizierter sind in der Regel die handelnden Personen. Das führt wiederum dazu, dass die Unternehmen gut bleiben, weil sie ständig herausgefordert sind.

Ein funktionales Organisationsraster im Großbetrieb könnte wie folgt aussehen:

Die einzelnen Geschäftsbereiche sind dann wiederum untergliedert und die Subsparten ggf. mit Abteilungsleitern besetzt.

Sie als Familienunternehmer/in können sich diese Brigade von Fachleuten der Unternehmensführung nicht oder, bei mittleren Betrieben, nur in Ansätzen leisten. Das brauchen Sie aber auch nicht, denn mit der kleineren, flacheren Struktur halten Sie sich erfreulicherweise typische Probleme und Konflikte der Großbetriebe vom Leib. Sie bleiben verschont von knallharten Karriereüberlegungen, Ressortegoismus, organisatorischen Reibungsverlusten und dem Weiterkommen-Wollen um jeden Preis. Dass Familienunternehmer/innen dennoch delegieren sollen, ja müssen, hatten wir angesprochen und in Kapitel 3 von Teil II wird darauf eingegangen, wie sich gezielt und dem Betrieb angepasst Mitarbeiter/innen in übergeordnete Funktionen bringen lassen.

Wer aber motiviert den Chef? Wer gibt dem Unternehmer die Unterstützung, wenn die Dinge überhaupt nicht geradeaus laufen, die fachlichen und die sachlichen Anforderungen ständig zunehmen und manchmal auch überschwappen? Das wird in der Literatur gar nicht als mögliche Aufgabe erkannt. Also ist es hier wie im sonstigen Unternehmerleben auch: Der Chef muss selbst ran. Für ihn ist es wichtig, sich einen Ankerpunkt zu suchen, der zu ihm passt, der das verkörpert, was er gerne darstellen will. Für ihn selbst, seine Familie und den Betrieb. Ein handlungsleitendes Wunschbild, eine Vorstellung, die wirklich motiviert: Das kann kein Traum, das muss vielmehr eine Vision sein.

1.2.4 Warum mach ich das alles? – Vision, Traum und Wirklichkeit

Hand aufs Herz Wie oft haben Sie sich schon gefragt, warum Sie sich das alles antun? Sich tagaus, tagein so zu plagen. Nun? Was antworten Sie? Die Antworten werden sicher sehr unterschiedlich ausfallen. Was wir in der Beratungspraxis hören, ist oft eher negativ, pessimistisch, teilweise sogar resigniert. *„Wir haben so viel Geld hier reingesteckt, da kann man doch nicht aufhören"*, *„Was sollen wir sonst machen?"*. *„Vielleicht wird es ja bald besser"*. Zu viele Betriebe in Deutschland laufen mittlerweile auf dieser offenbar auswegslosen Strecke. Das Überleben des Betriebes ist zweifelsohne ein wesentlicher Antrieb. Der tägliche Überlebenskampf ist sehr anstrengend.

Erträglich wird es, wenn man abschätzen kann, ob der eigene Lebenstraum durch und mit dem Unternehmen erfüllt werden kann. Traum? Das ist nicht wirklich der richtige Begriff. Vision trifft das besser, denn eine Vision ist ein Wunschbild, das sich auch realisieren lässt. Das zu erreichen einen antreibt. Ein Beispiel: Kein Familienbetrieb in Deutschland soll an BUS vorbeikommen, wenn er Unterstützung wünscht. Das ist die Vision unseres Hauses. Sie ist erreichbar.

Oder: *„Wir wollen die Billigsten sein"* – auch diese Vision von ALDI ist erreichbar, wenngleich das Unternehmen kämpfen muss, weil es Mitanbieter gibt, die ihm das streitig machen (wollen).

Nicht jede Vision gelingt: Der „integrierte Technologiekonzern Daimler-Benz" ist in der ursprünglichen Vorstellung gescheitert. Mit neuen Köpfen kamen neue Visionen, heraus kam die Rückbesinnung auf das Kerngeschäft und die Fusion zu Daimler-Chrysler.

In Familienbetrieben bleiben die Köpfe grundsätzlich gleich und die Vision wird sich recht selten weit vom Ausgangspunkt entfernen. Abweichungen wird es selbstverständlich geben beim Wechsel vom Senior zum Junior bzw. zu einem externen Dritten. Aber auch hier ist eine 180°-Abweichung eher selten.

Die Vision des Firmenchefs ist den Familienangehörigen mit Sicherheit nicht fremd. Auf die ein oder andere Art schimmert durch, was wichtig ist: Qualität, Größe, Bekanntheit, Beliebtheit, materielle Positionen, Durchsetzen und vieles mehr.

Für Sie als Unternehmer ist es wichtig, eine klare Zielvorgabe zu haben., Was will ich erreichen? Ist das Unternehmen ein Weg, meine Wünsche wahr werden zu lassen, oder ist es eher ein Hindernis? Ihre persönliche Erfolgskurve, die Frage, wann Sie glauben, Erfolg zu haben, erfolgreich zu sein. Die ist zuallererst zu beantworten. Ohne eine Antwort können Sie Ihre Wege nicht erklären und Sie können im Grunde auch nicht wirklich festlegen, ob sich Ihre Anstrengungen lohnen oder nicht. Es geht um persönliche Zufriedenheit, es geht darum, Werte zu schaffen und zu schöpfen.

Wir wissen, dass es schwierig ist, die ständigen Anforderungen und Ideen an sich heranzulassen. Jeder Fachmann für XY denkt, XY sei das einzig Seligmachende. Trotzdem wollen wir an dieser Stelle noch einmal nachkarten. Denn Unternehmer-Sein ist keine Notlösung. Es belastet die Familie, die Beziehung, die Umwelt und vor allem Sie selbst, wenn Sie plötzlich merken, dass die Anforderungen doch weitaus größer und unangenehmer sind als der Spaß, den Sie bei der ganzen Sache haben. Auch dann ist vorstellbar, in der Selbstständigkeit zu bleiben, aber die Strategie wird anders sein. Nehmen Sie sich Zeit, darüber nachzudenken, was Sie darstellen wollen. Es lohnt sich. Und es gibt eine für die Familienunternehmen spezifische Chance, dass das gelingen kann. Die Anforderungen an die Unternehmer-Persönlichkeit lassen sich durchaus auch von zwei Personen abbilden!

Exkurs: Thema Unternehmerfrau

Zeit für einen Exkurs, eine inhaltliche Schleife. Die erste, einzige und fundamentale Schleife des gesamten Buches: Eine Schleife und eine Verbeugung für die Unternehmerfrau. Sie, die gerne immer wieder als Stütze des Betriebes gehandelt wird, die aber selten in ihrer wirklichen Bedeutung erkannt wird. Die mindestens so einsam ist wie der Unternehmer, auf der meist sogar noch mehr Verantwortung lastet. Es ist uns ein besonderes Anliegen, dieser Person auch von außen Unterstützung und Verständnis zukommen zu lassen. Eine Schleife, ein Exkurs, eingerahmt in einen Kasten, scheint ein treffende Lösung.

Es signalisiert einerseits, dass die Unternehmerfrauen mittendrin im Geschehen sind, aber nicht wirklich 100% dabei. Dass sie an Grenzen stoßen, beim Versuch, sich auszudehnen oder Verständnis und Akzeptanz für ihre Sichtweise zu gewinnen. Sie sind nicht drin und nicht draußen, aber wenn Sie Unternehmerfrau sind, sind Sie betroffen: Was Ihre Familie, Ihre Partnerschaft, Ihre materielle Sicherheit, Ihre Zukunftsaussichten angeht.

Sie sind auch eines der wichtigsten Innovationspotenziale der Unternehmen. Und dabei geht es hier um die Erfolgssicherung des Betriebes, nicht um Emanzipation. Vielleicht geht das eine nicht ohne das andere.

Raus aus dem Schatten – rein in die Karriere

Die gute Seele, die Stütze des Betriebs, die Unternehmensperle – an schmeichelhaften Etiketten mangelt es nicht. So zutreffend sie auch sind: Etiketten allein genügen nicht. Nicht mehr. Die Unternehmerfrauen erkennen langsam, aber unaufhaltsam, dass sie mehr sind als die „mithelfende Ehefrau", wie der offizielle Titel lautet. Sie sind Frau, Partnerin, (Mit-)Unternehmerin, Buchhalterin, Empfangsdame, Hausfrau, Mutter und Schwiegertochter. Sie schmeißen den Laden, Ihr Einsatzplan ist vielfältig und die Einflussnahme vielschichtig. Aber Sie sehen auch ständig einer gewissen Ohnmacht entgegen, einer Hilflosigkeit, die nahe an der Frustration schrammt.

Das muss nicht sein. Das wachsende Selbstbewusstsein der Frauen auf der einen und die Veränderungen am Arbeitsmarkt auf der anderen Seite lassen es zu, dass die Position der Unternehmerfrau zu einer attraktiven Alternative herkömmlicher beruflicher Karrieren wird. Profitieren werden davon alle: der Unternehmer, die Belegschaft, die Beziehung, das Unternehmen und die Frau, die Transparenz und Eigenverantwortung fordert und die entsprechenden Prozesse in Gang bringt. Zu tun gibt es viel.

Die traditionelle und teilweise auch die aktuelle Situation der Frau in den inhabergeführten Betrieben lässt sich mit ein paar typischen Positionen skizzieren:
- Mitarbeit im Betrieb wird als Teil der „ehelichen Pflichten" erwartet. In vielen Fällen hat die Frau eine betriebsfremde Ausbildung und ist deshalb zunächst nur bedingt „einsatzfähig". Neben den fachlichen Qualifikationen, gilt es, sich im familiären Raum zu positionieren. Die Schwiegereltern zeigen sich dabei mehr oder weniger sorgsam im Umgang mit dem neuen Familienmitglied. Die Positionierung gelingt im Zeitablauf meist irgendwie, Konflikte, die darin angelegt sind, brechen aber immer wieder auf.
- Die Unternehmerfrau trägt meist das unternehmerische Risiko finanziell mit, weil sie bei den Krediten mithaftet. Formal rutscht sie so in die Rolle des Risikokapitalgebers. Und Mitgesellschafter haben bekanntlich viel mitzureden. Die Unternehmerfrau verhält sich da eher atypisch. Sie ist meist zu wenig über die betrieblichen Entwicklungsschritte informiert und auch nicht durchgängig an grundlegenden Entscheidungen beteiligt. Die neue Generation der Frauen verabschiedet sich von den Zeiten, als sich die Frauen ganz vertrauensvoll in die Arbeit gestürzt haben und es ungebührlich fanden, dafür einen Lohn zu bekommen. Erfreulich nur, dass es gerade die ältere Generation ist, die ihre eigene Ochsentour

hinter sich hat, die den jüngeren Frauen Unterstützung gibt. Auch so werden familiäre und betriebliche Werte vermittelt und geschaffen.
- Ohne Vertrag haben sie geschuftet, die Damen. Gerade so, als würde in Deutschland nicht jede dritte Ehe geschieden, als wäre Trennung auch und gerade in Zeiten des Erfolgs eine komplette Überraschung. In diesem und dem meist tragischen Fall, dass der Unternehmer vorzeitig ablebt, folgt für die Unternehmerfrau und ihre Kinder zu oft das finanzielle Desaster. Fehlende vertragliche Absicherung, fehlender Aufbau einer persönlichen Altersvorsorge und keine Abfangmöglichkeiten durch das soziale Netz. Viele landen unter dem Sozialhilfesatz
- Dazu kommt, dass bei Trennungen für die Frau nur wenige Möglichkeiten bestehen, wieder in ein geordnetes Berufsleben zurückzufinden. Zum einen haben sie den Anschluss an ihre Ausbildung oder ihr Studium verloren. Eine Rückfahrkarte gibt es selten. Die Jobs, die die Frauen im Betrieb gemacht haben, entsprechen selten einer klaren, formalen Struktur. Sie können sich kaum als „Mädchen für alles" bewerben. Die wenigsten haben Weiterbildungsveranstaltungen besucht, die ihre Fähigkeiten unter Beweis stellen würden.

Jede Unternehmerfrau versteht, was gemeint ist, wenn man sie auffordert, ein Stellengesuch zu schreiben und ihre Qualifikationen darzustellen: Da kann Folgendes rauskommen:

Mädchen für alles sucht neue Herausforderung
Bin gelernte Zahnarzthelferin, arbeite aber seit über zehn Jahren nicht mehr in meinem Beruf. In dieser Zeit habe ich viele Erfahrungen gesammelt. Ich weiß im Prinzip über betriebliche Belange Bescheid, weiß aber, dass der Chef immer das letzte Wort hat. Bin immer da, wo Not an Frau oder auch Mann ist. Bin mir für keine Arbeit zu schade und in Gehaltsfragen besonders genügsam. Überstunden sind für mich Fremdwörter, auf Urlaub kann ich verzichten, wenn es die Belange des Unternehmens erfordern. Die Betreuung der Kinder und des Haushalts des Unternehmens kann ich selbstverständlich neben der Arbeit an den Abenden und am Wochenende kostenlos übernehmen. Konflikte innerhalb der Familie versuche ich zu schlichten, ich selbst versuche mit meinen Konflikten, die ich mit Mitarbeitern, Partnern, aber auch mit mir selbst habe, allein klarzukommen. Persönliche Ziele setze ich mir keine, mein Ziel ist, die Ziele der anderen erreichbar zu machen. Bei gegenseitiger Sympathie ist spätere Heirat nicht ausgeschlossen.....

Natürlich ist das ein Prototyp, überspitzt formuliert. Andererseits finden sich die Unternehmerfrauen in unklar definierten Arbeitsverhältnissen. Aufgerieben zwischen Betrieb, Familie und Ehe haben sie durchaus mit sich selbst zu kämpfen. Dazu kommen unklare Beziehungen zu den Mitarbeitern, denn die können die Rolle der Frau nicht einschätzen. Nicht zuletzt durch diese Konflikte ist auch die Zusammenarbeit mit dem Chef selbst nicht ohne Rollenkonflikte, was auch in privaten Beziehungsstress ausartet. Das gibt Reibungsverluste, die sich auch auf der Erfolgskurve des Betriebes abzeichnen lassen.

Aber alles hat seine Zeit – und es scheint, dass die Zeit der Unternehmerfrau nun tatsächlich gekommen ist. Das Fundament des Chefs wankt. Es wankt, weil gerade in wirtschaftlich kritischen Zeiten klar wird, dass es nicht genügt, das Handwerk im eigentlichen Sinn zu beherrschen. Diese Auszeichnung, der „Meisterbrief", oder anderes Entsprechendes und die damit verbundene Fachkompetenz hat letztlich in der Vergangenheit die unangefochtene Position des Chefs und Meisters zementiert. Wer aber erfolgreich sein will, muss auch das Handwerk der Unternehmensführung beherrschen. Das ist ein mindestens gleichrangiger Job. Und die Frauen könnten ihn besetzen. Entweder umfassend, als Geschäftsführer, oder als Verantwortliche für Marketing, für Personal, für die Verwaltung, für die Organisation. Dabei ist durchaus erlaubt, Produktmanagerin auf die Visitenkarte zu schreiben, Marketingfachfrau, Personalleiterin, Office-Managerin, Controllerin. Genau wie in anderen Betrieben auch. Die Palette der Anforderungen ist breit. Unternehmen, die sie professionell besetzen, werden auch in kritischen Zeiten erfolgreich bestehen.

Damit können die Frauen aus dem Schatten der „guten Frau hinter einem guten Mann" heraustreten. Sie können Aufgaben übernehmen, die genauso fundamental sind wie die Aufgaben auf der Baustelle. Das heißt Gleichberechtigung. Eine Position, die auch nach außen hin so auftreten darf, wie sie ist, der aber auch nicht der Ruf anhaftet: „die entscheidet doch letztlich, was passiert". Mithilfe welcher Methoden auch immer – die Bewertungen fallen hier selten erfreulich aus. Den meisten Frauen geht es nicht darum, den Spieß umzudrehen. Sie streben nicht Dominanz, sondern Parität an. Gelebte Gleichberechtigung eben.

Je mehr die fachliche, betriebliche Qualifikation und damit verbunden das Selbstbewusstsein der Damen zunimmt, umso eher werden sie auch auf angemessene Entlohung bestehen, umso einfacher wird es für sie werden, sich gegen die Kompetenzen der Unternehmerfamilienmitglieder durchzusetzen. Für solche Frauen ist auch die eigene Altersvorsorge selbstverständlich. Und sie sehen sehr häufig die Chancen, die in einer solchen Position stecken: Eine hohe Flexibilität der Arbeitszeit ermöglicht, dass auch die Betreuung der eigenen Kinder organisierbar wird. Die Gestaltungsbereitschaft ist in den Betrieben dieser Größenordnung häufig sehr ausgeprägt und kommt einer unternehmerisch denkenden Dame sehr entgegen.

Unterm Strich steigt einfach die Attraktivität, in die Verantwortung einzusteigen. Und damit steigt die Chance vieler Familienbetriebe, erfolgreich zu bleiben. Frauen sind nicht grundsätzlich die besseren Unternehmer, aber sie sind – durch die Distanz zum eigentlichen Produkt – in der Lage, sich um die Aufgaben der Unternehmensführung zu kümmern. Mit ein wenig Unterstützung gelingt das meist sehr erfolgreich. Und plötzlich lösen sich die Konfliktpositionen positiv auf:

- Die Rolle der Unternehmerfrau wird klar, ihre Position ins Betriebsgefüge integriert,
- sie beeinflusst die Erfolgskurve des Unternehmens positiv und
- die Interaktion Unternehmer – Unternehmerfrau verbessert sich.

Ganz einfach ist die Sache natürlich nicht. Wer jetzt eine Bombe in den Betrieb wirft und verkündet, dass er ab sofort neue Rollen einnimmt, wird sich schwer tun. Die Karriere zur erfolgreichen Unternehmerfrau ist genauso aufwändig, langwierig, schwierig, nervenaufreibend, wie die Karriere in anderen Betrieben. Und trotzdem ist sie anders. Weil Sie gemeinsam mit Ihrem Partner viele Dinge bewegen können. Weil Sie täglich um Gleichberechtigung kämpfen, weil Sie gezwungen werden, Konflikte anzugehen, statt auszusitzen, und damit auch die private Beziehung beleben können. Es lohnt sich, die ersten Schritte gemeinsam mit dem Unternehmer, mit dem Partner, und möglichst bald anzugehen.

2 Gemeinsam leben, gemeinsam arbeiten

Fallen wir mit der Tür ins Haus: Die Chance, unternehmerische Aufgaben partnerschaftlich zu teilen, ein Unternehmerteam zu bilden, das stark am Markt auftreten kann, diese **Chance** ist charakteristisch für Familienunternehmen. Sie ist einmalig. Partnerschaft profitiert von der Möglichkeit, dem gemeinsamen Leben eine besondere Dimension, eine eigene Vision zu geben. Die Chefs werden entlastet, weil die Last auf mehr Schultern verteilt wird. Die Partner, und in der Realität geht es dabei überwiegend um die Frauen, finden ein ideales Forum, um sich beruflich weiterzuentwickeln. Die Institution Familie kann auf diesem Nährboden gut gedeihen. Der Betrieb profitiert von der gebündelten Kompetenz der „gebündelten Kräfte".

PARTNERSCHAFTLICHE UNTERNEHMENSFÜHRUNG IST EIN SOLITÄRER WETTBEWERBSVORTEIL GEGENÜBER „GROSSEN".

Dass sich durch das Partnerschaftsmodell unternehmerische **Kräfte potenzieren** lassen, ist in der Unternehmenslandschaft einmalig. Es gibt eine Reihe von Unternehmen, in denen das wunderbar funktioniert, in denen Partnerschaft einen hohe Bedeutung für die handelnden Personen hat. Für Außenstehende scheint es logisch, dass die beiden – Chef und Chefin – zusammenhalten. Mehr noch, für sie erscheint das Unternehmerpaar eher als suspektes Bollwerk, gegen das keiner, auch und gerade kein Mitarbeiter, ankommen kann.

In der Realität ist das keinesfalls selbstverständlich. Reibungsverluste, Konflikte, Meinungsverschiedenheiten und Frustration sind Merkmale, die augenfällig häufig auftreten. Meist bleibt der Deckel drauf, insbesondere in kritischen Zeiten. Das Feindbild kann nach außen umgeleitet werden, gegen widrige Umstände, ungünstige Rahmenbedingungen und Ähnliches. Die Sorge um den Fortbestand des Unternehmens scheint akuter als die Probleme zwischen den Partnern.

Durchhalten ist dann die Parole. Das Teufelsrad dreht sich.

Trennungen sind auf jeden Fall eine Katastrophe. Aber allein schon durch diese Reibungsverluste wird ein ganz zentraler Wettbewerbsvorteil einfach achtlos verschleudert – ein Vorteil, der gar nicht wirklich im Bewusstsein der Betroffenen ist. Natürlich strapazieren die Unternehmer häufig die Bemerkung, dass ihre Frau den „Laden schmeißt" und dass sie ohne sie im wahrsten Sinne des Wortes „aufgeschmissen wären". Aber? Viel zu selten sind Verantwortlichkeiten klar geregelt, statt dessen erlaubt die Organisation einen permanenten Durchgriff auf alle Funktionsbereiche durch den Chef. Und auch Unternehmerfrauen erleben dann Frust und werden demotiviert. Es ist ja nun beileibe nicht so, dass sie nicht arbeitsmäßig eingespannt wären. Im Endeffekt fehlt die Stufe, auf die sich die Frau stellen kann, um den fachlichen Vorteil des Chefs durch andere Kompetenzen auszubalancieren. Dabei gibt es eine Reihe von sachlichen und persönlichen Herausforderungen, die an den Unternehmer gestellt werden (siehe Kapitel 1 in diesem Teil des Buches). Das Bündel an Aufgaben und Anforderungen lässt Platz genug für mindestens zwei Köpfe.

Gelingt der partnerschaftliche Ausgleich, wird das Modell Familienunternehmen, oft schon als Auslaufmodell gehandelt, zum „Shooting Star". Die Familie wird zu einem Platz **echter Partnerschaft und Emanzipation**, zum Platz für **traditionelle (Familien-) Werte** und **Innovation**, zum Raum für materielle und emotionale **Sicherheit**. Das ist ein Platz, an dem jeder eine tragende Rolle hat und wo gemeinsam am Erfolg gearbeitet werden kann.

Das scheint nun doch erklärungsbedürftig, denn schließlich ist es nicht ungewöhnlich, dass mehrere Personen in der Führungsverantwortung stehen. Weiter oben hatten wir ja als Organisationsmoedell bei den „Großen" den Vorstand, den Stab und auch die Abteilungsleiter vorgestellt. Also, was ist anders? Gemeinsame Ziele? Das allein kann es nicht sein. Denn eine zu große Abweichung von persönlichen und betrieblichen Zielen (siehe im Kapitel Mitarbeiterführung in Teil II) gerade beim Führungspersonal kann auch in Großbetrieben nicht allzu lange geduldet werden. Gemeinsame Zielorientierung scheint also nicht ausreichend zu sein, weil dieses auch in anderen Unternehmen zu finden ist und weil sie die Optimierung persönlicher Interessen auf Kosten des Betriebes nicht ausschließt.

Anders ist es mit einem Schlagwort wie **Vertrauen**. Was halten Sie davon? Zugegeben, dieser Begriff ist abstrakt, wird gerne strapaziert, und selten ist klar, was alles damit gemeint ist. Andererseits ist es schwierig, zu beschreiben, was den Unterschied ausmacht zwischen gemeinsamer Ausrichtung und gemeinsamer Einrichtung. Drei Teststufen haben sich für uns im Laufe der Zeit als Erkennungsmerkmale herauskristallisiert:

- das Gefangenendilemma,
- die Ebene der Konflikte und
- die gemeinsame Vision.

2.1 Das Gefangenendilemma

Das Gefangendilemma ist ein „nettes Spiel" aus der Wissenschaft, das aus Zuspitzung Erkenntnisgewinn bringt. Zwei Gefangene spielen die Hauptrolle, daher leitet sich der Name ab.

Beispiel

Wir stellen es am Beispiel des kuriosen, aber extrem erfolgreichen Familienbetriebes „Dolce und Gabbana (D&G)" dar. Das ist zwar eine männliche Paarung, aber sie sind zu folgenden Aussagen in der Lage. Dolce: „Wenn wir uns über die Farbe eines Mantels streiten, sprechen wir den ganzen Tag kein Wort miteinander". Gabbana: „Wir führen keine Zwangsbeziehung zur Aufrechterhaltung unserer Firma. Aber sollten wir uns trennen, werde ich diesen Job nicht mehr machen." Das schafft schon auch Gemeinsamkeiten mit anderen Partnerkonstellationen.

Quadrant II		Qudrant III	
Dolce	10	Dolce	2
Gabbana	0	Gabbana	2
Dolce	5	Dolce	0
Gabbana	5	Gabbana	10
Quadrant I		Qudrant IV	

Abb. 2.1: Die möglichen Fälle des Beispiels

Aber zum Gefangenendilemma. Das Szenario: D&G werden in flagranti erwischt, als sie in Partylaune ein Auto klauen. Beide werden in getrennten Zellen inhaftiert. Der Staatsanwalt besucht beide und hofft, dass er sie eines anderen Deliktes überführen kann: Dem Diebstahl einer hochwertigen Kollektion aus dem Hause Prada. Indizien liegen vor, Beweise fehlen. Deshalb greift er zu einer List. Er erzählt zunächst Dolce, dann Gabbana folgende Geschichte. „Ihr seid überführt, das Auto gestohlen zu haben. Dafür gibt es für jeden zwei Jahre (Quadrant III). Ich weiß, dass ihr auch die Kollektion gestohlen habt. Es würde meiner Karriere sehr dienen, wenn ich das beweisen könnte und deshalb schlage ich vor: Wenn Du, Dolce, den zweiten Diebstahl gestehst, lasse ich dich laufen. Dein Freund Dolce wird dann die Strafe für dich mit absitzen. (Quadrant IV)) Sollte der allerdings auch gestehen, hab' ich Euch beide und jeder von Euch brummt fünf Jahre. (Quadrant I) Das Gleiche erzählt er allerdings auch Gabbana. (Quadrant II) Da sich die beiden nicht abstimmen können, ist guter Rat teuer.

Für jeden Einzelnen wäre die beste Lösung, dass er frei kommt. Dazu muss er den anderen verraten und darauf hoffen, dass der sich still verhält. Der, der sich still verhält, hat den schwarzen Peter gezogen, denn er brummt ja für den anderen mit. Reden beide, ist das Ergebnis für beide viel schlechter (Quadrant I), als wenn sie beide geschwiegen hätten (Quadrant III). Das beste Ergebnis für das Paar ist, zu schweigen. Wer vertraut nun wem, wer traut wem was zu?

Versetzen Sie sich in diese Situation. Es gibt sicher nicht viele Menschen, bei denen Sie annehmen dürfen, dass er/sie Sie nicht verrät, nicht versucht, auf Ihre Kosten freizukommen. Unter normalen Umständen sollte das doch auf jeden Fall Ihr Partner/Ihre Partnerin sein. Vielleicht auch der Sohn, die Tochter, der Vater, der beste Freund/die beste Freundin. Das war' s dann meist schon. Bei diesen Leuten, bei diesen Partnern, ist es vorstellbar, dass ein Ergebnis herauskommt, das für beide Parteien optimal ist. Und für beide kann das im Beispiel nur der „Schweige-Quadrant III" sein.

Übertragen wir das auf ein anonymes Unternehmen, in dem zwar auch gemeinsame Ziele vorgegeben sind, in dem jeder letztlich auch sein eigenes Ziel verfolgt, wo vor allem aber das Vertrauen eine kritische Variable ist. Die Wahrscheinlichkeit ist hoch, dass der Staatsanwalt als Sieger aus dem Dilemma herausgeht, weil beide reden. Quadrant I wird „die" Variante sein. Für die gemeinsame Zielbestimmung ist das ein suboptimales Ergebnis.

Übertragen auf den Unternehmensalltag entstehen allein durch solche Positionen immense Reibungsverluste. Sie können auch mit modernsten Organisationsformen nicht verhindert werden. Positiv betrachtet sind das Vorteile für den Familienbetrieb. Hier gibt es das kleine Stück mehr, das ein gutes Team ausmacht. Dieses Vertrauen ist ein Solitär der Familienbetriebe und für keinen anderen Wirtschaftskomplex kopierbar. Wird dieser Solitär erkannt, genutzt und wertgeschätzt, wird er zu einem echten Erfolgsbeschleuniger. Denn er bringt diesen kleinen Tick mehr an Bereitschaft, „auch einmal zurückstehen", an Zusammenhalt. Einen Partner im Rücken zu haben, der einem garantiert nicht in denselben fällt, der ihn im Gegenteil stärkt, und das im beruflichen Haifischbecken. Unschätzbar.

2.2 Konflikte

Natürlich funktioniert das nur, wenn es sich um eine echte Partnerschaft handelt. Die kann zwar viele Fassetten haben, zeigt sich aber auch in einem Konfliktverhalten, das sich auf Augenhöhe abspielt. Tatsächlich findet sich hier ein **weiteres Abgrenzungsmerkmal der Familienunternehmen** zu anderen wirtschaftlichen Institutionen. Grundsätzlich lassen sich vier Konfliktebenen unterscheiden.

- Wertekonflikt
- Mittelkonflikt
- ------------------
- Meinungsverschiedenheit
- Missverständnis

Reichweite des Konflikts

Abb. 2.2: Konfliktebenen

Wertekonflikt

Ein Wertekonflikte ist nicht wirklich auflösbar. Hier prallen zwei so unterschiedliche Lebensentwürfe aufeinander, dass schon allein die Lautstärke des Aufpralls die meisten verschreckt. In der großen Politik hat der Wertekonflikt zwischen West und Ost über viele Jahre hinweg das Geschehen der Weltpolitik bestimmt. Frieden gab es nicht, die friedliche Koexistenz, das möglichst gewaltfreie Nebeneinanderbestehen unterschiedlicher Wertesysteme war maximal. Jede Kleinigkeit aber konnte zur absoluten Eskalation führen. So ist das im wirklichen Leben auch. Ihr Partner kann, darf nicht in diese Kategorie fallen.

Aber Sie kennen sicher Leute, von denen Sie behaupten werden, dass Sie mit denen auf keinen gemeinsamen Nenner kommen. Man kann sich mit ihnen arrangieren, aber je weiter sie entfernt sind, umso besser. Wertekonflikte sind sehr unangenehm und es genügt vollauf, wenn Sie sich damit außerhalb des betrieblichen Geschehens auseinander setzen müssen.

IN IHREM BETRIEB SOLLTEN SIE KEINE WERTEKONFLIKTE AUSTRAGEN MÜSSEN.

Wenn Sie Mitarbeiter haben, die sich zu weit von Ihrer eigenen Einschätzung des Lebens aufhalten, sollten Sie ernsthaft darüber nachdenken, wann Sie diesen „zukünftigen Externen" (siehe Kapitel Mitarbeiterführung) ersetzen. Das heißt andersherum: Sie haben die Chance, im Rahmen einer Werteeinheit zu operieren, die Sie selbst zusammenstellen. Sie können sich umgeben mit Leuten, von denen Sie wissen, dass sie ähnlich ticken. Ihre engsten Vertrauten, Ihre Partner werden sich nicht als „Guillaume" entpuppen. Das heißt nun allerdings nicht, dass Sie sich mit chronischen Ja-Sagern umgeben sollten. Konflikte sind nicht an sich schlecht, solange die Ebene stimmt. Der Sture unter den Unternehmern (siehe Kapitel 1) präsentiert sich den anderen Familienmitgliedern häufig so, als sei er auf einer anderen Werteebene. Das ist selten wirklich der Fall. Er lebt in seinem Kosmos, erstickt Konflikte durch dominantes Verhalten im Keim, kann nicht kommunizieren.

Mittelkonflikt

Der Mittelkonflikt setzt eine gemeinsame Werteebene voraus. Es geht nicht um die Frage des Ziels, im Kreuzfeuer stehen die Wege, mit denen es erreicht werden soll. Die Gewerkschaften waren ursprünglich systemkonforme Einheiten, sie wollten Reform, nicht Revolution. Dabei war der Kampf um einen Kompromiss zwischen ihnen und den Unternehmern oft hart. Solange ein solcher „Gegner" nicht in Richtung Wertekonflikt abdriftet, gilt:

EIN MITTELKONFLIKT KANN QUELLE VON INNOVATION UND DYNAMISCHEM WANDEL SEIN.

Er fordert immer wieder, die eigenen Positionen genau zu überdenken und plausibel zu begründen. Das klärt die eigenen Gedanken und verbessert die Zielpositionierung. Auch das ist anstrengend, aber es kann dem unternehmerischen Erfolg dienlich sein. Wenn überhaupt, trauen sich das meist nur verdiente und langjährige Mitarbeiter. Partner, Vertraute, dürfen das tun. Die Auseinandersetzung mit der Frage: Das eine Geschäftsfeld zulasten eines anderen aufzubauen, die Investition in Sachanlage oder doch besser in den Markt? Das sind Fragen, die durchaus konfliktär betrachtet werden können. Eine Auseinandersetzung mit einem Menschen, der den Betrieb genau kennt, über weitere Vorgehensweisen und Alternativen zur heutigen Situation zu sprechen, das ist wertvoll. Der Autonome unter den Familienunternehmern (siehe Kapitel 1) zeichnet sich dadurch aus, dass er solche Dispute sucht, die **Auseinandersetzung mit Vertrauten** und Externen, um seine **Entscheidungssituation** zu **verbessern**. In Großbetrieben werden solche Auseinandersetzungen allerdings mit scharfen Waffen geführt. Der (Ressort-) Egoismus schafft es locker, dass die Ziele des Unternehmens dann ganz schnell außen vor bleiben.

Meinungsverschiedenheiten und Missverständnisse

Eine Meinungsverschiedenheit ist meist punktuell, auf eine konkrete Situation bezogen. Meinungsverschiedenheiten kennzeichnen den Alltag. Sie können ständig auftreten und zeigen im mindesten Fall, dass im Betrieb eine **offene Kultur** herrscht, dass sich die Leute trauen, ihre eigene Meinung zu sagen und nicht nur die des Chefs nachplappern – um dann hinter dessen Rücken umso lauter zu wettern.

GEHEN SIE MEINUNGEN NACH, DENN DIESE WERDEN JA VON LEUTEN GEÄUSSERT, DIE DURCHAUS EIN INTERESSE AM ERFOLG DES UNTERNEHMENS HABEN.

Das heißt nicht immer, dass Sie deren Ansicht teilen, aber ein sorgsamer Umgang ist wünschenswert. Bitte beachten Sie, dass Sie den Leuten erklären, warum Ihre Entscheidung anders war bzw. ist als deren Vorschlag. Tun Sie das nicht, bleibt sehr schnell hängen: „*Das ist doch alles nur Show mit der freien Meinung. Der entscheidet doch sowieso immer anders*". Sie können der Ansicht sein, dass der Kauf dieser Maschine unumgänglich ist, Ihr Vorarbeiter sieht das in diesem Fall anders. Auch Ihr Partner/Ihre Partnerin stimmt dem Mitarbeiter zu. Da stellt sich die Frage, wer die besseren Argumente hat. Und ob das jeweilige Gegenüber dann auch in der Lage ist, zuzugeben, dass seine Lösung suboptimal ist. Echte Partnerschaften verkraften das locker. Echte Partner wissen, dass Sie durch die kritische, die andere Perspektive zu einer besseren Lösung finden können. Und das muss nicht immer ein Kompromiss sein.

Das Missverständnis ist im Grunde kein Konflikt. Es ist eher ein Hör-, Seh- oder Wahrnehmungsfehler, der passiert, weil die Kommunikation einfach nicht genau gelaufen ist. Möglicherweise ist es ein Ergebnis der Zuruf-Organisation. Das ist nun wahrlich kein unlösbares Problem, aber auch keines, das Sie schleifen lassen sollten. Denn hier sind viele Reibungsverluste angesiedelt, die Sie sich nicht leisten sollten. Absicht steckt nicht dahinter und durch ein klärendes Wort zwischen zwei fairen Partnern folgt meist auch gleich der Handschlag: „*Sorry, war ein Missverständnis*". Zum Konflikt wird das Ganze nur, wenn der Zusammenhang nicht aufgeklärt wird, wenn die unterschiedlichen Sichtweisen nicht zusammengeführt werden. Da fehlt einfach die Kommunikation. Auch wenn es sich um die unterste Konfliktstufe handelt, heißt das keinesfalls, dass die Gemüter nicht hochkochen. Der Streit kann sehr unangenehme Gesichter annehmen. Bedauerlich und auch erstaunlich ist, dass es viele Missverständnisse zwischen den Partnern gibt. Auch das hängt mit der mangelnden Kommunikation zusammen, mit dem Vernachlässigen des anderen, weil man davon ausgeht, dass sich hier die Dinge schon regeln lassen. Das war in der Vergangenheit eventuell einfacher als heute. Heute sind die Partnerschaften zwischen Mann und Frau kritischer, weil die Rollen nicht mehr so selbstverständlich verteilt sind. Auch zwischen Senior und Junior gibt es nicht mehr den scheinbar selbstverständlichen Weg der Tradition.

Das führt uns zu zwei Konflikten, die es nur in Familienbetrieben gibt: Partnerkonflikte und Generationenkonflikte.

2.3 Partner und Generationen im Miteinander

Partner- und Generationenkonflikte kommen in den besten Familien vor, auch in denen, die kein Unternehmen auf ihrem Rücken tragen. Dieser Doppelpack kann Konflikte verschärfen, aber auch mildern und interessante Lösungsformen aufzeigen. Bedauerlicherweise können sich in Partnerkonflikten alle **Eskalationsstufen** finden. Was als harmloses Missverständnis begann, kann durch fehlgeleitete Kommunikation, durch aufgestachelte Emotion zu einem tatsächlichen oder vermeintlichen Wertekonflikt werden. Das gilt auch für den „Kampf" der Generationen. Möglicherweise ist der Generationenkonflikt über einen gewissen Zeitablauf tatsächlich ein Wertekonflikt, der ab einem gewissen Pubertätszeitpunkt dann aber hoffentlich wieder in verträgliche Bahnen gelenkt werden kann. Ab einer gewissen Stufe der Eskalation lassen sich diese Konflikte allerdings nur mit äußerster Kraftanstrengung, wenn überhaupt, von den betroffenen Parteien allein lösen.

Mit der Betrachtung der Partner- und Generationenkonflikte stoßen wir direkt in den Kern der Familienbetriebe hinein. Dorthin, wo die meisten Potenziale schlummern, aber auch die härtesten Konflikte. Der Generationenkonflikt ist genau genommen auch eine Art von Partnerkonflikt, denn letztlich geht es um die Partner Junior und Senior. Im Kapitel 3 „Erfolg über Generationen" werden die besonderen Konsequenzen gelöster und ungelöster Generationenkonflikte besonders beleuchtet.

Partnerschaft bezieht sich zunächst auf die zwischenmenschliche Beziehung von Frau und Mann. Sie kann sich auf den erweiterten Familienkreis beziehen: Geschwister können gemeinsam Geschäfte führen oder sogar der bereits zitierte dritte Nachcousin kann als Partner aufgenommen werden (sofern er den „Test des Gefangendilemmas" besteht...).

Im weiteren Sinne kann es Partnerschaften zwischen Unternehmen geben (Kooperation, Fusion, strategische Allianz usw.). Die Palette der Zusammenarbeit zwischen Familienbetrieben ist groß (siehe auch im Kapitel Strategie). Wenn sich zwei oder drei „redliche" Unternehmer finden und ihre Kräfte bündeln, wenn sie wissen, dass sie keine Wertekonflikte haben werden, weil sie auf derselben Wellenlinie funken, dann kann das ein Gewinn sein.

Leider gilt oft „The proof of the pudding lies in its eating" (ganz frei übersetzt: ob der Braten schmeckt, weiß man erst, wenn man ihn probiert hat), d.h., ob Kooperationen erfolgreich sind (siehe Kapiel 3), stellt sich oft erst in der Praxis heraus und liegt an der Kooperationsfähigkeit der Einzelnen. Diese lassen sich im Familienbetrieb gut trainieren, wenn auch mit anderen Inhalten und anderen Dimension – beginnen wir mit Partnerebene.

2.3.1 Partnerkonflikte – Betriebsprobleme schon zum Frühstück

Himbeereis gibt es bei den einen, bei den anderen werden zum Sonntagmorgen-Frühstück die Probleme der Woche serviert. Letzteres sind typische Beilagen des Unternehmerhaushalts. Sie sind häufig schwer verdaulich, nicht zuletzt, weil immer neuer Nachschub kommt. Diese Schmankerl nach Art des Hauses haben unterschiedliche Konsequenzen.

Wenn Partner gemeinsam im Betrieb arbeiten – und das ist bei fast allen Betrieben bis ca. 50 Mitarbeiter der Fall – haben die Ehe- bzw. Lebenspartner eine 24-Stunden- und 365-Tage-Beziehung. Sie haben einen Partner gewählt und einen Betrieb quasi als Hochzeitsgeschenk dazubekommen. Für die frisch Vermählten ist das oft ein echter Kulturschock. Bis sie sich davon erholt haben, sich durchgewurstelt haben im Betrieb und wieder Land sehen, sind sie oft schon so in der Mühle drin, dass es schwierig wird, sich selbst wieder herauszuziehen. Die Intimität des Privatlebens steht häufig unter betrieblichem Beschuss und wird vom unternehmerischen Alltag unterwandert, oft genug sogar dominiert.

Ohne ein hohes Maß an Disziplin, sowohl dem Privat- als auch dem Geschäftsleben gerecht zu werden, leidet meist das Privatleben. Und über kurz oder lang tangiert das den betrieblichen Erfolg. Wir kennen das Phänomen, dass mangelnder Erfolg private Krisen verstärken kann, wir sehen aber auch, dass es gerade in erfolgreichen Zeiten Stress hagelt. Ob so oder so, permanent werden Sach- und Beziehungsprobleme vermischt, am Ende weiß keiner der Partner mehr so genau, ob sie **Probleme mit sich als Personen** haben oder **als Inhaber der Rolle**, die sie im Unternehmen besetzen. Das ist weder für den Betrieb noch für die Partnerschaft förderlich. Auf dem Spektrum von Kooperation auf der einen und Konfrontation auf der anderen Seite stehen zwei Variablen, die einen zügigen Übergang von „Krieg zu Frieden" oder „Harmonie zu Konflikt" einleiten: Emotionen und Kommunikation.

Emotionen sind die Trigger, um aus harmlosen Missverständnissen echte Konfrontationen zu machen. Das sind Momente, in denen es kracht. Es ist letztlich die Kommunikation, die das wieder auflösen kann. Miteinander reden, hilft. Es hilft, die Emotionen einzufangen und in die richtige Richtung zu lenken. Es hilft, um Missverständnissen rechtzeitig zu begegnen, bevor sie zum Konflikt werden.

WIR EMPFEHLEN DESHALB GRUNDSÄTZLICH, BESPRECHUNGSZEITEN EINZUPLANEN.

Wir denken an Zeiten, in denen Aufgaben koordiniert werden, operativ, aus dem täglichen Alltag gegriffen, aber wo auch über strategische und taktische Fragen gesprochen wird. Das scheint alles ganz einfach: Miteinander reden, zumal man im Prizip 24 Stunden am Tag Zeit dafür hätte. Aber so einach ist das in der Praixs nicht, im Gegenteil tut sich hier ein Phänomen auf: Die meisten Vorteile, die sich durch das gemeinsame Leben und gemeinsame Arbeiten von zwei Partnern ergeben, tragen die Gefahr, dass sie sich zu Nachteilen entwickeln:

- Meist sind Privathaus und Betriebsgrundstück direkt nebeneinander. Diese räumliche Nähe hat Vorteile, führt aber auch dazu, dass Distanz zur Arbeit ein Problem wird. Freie Zonen für die Einzelnen gibt es kaum.
- Der Respekt der Mitarbeiter gilt traditionell zunächst dem Chef (Meister, Ingenieur). Das „Mädchen für alles" agiert in unterschiedlichsten Feuerwehrfunktionen, ohne vorzeigbares Erfolgserlebnis . „*Was habe ich denn heute den ganzen Tag gemacht*", statt „*Da hab ich was geschafft*". Die meist unspezifische Rolle der (fachfremden) Unternehmerfrau (siehe betreffenden Abschnitt) führt zu massiven Rollenkonflikten. Bleiben sie unaufgelöst, führen sie direkt in die Frustration.
- Häufig ist der Familienbetrieb ein „Groß-Familien"-Betrieb. Schwiegereltern sind mit dabei, haben den Betrieb lange Jahre

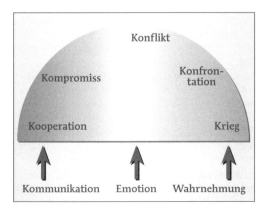

Abb. 2.3: *Eskalationsstufen der Auseinandersetzung und Einflussfaktoren*

geleitet. Sind sie echte Unternehmerpersönlichkeiten und offen für Neues, hat das junge Unternehmerpaar eine ausgezeichnete Unterstützung. Wollen sie aber ihre Pfründe verteidigen, schaut es schlecht aus mit dem Hausfrieden und der Konzentration auf den betrieblichen Erfolg.

- Der nahezu unbegrenzte Zugriff auf „mithelfende Familienangehörige" ist ein wichtiges und stabilisierendes Element der Familienbetriebe. Dort, wo dies zur Dauereinrichtung wird und wo Arbeitsleistung nicht kalkuliert wird, schlägt es auf die andere Seite – übrigens auf Kosten des Respekts vor der Leistung dieser „Mithelfer".
- Die Familie wandelt auf dem Auf und Ab der betrieblichen Situation mit. Die Chance, dem Nachwuchs eine berufliche Zukunftsperspektive bieten zu können, kann als Schuss nach hinten losgehen: viele Unternehmerkinder entfliehen dem Betrieb. Bei einigen ist das zweckmäßig, bei anderen bedauerlich. Aber dies ist genauso hausgemacht wie die Gefahr, dass ein unternehmerisch eher untauglicher Junior in den Betrieb gezwängt wird. An diesen „Generationsstreitigkeiten" zerbrechen übrigens sehr viele Ehen/Unternehmerpartnerschaften.

Auf diese Weise geben sich die Auf- und die Abwärtsspiralen die Hand. Damit der Trend nach oben anhält, hier etwas „Gesprächsstoff" zur Milderung des Konfliktstoffes.

Genies sind meistens zu zweit

Die Anforderungen an den Unternehmer heute sind von einem Kopf allein nicht mehr abzubilden. Allein, vier Augen sehen mehr, also bilden sie die unternehmerischen Aufgaben partnerschaftlich ab. Dabei wird es zwangsläufig so sein, dass der Unternehmer die fachliche Dimension fast vollständig abdeckt. Das Fach, der Wertschöpfungsanteil, die Produktion usw. wird beim Unternehmer liegen. Das heißt nicht, dass Sie als Partner nicht mitreden dürfen/können sollen. Da in der Praxis die Mehrheit der Familienunternehmer Männer sind, haben wir die folgenden Ausführungen aus diesem Blickwinkel und also für die Unternehmerfrau geschrieben. Sie können dies alles aber genauso „seitenverkehrt" lesen, wenn in das Geschäft „ihres" ist und „er" mitarbeitet.

Neben der Wertschöpfung bleiben immer die sachlichen Aufgaben und die Anforderung an die Persönlichkeit, die damit eng verbunden sind. Setzen wir voraus, dass beide Partner den Wert und die Bedeutung der Sache „Unternehmensführung" klar sehen und dass beide wissen, dass diese Fähigkeit der Schlüssel unternehmerischen Erfolgs ist. Dann kann auch die Frau eine gleichberechtigte Position in diesem Unternehmensgespann wahrnehmen, dann kann echte Partnerschaft entstehen. Die schon an anderer Stelle zitierte Metzgersgattin von heute sieht sich dann plötzlich einem höchst interessanten Job gegenüber und wird sich nicht nur hinter der Ladentheke und als rechte Hand der Senior-Chefin im Party-Service wiederfinden. Marketingleiterin kann sie werden, Personalchefin, Controllerin. Es gibt einiges, was man auf die Visitenkarte schreiben kann – als Alternative zum „Mädchen für alles". Das Ganze kann dann übrigens auch echt Spaß machen, weil echte Partner sich doch in vielen Fällen ergänzen.

Empfehlenswert ist, wenn sich jeder von Ihnen noch einmal das Unternehmerprofil anschaut (Sie können den Test übrigens bei BUS anfordern). Schätzen Sie sich mal so „pi mal Daumen" ein: Wer von Ihnen ist eher geneigt, Konflikte anzugehen, wer verdrängt lieber und sitzt aus? Wir haben hier eine quasi ideale Partnerwahl skizziert. Die beiden Partner ergänzen sich optimal. Der eine gleicht die Schwächen des anderen aus, weil er hier seine Stärken hat. Der Konfliktscheue wird entlastet, weil der andere das Heft in die Hand nimmt.

Natürlich kann es auch sein, dass ihre Partnerlinie synchron verläuft, dass sie sich nach dem Motto gefunden haben: Gleich und gleich gesellt sich gerne. Auch solche additiven, sich ergänzenden Partnerschaften bringen Wettbewerbsvorteile. Vorausgesetzt, die „Schwächen" werden dann nicht einfach zugedeckt, sondern von und durch andere ergänzt.

Die persönlichen Fähigkeiten prägen durchaus die (sachlichen) Funktionsbereiche, die sich der jeweilige Partner zumuten will. Nehmen wir noch die Typeneinteilung von Herrn Corell dazu (siehe im Kapitel Mitarbeiterführung in Teil II), entstehen recht zügig Bilder. Die Frau, die offen auf Menschen zugeht, den Konflikt nicht scheut, durchaus Spaß an sozialer Anerkennung hat, ist gut geeignet, den Markt zu bearbeiten. In der Öffentlichkeit aufzutreten, Gespräche mit Lieferanten und Bankern zu führen, möglicherweise hat sie auch ein gutes Gespür für die Belange des Personals. In der Buchhaltung – in die Unternehmerfrauen traditionell „verbannt" werden, ist sie wahrscheinlich eher unglücklich. Da lassen sich sicher Alternativen finden, zum Beispiel, indem die buchhalterischen Aufgaben nach außen gegeben werden. Ja, das ist eine Investition, aber die Marktbearbeitung und die professionelle Personalführung wird über kurz oder lang zeigen, dass sich diese Investition lohnt. Weil Aufträge kommen, weil die Fluktuation abnimmt, weil die Produktivität zunimmt, usw. Sobald erkannt wird, wie wichtig die Sache der Unternehmensführung ist, umso besser. Natürlich brauchen Sie als Unternehmerfrau dann auch den notwendigen Sachverstand, um solche Prozesse managen zu können. Den eignen Sie sich in speziellen Schulungen an, oder auch, indem Sie sich einen externen Berater ins Haus holen, der mit Ihnen Konzepte erarbeitet und Sie bei der Umsetzung unterstützt.

Natürlich kann auch der Unternehmer etwas Abstand von fachlichen Aufgaben nehmen. Er kann sich dem Controlling zuwenden und die Zahlen im Blick halten, mit spitzem Bleistift die Investitionsplanung machen. Teilen Sie sich das auf, wie Sie wollen. Genießen Sie die Chance, mit vier Augen auf die Prozesse schauen zu können. Genießen Sie, mit einem Partner zusammen ein gemeinsames Ding zu machen. Mit gemeinsamer Kraft all den Aufgaben gerecht werden zu können, die wir in Teil II ausführlich geschildert haben. Sie brauchen keine Sorge zu haben, dass Ihnen langweilig wird oder gar die Arbeit ausgeht, wenn Sie der Baustelle, dem Reißbrett, der Produktionshalle, usw. mehr und mehr den Rücken kehren, um sich stark zu machen für ein erfolgreiches Bestehen am Markt und um sich dem materiellen Wohlergehen stärker zu widmen. Wirtschaftlicher Erfolg macht einfach mal a priori gute Laune.

Aber wir hatten bereits festgehalten, dass da noch mehr drinsteckt als nur die Chance auf materiellen Gewinn. Auch und gerade hier liegen Familienunternehmen ganz vorne im Trend der Zeit. Sobald eine gewisse materielle Basis erreicht ist, suchen Sie nach anderen Zielen, die Sie antreiben. Als Mitarbeiter haben Sie oft wenig Chancen, Ihre Vorstellungen eines erfüllten Lebens im Betrieb zu verwirklichen. Die wenigsten haben Einfluss auf umfassende Ziele, mal gelingt die Annäherung mehr, mal weniger. Als Unternehmer sind Sie in der Lage, Ihre Ziele zu formulieren, Visionen Wirklichkeit werden zu lassen. Und das im Doppelpack, als ein partnerschaftliches Team. Als Paar, das Privat- und Berufsleben tatsächlich freier gestalten kann als die Mehrheit der Mitarbeiter, als ein Paar, das in und mit dem Betrieb ein „Instrument" hat, um seine Vorstellungen umzusetzen. Das seine Werte leben kann und sich ein Team aufbaut, das diese Wertvorstellungen teilt. Nein, einfach ist das nicht. Aber das sind doch Chancen, an denen kann man nicht so einfach vorbeigehen.

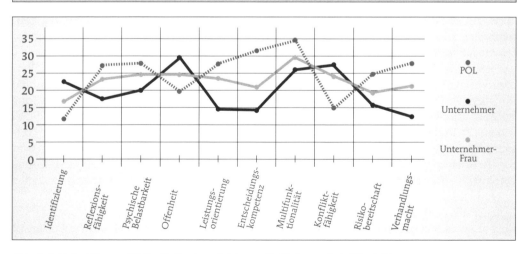

Abb. 2.4: Polariätenprofil für die Partner (siehe zur Erläuterung bei Abb. 1.2)

Noch werden diese Chancen, die wir umstehend im Artikel zusammengefasst haben, nicht wirklich genutzt. **Raus aus dem Schatten, rein in die Karriere einer Managerin,** das dürfen die Unternehmerfrauen viel vehementer tun als bisher. Und die Unternehmer dürfen sie dabei tatkräftig unterstützen. Profitieren wird der Betrieb, die Partnerschaft, die Familie.

2.3.2 Kind, Karriere, Work-life-Balance

Die Hälfte der Akademikerinnen „Baujahr" 1960 bis 1965 ist kinderlos. Auch die „gelernten Fachfrauen" sind ohne Nachwuchs geblieben, um die Karriere nicht ins Wanken zu bringen. Betreuungsplätze für Kleinkinder sind in Deutschland Mangelware, moderne Großeltern stehen nur bedingt als Babysitter zur Verfügung. Es schaut schwierig aus für junge Frauen, die nicht nur Hausfrau und Mutter sein wollen. Das gilt auch für mögliche Väter, die zwar wissen, dass es Familienzeit gibt, aber doch um ihren Job bangen, wenn sie eine kinderbedingte Auszeit nehmen würden. Sekt oder Selters, so stellt sich für viele die Entscheidung dar und die Wahl fällt in etwa halbe – halbe aus. Da kann man noch nicht einmal meckern.

Nun halten weitsichtige Strategen in Großbetrieben zwar das Banner „Familienfreundlicher Betrieb" hoch und das scheint teilweise auch zu funktionieren (siehe „Familienfreundlicher Betrieb), aber die Unternehmerfamilie hat letztlich doch einen Funken mehr an Flexibilität, der auch mitentscheidend sein kann für die Frage: Nachwuchs ja oder nein? Vor allem die Unternehmerfrauen werden bestätigen, dass die Zeit, in der die Kinder klein waren, oft an die Substanz ging – auch wenn sich mittlerweile Unternehmerväter mehr Zeit für den Nachwuchs nehmen als früher und die Unternehmerfrau ganz bewusst entlasten.

Nun, das sind dann diese „Hoch"-Phasen, in denen alle in Arbeit ersticken und kaum den Kopf aus dem Brei strecken können. Das wird sich in kleinen und mittleren Betrieben nicht vermeiden lassen. Aber es wird dann auch wieder anders kommen. Es gibt Licht am Ende des Tunnels; es wird wieder mehr Zeit da sein, wahlweise für den Betrieb oder die Familie. Das ist eine Flexibilität in der Lebensführung, die ihresgleichen sucht. Im Allgemeinen haben Frauen nach der Erziehungszeit große Probleme, in einem sich ständig wandelnden Berufsfeld wieder Fuß zu fassen. Die Unternehmerfrau ist hingegen schon rasch nach der Geburt wieder mit dabei, zumindest im Sinne einer Beobachterin. Sie wird sich nicht wirklich entfernen (können) und sie wird keine Probleme mit einer Entfremdung zur Arbeit haben.

DAS MODELL FAMILIENBETRIEB IST ALLEIN SCHON HINSICHTLICH MUTTERSCHAFT UND BERUFSROLLE EIN ZUKUNFTSMODELL.

Es lässt in dieser partnerschaftlichen Positionierung viel Raum auch für die Politik, künftig das Ich-AG-Modell, wenn schon nicht zu ersetzen, dann doch durch ein Wir- AG- Modell zu ergänzen. Das würde übrigens auch bedeuten, dass die Politik diese Form der Zusammenarbeit ernst nimmt. Es sind die Kleinigkeiten, die aufzeigen, dass in diesem partnerschaftlichen Prinzip der Unternehmensführung ein ungeliebtes Steuersparprogramm gesehen wird. Wenn Chef und Chefin ihre Themen beim Italiener um die Ecke besprechen, können sie das keinesfalls so einfach als Betriebsausgabe geltend machen.

Eine faire Aufteilung der Lebens- und Verantwortungsbereiche war schon Gegenstand im letzten Abschnitt und die Ausgestaltung kann mit den Kindern „mitwachsen", durch veränderliche Anteile und Wechsel der Position im Zeitablauf. Je mehr sich die Ansicht verbreitet , dass es die Unternehmensführung ist, die den Erfolg bringt, umso eher sind auch alle bereit, in die „Karriere", besser, das berufliche Weiterkommen des Unternehmerpaars zu investieren. Denn deren berufliche Karriere ist letztlich die des Betriebes. Empfehlenswert ist allemal eine gezielte Weiterbildung in den Bereichen, die Mann/Frau besetzen wollen. Ganz einfach ist es nicht, sich aus der Vielzahl der Angebote die herauszufischen, die letztlich dann auch wirklich im Unternehmeralltag umgesetzt werden können.

Für Unternehmerfrauen bieten sich die Weiterbildungen an, die auch von entsprechenden Vereinigungen unterstützt werden. Die Fachwirtin des Handwerks gehört etwa dazu. Die ist eine gute Schulung, um einen Einblick in die unternehmerischen Tätigkeiten zu bekommen. Auch die Organisationen des Handels und des Handwerks bieten Veranstaltungen an. Wirklich empfehlen können wir Ihnen, die Entwicklung zum Unternehmer gemeinsam mit einem guten Berater anzustreben. Mit einem, der Ihnen Hilfe zur Selbsthilfe gibt. Der Ihnen nicht einfach sagt, wie es geht, sondern Methoden aufzeigt, wie Sie die Aufgaben angehen und lösen können. Achten Sie dabei darauf, dass er/sie Erfahrungen mit der Beratung in Familienbetrieben hat. Ein klein wenig Trommeln in eigener Sache sei erlaubt: BUS nimmt für sich in Anspruch, eine solche Beratungsinstitution zu sein.

Checkliste: Partnerschaftliche Planung

- Legen Sie sich auf eine Strategie fest, die zu Ihnen und Ihrem Betrieb passt.
- Führen Sie ein jährliches Strategiegespräch und verbinden Sie es mit dem Aufstellen eines Investitions- und Finanzierungsplanes.
- Teilen Sie sich die Aufgaben im Betrieb nach Ihren Kompetenzen und Ihren Wünschen ein.
- Bilden Sie sich weiter in den Funktionsbereichen, die Sie noch nicht wirklich beherrschen.
- Teilen Sie ganz klar Verantwortlichkeiten auf, vermeiden Sie den Durchgriff auf die Bereiche des anderen und halten Sie sich an die Trennungen.
- Sprechen Sie die Vorgehensweisen miteinander ab, aber versuchen Sie nicht, Verantwortung zu teilen.
- Holen Sie sich externen Rat, wenn Sie den Eindruck haben, dass Sie irgendwie nicht weiterkommen.
- Beziehen Sie auch ihr Privatleben mit in die Planung ein.
- Gönnen Sie sich ausreichend „betriebsfreie" Zeit. Die Welt ist größer als der Betrieb und die Möglichkeiten auch.
- Organisieren Sie nicht nur die Aufgabenteilung im Betrieb.
- Nehmen Sie auch das Privatleben mit auf. Auch der Chef kann mal nach den Hausaufgaben schauen, wenn die Chefin zum Steuerberater muss.
- Lassen Sie Platz, spielerisch an die Dinge heranzugehen, lassen Sie Raum, damit auch Ungewohntes wachsen kann, damit Sie frei und offen sind für Veränderungen.
- Denken Sie daran: Eine Chance kann verloren gehen, vielleicht, weil Sie dabei einen Fehler gemacht haben. Na und. Denn die Chance vor lauter Sorge um den Misserfolg gar nicht zu nutzen, das wäre fatal.
- Machen Sie sich bewusst, dass Sie beide in einer besonderen gesellschaftlichen Verantwortung stehen und deshalb mit Fug und Recht dem Sozialneid der anderen mit Gelassenheit begegnen können.

Zwei Menschen, die eine Gemeinschaft von
- unternehmerisch Handelnden,
- mit gleicher Vision und gleichen Zielen,
- mit klar verteilten Leitungsaufgaben und
- und gleichartiger Haftung

bilden, sind zwei Unternehmerpersönlichkeiten, die dem Markt locker begegnen können und die auch nach innen zur Familie unübersehbare Akzente setzen.

2.3.3 Zum Nulltarif?

Eine solche Partnerschaft ist nicht zum Nulltarif zu haben. Wer sie über die Zeit erhalten will, kommt nicht darum herum, in dieses Geflecht zu investieren. Auch gibt es Unsicherheiten, immerhin wird jede dritte Ehe geschieden. Wenn aber beide sich die Zeit nehmen, wesentliche Punkte zu besprechen, sich einig sind in der gemeinsamen Vision und grundsätzlichen Zielrichtung, ist ein wichtiger Schritt getan. Ein weiterer Schritt besteht darin, plakativ gesprochen, das „Gefangenendilemma" zu prüfen – dies vor dem spezifischen Hintergrund, den Betrieb als „Dritten im Bunde" zu haben.

Die Alternative, das Einzel-Kämpfertum, wäre ein bedauerlicher Rückschritt auf eine Ebene aus dem letzten Jahrhundert. Aber der Einzelkämpfer liefe seinerseits auf, wenn sich die Erfahrung einstellen würde: Auf keinen ist Verlass. Unternehmer müssen sich jedoch verlassen können, ihr Job ist es, Risiken und Ausfallwahrscheinlichkeiten zu kalkulieren.

Was den gemeinsamen Lebensentwurf angeht und die damit verbundene Intensität des Zusammenlebens und -arbeitens, ist die Gemeinschaft von Mann und Frau kaum zu übertreffen. In mehr oder weniger abgeschwächter Form, was den gemeinsamen Lebensentwurf angeht, kann eine Partnerschaft auch zwischen Geschwistern oder Freunden laufen – und natürlich im Sinne einer Stabsübergabe von der älteren auf die jüngere Generation.

Möglicherweise ist es so, dass diese Art der Partnerschaft nicht immer und nicht in allen Branchen ausreicht, um den Erfolg zu halten. Für kooperations- und partnerschaftsgeübte Unternehmer macht es Sinn, nach artverwandten Ausschau zu halten und hier weitere Kräfte zu bündeln, neue Wege zu gehen. Die Dimensionen zwischenbetrieblicher Kooperation wird Sie fordern und wird Ihnen interessante Perspektiven eröffnen. Mit einer echten Partnerschaft im Rücken bzw. mit einem Partner Rücken an Rücken, haben Sie gute Chancen, das auch professionell zu managen.

3 Kooperation statt Konfrontation

Wirkliche Partner im Betrieb stärken Unternehmensführung und Unternehmen. Partnerschaftlich operierende Betriebe üben gemeinsam mehr (Markt-)Macht aus als eine einzelne Einheit. Das gilt, auch wenn sich bei Kooperationen von Unternehmen nicht die Intensität und Vertrautheit einstellt wie im Kern eines Familienbetriebes. Natürlich kann es Annäherungen an eine Partnerschaft geben, aber dabei darf es nicht zum Wertekonflikt kommen. Ordnen Sie die möglichen Partner für eine Kooperation danach ein. Lassen Sie Ihr Gefühl mitentscheiden und lassen Sie die Finger weg, wenn Sie den Eindruck haben, dass sich hier Wertekonflikte auftun.

Warum überhaupt ein solch heißes Eisen anfassen?

Wozu brauchen wir Kooperation? Die Großunternehmen leben uns ja eindringlich vor, wie schwierig es ist, Fusionen, Allianzen, Kooperationen auf- und auszubauen und am Leben zu halten. Stimmt. Dass sie es trotzdem tun, hat gute Gründe. Denn in der sich wandelnden Wirtschaftssituation werden die Märkte verhalten wachsen, mit wenigen Ausnahmen werden sie unsicher sein und die Kunden/Abnehmer werden eine permanente Differenzierung der Produkte verlangen. Das betrifft auch und gerade die Familienbetriebe.

Selbst, wenn Sie sich bereits in Ihrer Strategie darauf festgelegt haben, nicht gegen den allgemeinen Trend als Unternehmen auf Teufel komm raus wachsen zu wollen, stärkt es Ihre Position, wenn Sie Kräfte bündeln. Dafür gibt es drei gute Gründe:

- Wachstum kann generiert werden (bei Umsatz, Ertrag, Kompetenz),
- Einigkeit macht stärker auf dem schwierigen Markt und
- es bieten sich Zusatzoptionen im Zuge der Nachfolgeregelung.

Natürlich lässt sich der Veränderungs- und Anpassungsdruck durch eine hohe Flexibilisierung im Inneren der betrieblichen Organisation teilweise abfedern. Aber künftige Anforderungen erfordern eine immer wieder neue Positionierung der gesamten Organisation im Umfeld und das führt auch immer wieder zu neuen Konstellationen, die über den einzelnen Betrieb hinauswirken. Die beiden Dimensionen „Marktunsicherheit" und „Produktdifferenzierung" wirken zwar unterschiedlich auf die einzelnen Branchen, führen aber auf ein Vierfelderportfolio (Abb. 3.1) grundsätzlich möglicher Reaktionsmuster.

Grundsätzliche Reaktionsmuster

Das linke untere Feld – niedrige Marktunsicherheit. schwache Produktdifferenzierung – ist zunehmend schwächer besetzt. Wir sollten hier Marken vorfinden, aber selbst große Marken mit anfänglich wenigen Produkten, beste Beispiele sind Coca-Cola oder Nivea, haben mit Produktdifferenzierung begonnen.

Der große Rest der Unternehmen kommt gar nicht umhin, mehr oder weniger lange Anpassungsstrecken zurückzulegen. Die individuelle Kundenbefriedigung, die ja letztlich hinter der Produktdifferenzierung steckt, gelingt umso besser, je eher sich Einzelne auf kleinere Angebote spezialisieren. Produktdifferenzierung bei überschaubarer Unsicherheit – das können auch Einzelteile sein, die an einer anderen Stelle zu einem großen Ganzen zusammengeführt werden. Kleine Gruppen mit hoher Kompetenz individualisieren die Produkte und Leistungen soweit, bis sie den konkreten Kundenbedürfnissen entsprechen. Sehr eindrucksvoll zeigen das die Zulieferer der Automobilbranche, die sich konsequent auf den Weg vom Material- zum Teile- und nun zum Systemlieferanten gemacht haben. Für einen hoch spezialisierten Familienbetrieb ist dieser Wandel in einer Generation kaum machbar. Aber der Markt hat wenig Mitleid mit denen, die der Dynamik nicht standhalten können.

Die **Zerlegung des Gesamtvorgangs in Module einer Prozesskette** gilt nicht nur in der Produktion, sie gilt für das gesamte Business. Man muss kein Utopist sein, um zu erkennen, dass das nur über mehrere, partnerschaftlich verbundene Betriebe läuft.

Vordenker und Trendforscher unserer Zeit sehen, dass auch Familienbetriebe zunehmend in Netzwerken aufgehen oder Marken zuarbeiten. Kooperationen zur Seite, Verkauf der Kernkompetenzen in der Wertschöpfungs-

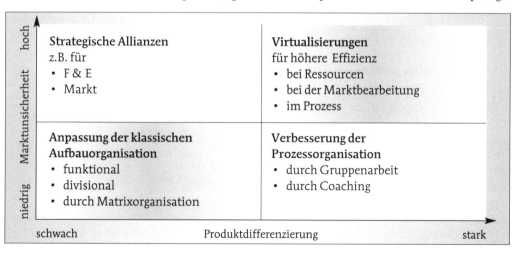

Abb. 3.1: *Reaktionsmuster auf Wandel*

kette nach vorne und hinten, vernetzt mit einer Vielzahl von Kooperationspartnern, so schaut die Zukunft in Forschersicht aus.

Gesprochen wird über „**virtuelle Unternehmen**" oder Netzwerke (Feld rechts oben), die sich für bestimmte Phasen, Problemlösungen und Situationen zusammensetzen und nach getaner Arbeit auch wieder zerfallen. Eine solche Arbeitsform ist längst Realität. Beispielsweise die erfolgreiche Sportartikelfirma „NIKE" ist ein solches virtuelles Unternehmen, das weltweit erfolgreich unter dieser Marke agiert.

Kehren wir aber zur Mehrzahl der Familienbetriebe zurück, die noch „klassisch" am Markt vertreten sind, und arbeiten wir die handfesten Gründe, die hier für Kooperationen sprechen, noch deutlicher heraus. Sie sind etwa ein probates Mittel, um den **unsicheren Märkten** mit ihren nicht **kalkulierbaren Schwankungen** zu begegnen. Plötzlicher Umsatzeinbruch, der industrielle Einkäufer kündigt von heute auf morgen, weil die Filiale in Finnland schließt, Forderungsausfälle: All das erfordert auch Flexibilität bei Personalfragen. Bei den relativ starren Arbeitszeiten, Kündigungsschutzgesetzen und hohen Lohnnebenkosten können solche Einbrüche das Todesurteil bedeuten. **Strategische Allianzen** sind echte Alternativen, weil a priori flexibel, auch beim Einsatz der Mitarbeiter (Feld links oben).

3.1 Intensität von Kooperationen

Die Konzentration auf eine interessante Zielgruppe ist möglicherweise das Ergebnis einer strategischen Entscheidung: Wir wollen schrumpfen, aber in einem Geschäftsfeld wachsen. Dies lässt Bedarf an Kooperationen entstehen. Wenn Sie sich konzentrieren, auf bestimmte Teile fokussieren, dann macht es Sinn, wenn andere den Bedarf darum herum abdecken. Ein einzelner einheimischer Bäcker beliefert alle Hamburger Krankenhäuser allein? Vermutlich wird ihm schon beim Ausschreibungstext klar, dass er an Grenzen stößt.

Menge und Umfang des Sortiments, Preisverhandlungen, usw - da ist es schon gut, einen, vielleicht sogar mehrere Partner mit im Boot zu haben. Das (Kooperations-) Rad muss dabei keinesfalls neu erfunden werden.

MEIST INTUITIV, WIRD LÄNGST MIT UNTERSCHIEDLICHEN INTENSITÄTEN ZWISCHEN MITTELSTÄNDLERN KOOPERIERT.

Egal, ob es die ARGE am Bau ist, die schon konkrete, mehr oder weniger erfolgreiche „Hand - in-Hand-Werker"-Gemeinschaften zur Folge hatte. Ob Floristenbetriebe mit Bestattungsunternehmen zusammenarbeiten oder Speditionen, die gegenseitig die Rückfracht des anderen mitnehmen – irgendwo, irgendwie passiert schon einiges in diese Richtung. Ist das schon eine Kooperation, eine strategische Allianz oder noch eine nur lose Zusammenarbeit? In der Tat, es lassen sich die Kooperationsformen durch unterschiedliche Intensitäten beschreiben. Ähnlich wie im Privatleben der Volksmund steigert: verliebt, verlobt, verheiratet.

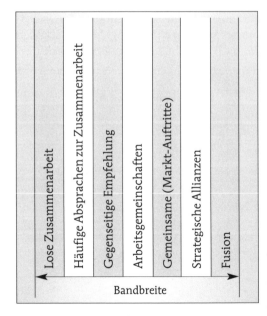

Abb. 3.2: *Intensität der Partnerschaften*

Die Evolution der Kooperation

Als **lose Zusammenarbeit** wird das eher zufällige Zusammentreffen auf Werkshöfen, Baustellen oder sonstigen Orten geschäftlicher Begegnung bezeichnet. Recht zügig entwickeln sich Präferenzen: Mit dem einen kann man gut, mit dem anderen überhaupt nicht. Bei dem Ersten ist man gerne geneigt, Gefälligkeiten zu leisten. Damit die positive Zusammenarbeit nicht dem Zufall überlassen bleibt, werden häufiger und gezielt Absprachen getroffen, um gemeinsam auf der Baustelle oder bei der Besprechung zu sein. Erste „Frontgeschichten" werden erzählt, von gemeinsamen Problemlösungen wird berichtet.

Irgendwann werden gegenseitige Empfehlungen ausgesprochen. Man weiß um die Arbeit des anderen. Der Kollege kann beruhigt an den Kunden weiterempfohlen werden, ohne dass Reklamationen zu befürchten sind. Zuverlässigkeit, Pünktlichkeit, Einhalten von Absprachen, Produktqualität und Sauberkeit werden intuitiv als Gradmesser für die Zufriedenheit beim eigenen Kunden eingesetzt. Hier ist klar, dass eine gemeinsame Wertebasis vorherrscht, ein gewisses Vertrauen in den anderen.

Darüber hinaus soll das „Verhältnis" nicht gehen. Engere Bindungen sind nicht unbedingt erwünscht. Unternehmer, die mehrere solcher Kontakte haben, sprechen gerne von einem **Netzwerk**, Sie tun das – wie wir unten sehen werden – fälschlicherweise. Eine verlässliche Partnerschaft ist das noch nicht.

Die **Arbeitsgemeinschaften** sind da schon etwas weiter. Sie widmen sich gemeinsam einem Projekt, beliefern etwa alle Hamburger Krankenhäuser mit Backwaren. Mehrere Fachbetriebe können via Arbeitsgemeinschaft mit Sicherheit einer Großbäckerei Paroli bieten. Sie liefern weiter ihre gewohnte Qualität, nutzen ihre Kapazitäten zu Grenzkosten und haben durch unterschiedliche Standorte Logistikvorteile. Schön, bis dahin. Denn jetzt fangen die eigentlichen Fragen an:

- Wer fakturiert?
- Ist klar, dass alle haften, auch für schwache Qualitäten oder Schlimmeres des Verbundpartners?
- Wie läuft das Abrechnungssystem?
- Wer bezahlt den Aufwand der Führungskräfte für die Zeiten der Absprache und der Koordination?
- Wie läuft die Entlohnung des „Konsortialführers"?

Ein Kooperationsmodell mit Busunternehmern und Spediteuren ist schnell entwickelt. Künftig sollen in Rotterdam große Mengen an Treibstoff eingekauft und gelagert werden. Ein Speditionsunternehmen übernimmt zum „Superpreis" den Transport und alle haben Geld gespart. Am Reißbrett werden mit kühnen Strichen Konzepte entwickelt. Und auf wessen Namen und Rechnung wird eingekauft? Wie werden die Kautionen verteilt? Was passiert, wenn der Treibstoffspediteur seine Fahrzeuge nach einem halben Jahr zu einem besseren Preis auslasten kann? Wer trägt das Risiko von Fehlspekulationen?

Zugegeben, das sind alles keine einfachen Fragen, aber lösbare. Vielleicht ist an der einen oder anderen Stelle ein Partnertausch notwendig. Das kostet Zeit, Geld und Nerven. Aber eine Partnerschaft, in die keiner investiert, wird irgendwann einschlafen. Das ist eine interessante Herausforderung, mit der permanent zusätzlich unternehmerische Kompetenzen entwickelt werden. Und die so rein gar nichts mit der Programmierung einer SAP-Adaption, dem Verkleben von Bodenbelägen oder dem Verkauf eines Kraftfahrzeugs gemein haben.

Mit dem nächsten Schritt droht für viele der Verlust der eigenen Identität. Es geht um den **gemeinsamen Marktauftritt** – zulasten des eigenen Namens! Da beißt es bei den meisten Familienunternehmern aus. Warum eigentlich? Unzählige sind ja bereits unter eine Marke gebracht, z.B. unter Aral, Bosch oder Ford, um nur drei aus der Autobranche zu nennen. Sie versuchen, ihr Geschäft zu optimieren.

Ist der eigene Name wirklich ein Markenzeichen? Leider ist das bei den wenigsten Familienbetrieben der Fall. Wir haben in einer Stadt mit 60.000 Einwohnern nachgefragt. Genannt wurden lediglich eine Handvoll solcher „Marken"-Betriebe. Eine schonungslose Analyse tut Not. Anstatt unkoordiniert Maßnahmen zu ergreifen, um zehn relativ „unbekannte" Namen bekannt zu machen, machen zehn Unternehmen bei einem gemeinsamen Marktauftritt in einer konzertierten Aktion einen gemeinsamen Namen bekannt – mit der Chance, zur Marke zu werden. T€ 10 für Werbemaßnahmen, um den Bekanntheitsgrad von Kai-Uwe Sedlmayer-Müller, Sanitätshaus und Orthopädiemechanik, zu erhöhen, greifen vermutlich kürzer als T€ 100, eingesetzt für die Verbreitung der Marke „mediteam".

Bei **Strategischen Allianzen** geht es erstmals darum, ein konkretes gemeinsames Ziel zu definieren. Ein typisches Beispiel wäre die Bietergemeinschaft, mit der Zielsetzung, gemeinsam einen Großauftrag am Flughafen München oder in der Kölnarena abzuarbeiten.

Genaue, dokumentierte Absprachen im Vorfeld sind hier zweckmäßig. Verträge mit Gewährleistungen, Haftungsbegrenzungen und Konventionalstrafen sind zu unterzeichnen. All das ist nicht unbedingt die Kernkompetenz mittelständischer Unternehmer. Aber es ist auch nicht von Schaden, wenn sie in diesen Bereichen dazulernen. Guter Rat im Vorfeld ist lohnenswert. Wir wagen die Vermutung, dass nur die Betriebe, die sich in diese Richtung bewegen und sich darauf hin verändern, zukünftig am Fressnapf sitzen. Dem klassischen Handwerksmeister bleibt dann noch die Rolle, als niedrigpreisiger Subunternehmer die gleiche Produktionsleistung für große Betriebe zu erbringen, was nicht die dankbarste ist.

Kooperationen im Betrieb und die Kooperationen mit anderen Betrieben: Das sind Teile des unternehmerischen Gesamtkunstwerks. Damit ist man gut vorbereitet für den nächsten Sprung, die **Fusion** oder Unternehmensübernahme. Krupp oder Vodafon haben wir dabei nicht im Blick, sondern das Verschmelzen von Betrieben, das etwa notwendig wird, weil ein Unternehmer keinen Nachfolger hat, krank ist oder auf Dauer „keinen Bock mehr auf immer dieselben Geschäfte" hat.

Fusion ist kein Thema für Familienbetriebe? In den letzten zehn Jahren hat sich beispielsweise im Taxigewerbe der Großstädte ein wahnsinniger Konzentrationsprozess entwickelt. Es sind aber immer noch Familienbetriebe, die 30 und mehr Lizenzen einer Stadt und die entsprechende Anzahl von Fahrzeugen in den Händen halten. Im kapitalintensiven Omnibus- und Speditionsgewerbe übernehmen Betriebe mit zehn Fahrzeugen kleinere Unternehmen mit drei Autos, von denen gleich wieder zwei stillgelegt werden. Danach reicht die Kapazität wieder aus, um Geld zu verdienen. Das gilt auch für den Unternehmer, der sich von seinen Fahrzeugen abnabelt. Er kann sich etwa komplett auf den Tourismusvertrieb konzentrieren. Analoges gibt es vom Speditionsgewerbe zu berichten, das Umladestellen errichtet, um Strecke einzusparen. Vom Hotel- und Gastronomiebetrieb ganz zu schweigen, wo der Konzentrationsprozess bereits voll in Gang ist.

Gerade hier gilt es: Wer eine Strategie entwickelt, hat das Heft des Handelns in der Hand.

WARTEN SIE NICHT, BIS SIE IRGENDWANN „GESCHLUCKT" BZW. VOM SOG ANDERER ALLIANZEN AUFGESAUGT WERDEN. GEHEN SIE IN DIE OFFENSIVE.

Dreierlei braucht Unternehmer/in dazu:
- Es gilt, Unternehmer zu finden, die die gleichen Ziele verfolgen,
  er/sie muss der Lage sein, mit anderen gemeinsam Leitungsaufgaben wahrzunehmen und
  alle müssen die gleiche Haltung (Philosophie/Einstellung/Werte) nach außen vertreten.

3.2 Gestaltung von Kooperationen

Gleiche Ziele und möglichst gleiche Werte, ein ähnliches Verständnis über die Art des Geschäftemachens, an dieser Leitlinie entlang können erfolgreiche Kooperationen entstehen. Wenn sich viele am gleichen Ziel orientieren sollen, muss es allen bekannt sein. Je konkreter es ist, umso besser. Leider sind abstrakte Ankündigungen die Regel: „Wir müssen besser werden!" „Wir wollen mehr Gewinn!" „Wir brauchen mehr Kunden!" Hier bleibt offen, auf welchen Wegen, in welchen Teilschritten/-zielen diese Ergebnisse erzielt werden sollen. Bevor dies nicht konkret auf den Tisch, noch besser, auf Papier gebracht ist, sind unternehmerische Partnerschaften gefährdet. Mögliche Ziele einer Kooperation könnten sein:

- Kostensenkung (Prozesse verschlanken, Komplementärkompetenzen bündeln),
- Absatzsteigerung (gemeinsamer Marktauftritt zur Markenbildung),
- Qualitätsverbesserung (zusätzliches Wissen und Know-how gewinnen),
- schnellere Entwicklungszeiten (Managementkompetenz steigern, Budgeteffizienz erhöhen).

> **Phasen der Erstellung eines Kooperationskonzepts**
>
> 1. Kooperationsbedarf klären (Selbstreflexion, Stärken ausbauen, Schwächen abbauen)
> 2. Kooperationschancen abschätzen (Synergien abschätzen; Risikokosten des Scheiterns abwägen)
> 3. Kooperationspartner ermitteln (Anforderungsprofil definieren; Alternativen bewerten)
> 4. Partnerprofile ermitteln (Philosophie, Werte, Normen)
> 5. Veränderungsbereitschaft/-veränderungsfähigkeit im eigenen Hause dynamisieren
> 6. Gestaltungsmodell festlegen (Intensität, Verbindlichkeit, Genauigkeit, Symmetrie)
> 7. Kommunikationswege und Modalitäten festlegen (umfassend, wechselseitig)
> 8. Zeitplan entscheiden (Einstieg, Ausstieg, Meilensteine, wann Kooperationsziel erreicht?)

Da auch der längste Weg mit dem ersten Schritt beginnt, empfehlen wir, dass sich alle Partner erst einmal auf ein Ziel konzentrieren. Dann fällt es auch leichter, die Lücken darzustellen, die Defizite in der Technik, der Organisation oder in der Unternehmenskultur. Aus diesen Lücken ergibt sich der Kooperationsbedarf. Hier sind die Schwachstellen, die mit der Kooperation beseitigt werden können.

Auf dieser Basis lassen sich weitere **Phasen eines Kooperationskonzeptes** einteilen (siehe Kasten oben). Dieses Raster gilt unabhängig davon, ob Sie mit einem Unternehmen aus Ihrer Branche oder mit einem anderen Gewerk auf der Wertschöpfungskette zusammengehen. Unterscheiden lassen sich

- die horizontale Kooperation,
- die vertikale Kooperation und
- die assoziative Kooperation.

Diese drei Formen werden in Abschnitt 3.3.4 von Teil II des Buches definiert und charakterisiert. Im Folgenden gehen wir auf die Praxis in den Familienbetrieben ein. **Horizontal** meint Verbindungen zwischen Partnern der gleichen Branche. Im Regelfall erhöht sich dadurch die Produktionskapazität, häufig auch die Marktmacht und es ergeben sich bei günstiger Logistik und unterschiedlichen Kernkompetenzen Synergieeffekte in den Kosten.

Vertikale Kooperationen beziehen sich auf vor- und nachgelagerte Stufen der Wertschöpfungskette. Beispiele finden sich zuhauf in den Netzwerken der Automobilzulieferer. Hier werden aus ursprünglich bloßen Materialzulieferern Teile-, Komponenten und zuletzt Systemlieferanten. Diese Entwicklung im Automobilbau ist bekannt und zugleich warnendes

Beispiel für Familienunternehmen. Es zeigt deutlich, dass Familienbetrieben nicht gedient ist, wenn sie die Steuerung solcher Kooperationen dem Topmanagement der Großbetriebe überlassen. Gerade die Familienbetriebe waren es, die in dieser Branche im Zeitablauf auf der Strecke blieben. Wir sollten daraus lernen und diese Prozesse selbst in die Hand nehmen.

Andere Beispiele finden sich bei den oben schon angesprochenen „Hand-in-Hand-Werker"-Gemeinschaften. Diese versuchen zumindest in Ansätzen solche Kooperationen. Viele scheitern daran, dass der Unternehmer, der als „Manager" der Kooperation auftritt, viel Idealismus gegen wenig oder keine Bezahlung mitbringen muss. Das ist sicherlich kein Job, den er auf Dauer ausfüllen kann. Erst wenn der Wert der Steuerungs- und Führungsaufgaben auch für das Netzwerk gesehen wird, kann die Werthaltigkeit einer solchen Kooperation wachsen.

GRUNDSÄTZLICH LASSEN SICH DIESE GEMEINSCHAFTEN IM SINNE EINER VERLÄNGERTEN WERTSCHÖPFUNGSKETTE VERSTEHEN.

> **Beispiel**
>
> Dankbares, allgemein verständliches Beispiel ist der Hausbau. Familie X stellt Betrag Y dafür zur Verfügung. Nun ist die bekannte Kette von Leistungen notwendig, die vom Roh- über den Ausbau bis zum Garten- und Landschaftsbau erbracht werden muss. Zur Koordination sind Architekten eingeschaltet, aber sie entlasten nur die Hausherren bei der Suche nach den Gewerken, keinesfalls den einzelnen Handwerker. Dieser ist grundsätzlich vom schwächsten Glied in der Kette abhängig. Bekanntlich kann der beste Malerbetrieb nicht mit der Arbeit beginnen und vor allem rechtzeitig fertig werden, wenn der Elektriker die Installationen nicht zuverlässig und zum vereinbarten Zeitpunkt beendet hat.
>
> Natürlich laufen da schon Empfehlungen auf Zuruf, aber das ist es dann auch meist. Nun die Kooperationsfäden in die Hand zu nehmen, als Handwerker einen weiteren Schritt zu gehen und zu sagen, dass es durchaus Sinn macht, erprobte und qualitätsbewusste Kollegen enger an sich zu binden, das schafft Vorteile. Mit Leuten derselben Wertegemeinschaft, mit dem gleichen Verständnis von Zuverlässigkeit und Qualität am Markt aufzutreten, das sind die Vorteile, die Kooperationen bringen und die sie auch stark machen.

NUTZEN SIE IHREN EINFLUSS, DAMIT VOR- UND NACHGELAGERTE ARBEITEN IM WERTSCHÖPFUNGSPROZESS VON ZUVERLÄSSIGEN UND QUALITATIV HOCHWERTIGEN (KOOPERATIONS-) PARTNERN ERLEDIGT WERDEN.

Diese Aufforderung gilt allgemein, losgelöst von der Baubranche. Aber bleiben wir noch im Bild des Beispiels: Den Architekten soll und

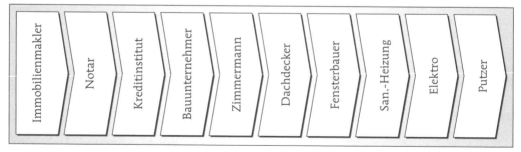

Abb. 3.3: Beispiel der Wertschöpfungskette Hausbau; sie setzt sich nach rechts weiter fort, weitere Kettenmitglieder können sein der Boden-/Fliesenleger, Schreiner/Tischler, Glaser, Raumausstatter, Garten-/Landschaftsbauer und ggf. weitere

wird dies keinesfalls arbeitslos machen. Denn Ihr Blickwinkel ist eher der, die einzelnen Gewerke zu optimieren, während der Architekt für die optimale „Konfiguration" sorgt. Der Computer, der aus den besten Komponenten besteht, ist nicht zwingend der beste, entscheidend ist die Steuerung, die den Bauteileeinsatz bestmöglich wirksam werden lässt. Da liegen – im übertragenen Sinn – die markt- und erfolgsentscheidenden Potenziale.

Viele Wege führen zu Kooperationen. Die skurrilsten sind die **assoziativen Kooperationen**. Während sich die Zusammenarbeit eines Bestattungsinstituts mit einem Landschafts- und Friedhofsgärtner nahezu selbst erklärt, passen Floristen und ein Modehaus für Damenoberbekleidung erst auf den zweiten Blick.

> *Beispiel*
>
> *Als asiatische Schnitte den Trend in der Damenoberbekleidung dominierten, liefen bei einer Modenschau asiatische Models, es gab ein asiatisches Bufett und asiatische Musik. Das wurde (ohne Kooperation) einfach organisiert. Nun bot sich zusätzlich ein stadtbekannter Florist an, der durch die Aufzucht von Bonsaibäumen bekannt ist. Mit einem optimierten Sortiment wurde das Modehaus für die Modenschau geschmückt. Die Preisliste lag ebenfalls aus.*
>
> *Das teuerste Objekt, das an diesem Abend den Besitzer wechselte, war kein Kleidungsstück, sondern eines der kleinen Bäumchen. Die seitdem jährlich stattfindende „Mode im Gewächshaus" ist zum Event in der Region geworden. Mit befriedigendem Ergebnis für beide Parteien. Brautkleider und Brautsträuße gehen dann unterm Jahr ebenso zusammen wie wechselnde Mode im Ausstellungsraum des Floristen.*

Der Fantasie sind keine Grenzen gesetzt. Wir kennen Kooperationen zwischen Schwimmschulen und Omnibusbetrieben, von Speditionen mit Büromöbel- und Maschinenhändlern usw. Den Kreativen gehört die Zukunft!

Entscheidende Voraussetzungen sind jedoch
- von allen Seiten hinreichende Motivation für Partnerschaft(en),
- geeignete Unternehmensstruktur und Organisation,
- passende Menschen und Kultur im Unternehmen und
- klare Ziele, die mit Kooperationen besser zu erreichen sind.

Vor diesem Hintergrund haben wir 10 Gebote für die gelungene Kooperation zusammengefasst (siehe unten).

Wir können Sie nur anhalten, die Chancen zu nutzen, die in einem um Partnerbetriebe erweiterten unternehmerischen Wirken stecken.

---

10 Gebote für gelungene Kooperationen

1. Fachliche Ergänzungen harmonieren besser als die Kumulation von Gleichartigem.
2. Die Partner brauchen das gleiche Verständnis von „Geschäft".
3. Die charakterliche Eignung des Gegenübers ist wichtiger als die fachliche.
4. Menschliche und kulturelle Harmonie sollte angestrebt und auch erreichbar sein.
5. Zwischen den Partnerbetrieben sollte eine homogene Ausbildungs- und Verhaltensstruktur vorliegen.
6. Der Führungsanspruch der Unternehmer muss inhaltlich gerechtfertigt sein.
7. Es prüfe, wer sich (ewig) bindet.
8. Konflikte sind zügig mit aller Konsequenz und Härte auszutragen.
9. Partner sind immer Bekannte.
10. Jeder Mitarbeiter ist potenzieller Partner.

Schon die Bezeichnung Partnerbetrieb ist dabei ein Kennzeichen, das uns von den Kooperationstätigkeiten anderer Betriebe unterscheidet. Manager haben längst die Bedeutung, ja die Notwendigkeit von Allianzen, Fusionen usw. erkannt. Sie gehen recht emotionslos damit um. Es ist eine von vielen Aufgaben, die sie haben.

Bei Familienbetrieben geht das so nicht. Wenn die Chemie nicht stimmt, wenn Wertekonflikte die Beziehung kennzeichnen, hat keine Kooperation zwischen Familienbetrieben Aussicht auf Erfolg. Die Suche nach den passenden Partnern ist die neuralgische Schraube, an der Sie drehen. Aber das kann eine wirkliche Erweiterung Ihrer Arbeit, Ihres Lebens werden. Denn Sie treffen mit Leuten zusammen, bei denen Sie mit Verständnis rechnen können, deren Verständnis Sie haben. Es sind die Mitstreiter im Kampf um den Kuchen, der täglich neu verteilt wird. Es sind Persönlichkeiten, die erkannt haben, dass der Einzelkämpfer ausgedient hat. Dass Individualität, Schnelligkeit und Flexibilität die Wettbewerbsvorteile sind, dass sie aber optimiert werden können, wenn Stärke durch Gemeinsamkeit dazukommt.

Berührungsängste?

Das Zukunftsmodell „Kooperationen und Co." fordert Ihre persönliche Offenheit. Das ist so, weil Sie sich auf neue Formen des Arbeitens und auch auf neue menschliche Beziehungen einlassen. Sie müssen auch einige Ihrer Ansichten und Einsichten auf den Kopf stellen. Immerhin ist nicht auszuschließen, dass es für das erfolgreiche Bestehen Ihres Unternehmens Sinn machen kann, mit dem Wettbewerber nebenan zusammenzuarbeiten. „Feinde", die zusammenarbeiten? Na ja, im Grunde war es ja gar nicht so schlimm, höchstens ärgerlich, wenn der andere einen Auftrag vor der Nase weggeschnappt hat. Aber von dieser Einsicht bis zur Kooperation ist natürlich ein weiter Weg. Es muss auch nicht gerade der größte Wettbewerber sein, mit dem Sie eine Kooperation anstreben.

Vielleicht scheut der eine oder andere die Partnerschaft mit anderen Betrieben, weil er weiß oder ahnt, dass solche „Beziehungen" Arbeit bedeuten. Betriebliche Partnerschaften müssen gepflegt werden. Netzwerke, Kooperationen und Allianzen sollen allen Teilnehmern Gewinn bringen. Nur so kann eine Zusammenarbeit gleichberechtigter Partner funktionieren. Wer meint, damit einen Weg gefunden zu haben, um nur die eigenen Pfründe aufzustocken, ist an der falschen Stelle und eckt mit dieser Logik an allen Enden an. Sie müssen schon den Mut aufbringen, Ihre Informationen und auch Ihr Wissen weiterzugeben. Zuhören können und wollen, den Erfolg auch anderen gönnen, Talente neidlos anerkennen. Kooperationen scheitern nämlich in den meisten Fällen am Egoismus der Teilnehmer.

Nicht jeder ist geeignet dafür. Prüfen Sie sich:
- Ich kann gut zuhören.
- Ich bin überzeugt, dass auch andere gute Arbeit leisten.
- Ich vertraue Menschen, ohne blauäugig zu sein.
- Ich glaube, dass ich besser werden kann, wenn ich mich mit gutem Leuten umgebe.
- Ich kann ehrlich über die heutige und die künftige Situation meines Betriebs sprechen.
- Ich nutze die Ideen meiner Mitarbeiter, um den Unternehmenserfolg zu steigern.
- Ich bin überzeugt, dass eine Partnerschaft als echte Investition zu betrachten ist.
- Ich bin bereit, auch eigene Fehler zuzugestehen.
- Ich habe absoluten Respekt vor Partnern.

Kooperationen zwischen Unternehmen bedeuten Investitionen. Die Vorstellung: „Da mach' ich mal mit, dann schau'n wir mal und dann seh'n wir schon" – die ist nicht die Denkwelt, die einem Unternehmer angemessen ist.

Die Investition in die Zeit, die es braucht, um Kooperation aufzubauen und am Leben zu halten, lohnt sich, denn mit vernünftigen Partnern ist das Unternehmen strategisch besser aufgestellt. Sie sind in der Lage, taktisch variabler zu reagieren und den operativen Aufgaben mit größerer Gelassenheit entgegenzusehen. Vor allem bei der Übergabe des Betriebes an Fremde, an Dritte, sind solche Kooperationen von größter Bedeutung. Und dies wiederum ist ein ebenso kritischer wie aufregender Punkt im Unternehmerleben.

4 Erfolg über Generationen

4.1 Annäherung ans Thema: Familie – „Mein Baby" und mein Kind

Das lässt sich bei Familienunternehmern gar nicht so einfach auseinander halten, was Baby und was Kind ist. Der Sohn/die Tochter oder der Betrieb? Gemeinsamkeiten gibt es viele. Sowohl die Kinder als auch das Unternehmen haben etwas mit fördern, mit weiterbringen, mit Zielen, mit Spaß und Problemen, mit bremsen, laufen und gehen lassen und abgeben zu tun. Manche Investitionen, die getätigt werden und wurden, bringen nicht den erhofften Effekt. Einige laufen sogar in eine ganz andere als die gewünschte Richtung. Was ist falsch gelaufen – bei den Kindern und mit dem Betrieb? Bei den Kindern wird sich das schwierig herausfinden lassen, beim Betrieb geht das schon eher. Und oftmals hängt die Entwicklung dieser beiden scheinbar so unterschiedlichen Positionen doch zusammen.

Kinder, die in und mit einem Betrieb aufgewachsen sind, wo sie durch das Verhalten der Eltern erfahren haben, dass Unternehmer-Sein eine große Aufgabe ist („Mein Papa ist der Chef/meine Mama die Chefin"), werden mit hoher Wahrscheinlichkeit in diese Fußstapfen treten und den Erfolg des Unternehmens mehren wollen.

Kinder, die das Unternehmerleben aus der Perspektive erfahren haben, wie anspruchsvoll Kunden, wie unverschämt Lieferanten, wie rücksichtslos Banken und wie wechselhaft die Politik ist, die werden versuchen, in den scheinbar sicheren Hafen einer Angestellten-Position zu manövrieren. Der Unternehmer-„Vater" hat das Nachsehen. Der Erfolg über Generationen will sich dann nicht ganz so einfach einstellen, wenn der hoffnungsvolle Nachwuchs abwandert. Fatal ist, dass auch die Mitarbeiter Schwierigkeiten haben, die Attraktivität eines Betriebes zu erkennen, in der der Chef ständig schlecht gelaunt und negativ gestimmt ist.

Die Mitarbeiter verabschieden sich dankend, aber die Auseinandersetzung mit den Junioren bleibt. Das geht im Härtefall bis zu „Enkelentzug" und „Enterbung". Das gibt es häufig genug, dass es uns erwähnenswert erscheint. Die Generationen prallen in Familienunternehmen besonders heftig zusammen, was möglicherweise daran liegt, dass im reibungslosen Übergang des Betriebs auf die nächste Generation **existenzielle Positionen der Beteiligten berührt** werden. Und die Jungen entscheiden sich vorwiegend aus zwei Gründen, dem Traditionsbetrieb den Rücken zu kehren: Zum einen, weil sie den Erfolgsweg nicht wirklich sehen, zum anderen, weil sie wissen, dass sie damit die „Alten" ins Mark treffen.

Dies ist für viele erst einmal Grund, über die Respektlosigkeit der heutigen Jugend zu schimpfen, die es eben nicht mehr so macht wie ihre Eltern. Die nicht bereit ist, einen Betrieb und damit Verantwortung zu übernehmen, Unternehmer zu werden, nur weil das entweder die Tradition fordert oder weil die Eltern das wollen oder weil man das eben ganz einfach so macht. Viele, auch und gerade die derzeitige Unternehmergeneration wurde noch in diesen Beruf hineingetrieben, und zwar unabhängig davon, zu was sie sich berufen fühlte. Meist ging es nicht anders, damals, als die Zeiten noch ganz anders waren. Das ist traurig genug. Heute geht es anders und es ist ein Fortschritt, dass viele Junge sich kein Unternehmerleben aufoktroyieren lassen, wenn in ihnen (wir überspitzen) eine Beamtenseele schlummert. Dort, wo beim eigenen Nachwuchs die unternehmerischen Fähigkeiten fehlen, macht es keinen Sinn, auf eine Weiterführung des Betriebes zu bauen. Eine schonungslose Analyse der Situation hilft allen, auch dem Betrieb. Dort, wo Potenziale vorhanden sind, die aber im Unternehmeralltagssumpf oder in Seniorendominanz ertränkt wurden, darf sich der Unternehmer an die eigene Nase fassen.

Diese Konstellation kommt in der Praxis häufig vor. Der Senior dominiert die Prozesse im Betrieb und wird meist von der Angst getrieben, dass sein „Baby" in den Händen eines anderen nicht wirklich gut aufgehoben ist. Auch nicht in denen des eigenen Kindes. Partnerschaft?

Dabei ist die Wahrscheinlichkeit hoch, dass Sie als Unternehmer Kinder groß ziehen, denen der unternehmerische Geist, der Vorkämpfer-Geist, quasi in die Wiege gelegt wurde. Immer wieder stellen wir fest, dass die Kinder von Unternehmern eine sehr hohe Leistungsbereitschaft haben, dass ihnen weder das Denken in klaren Arbeitszeiten, noch in Wochenarbeitszeiten nahe liegt. Sie agieren problemorientiert und sind belastbar – genau wir ihre Eltern. Arbeit ist für sie ein sehr natürlicher Teil des Lebens – auch am Sonntagmorgen beim Frühstück. Sie lernen sehr bald die zwei sehr konträren Sichtweisen des Unternehmer-Seins kennen. Und es ist gut, dass sie sich ein Recht auf autonome Entscheidung nehmen.

Sie demonstrieren damit, dass sie schon eine **wichtige unternehmerische Eigenschaft** mitbringen: **Entscheidungskompetenz**.

UM DIE ENTSCHEIDUNG EINES ERFOLG VERSPRECHENDEN UNTERNEHMERNACHWUCHSES IN DIE RICHTIGEN WEGE ZU LENKEN, KANN NICHT FRÜH GENUG MIT EINER VERNÜNFTIGEN STELLVERTRETER- UND NACHFOLGEREGELUNG BEGONNEN WERDEN.

Aber viele Unternehmer fürchten das. Letztlich hat es mit Macht abgeben zu tun. Wirklich schwierig wird das für die Unternehmer, die bereits in der Zusammenarbeit mit der so genannten „mithelfenden Ehefrau" auf wirkliche Partnerschaft verzichtet haben. Und die Macht mit Autorität verwechseln.

Gute Unternehmer, autonome Unternehmer haben gute Leute – und zwar am besten direkt um sich und am allerbesten direkt aus der eigenen Familie. Das ist noch nicht unbedingt ein Grund, dass man mit einem Zehnpersonenbetrieb und drei Kindern gleich eine Dynastie gründet. Ein Anfang ist es und hoffentlich ein Grund, bald das Konzept für die Nachfolge zu entwickeln. Idealerweise mit Planungen wie: „…an meinem 63. (oder sonstigen Geburtstag) gebe ich ab, dann kann das Leben danach anfangen."

Manchmal läuft das Leben leider nicht so geradeaus. Ein vorausschauender Unternehmer weiß, dass im Betrieb sehr viel an ihm hängt, dass ohne ihn möglicherweise nichts mehr läuft. Je kleiner und jünger das Unternehmen ist, desto wahrscheinlicher ist das. Ein Ausfall, aus Krankheits- oder Unfallgründen hätte dramatische Folgen für den Betrieb, aber auch für die Familie. Neben dem persönlichen Schicksal sehen sie sich auch mit materiellem Desaster konfrontiert. Das ist unabhängig vom Alter des Unternehmers. Wer diese Verantwortung ernst nimmt, müsste konsequenterweise „theoretisch" mit dem Beginn einer Unternehmung bereits die Überlegung zur Nachfolge anstellen.

So weit wollen wir es hier nicht treiben, aber die **Sicherung der Unternehmenskontinuität** ist eine **strategische Aufgabe**. Eine Studie der Handwerkskammer zeigt, dass mehr als 70% der selbstständigen Handwerksmeister kein oder nur ein unzureichendes Testament hat. Von Vorsorge für Familie und Betrieb, von unternehmerischer Verantwortung kann da nicht die Rede sein.

Natürlich bauen sich psychologische Barrieren auf, wenn Themen wie Abschied, Übergabe oder sogar Tod auf der Tagesordnung stehen und der Unternehmer darüber nachdenken soll, wie und dass es ohne ihn weitergehen soll, wenn er nicht mehr im Unternehmen ist. Das ist nach unserer Erfahrung dann am einfachsten zu schaffen, wenn der Unternehmer auch noch etwas anderes kennt als den Betrieb: Wenn er sich quasi als Ausgleichssport eine zweite Leidenschaft neben dem Unternehmen aufbaut (egal, ob Sport, Handwerkspolitik oder etwas ganz anderes wie Entwicklungsarbeit in der 3. Welt). Da im aktiven Unternehmerleben meist zu wenig Zeit für diese Hobbys bleibt, macht ihm der „aktive Unruhestand" wenig aus. Vielleicht ist derjenige ganz froh, nur die Verantwortung für seinen Slice, die falsche Takelage oder den Fehlschuss zu übernehmen. Da gab es in der aktiven Zeit als Unternehmer Schlimmeres.

Wir kommen mittlerweile zu der Überzeugung, dass die so genannten **psychologischen Barrieren** erschreckend häufig **vorgeschoben** werden. Die Gründe für eine fehlende Regelung liegen teils im (Familien-) Nachfolger, für den die Fußstapfen des Seniors mindestens eine Nummer zu groß sind. Teils liegen sie auch in der fehlenden materiellen Absicherung der Senioren. Um es ohne jedes Missverständnis zu sagen: für einen einigermaßen abgesicherten Lebensabend fehlt häufig die Absicherung, sprich, das Geld. Das Delta soll über den Verkauf oder die Verrentung des Unternehmens laufen. Was aber ist, wenn das Gefühl mitschwingt, dass das Unternehmen den dafür notwendigen Betrag nicht hergibt? Dass dann gerne und intensiv verdrängt wird, das Thema Übergabe irgendwohin geschoben wird, ist menschlich verständlich.

Daraus entwickeln sich wieder skurrile Konstellationen:
- Der designierte Nachfolger aus der Familie ist nicht wirklich geeignet. Der Senior redet nicht drüber, weiß es aber. Die Mitarbeiter ahnen es. Die beste Empfehlung wäre, nach einer Alternative zu suchen, evtl. sogar unter den Mitarbeitern.
- Es ist genügend (freies) Vermögen vorhanden, aber kein Konzept, wie Vermögen und Betrieb künftig darzustellen sind.
- Es ist zu wenig freies Vermögen vorhanden. Dann wird's eng. Diese Unternehmer können sich auf einen arbeitsreichen Lebensabend einstellen. Besonders kritisch wird das, wenn die materielle Lücke auf die Schultern der Kinder verteilt wird.

Eltern wollen das Beste für ihre Kinder. Familienunternehmer sehen dieses „Beste" oft in der Übernahme des Betriebes. Nun ist das eine strategische Entscheidung, die das ganze Leben Ihres Filius/Ihrer Tochter beeinflusst, und zwar nicht immer zu deren Vorteil. Ist die Führung Ihres Unternehmens auch in den nächsten 10 – 15 Jahren noch lukrativ? Ist der Familiennachfolger tatsächlich geeignet, die Anforderungen erfolgreich zu meistern? Hat er bessere Alternativen?

Ein selbstbewusster Bauingenieur, der in einem Familienbetrieb mit Bagger und Kieselsteinen groß geworden ist, kann eine selbstbewusste Führungskraft in einem Großbetrieb abgeben. Mit dem ererbten Haus und einem ordentlichen Bankkonto für seine 30 Urlaubstage ist ihm möglicherweise mehr gedient als mit der Übernahme des väterlichen Baubetriebs, der Schwierigkeiten hatte, in den letzten Jahren ein ausgeglichenes Ergebnis zu erzielen.

> Wir möchten Sie auffordern, diese Frage nach allen Seiten hin genau zu prüfen. Lassen Sie aus der Chance der Tradition und des Erfolgs für Generationen keine Dauerlast für Ihre Kinder werden. Besprechen Sie kritische Fragen offen und fair mit den Beteiligten. Tun Sie das konsequent, beschönigen Sie nichts, machen Sie es aber dem Nachwuchs auch nicht schwerer als notwendig.

Entlastend für den Unternehmer ist oft, wenn klar wird, dass es auch ohne Familiennachfolger weitergeht. Gerade dann ist frühzeitig mit der Regelung der Nachfolge zu beginnen. Die Vorteile des frühzeitigen Starts liegen auf der Hand:
- Der Nachfolger bringt zusätzliches unternehmerisches Potenzial ein und bringt für die partnerschaftliche Unternehmensführung eine breitere Basis.
- Bei kurzfristigem und vorübergehendem Ausfall des Unternehmers gibt es eine kompetente Stellvertreter-Regelung.

- Durch die Übernahme und den Ankauf von Unternehmen, die keinen Nachfolger haben, kann zusätzliches personalstrategisches Potenzial entstehen.
- Betriebstrennungen können geplant und umgesetzt werden.
- Ein gleitender Übergang ist „zu jeder Zeit" denkbar.
- Die Rating- Noten des Betriebes bessern sich grundlegend.

Das Rating weht Inhabern, die sich mit dem Thema nicht auseinander setzen, den Wind ins Gesicht. Ohne einen vernünftigen Nachfolger und ohne schriftlich dokumentierte, nachvollziehbare Übergabeprozedur gibt es unter anderem „natürliche" Grenzen bei der Kreditvergabe. Der 58-Jährige, der ein Bankdarlehen mit einer Endfälligkeit über 10 Jahre beantragt, hat ohne Nachfolger schlechte Karten.

BEIM RATING IST DAS VORLIEGEN DER STELLVERTRETER- UND NACHFOLGEREGELUNG EIN CRASH-KRITERIUM GEWORDEN.

Kein Nachfolger, kein Kapital – klare, einfache, unumstößliche Regeln.

Das Konzept für Stellvertreter und Nachfolger umfasst alle drei Dimensionen:
- Strategisch, wegen des zusätzlichen unternehmerischen Potenzials,
- taktisch, weil alle Kooperationspartner (Banken/Lieferanten) wissen, dass es weitergeht und
- operativ, weil man einen unternehmerisch denkenden Mitarbeiter hat, der immer komplexere Aufgaben übernehmen kann.

Die Berührungsängste, die Sie bei der Auseinandersetzung mit Ihrem Testament haben, können wir Ihnen nicht nehmen. Nehmen können wir Ihnen die Sorge, dass Sie heute ein Nachfolgekonzept vorlegen, das übermorgen keinen Sinn mehr macht. Tatsächlich sind die
- betrieblichen,
- finanziellen und
- familiären Bedingungen,

die das Nachfolgekonzept prägen, immer in Bewegung.

EINE NACHFOLGEREGELUNG BLEIBT WAHRSCHEINLICH NICHT ALLZU LANGE GÜLTIG. SIE KANN, GENAUSO WIE DAS TESTAMENT AUCH, JEDERZEIT ANGEPASST WERDEN.

Aber wir haben ja schon an anderer Stelle klar gemacht, dass es dem Erfolg des Unternehmens gereicht, wenn Sie planmäßig und zielorientiert vorgehen. Das gilt auch, wenn sich das Ziel ändert. Beginnen Sie so früh als möglich mit dem Bau dieses Konzeptes.

4.2 Systematische Erarbeitung einer Nachfolgeregelung

4.2.1 Die Bausteine im Einzelnen

Eine Nachfolgeregelung setzt sich aus folgenden Bausteinen zusammen:
- Die kontinuierliche **Weiterführung des Betriebs** bildet quasi den Grundstein, auf dem alle weiteren Betrachtungen anschließen. Das kann zur Versorgung des Unternehmers, das kann für den Notfall, aber auch zum Unterhalt der Familie notwendig werden, wenn die Kinder noch relativ jung sind.
- Die **Aufteilung bzw. Übertragung der Führungsaufgaben** ist ein wesentlicher Sicherungsblock. Damit wird Verantwortung und Entscheidungskompetenz weitergegeben bzw. aufgeteilt. Bei der Nachfolgeregelung wird dann auch der Junior/die Juniorin in die partnerschaftliche Aufteilung der Unternehmensführung integriert, was wahlweise für den externen Nachfolger gilt.
- Existiert das Unternehmern schon länger, wird der **Erhalt von Kapital/Eigentum** Thema. Fragen zu privaten Sicherheiten, Unternehmensform, Betriebsaufspaltungen und ähnlichen Positionen sind zu lösen.
- Konzept und Vermögen sind **gegen Dritte abzusichern**. Dies gilt etwa für den missratenen Bruder des Seniors, der unbedingt den

Chef spielen will, und den ungeliebten Schwiegersohn, der ständig versucht, unsere Mitarbeiter mit zusätzlichen Kenntnissen zu belehren. Es geht aber auch um Zugriffe von Kindern aus früherer Ehe bzw. uneheliche Kinder. Zu bedenken sind auch Begehrlichkeiten des Staates, die meist in Form kräftiger Steuernachzahlungen beim Tod des Unternehmers daher kommen.

- Die **Altersversorgung** der Senioren ist kritisch, sie sollte in irgendeiner Form gewährleistet sein. Wichtig ist auch, eine mögliche Gebrechlichkeit mit einzuplanen. Deshalb die Grundregel: Verantwortung und Arbeit frühzeitig delegieren. Vermögen kann mit der Übergabe etwas warten, selbst wenn der Fiskus beim Erben einiges abzwackt. Es bleibt für die Jugend geschenktes Geld. Selbstverständlich sollten Vermögenswerte auch zu Lebzeiten übertragen werden. Wohnrechte und notariell eingetragene Veräußerungsverbote helfen, trotzdem noch ein bisschen den Daumen obenauf zu halten.
- Keinesfalls fehlen darf das **Unternehmertestament**. Gerade in diesem Bereich werden doch viele Familienunternehmer sentimental. Dabei gehört die Ordnung für die erste Zeit danach zu den wesentlichen Aufgaben des Inhabers. Insbesondere, wenn die Zielsetzung das langfristige Behaupten am Markt ist.

4.2.2 Altersversorgung und Unternehmenswert

Unsere Befürchtung ist, dass die unzureichende oder unsichere Altersversorgung ein Hauptgrund für die fehlende Auseinandersetzung mit der Nachfolgeregelung ist. Besonders kritisch wird es, wenn der Unternehmer damit hinter dem Berg gehalten hat und der Junior nach der Übernahme feststellt, dass der materielle Rückhalt bzw. die Vermögenswerte gar nicht in dem erwarteten Maße vorhanden sind. Er steht dann wunderbar zwischen den Stühlen von zwei Generationen: Seine Kinder einerseits, für die er Verantwortung hat, und für das Seniorenehepaar andererseits, das sich eine Versorgung erwartet. Auch die Generation dazwischen will und muss irgendwo überleben.

Nun haben die meisten Senioren über die Zeit die eine oder andere Lebensversicherung (Rentenpapiere) abgeschlossen. Erfreulicherweise existiert meist ein privates Wohnhaus mit ordentlicher Ausstattung. Vielleicht gibt es sogar noch darüber hinausgehende Vermögenswerte. Aber das Unternehmen hat auch Bankschulden, die mit diesen Vermögenswerten abgesichert wurden. Sie sind für die Senioren erst verfügbar, wenn alle Schulden zurückgezahlt oder von jemand anderem übernommen sind. Nun könnte man argumentieren, dass der Junior die Kredite mit der Firma übernehmen kann. Richtig, nur wie sichert er sie ab? Er hat ja (noch) kein Vermögen. Dass die Banken und Sparkassen bei diesem Deal nicht mitmachen und die Sicherheiten freigeben, liegt auf der Hand.

> ES MACHT ALSO DURCHAUS SINN, EINE ÜBERTRAGUNG DES BETRIEBES AUCH UNTER FAMILIENMITGLIEDERN ERST EINMAL SO ZU BEHANDELN, ALS HANDELE ES SICH UM FREMDE DRITTE.

Wenn der Senior nicht alle Karten auf den Tisch legt – weil er vielleicht gar nicht über aktuelle Zahlen verfügt, wird der unternehmerisch talentierte Nachfolger Wert auf eine klare Bestandsaufnahme legen, um Erwartungen und Möglichkeiten gegeneinander abzugleichen. Folgende Schritte sind im Minimum notwendig:
- Bestandsaufnahme machen,
- Bedürfnisse klären,
- Unternehmensbewertung eintakten.

Das sind klare Aufgaben, die im Rahmen der Altersversorgung zu klären sind. Denn Soll und

Ist können hier sehr weit auseinander liegen. Die Bedürfnisse sind manchmal über, manchmal unter dem Ist-Zustand. Und die Bewertung des Unternehmenswertes gibt Anlass zu schlauen Bemerkungen im engeren und weiteren Bekanntenkreis.

Bestandsaufnahme

Erster Schritt der Bestandsaufnahme ist, die tatsächlichen Werte des Bestehenden zu bestimmen. Der Blick auf die gesetzliche Rentenberechnung trübt im Regelfall das klassische Unternehmerauge. Auch die Rentenberechnungen für den Ehepartner sind häufig nicht ergiebig. Gerade in der älteren Generation hat man den Partner immer an der Lohnuntergrenze beschäftigt, um das Unternehmen nicht noch mehr zu belasten oder evtl. Sozialversicherungsbeiträge bzw. Steuern zu sparen. Die gesetzlichen Rentenzahlungen sind entsprechend niedrig, oft unter dem Sozialhilfesatz.

Private, freie **Lebens- oder Rentenversicherungen** sollten nach ihren Auszahlungswerten berechnet werden. Nur dann, wenn sie garantiert **nirgendwo als Sicherheit oder Bürgschaft hinterlegt** sind, können sie für die Altersversorgung eingesetzt werden. Zu prüfen ist zudem, welche Versicherungen, die momentan noch als Sicherheit dienen, in den nächsten Jahren frei werden.

Ohne einen Blick in die Kreditverträge des Unternehmens ist die Analyse unvollständig. Dabei wird häufig festgestellt, dass die von Unternehmern unbeachteten Zweckerklärungen der Sicherungsgüter letztlich für alle Kredite der Vergangenheit und der Zukunft haften. Dann beginnt der langwierige Verhandlungsprozess mit den Banken, an deren Ende die genaue **Zuordnung von Sicherheiten und Krediten** steht. Vorgabe für das Unternehmen ist, diverse Kredite zu tilgen, um die zugehörigen Sicherheiten freizubekommen. Auch hier gilt: Je früher begonnen wird, desto schneller erhält man Klarheit, umso mehr Zeit steht zur Verfügung, die Dinge noch gestalten zu können.

Sonstige Vermögenswerte sind zu erfassen. Dazu werden Immobilien und Depots bewertet sowie Fälligkeiten bei Rentenpapieren überprüft. Als Ergebnis stehen die Vermögens- und Versorgungswerte außerhalb des Unternehmens für die Zeit danach. Schön, wenn diese hoch genug sind, um den Lebensabend finanzieren zu können.

Bedürfnisse

Nun wissen Sie, was tatsächlich da ist, auf einen Euro rauf oder runter soll es dabei nicht ankommen. Aber das ist nur eine Seite der Medaille. Auf der anderen Seite steht das, was an Forderungen noch offen ist, was noch erbracht werden soll vom Senior. Vielleicht braucht er noch Fremdmittel, um die private Immobilie abzuzahlen? Kfz-Kosten stehen an, die Krankenversicherung und die Mietnebenkosten sollten kalkuliert werden? Rückstellungen für evtl. Reparaturen am Einfamilienhaus machen Sinn. Aber auch und vor allem sind Kosten für die Hobbys zu bedenken. Diese werden möglicherweise spielentscheidend, wenn es um einen fairen Übergabeprozess geht.

Auch wenn wir kein Vertreter der Milchmädchenrechnung sind, empfehlen wir an dieser Stelle das gute alte **Haushaltsbuch**. Die Privatzahlungen sollten konsequent aus den Konten des Betriebes entfernt und über Privatkonten abgewickelt werden. Das gilt auch für alle betrieblichen Steuern. Selbstverständlich können die privaten Konten immer wieder durch betriebliche Überweisungen aufgefüllt werden. Erfahrungsgemäss erschrecken viele Unternehmer, wenn sie die Höhe ihrer Privatentnahmen zur Kenntnis nehmen. Das liegt auch daran, dass persönliche Kranken- und sonstige Versicherungen sowie die Einkommensteuer nicht als privat wahrgenommen werden. Diese nicht unbeträchtlichen Beträge werden meist verdrängt.

Die Höhe der monatlichen Abschlagszahlungen, um das Privatkonto auszugleichen, geben gute Hinweise. Die Bankauszüge listen sehr übersichtlich die Auszahlungen und geben ein erstes Gefühl für Einsparmöglichkeiten. Es erstaunt immer wieder, welches Kostensenkungspotenzial bei intensiver Lektüre der Auszüge entdeckt wird. Übrigens gilt das nicht nur im Fokus der Nachfolgeregelung. Für erste grobe Schätzungen reicht das zunächst.

DIE EINFACHE RECHNUNG: BEDARF MINUS (KAPITALISIERTER) BESTAND ERGIBT DIE BERÜHMTE DECKUNGSLÜCKE, DIE ÜBER DAS UNTERNEHMEN NOCH ZU DECKEN IST.

> **Beispiel**
>
> Nehmen wir an, der Unternehmer will zu seinem 60. Geburtstag an den Nachfolger übergeben. Die lastenfreie Wohnimmobilie ist vorhanden. Einige Lebensversicherungen werden sofort bzw. in den nächsten drei Jahren fällig. Das Unternehmerehepaar hat berechnet, dass es mit 4.500 € im Monat seine Bedürfnisse hinreichend befriedigen kann. Lebens- und Rentenversicherung sowie die (rechnerische) Kapitalisierung ergeben bis zum 80. Lebensjahr von beiden eine „Rente" von 3.800 € und danach nur noch 2.200 €, weil Vermögenswerte dann aufgebraucht sind. Es fehlen also 20 Jahre lang monatlich 700 €. Ab dem Alter von 80 Jahren nehmen wir zur Vereinfachung der Rechnung an, dass die 2.200 € ausreichen können.
>
> Ohne Zinsbetrachtung fehlt dem Seniorenpaar 700 € x 12 = 8.400 €, über 20 Jahre, also 8.400 € x 20 = 168.000 €.
>
> Realistisch ist davon auszugehen, dass der Unternehmer mindestens T€ 200 braucht, auch wenn er an seine Kinder weitergibt. Nicht zuletzt, um seine Unabhängigkeit zu behalten. Dazu wird dann der Unternehmenswert ins Feld geführt.

Unternehmensbewertung

Die Praxis hat recht eigenwillige Vorstellungen davon, was ein Unternehmen wert ist. Die Unternehmer entwickeln teilweise recht kreative Methoden, um den Wert zu erklären. Eine Gemeinsamkeit hatten sie: Sie waren alle (viel) zu hoch. Wirtschaftsprüfer und Rechtsprechung haben sich insgesamt auf drei Werte festgelegt:
a) Ertragswert
b) Substanzwert
c) Firmenwert

Bei der Betrachtung des **Ertragswertes** eines Unternehmens geht man von einem bestimmten Kapitalbetrag aus, der für die Unternehmensübernahme bezahlt wird. Dieser „Investor" erwartet sich für diese Kapitalanlage einen Zins, der auf Grund des Risikos höher ist als, wenn er das Geld der Bank gäbe. Der erwartete, zukünftige Gewinn, nach Abschreibung und Geschäftsführergehältern (bei Personengesellschaften ist das der kalkulierte Unternehmerlohn) wird quasi wie ein Zins auf das für den Kauf eingesetzte Kapital berechnet. Die daraus resultierende Formel lautet:

$$\text{Ertragswert} = \frac{\text{(bereinigter) zukünftiger Ertrag}}{\text{Zinssatz der Alternativanlage}}$$

> **Beispiel**
>
> Nehmen wir an, Käufer und Verkäufer sind der Meinung, dass der zukünftige Unternehmensgewinn bei T€ 100/Jahr liegt. Darüber hinaus nehmen wir an, dass der Käufer für seine „Kapitalanlage" 10% Verzinsung erwartet. Man setzt T€ 100 = 10 %, erhält T€ 1.000 = 100 %, als Ertragswert. Das Unternehmen wird also zu 1.000.000 € verkauft und bringt jährlich 10% = 100.000 € Ertrag (Zinsen).

Das ist nun ein sehr vereinfachtes Beispiel, um das Prinzip zu verdeutlichen. Streitpunkte bei der Preisfestlegung sind neben dem „Ertrag" die erwartete Verzinsung. In der heutigen Zeit ist kaum jemand zu finden, der mit 20 % Verzinsung bei den höchst unsicheren Erwartungen eines Familienbetriebs zufrieden ist. Das Kaufangebot in unserem o.a. Beispiel reduziert sich damit auf T€ 500.

Bei Verlusten oder niedrigen Erträgen greift der Ertragswert nicht. Man müsste dem Käufer theoretisch noch etwas mitgeben, damit er den Inhaber von dem Verlustbringer befreit. Nicht nur, aber insbesondere in diesem Falle hilft die Betrachtung des **Substanzwertes**. Dabei wird davon ausgegangen, dass das Unternehmen zwar keine vernünftigen Erträge erwirtschaftet, in der Vergangenheit dazu jedoch in der Lage war und damit Substanz im Unternehmen aufgebaut hat.

Die Bilanz wird durchgegangen und alle Positionen der Aktivseite werden mit tatsächlichen Verkehrswerten bewertet. Dazu gehören stille Reserven, Abschläge auf Lager, teilfertige Erzeugnisse etc.

> Von dem Gesamtbetrag der Aktiva (Betriebsvermögen) werden die Schulden abgezogen, diese Differenz ist der Substanzwert.

Im Regelfall kommen ein paar Abschläge für Gewährleistungen, evtl. Steuerschulden etc. dazu, der übrig bleibende Wert ist der **Kaufpreis**.

Der **Firmenwert** ist die Differenz aus Ertragswert und Substanzwert. Er basiert also keineswegs auf den „speziellen Beziehungen" oder der „wahnsinnigen Kundendatei". Konkret stellt sich das so dar: Ein Unternehmen hat einen Ertragswert von 1.000.000 €. Der Wert seiner Substanz beträgt 700.000 €. Zahlt jemand T€ 300 mehr als diese Substanz, nämlich den Ertragswert, dann sind diese 300.000 € der Unternehmenswert. Für T€ 700 bekommt er die Vermögenswerte. Er kauft jedoch für 1.000 €. Also war ihm der Betrieb T€ 300 wert.

> Firmenwert = $E_{wert} - S_{wert}$

Über diese vereinfachte Vorgehensweise kann nun auch jährlich der Wert des Unternehmens bestimmt werden. Damit wird erkannt, ob sich die Deckungslücke der Versorgung langsam schließt oder nicht. Außerdem sollte man sich frühzeitig um (einen) Käufer kümmern. Denn der beste kalkulierte Preis bringt nichts, wenn es niemanden gibt, der ihn bezahlt. Um diesen „Niemand" dreht sich dann die nächste Etappe. Der Nachfolger hat ein Recht, zu erfahren, was hinter den präsentierten Zahlen steht. Aber erst einmal muss einer gefunden werden.

4.3 Den Nachfolger im Blick

Die Suche nach einem Familienmitglied und/oder Mitarbeiter mit gutem unternehmerischem Potenzial ist eine permanente und andauernde Aufgabe. Leute mit Potenzial haben das Recht auf Förderung und Forderung. Ein vernünftiges Zusammenspiel von Aus-, Fort- und Weiterbildung einerseits und schrittweise mehr Verantwortung im Unternehmen andererseits hat sich als idealtypisch erwiesen.

Die Voraussetzungen für Unternehmensführung in Familienbetrieben werden in den nächsten Jahren um ein Vielfaches komplexer. Mehr Fachwissen wird diese Management-Fähigkeit nur unwesentlich erhöhen. Ein Studium kann, muss aber nicht helfen. Vielmehr sollte den pragmatischen Familienunternehmern klar sein, dass die real-pragmatische Intelligenz in diesen Betrieben den formal-theoretisch Gebildeten überlegen ist.

Für beide Ausprägungen gibt es die entsprechenden Bildungs- und Schulsysteme: Der formal-theoretische Weg führt durch das Gymnasium in die Hochschule, wo oft nur der erste mögliche Abschluss erworben wird. Manchmal schließt sich eine Promotion an. Der real-pragmatische Weg führt über die Haupt- oder Realschule zur Berufsausbildung mit Berufsschule, woran sich beispielsweise eine Techniker- oder Meisterschule und/oder eine Managementschule anschließt.

Keiner dieser Bildungswege, die sich auch „kreuzen" können (z.B. Realschüler schließt gymnasiale Oberstufe an, Abiturient erlernt Beruf), lässt sich zweifelsfrei als Königsweg isolieren. Was die fachlichen Positionen angeht, fällt die Entscheidung relativ leicht. Was die

Schulung der sachlichen und persönlichen Qualifikationen angeht, ist das keinesfalls mehr so einfach. Wer wird das Familienunternehmen besser leiten: Ein junger Mensch mit Realschulabschluss, mit Lehre und folgender praktischer Arbeit, der nach vier Jahren in (Teil-) Verantwortung die Meisterprüfung abschließt, im Anschluss zwei Jahre im Vertrieb eines Großunternehmens arbeitet und zwei Jahre im Ausland anhängt? Oder der Überflieger, der bereits mit 28 Jahren seine Promotion als Dr. jur. vorlegen kann?

Die Senioren spielen in diesem Aus- und Weiterbildungszyklus eine zentrale Rolle.

LERNEN, BILDUNG UND WISSEN WIRD NICHT NUR ÜBER SCHULEN UND HOCHSCHULEN VERMITTELT. SIE SPIELT SICH IN WESENTLICHEN TEILEN IM BETRIEB AB.

Das duale Bildungssystem bildet diesen Grundsatz ab. Die **Betriebe** sollten darauf achten, dass die **Entwicklung nicht einseitig fachlich geprägt** ist. Je nach Branche spielen zu variablen Anteilen der Umgang mit einer Fremdsprache, das Verständnis für fremde Kulturen, der Umgang mit den Neuen Medien eine wichtige Rolle. Die akquisitorische Schulung, die Vermittlung sozialer Kompetenz, das sind wichtige Etappen, wenn Sie Ihren Nachfolger auf den künftigen Unternehmensalltag vorbereiten. Das ist unabhängig davon, ob der Nachfolger aus der Familie kommt oder aus den Reihen der Mitarbeiter.

4.4 Übertragungsstrategien

Gehen wir von folgendem Szenario aus: Die Versorgung ist gesichert. Der Wert des Unternehmens ist bestimmt, der (Familien-) Nachfolger steht fest, sein Weiterbildungsweg ist zumindest grob skizziert, die Aufgabenstellungen im Unternehmen für die nächsten zwei Jahre sind herausgearbeitet.

Nun geht es darum, gemeinsam Übertragungsstrategien auszubaldowern.

Vermögenswerte

Ist der Nachfolger ein fremder Dritter oder ein Mitarbeiter, sollten zum Übergabezeitpunkt möglichst viele Vermögenswerte des Unternehmens auf die Familie übertragen sein. Die Geschäftsimmobilie sollte sich im Privatbesitz befinden oder durch Betriebsaufspaltung vom operativen Geschäft getrennt sein. Das macht den Verkauf flexibler, der Kaufwillige kann entscheiden, ob er nur die operative Gesellschaft oder auch die Immobilie kaufen möchte.

Sie errechnen den **Ertragswert der operativen Gesellschaft.** Auch Maschinen, Geschäftsausstattung, Fahrzeuge usw. könnten sich in einem getrennten Unternehmen befinden. Im Regelfall beteiligt sich der externe Nachfolger erst einmal an der **Betriebsgesellschaft.** Die **Besitzgesellschaft** sollte als Personengesellschaft (KG, GmbH & Co KG) geführt werden. Der Nachfolger steigt als Kommanditist ein und erwirbt zu Beginn kleine Vermögensteile. Erst, wenn er sich die ersten Sporen verdient hat und die Übernahme finanzieren kann, kann die mehrheitliche Beteiligung ins Auge gefasst werden. Im Prinzip geht es darum, substanzreiche Unternehmen in möglichst kleine Scheiben aufzuschneiden, um sie sukzessive weitergeben zu können. Mitarbeiter haben selten ausreichend Kapital, um den Betrieb zu kaufen. Fremde Dritte bewegen sich sowieso an der Preisuntergrenze und betonen aus taktischen Gründen, wie wenig werthaltig die Vermögensgegenstände sind. Deshalb also raus aus dem Unternehmen damit.

Beim Übergang in der Familie kann die Übertragung zu (niedrigen) Buchwerten eine sinnvolle Steuerstrategie sein. Die Vermögensübertragung ist in diesem Fall nicht von so großer Bedeutung.

Die 70-jährigen Superstars

Die meisten Konzepte scheitern in der Praxis an der Rücknahme der Regelung durch den Seniorunternehmer. Er stellt fest, dass er mit 58, 63 oder 68 Jahren noch lange nicht zum alten

Eisen gehört und viel zu „jung" ist für den Ruhestand. Während in der Beamtenschaft kaum jemand älter als 63 ist und die Industrie schon Mitarbeiter ab 56 Jahren als alt bezeichnet, scheint das Familienunternehmen ein Jungbrunnen für alte Patriarchen zu sein. Für neutrale Außenstehende ist es bedauerlich, dass viel zu oft in den letzten Arbeitsjahren Familienzusammenhalt und Unternehmen systematisch vernichtet werden.

Ohne dass der „Chef" tatsächlich mit sich selbst ins Reine gekommen ist, gibt es keine vernünftige Übergabe. Nur mit einem präzisen Zeitplan für die Zeit danach hat ein fairer Übergang eine Chance.

Wir empfehlen dem Senior, unwiderruflich den Tag des Ausstiegs festzulegen. Unwiderruflich. Und weil es kaum vorstellbar ist, dass Sie dann bis zu diesem absoluten Endzeitpunkt noch voll im Geschäft stehen, verordnen wir die **DIMIDO- Regel**, die wir an einem Beispiel erläutern. Es macht klar, dass wir natürlich nicht dafür plädieren, ruckartig auszuscheiden, sondern gleitend, was beiden Seiten hilft.

> *Beispiel*
>
> *Ab dem 59. Geburtstag wird nur noch DIenstag-MIttwoch-DOnnerstag im Betrieb gearbeitet. Die Arbeit wird eingeteilt. Die Verbindung zum alten Bankdirektor wird gehalten und auch die „Good - old - fellow - Beziehung" zu einigen Kunden und Lieferanten sowie speziellen Mitarbeitern.*
>
> *Zwei Jahre später lässt sich die Arbeitszeit auf MIDO reduzieren. Der alte Bankdirektor ist in Ruhestand gegangen. Der „junge Schnösel" von Mitarbeiter spricht eine komplett andere Sprache, die er mit dem Junior kultivieren will. Einige Kunden sind zum Junior umgesprungen, da sie verschiedentlich auch Montag und Freitag mit einem kompetenten Geschäftsführer sprechen wollten.*
>
> *Noch mal ein Jahr später kommt der Senior nur noch mittwochs. Danach nur noch auf Besuch. In der Urlaubszeit machte er in den ersten Jahren die Vertretung für die Jungen.*

Wichtig ist, dass jeder dieser Schritte mit dem Steuerberater abgesprochen wird. Gerade im Übergang wird insbesondere von kapitalschwachen Betrieben noch jede Menge Geld verschenkt. Berücksichtigen Sie dabei:

- die Problematik der stillen Reserven,
- die Nutzung von Altersfreibeträgen
- die Möglichkeiten der Betriebstrennung und -aufspaltung,
- den „Charme" früher Beteiligung von Familienangehörigen an einer KG,
- die Gleichbehandlung von Erbschaft und Schenkung,
- die Möglichkeiten unterschiedlicher Güterstände,
- die Chancen frühzeitiger Erbverzichte gegen Abfindung und,
- die Perspektiven (kleiner) Aktiengesellschaften zur Einbindung von Mitarbeitern.

Unsere Erfahrung zeigt, dass es sinnvoll ist, **mehrere Berater mit unterschiedlichem Fokus** mit dem Thema zu beschäftigen. Neben dem Unternehmens- und dem Steuerberater ist der Rechtsbeistand nahezu unerlässlich. Im Zusammenspiel wird über relativ einfache Gestaltungen, wie z.B. das Vermächtnis, einiges leichter. Die Steuergesetzgebung ist zur Zeit turbulent wie noch nie. Allein das ist Grund genug, **Berater einzuschalten, die auf dem aktuellen Stand** sind.

Am besten zeigt sich das an einem Beispiel. Das Testament haben wir ausgewählt, nicht zuletzt, um auch damit zu unterstreichen, wie wichtig es ist, dass Sie eines haben. Aber schauen wir uns dieses Wechselspiel an. Gegenübergestellt wird das in Unternehmerkreisen sehr beliebte „Berliner Testament" und ein gestaltetes Testament über das Vermächtnis.

> *Beispiel (Stand der Drucklegung)*
>
> *Im Berliner Testament setzen sich die Eheleute gegenseitig als Vollerben ein. Bei einem Erbe von 2 Mio. € kann der überlebende Partner seinen Freibetrag in Höhe von T€ 600 nutzen. Die restlichen 1,4 Mio. € werden versteuert, und zwar*

aktuell mit 19 %, was einer Erbschaftssteuerlast von rund T€ 266 entspricht.

In der gestalteten Verfügung hat der Erblasser im Vorfeld ein „Vermächtnis" für seine Tochter in Höhe von T€ 500 eingetragen. Über den Rest setzen sich auch hier Eheleute wie gehabt gegenseitig als Vollerben ein. Die Ehefrau erbt also auch hier 2 Mio. € - aber nur unter der Bedingung, dass ihre Tochter T€ 500 erhalten wird. Dieses „Vermächtnis" wird so betrachtet, als ob die Tochter vom Vater die T€ 500 geerbt hat. Sie könnte dieses Geld auch von der Mutter einklagen, was bei diesen Vermögensverhältnissen jedoch nicht sehr realistisch ist. Die erbschaftssteuerliche Betrachtung hat nun eine andere Perspektive:

Die Mutter erbt wieder 2. Mio. €. Allerdings werden jetzt T€ 600 Altersfreibetrag + T€ 500 Vermächtnis abgezogen. Zu versteuern bleiben bei der Mutter T€ 900, mit einem Steuersatz von nur noch 15% oder T€ 135. Allerdings muss auch die Tochter versteuern. Sie „erbt" T€ 500 und hat einen Freibetrag von T€ 400. Zu versteuern bleiben T€ 100, die mit 7%, also T€ 7 Erbschaftssteuer belegt sind. Zusammen bezahlen die beiden Ladies im zweiten Fall „nur" T€ 142.

Wir wollen hier keinesfalls in die Feinheiten steuerlicher und rechtlicher Gestaltung von Unternehmenstestamenten einsteigen. Es geht vielmehr darum, zu sensibilisieren, aufzuzeigen, dass mit einer frühzeitigen Gestaltung der Nachfolgeregelung Geld zu verdienen ist. Viel Geld, für das man im operativen Tagesgeschäft sehr lange arbeiten muss.

4.5 Familienunternehmenskultur: Aufbruch zum Imperium

Die unternehmerische Tätigkeit aller Wirtschaftszweige hat ihren Ursprung in der Familie. Das gilt für Landwirtschaft, Handwerk, Gastgewerbe und Handel ebenso wie für Industrie und Banken. Existenzsicherung, Erhalt der familiären Gemeinschaft und wirtschaftliche Unabhängigkeit waren die ursprünglichen Triebfedern. Die Perspektive auf sozialen Aufstieg und materiellen Gewinn hat dann sicherlich die Entwicklung hin zu richtigen Imperien gefördert, die heute auf den Weltmärkten präsent sind.

Die „Thronfolger" haben stolz die Tradition des Vaters weitergeführt, das überlieferte Wissen, die Werte, die Kompetenz, aber auch die Rituale teilweise übernommen, teilweise den neuen Anforderungen angepasst. Fest verwurzelt in der familiären Struktur, war es den leidenschaftlichen und erfolgreichen unter ihnen leicht möglich, den Kopf zu heben und nach Neuem Ausschau zu halten. Die Aussicht auf eine langfristige Orientierung, eine Perspektive, dass das Unternehmen den Unternehmer überleben kann, ist eine ungewöhnliche, sinnstiftende und sehr belebende Art des Arbeitens. Am Ende können machtvolle und unabhängige Organisationen mit der Chance auf eine „biologische" Nachfolge stehen.

Klar ist aber, dass dieser Erfolgsweg keine Zwangsläufigkeit ist und wir warnen davor, zu glauben, dass der Junior/die Juniorin rein müssen in die Nachfolge. Ungeeignete Kandidaten schaden dem Betrieb mehr, als sie nützen. Der Erfolg nimmt ab, der Frust zu, und das zerstört letztlich dann auch noch die Familie. Nachwuchs mit unternehmerischem Potenzial, der Erfolg versprechende Aus- und Weiterbildungen durchläuft, der in einer vertrauensvollen und stolzen Unternehmerkultur groß wurde, hat mehr als ein Pfund für die Zukunft in der Hand. Nur am Rande vermerkt: Wer aufgewachsen ist in diesem leistungsorientierten Umfeld, wer schon als Kind in diesem Unternehmen eine identitätsstiftende Einheit für die Familie erkannte, kann sich wahrscheinlich nie vollständig diesem Lebens-Arbeits-Sog entziehen. Die Ebenen mögen sich ändern - man kann als Wissenschaftler nach neuen Ansätzen suchen, man kann sich als Berater etablieren, als Referent und Seminartrainer: Das Thema kreist sehr häufig um Familienbetriebe. Ich kann mich noch genau erinnern, wie intensiv mein Wunsch war, nach der Schule schnellstmöglich in eine ganz andere Richtung zu laufen. Die Wissenschaft schien mir genug Distanz zu bieten. Heute habe ich einen Unternehmer als Mann, arbeite in einem Betrieb, der Familienunternehmen berät, und schreibe ein Buch zu diesem Thema. Sie verstehen, was ich meine?

Erfreulicherweise scheint ja dann doch der ein oder andere Stabwechsel im Betrieb zu funktionieren: Große Namen zeigen, welche Dynamik von Familienunternehmern ausgeht. Tengelmann ist weiter in der Familientradition, Feinkost-Käfer zeigt Familienprofil, Fielmann hat sich eingereiht. Eine interessante Spielart ist etwa Haniel. Die Familie hat eine klare Trennung von Management und Kapital vorgenommen. Anders dagegen C&A, die ein Familienmitglied nur dann ins Management aufnimmt, wenn er Miteigentümer ist und damit auf einer anderen Haftungsebene steht.

Wie bei jeder Partnerschaft auch, sollte jedes Familienmitglied in die Institution Familie investieren. Sonst braucht sich keiner zu wundern, wenn es kein „Happy End" gibt. Wobei Investition im doppelten Sinn gemeint ist: Im materiellen und im immateriellen.

Der Übergang scheitert nicht zuletzt dann, wenn die „Familie" ein Mitglied zum Unternehmer „kürt" und sich dann zurückzieht. Die Gründe sind sehr unterschiedlich, aber die Konsequenz ist meist eine unüberwindbare Hürde. Die meisten Geschwister des neuen Unternehmers erwarten eine zügige Auszahlung ihres „Kuchenstücks". Die Auszahlungssumme ist eine Hypothek, die der Newcomer nur mit großer Kraftanstrengung, wenn überhaupt, meistern kann. Und wer sich dann anschaut, wie die Kapitalanlagen der „Ausscheider" aussehen, darf ins Grübeln kommen. Das Geld wird in Aktien von Großbetrieben gesteckt, in Immobilien, in sonstige Anlageformen. Keinesfalls in den Betrieb des Bruders/der Schwester. Familie? Spätestens hier zeigt sich sehr deutlich, dass Familienunternehmen nur wirklich eine Chance haben, erfolgreich zu bestehen, wenn das Unternehmen professionell geführt wird und andererseits die Familie stabil und intakt ist. Sobald eines von beiden ins Wanken gerät, ist das andere konsequent mit dabei.

Die Nachfolgestrategie offenbart die Familienstrategie. Die Nachfolgekultur ist ein direktes Ergebnis der Familienkultur:

- Sind die Werte in der Familie lebendig und von allen akzeptiert, oder gibt es Wertekonflikte?
- Meistert die Familie das Gefangenendilemma (siehe Abschnitt 2.1) zum Besten aller?
- Hat sie einen Ausgleich geschaffen für die Zeiten, in denen sich die gesamte Familie dem Wohl des Unternehmens unterordnen muss?
- Bezieht sie aus dem Unternehmen eine Identität als soziale, aber auch unternehmerische Einheit?
- Sind die Rollen der Partner klar geregelt oder gibt es Durchgriff auf Verantwortungsbereiche?
- Ist die Familie bereit, externe Dritte in den Kern des Betriebes stoßen zu lassen und das Ruder abzugeben?
- Gibt es einen Plan, der klar regelt, wie die unternehmerische „Erziehung" des Nachwuchses gestaltet wird und in welchen Etappen die Übergabe geregelt wird?
- Hat der Senior genug Vertrauen in seine Familie, um das Ruder abzugeben?
- Ist die Vision, der gemeinsame Lebensentwurf, allen bekannt, können sie sich damit identifizieren, haben die „Jungen" die Chance, Anpassungen vorzunehmen?

Das steht alles nicht auf einmal da. Solche Spielregeln des Zusammenlebens und -arbeitens brauchen Zeit. Aber wer zu dieser Investition bereit ist, erhöht die Wahrscheinlichkeit, am Ende dann auch die Zeit, die er ins Unternehmen gesteckt hat, belohnt zu bekommen. Weil die Familie das Werk weiterführt.

Die Familie ist der Kern unserer abendländischen Gesellschaft. Erziehung und Beziehung sind in einer offiziellen Gemeinschaft verbunden. Familienunternehmer sind ein unternehmerischer, sozialer Organismus mit den Einheiten: Familie, Unternehmen, Kapital bzw. Einkommen.

Wie groß die Familie definiert wird, wer in den erlauchten Kreis als Mitglied aufgenommen wird, entscheidet jede Familie für sich. Wie die Mitglieder innerhalb dieses Kreises miteinander umgehen, ist eine Frage der Kultur und der Spielregeln, die meist auch auf die betrieblichen Prozesse übertragen werden. (siehe Personal)

Wie wertig der Betrieb gesehen wird, das zeigt sich unter anderem auch daran, wie das Thema Kapital behandelt wird. Hat jedes mitarbeitende Familienmitglied eine adäquate Entlohnung für seine Arbeit? Wird investiert, werden Gewinne re-investiert, werden Erbanteile im Betrieb gelassen, kauft der Bruder seine Aktien beim Unternehmer statt bei der Telekom? Den Unternehmern stößt es immer häufiger auf, dass sie für die große „Ehre", einen mehr oder weniger gut geführten Betrieb zu übernehmen, viel Geld auszahlen sollen. Und im Laufe der Zeit stellt sich dann doch heraus, dass keiner tauschen will – obwohl der Unternehmer ja theoretisch mit so hohen Gewinnen rechnen darf...

Die Freundschaft mag bei Geld aufhören. Partnerschaft, Familie fängt damit im Grunde erst an. Selbstverständlich sollte kein Familienmitglied blauäugig Geld an den Bruder, die Schwester, den Onkel geben, wenn der nicht belegen kann, dass er mit seinem Unternehmenskonzept erfolgreich sein wird. Aber einem Erfolg versprechenden Mitglied der Familie Geld zur Verfügung zu stellen, das dann durch den unternehmerischen Wertschöpfungsprozess eine gute Rendite bringt, ist doch eine interessante Perspektive, Kapital arbeiten zu lassen. Insbesondere, wenn man sich die Alternativen anschaut. Haben die Familienmitglieder und Angehörigen im weiteren Sinn ihre Gelder in gute „Aktien" investiert? Oder wäre die Anlage im Familienbetrieb eine echte Alternative? An dieser Stelle wäre ein amerikanischer Einfluss nicht störend. Denn dort hat man eine andere unternehmerische Kultur: Amerikaner belohnen unternehmerischen Geist, sie setzen darauf und sie sind überzeugt, dass das ihre Gesellschaft groß gemacht hat. Daran Anleihen zu nehmen, wäre so schlecht nicht für die Unternehmenskultur und die deutsche Wirtschaft. Die Erhöhung der Eigenkapitalausstattung wäre ein guter Zugewinn. Und der ist bis dato sicher nicht nur an der sehr unglücklichen Steuergesetzgebung gescheitert.

Wozu möchten wir Sie animieren? Dazu, den Wert der Familie und den des Unternehmens gleichwertig einzuschätzen, denn beide sind in der Tat gleich viel wert. Geht das eine, geht das andere auch. Einseitige Belastungen führen letztlich nur dazu, dass eben ein Teil vernachlässigt wird. Und es ist die Nachfolgefrage, die das mehr als deutlich zu Tage fördert. In kürzester Zeit sind hier wirklich schon stabile Betriebe zerstört worden.

BIETEN SIE IHREN KINDERN DIE CHANCE, IN EINEN FUNKTIONIERENDEN BETRIEB EINZUSTEIGEN, DER DURCH DIE NEUEN IDEEN DER JUNGEN GENERATION NOCH ERFOLGREICHER WERDEN KANN.

Die beste Basis dafür ist, dass das **Unternehmen erfolgreich** und vor allem **professionell geführt** wird. Wo das nicht zutrifft, haben die Kinder nur eine sehr geringe Chance, die Hypothek der Vergangenheit und die Herausforderungen der Zukunft zu bewältigen. Kein gutes Erbe, das da hinterlassen wird. Ihrem Lebenswerk, der vielen Arbeit und dem Herzblut sicherlich nicht angemessen.

Die Nachfolgeregelung ist der „proof of the pudding", hier zeigt sich, wie das Unternehmen geführt wurde und geführt wird. Ob die Erfolgspotenziale im Betrieb gut gepflegt sind, damit eine faire und anständige Übergabe stattfinden konnte. Es zeigt sich, ob es eine faire Familienstrategie gibt, die dann konsequent umgesetzt wurde. Denn es ist nun einmal so, dass sich Familie und Unternehmen in einem Familienunternehmen nicht trennen lassen. Wir würden uns sehr wünschen, dass Sie in all den Unwägbarkeiten, in all den Unsicherheiten, den Risiken und den damit verbundenen Ängsten, selbst sehen, dass der Familienbetrieb das Zeug hat, in Zukunft Orientierung zu geben.

Die soziale Kraft des Unternehmens kann Ängste abbauen, Sicherheit geben, Freude vermitteln. Sie ist die Basis für eine gleichberechtigte Partnerschaft, die ein guter Nährboden für die Nachkommen ist. Für das Deutschland dieser Tage und der nächsten Jahrzehnte ist das ein essenzielles Ereignis. Die Familienbetriebe werden auf diese Weise nicht nur wirtschaftlich, sondern auch gesellschaftlich und letztlich politisch eine ganz neuralgische Position einnehmen. Wenn die Redlichen und die Autonomen sich dieser Entwicklung bewusst werden, wenn dann auch die Sturen anfangen, umzudenken, sind Marksteine der positiven Entwicklung gelegt. Für alle. Noch sehen das die Familienunternehmer nicht so klar und auch der Rest der Wirtschaft ist verhalten. Die Gesellschaft hat daher nur wenig Chancen, umzudenken und dem Familienbetrieb eine ausreichende Würdigung zu geben.

Zum Schluss: Familienbetrieb sein, erfolgreich sein

Erfolg!!!

In der Einleitung hatten wir ein paar Behauptungen aufgestellt, ohne große Begründung. Der Beweis sollte in den Zeilen dazwischen, in den Texten bis hierher erbracht sein. Ist es gelungen, konnten wir vermitteln, dass Sie als Unternehmer/in mitsamt Ihrer Familie tatsächlich auf einem Kleinod sitzen? Dass Sie nichts, aber auch gar nichts geschenkt bekommen, aber sehr große Chance haben, Dinge nach vorne zu bringen, zu unternehmen, zu gestalten. Es eine einmalige Position in diesem unserem Lande.

Behauptung war unter anderem, dass der materielle Erfolg nicht die erste Geige spielt. Das stimmt rund 240 Seiten später immer noch. Da ist aber hoffentlich klar geworden, dass die materielle Seite stimmen muss. Die professionelle Unternehmensführung ist unabdingbare Voraussetzung, um den Betrieb auf Erfolgskurs zu bekommen. Das kann ein hartes Stück Arbeit bedeuten, aber es ist machbar. Wer ständig am Rande der Insolvenz schrammt, blutet irgendwann zusammen mit dem Betrieb aus. Es ist kein Verbrechen, wenn Sie mit Ihrem Betrieb „richtig gut Kohle" machen. Sicher wird Ihnen eine ganze Menge Sozialneid entgegenschwappen. Aber das können Sie locker abbilden, weil Sie entscheiden, was Sie damit machen. Verantwortung gegenüber sich selbst, gegenüber der Familie, der Gesellschaft hat immer auch was mit verantwortungsvollem Umgang mit Macht zu tun. Da ist Ihre Gestaltungsfreiheit komplett unbegrenzt.

Das ist dann der Punkt, wo Ihre ganz persönliche Erfolgsstory ansetzen kann, an dem Sie mit einer Familie im Hintergrund bleibende Werte schaffen können. Wunderbar abgebildet in dem Betrieb, der Ihr Lebenswerk und das Ihres Partners durch die Kinder weiterträgt. Das sind Freiheitsgrade, die nur wenige Menschen haben. Und das sind echte Werte. Die Organisationsform Familienbetrieb, die Art, (Privat-)Leben und Arbeit als Einheit zu betrachten, die permanente Auseinandersetzung von individueller Freiheit der Einzelnen und kollektiver Freiheit des Unternehmens, das ist anstrengend und fordernd. Aber es ist auch der Nährboden für Fortschritt und Innovation.

Das Spektrum der Entwicklungsmöglichkeiten im Unternehmen selbst ist für Chef, Chefin und Nachwuchs immens. Die Möglichkeit, sich einen Mitarbeiterstamm aufzubauen, der im weitesten Sinne Teil der Familie ist, sich mit Unternehmerkollegen zusammenzuraufen, die auf der gleichen Wellenlinie takten, das kann sich nur positiv auf das Lebensgefühl auswirken. Der echte Familienunternehmer ist mit den Mitarbeitern, den Lieferanten der Gemeinde, der Region verbunden – das ist einerseits soziale Verpflichtung, es ist andererseits auch die Chance, auf langjährige Beziehungen zu bauen und dabei ganz bewusst die Redlichen/Autonomen von den Schwarzen Schafen zu trennen und diejenigen, die nicht in den eigenen Denk- und Arbeitskosmos passen, auszusondieren. Das ist kein leichter Weg, aber sicher ein lohnendes Ziel. Das Streben nach Unabhängigkeit und das damit verbundene Mehr an Freiheit ist allemal eine Anstrengung wert.

Eine **Familienunternehmenskultur** kann für alle Beteiligten, auch für die Mitarbeiter eine Chance für die Zukunft sein kann. Sie kann trotz düsterer Prognosen einen Raum bieten, in dem aus dem traditionellen Gebilde eine innovative Gemeinschaft von leistungsbereiten und kreativen Köpfen wird, die für andere Anziehungspunkt und Orientierung sein können. Sie können die Verantwortung leben für die Familie und damit auch für das große Ganze. Natürlich nicht unbedingt in den alten Formen. Aber Unternehmer sind innovativ a priori. Sie haben das Format, sich zu ändern, und sie sollten aufhören, auf die anderen zu schauen oder sich gar an einer „Nimm- Mentalität" zu orientieren.

Das dürfen Sie auch ausstrahlen, es gibt keinen Grund, nicht stolz durch die Gegend zu laufen. Ihre besondere Position als Familienbetrieb hat Auswirkungen auf die Gesellschaft und auf die wirtschaftliche Position in unserem Land. Schön, wenn die Politik das erkennt und die Familienbetriebe aktiv unterstützt: Durch eine Steuerpolitik, die dazu beiträgt, die Eigenkapitaldecke zu vergrößern, und zum anderen vor allem, indem sie die unternehmerische Freiheit wieder vergrößert. Schön, wenn die Gesellschaft ein differenziertes Bild der Wirtschaftslandschaft entwirft und die stabilisierende Funktion des Zukunftsmodells Familienbetrieb erkennt. Auch die Wissenschaft darf gerne mehr von den zarten Pflänzchen setzen, die sich mit einer Art Familienunternehmertumslehre beschäftigen. Sogar in den Schulen macht es Sinn, unternehmerische Lebens- und Arbeitsformen darzustellen. Es gibt sehr viel zu tun. Die Zeit ist reif. Packen Sie es an!

Bewegt man sich zuversichtlich in die Richtung seiner Träume und strebt danach, das Leben zu führen, das man sich vorstellt, erlebt man Erfolge, die man nicht erwartet hat.
(Henry David Thoreau)

Erfolg hat nur der, der etwas tut, während er auf den Erfolg wartet.
(Thomas Alva Edison)

Links und Literatur

www.bus-netzwerk.de: Tipps und Tricks für den Unternehmeralltag. Forum zum regen Informationsaustausch, Plattform für generelle Fragen.

www.bundesverband-ufh.de: Bundesverband der Unternehmer- und Meisterfrauen. Meist mit regionalen Homepages. Empfehlenswerte Anlaufstelle für die „mithelfende" Partnerin des Chefs.

www.kfw.de:Offizielle Seite der Kreditanstalt für Wiederaufbau, Weiterleitung zu Mittelstandsbank.

www.nexxt.org: „nexxt" Initiative Unternehmensnachfolge ist eine Aktion des Bundesministeriums für Wirtschaft und Arbeit in Zusammenarbeit mit Partnern von Verbänden und Institutionen der Wirtschaft, des Kreditwesens und der Freien Berufe.

www.bmwa.bund.de: Infos zu Fördermittel und Services für Unternehmen

www.dihk.de: Deutscher Industrie- und Handelskammertag, Links zu den einzelnen IHKs.

www.zdh.de: Zentralverband des deutschen Handwerks, aktuelle Infos und links zu den HWKs

Bräuninger, Friedrich; Krill, Hannes: **Familienunternehmen**. Ritter der Marktwirtschaft, in: Profits: Das Firmenkundenmagazin der Sparkassen-Finanzgruppe, Mai/Juni 2004: 28-33

Correll; Werner: **Menschen durchschauen und richtig behandeln**. Moderne Verlagsgesellschaft Landsberg 1992.

Degener More Office (Hrsg.)/Hütter, Heinz: **Zeitmanagement**. Reihe Pocket Business. Cornelsen Verlag, Berlin 2002

Gälweiler, Aloys; Schwaninger, Markus: **Strategische Unternehmensführung**. Campus Verlag, 1990

Hess, T./Katzy, B./Wittenberg, S.: **Kooperationstools**. Werkzeug oder Spielzeug?, in: New Management (2003) Jg. 72, Nr. 12, S. 16 - 21

Hoffmann, Claudia: **Entscheidungsgestaltung**. Neue Perspektiven außenpolitischer Entscheidungstheorie und Planung. Tuduv Verlag. München 1992

Kets de Vries, Manfred: **Family Business**. Human Dilemmas in the family firm, Thomson Learning, 1996

Kießling-Sonntag, Jochem: **Zielvereinbarungsgespräche**. Reihe Pocket Business. Cornelsen Verlag, Berlin 2002

Von Kortzfleisch, Harald F.O.: BUS/Betreuungsverbund für Unternehmer und Selbständige e.V.: Wissensmanagement in einem virtuellen Beratungsunternehmensverbund für Familienunternehmen. Arbeitspapier Nr. 26, Fachgebiet Wirtschaftsinformatik, Universität Kassel, 1999.

Löffler, Horst/Scherfke, Andreas: **Praxishandbuch Direktmarketing**. Cornelsen Verlag, Berlin 2000

Lindblom, Charles E.: **The Science of Muddling Through**, In: Public Administration Review, 19(1959), S. 122-132

Still muddling, not yet Through, In: Public Administration Review 39 (Dez/Nov 1979), 517-526

Schlembach, Claudia: **Marketing**. Der direkte Draht zum Kunden: Caro, Aktives Management im Fliesenhandel; Ausgabe 3/ 2004

Die kleinen Gesten; Gedanken zum Thema Mitarbeiterführung; Der Maler und Lackierermeister. Das Deutsche Malermagazin. Ausg. 4/ 2004

Strategische Neuausrichtung durch Nachfolgeregelung. Existenzgründer – werdet Nachfolger!; Handwerk 21, Ausgabe Dez/Jan 2003: G+F Verlags- und Beratungs-GmbH/Forbach

Was wissen die da draußen? Gutes Marketing in schlechten Zeiten. Der Maler und Lackiermeister; Ausgabe 1/2003 Management Praxis Verlag W. Sachon GmbH + Co/Mindelheim

Kooperation statt Konfrontation – Gemeinsam sind wir stark!; Handwerk 21, Ausg. 1/2002: G+F Verlags- und Beratungs-GmbH/Forch

Unternehmerpersönlichkeit Erfolgsfaktor für den Betrieb: Handwerk 21; Ausg. 1/ 2003

Kundenbindung als Business-Grundlage: Kunden erwarten Kontakt und Kontinuität; Handwerk 21 Ausg. 3/ 2003

Mitarbeiterführung – Mitdenker sind gefragt; Baugewerbe. Das Magazin für erfolgreiche Bauunternehmer; Ausgabe 3/2003

Schlembach, Claudia; Schlembach Hans-Günther: **Krisen erkennen und meistern**. Omnibusrevue. Das Magazin der Omnibusunternehmer. Ausgabe 2/ 2003

Marketing mit Linie: Omnibusrevue; Aus. 9/ 2003

Zunder statt Zaster – Keine Kredite für kleine Betriebe?; G+H Gebäudetechnik und Handwerk, Henrich Publikationen GmbH, Verlagshaus Gilching; Ausgabe 4/2002

Schultz, Volker: **Basiswissen Rechnungswesen**. Buchführung, Bilanzierung, Kostenrechung, Controlling, 3. Auflage, Beck-Wirtschaftsberater, August 2003

Wimmer, Rudolf et.al.: **Familienunternehmen**. Auslaufmodell oder Erfolgstyp? Gabler Verlag, Wiesbaden 1996

Sachregister

Ablauforganisation 140
~plan 152
Absatzmittler 85
~planung 176
Abschreibungen 66
Abweichungsanalyse 171
Aida-Formel 96
Akquisitionsaufwand 140
Allianzen 42, 228 ff.
Altersfreibeträge 244
~teilzeit 128 f.
~versorgung 129, 239
~vorsorge 128
Analytiker 209
Anerkenner, sozialer 112
Angstkäufe 135, 137
Annuitätendarlehen 65
Anzeigen 88
Arbeitsbereicherung 122
~erweiterung 122
~gemeinschaft 229
~kreise 122, 151
~lose 71
~moral 170
~zeit, flexible 102
Assessment-Center 142
Assistentenstellen 123
Assoziative Kooperation 231
Aufbauorganisation 140, 227
Aufschieberitis 138, 141
Aufschwungphasen 35
Auftragsbearbeitungssystem 160
Auftragsgespräch 97
Aufwendungen 52, 63
Ausfälle minimieren 170
Auslastungsgrad 173
Außenfinanzierung 66
Ausstattung 157
Ausstellungen 88
Ausverkaufsaktionen 86
Auswertung, betriebswirtschaftliche 166
Autoritäre Führung 110, 144
Autorität 236
Balanced Scorecard 45
Basel II 49, 62, 166
Beanspruchte 208
Bedächtige 210
Bedürfnisse 78
Beförderung 146

Bepreisung, risikoabhängige 166
Berater 204
Berichtssystem 186
Berliner Testament 244
Beseitigung des Insolvenzgrundes 170
Besprechungen 153 f.
Bestandsveränderungen 186
Beteiligung, stille 127
Betriebe, familienfreundliche 128
Betriebsgrößen 14
~klima 130, 138
~steuerung 186
~system 157
~treffen 146, 152
~strennung 244
~sübergabe 192
~swirtschaftliche Auswertung 166
Beweggründe des Verkaufs 98
Beziehungsprobleme 221
Bildungssystem 243
Binnennachfrage 71
Blaumachen 170
Blindleistung 72
Bonitätsprüfung 66
Branchenportale 85
Bruttoinlandsprodukt 14
Budget 58, 65
Bürgschaft 169, 240
Bürokratie 139
Business Angels 47
BWA 166
Cashflow 45 f, 54, 59, 63
Changemanagement 148
Changeprozesse 148
Chefdurchgriff 145
Chef-Information 186 f.
Chefsache 70, 148, 204
Controlling 15, 52, 67, 165, 173, 223
Corell 222
Corporate Design 87, 89
Costumer Relationship 89, 150, 160
Cross Marketing 85
Datenbanken 150
~sicherung 161
~verarbeitung 135
Deckungsbeitrag 174, 183, 193
Deckungslücke 242
Delcredere 191
Delegation 138, 143

Desinvestitionen 173
Dienstleistung 70
DIMIDO-Regel 244
Disziplin 221
Diversifikation 42, 83
Dokumentation 153 f.
Duales Bildungssystem 243
Durchwursteln 22, 221
EDV 134 f., 137
Effektivität 22, 140
~svorteile 143
Effizienz 22, 140
~steigerung 173
~vorteile 143
Eigenarten des Familienbetriebs 14
Eigenkapital 47, 59, 66, 169, 247
Eigenmittel 64
Eignungsprofil 125
Einarbeitungszeit 116
Einzel-Kämpfertum 226
Eisenhower-Matrix 141, 155
Elternzeit 128
E-Mails 88
Emotionen 221
Engpassfaktoren 41
Entfremdung 102
Entlohnung 125
Entrepreneurship 200
Entscheidungskompetenz 205, 236
~problem 172
Erbschaft 244
Erbverzicht 244
Erfolg 9, 174, 193, 205
Erfolgskrise 24
~plan 182
~potenziale 20, 247
~rechnung 172 f., 184
Erhaltungsinvestitionen 173
Ersatzinvestitionen 60 f.
Erträge 63, 173
Ertragsvorschau 173
~wert 241
Erweiterungsinvestitionen 61, 173
Externe Wertehaltung 120
~s Berichtssystem 186
Factor 67
Factoring 67
Familie 16
Familie und Unternehmen 10

Familienbetrieb, Eigenarten/Spezifika 9, 14
~freundlich 128
~strategie 246
~unternehmenskultur 249
~unternehmer 9
~unternehmertumslehre 249
Fehlfinanzierung 64
Feuerwehreinsatz 147, 221
Finanzierung von Verlusten 191
Finanzierungsregel 54
Firewall 163
Firmenwert 241
Flexibilität 26, 72, 129, 134, 147
Flexible Arbeitszeit 102
Fluktuation nutzen 116
Flyer 96
Forderungsverkauf 67
Fortführungsprognose 170
Fortschritt 72, 248
Fragezeichen 119, 146
Freiberufler 85
Freiheitsgrade 248
Freiräume 136
Fremdfinanzierung 15
Fremdkapital 47
Fristenkongruenz 66
Führung 110 f.
Führungsstil 144
Fusion 228, 230
Gehalt 102, 125, 129
Geheimniskrämerei 135, 137
Generationenkonflikt 220
~wechsel 144
Genossenschaftsbanken 170
Genusschein 127
Gesamtinvestition 173
~kapitalrentabilität 45
~leistung 176
~felder 175
~idee 86
~kultur 196
~prozess 43 f.
~anlässe 98
~technik 98
Gestaltungsfreiheit 248
~freiraum 202
~regeln 155
Globalisierung 71 f., 100

GmbH-Anteil 127
Güterstände 244
Haftungsfreistellung 66
Hardware 157
Hausbankprinzip 47
Haushaltsbuch 240
Herrschaftswissen 137
Hochkonjunktur 135
Hochrechnung 178
Homepage 160
Horizontale Kooperation 231
Ideenfindung 80
Identifikation 102, 206
Identität 246
Image 75, 92, 100, 104
~broschüren 88 f.
Imperium 245
Incentive 95
Informationen 78, 88, 134
Informationsflüsse 135
~flut 134 f.
Inhouse-Seminare 124
Innovation 16, 218, 248
Innovator 208
Insolvenz 18, 23, 248
~forschung 23
~grund 55, 170
Internationale Kooperationen 92
Internationalisierung 71
Internes Berichtssystem 186
Internes Mailsystem 159
Internet 85, 88, 92, 159
Internet-Shops 156
Intranet 150, 160
Investitionen 23, 58, 62, 172 f., 191
Investitionsprogramm 53
Investor 43
Jahresabschluss 166
Jahresplanung 173
Job-Tausch 123
Kapazitätsauslastung 173
Kapital 238, 247
~gesellschaften 170
Käufermarkt 71
Kaufpreis 242
Kaufreue 98
KER 173
Kernompetenz 41
Kermannschaft 201
Killerphrasen 98, 137
Kindergarten 129
Kinospot 96
Klatsch 153

Kleinunternehmen 166
KMU 14
Kommunikation 74, 77, 80, 151, 153, 221
Kommunikationsplattform 159
Kompetenz 41, 136, 144, 152, 245
~gerangel 144
Konfliktfähigkeit 104, 207
Konkurrenz 92
Konsolidierung 25, 75, 173
Kontokorrent 55, 64, 190 ff.
Kontrolle 169
Konzentration 92, 230
Kooperation 42 f., 85, 92, 226, 231, 234
Kooperationsbedarf 231
Kooperative Führung 111
Körperschaftssteuer 64
Kosten 173, 175, 178
~konten 178
Kreativität 79 f.
Kredit 191
~bedarf 191
~entscheidung 166
~institut 166
~linie 190
~politik 170
~vergabe 191
~verlängerung 170
~wesen 170
~wesengesetz 166
Krisen 25, 170
~management 77
Kritik 205
Kultur 219, 221
Kunde, Typus des 99
Kundenakquise 98
~bindung 83, 156
~gruppe 95
~karten 86
~service 86
~zeitschriften 88
~zufriedenheit 72, 102
Kündigung 104, 116, 130
Kurzarbeit 131
Kurzfristige Erfolgsrechnung 172f., 184
KWG 166
Längsschnitt 171
Leasing 65
Lebensversicherung 240
~zyklus 81
Leistung 72, 74

~sorientierung 206
Leiterrolle 151
Lernbereitschaft 149
Liniensystem 144 f.
Liquidität 42, 188
~skrise 23, 42, 55, 168, 190
~splanung 52, 172, 189
~sschwierigkeiten 189
~svorschau 190
Logo 96
Lohn 125
~kosten 116
Macht 149, 236
Mailings 95, 159
MAK 170, 191
Managementtechniken 15 f.
Manipulation 186
Marke 74
Marketing 70, 92
~aktivitäten 79
~budget 76
Markt 70, 83
~ausschöpfung 83
~bearbeitung 70
~bedürfnisse 134
~erweiterung 83
~forschung 86
~recherche 44
~segment 50 plus 35
Materialkosten 175
Mehrwert 171
Meinungsverschiedenheiten 219
Meister 17
~leistung 72
Methode 165
Methodenkoffer 70
Mezzanine Kapital 67
Mindestanforderungen Kreditvergabe 170, 191
Missverständnis 137, 219
Mitarbeiter, Veränderungsbereitschaft 113
~ausfall 116
~beteiligung 126 f.
~darlehen 126
~führung 144
~gespräch 114
~profil 110
Mitnahmementalität 198
Mittelkonflikt 218
Mix 101
Mobbing 136
Moderationstechnik 152
Moderator 151 f., 154
Monopol 138

Motivation 121, 124
Multifunktionalität 206
Nachfolge 15, 138, 238
~strategie 246
Nachfrage 71
Navigationsinstrumente 167
~system 172
Netzwerke 228 f., 234
Niedrigpreis-Strategie 86
Nischen 26, 72
Normstrategie 173
Notfalleinsatz 148
Notrufnummer 88
Nutzen 72
Offene Kultur 219
Offenheit 199, 205
Öffentlichkeit 70, 74
~sarbeit 87 f., 100
Online-Prospekt 160
Opportunitätskostenprinzip 61
Ordnung 139, 147
Organigramm 137
Organisation 134, 147, 233
~shandbuch 134
~smuster 146
Orientierungslosigkeit 134
Papierkorb 139
Pareto 140
Partner 204
~betrieb 234
~konflikte 220
Partnerschaft 246
~liche Planung 225
~liche Unternehmensführung 215
Patriarch 110, 208
Perfektionismus 138, 140
Perlen 137, 145
Personalakte 131
~entwicklung 146
~führung 102, 134
~kosten 175
~planung 178
~übersicht 177
Plakate 88 f., 97
Plan/Planung 164, 171 f.
Planung, partnerschaftliche 225
~sunsicherheit 174
Platzhirsch 92, 160
Point of Sale 85, 89
Portfoliomatrix 41
Potenzial 23, 78, 114
PR 87

Sachregister

Preis 74, 76 f.
Preis-Abwärtsspirale 76
Prioritäten 134, 138
Produkt 70, 74, 77, 83
~blätter 88
~erweiterung 42, 83
~innovation 42
Produktionsfaktor 149
~prozess 43
~stufen 86
Produktivität 150, 170
Produktprospekte 89
~verliebtheit 72
Professionalisierung 10
Profil 114
Prospekte 88
Prozesskette 227
~organisation 43, 227
Psychologie 99
Public Relations 88
Qualität 71 f., 140
Qualitätssicherung 156
~verbesserung 173
~zirkel 122, 146
Rabatte 86
Radio, regionales 88
Rating 49, 62, 238
Referenzgrößen 168
~listen 89
Reflexionsfähigkeit 205
Regionales Marketing 92
Regionalprinzip 92
Regulierungsinstrument 76
Reibungsverluste 103, 215, 217, 219
Rendite 50, 60
Rentabilität 193
Rentenversicherung 240
Reserven, stille 242, 244
Risiko 50, 166
Risikoabhängige Bepreisung 166
Risikobereitschaft 206
~kapital 47, 50
Rituale 245
Routineaufgaben 164
Routiniers 120
Sabbatical-Jahr 131
Sachanlagen 56
Sanierungskapital 23
~konzept 170
Schenkung 244
Schlüsselqualifikationen 149
Schnelligkeit 134, 156
Schrumpfen 25, 56, 173
Schwachstelle 137

Selbstachter 99, 113
Seminarbesuche 124
Senior 128f., 144
Sicherheit 99, 240
Sicherheiten 51, 169
Sicherheitsaspekt 161
Signalpreise 86
Slogan 93
Sonderangebote 86 f.
Sortiment 77, 85
Sozialer Anerkenner 112
Sozialpolitik 17
Sparkassen 170
Spezifika im Familienbetrieb 9
Spontaninvestitionen 54
Spot 93
Stabsfunktionen 147
Stars 119, 146
Status des Insolvenzgrundes 170
Stellvertreterregelung 238
Steuersparmodelle 198
~strategie 243
~sinstrument 25, 165, 193
Stille Beteiligung 127
~ Reserven 242, 244
Strategie 22, 72, 75, 173
~workshop 24
Strategische Allianzen 42, 228, 230
~ Potenzial 23
Streuverluste 72, 79, 88, 96, 116
Stundenverrechnung 173
Substanz/-wert 63, 241
Subventionsmodelle 198
Summen- und Saldenlisten (SuSa) 166
Tageszeitungen 88
Teamarbeit 136, 145, 151
~konzeptionen 135
Technikfeindlichkeit 138
Technologien 156
Teilzeitjob 131
Telefon 94
~konferenzen 156
Testament, Berliner 244
Tilgungsdarlehen 65
Tradition 16, 72
Trainee-Programm 147
Tratsch 153
TV 88
Typenteilung 222
Typus des Kunden 99
Überschuldung 170

Übertragungsstrategien 243
Überziehung 55
Umsatz 78
Umsatzerlöse 176
Umschuldung 192
Unabhängigkeit 23, 99, 249
Unternehmen und Familie 10
~, virtuelles 228
Unternehmensführung 9, 19
~, partnerschaftliche 215
Unternehmensinsolvenzen 169
~kontinuität, Sicherung 236
~konzept 247
~kultur 130
~plan 169
~struktur 233
Unternehmerbrief 203
~testament 239
Unterstützungskasse 127
Venture-Capital-Gesellschaften 47
Veränderung 70, 205
~sbereitschaft 113, 137
Verantwortung 99, 105, 144, 167, 196
~sbereiche 144 f.
~sbereitschaft 198
Verhandlungsmacht 207
Verkauf 99
~, Beweggründe des 98
Verkäufermarkt 71
Verkaufsförderung 87, 89
~gespräche 97
Verkehrswert 51
Verluste 191
Vermögenswerte 239, 243
Vernetzung 134
Verschuldungsgrad 45
Vertikale Kooperation 231
Vertrauen 99, 169, 191, 216 f.
Vertrieb 74, 77, 80, 85
Virenscanner 163
Virtuelles Unternehmen 228
Vision 23, 72, 212
Visitenkarte, Homepage als 160
~, Internet als 88
Volkswirtschaftlicher

Mittelwert 178
Vorbereitung 98, 152
Vorfinanzierung 54
Wachsen 25
Wachstum 56, 173
Wachstumsbedingter Kreditbedarf 191
~prognosen 35
~strategie 75
~ziele 35
Weiterbildungsmaßnahmen 102 f.
Werbebriefe 88, 95
~film 96
~fläche 96
~gemeinschaft 85
~kampagnen 72
Werbung 87 f.
Werkzeugkasten 165
Wertanalyse 43
Werte 245, 248
~haltung, externe 120
~konflikt 218, 226, 246
~profil 105
Wertpositionen 196
~schöpfung 14, 222
~schöpfungskette 232
Wettbewerb 78
Wettbewerber 73
Wettbewerbsregeln 95
~vorteil 73 f., 128, 134
Wir-AG-Modell 224
Wirtschaftlich 193
Wissen 150
~smanagement 137, 149
~scheck 150
Work-Life-Balance 224
Workshops 146
Wunschbild 212
Wutzettel 132
Zahlenkolonne 168
Zahlungsausgänge 189 f.
~eingänge 189 f.
~unfähigkeit 55, 170
Zeitarbeitkonten 131
~geist 205
~management 135, 138
~verzögerung 35
Zerschlagungswert 51
Ziele 23
Zielgruppe 72, 78, 87
Ziel-Mittel-System 23
Zielorientierung 206
Zins 166
Zukauf 115 f.
Zukunftsmodell 224
Zuruf-Organisation 219
Zusammenarbeit 229

Über Bus

Seit Gründung des BUS- Netzwerkes im Jahre 1982 setzen wir unser ganzes Wissen und unsere Erfahrung ein, um das erfolgreiche und langfristige Behaupten von Familienunternehmen am Markt zu sichern. Die BUS-Gruppe berät und betreut kleine und mittelständische Betriebe in allen Fragen der Unternehmensführung. Unsere Berater haben eine hohe fachliche Qualifikation, sie arbeiten mit professionellen Werkzeugen und sie haben das persönliche Format um mit Familienunternehmern auf Augenhöhe sprechen zu können.

Strategische Konzepte, Marketingkonzeptionen, Nachfolgeregelungen, „Fit for Rating", Unternehmensbewertung – ein Auszug aus unserer Beratungsspektrum. Unser Motto: „Nur eine umgesetzte Beratung ist eine gute Beratung", zeigt sich in einer intensiven Betreuung vor Ort. Neben der konkreten Umsetzung, dem schrittweisen Auf- und Ausbau von Controllingsystemen, der kontinuierlichen Investitions- und Finanzierungsdiskussion, stehen wir aber auch als Coach für den Unternehmer/die Unternehmer/in und als Moderator bei innerbetrieblichen Konflikten zur Verfügung.

Über das Prinzip Hilfe zur Selbsthilfe wollen wir dabei zu einer wachsenden Professionalisierung der Unternehmensführung in unseren Familienbetrieben beitragen. Dabei sehen wir es durchaus als unsere Aufgabe, über den Tellerrand hinauszuschauen und die heutigen und zukünftigen Erfolgspotenziale auszuloten. Unser Test zur Unternehmerpersönlichkeit, den wir in Zusammenarbeit mit Wissenschaftler entwickelt haben, gehört dazu. Aber auch Themen wie „Unternehmerfrau", „Kooperation statt Konfrontation" gehören in diese Kategorie. Und natürlich die Entscheidung, auch den Weg der Buchform zu nutzen, um den Nährboden in den Betrieben günstig zu gestalten.

Letztere wurde allerdings auch beeinflusst von der gegenwärtigen Situation in Deutschland, die auch und gerade die Familienbetriebe hart trifft. Fortführungsprognosen und Sanierungen haben stark zugenommen. Die Zeit ist reif zu handeln. Für alle, die sich um Familienbetriebe Gedanken machen. Wir tun das, wir wollen der zentrale Ansprechpartner für alle diese Unternehmen sein.

Die BUS Zentrale ist in München, das Beraternetzwerk ist mit mehr als 20 Standorten bundesweit vertreten.

Mehr Informationen und Kontaktmöglichkeiten finden Sie unter www.bus-netzwerk.de
Unsere direkte E-mail- Adresse lautet info@bus-netzwerk.de

Existenziell.

In diesem Buch erfährt der Leser, wie man geschäftliche und private Risiken voneinander trennt und über ein Frühwarnsystem mögliche Gefährdungen rechtzeitig erkennt. Zugleich erläutert der Autor, wie das Unternehmen zahlungsfähig bleibt und welche Schritte im Krisenfall sofort einzuleiten sind.

Gerhard Gieschen
Wie junge Unternehmen Krisen bewältigen können

240 Seiten, Festeinband
ISBN 3-589-23613-2

Alle Hinweise und Tipps sind in der Praxis erprobt. Ein Überlebensprogramm, Checklisten sowie ein zeitlich gestaffelter Maßnahmenplan helfen in der Krise Initiative und Handlungsfreiheit zu wahren.

Erhältlich im Buchhandel. Weitere Informationen zu den *Handbüchern Unternehmenspraxis* gibt es im Buchhandel, im Internet unter *www.cornelsen-berufskompetenz.de* oder direkt beim Verlag.

Cornelsen Verlag
14328 Berlin
www.cornelsen.de

Multiplikator.

Mittelständler, Einzelunternehmer und Selbstständige verfügen nicht über den Werbeetat großer Unternehmen. Dennoch müssen sie auf immer schwieriger werdenden Märkten Flagge zeigen und ihr Angebot präsentieren. Dieser praxisnahe Ratgeber zeigt, wie sich auch mit kleinem Budget große Werbewirkung erzielen lässt.

Michael Böhm
Wie man mit schmalem Budget erfolgreich wirbt

216 Seiten, Festeinband
ISBN 3-589-23603-5

Besonders hilfreich: Praxisbeispiele, die man in kurzer Zeit in die Tat umsetzen kann.

Erhältlich im Buchhandel. Weitere Informationen zu den *Handbüchern Unternehmenspraxis* gibt es im Buchhandel, im Internet unter *www.cornelsen-berufskompetenz.de* oder direkt beim Verlag.

Cornelsen Verlag
14328 Berlin
www.cornelsen.de